STUDIENKURS POLITIKWISSENSCHAFT

Lehrbuchreihe für Studierende der Politikwissenschaft an Universitäten und Hochschulen

Wissenschaftlich fundiert und in verständlicher Sprache führen die Bände der Reihe in die zentralen Forschungsgebiete, Theorien und Methoden der Politikwissenschaft ein und vermitteln die für angehende Wissenschaftler:innen grundlegenden Studieninhalte. Die konsequente Problemorientierung und die didaktische Aufbereitung der einzelnen Kapitel erleichtern den Zugriff auf die fachlichen Inhalte. Bestens geeignet zur Prüfungsvorbereitung u.a. durch Zusammenfassungen, Wissens- und Verständnisfragen sowie Schaubilder und thematische Querverweise.

Stefan Marschall

Parlamentarismus

Eine Einführung

4., aktualisierte und erweiterte Auflage

Onlineversion
Nomos eLibrary

Die Deutsche Nationalbibliothek verzeichnet diese Publikation in
der Deutschen Nationalbibliografie; detaillierte bibliografische
Daten sind im Internet über http://dnb.d-nb.de abrufbar.

ISBN 978-3-7560-0450-8 (Print)
ISBN 978-3-7489-3944-3 (ePDF)

4., aktualisierte und erweiterte Auflage 2025
© Nomos Verlagsgesellschaft, Baden-Baden 2025. Gesamtverantwortung für Druck
und Herstellung bei der Nomos Verlagsgesellschaft mbH & Co. KG. Alle Rechte, auch
die des Nachdrucks von Auszügen, der fotomechanischen Wiedergabe und der Über-
setzung, vorbehalten. Gedruckt auf alterungsbeständigem Papier.

Inhalt

Abbildungsverzeichnis	9
Tabellenverzeichnis	10
Einleitung: Parlamentarismus – ein Erfolgsmodell ohne Zukunft?	11

Kapitel I: Grundlagen ... 17
1. **Begriffliche und institutionelle Wurzeln** ... 17
   1.1. Begriffsgeschichte ... 17
   1.2. Institutionengeschichte ... 18
2. **Theoretische Wurzeln und Äste** ... 24
   2.1. Wurzeln und Stränge der Parlamentarismustheorie ... 24
   2.2. Trends der Parlamentarismustheorie und -forschung ... 27
3. **Begriffsverwandtschaften** ... 29
   3.1. Parlamente und Demokratie – von zahnlosen Tigern und Wölfen im Schafspelz ... 29
   3.2. Parlamente, Wahlen und Parteien ... 32
   3.3. Parlamente und Repräsentation ... 38
4. **„Parlamente" und „Parlamentarismus" – Arbeitsdefinitionen** ... 44
   4.1. „Parlamente" ... 44
   4.2. „Parlamentarismus" ... 47

Kapitel II: Struktur und Organisation von Parlamenten ... 59
1. **Zwei- oder Ein-Kammer-Parlamente** ... 59
   1.1. Bikameralismus ... 59
   1.2. Zweite Kammern ... 60
2. **Wie groß sind Parlamente?** ... 63
   2.1. Größe macht einen Unterschied ... 63
   2.2. Die „typische" Größe Erster Kammern (Rein Taagepera) ... 66
   2.3. Die „typische" Größe Zweiter Kammern (Taagepera/Recchia) ... 69
3. **Innere Struktur der Parlamente – Arbeitsebenen und Organe** ... 72
   3.1. Das Parlament als Plenum ... 73
   3.2. Zentrale innerparlamentarische Zusammenschlüsse: Fraktionen und Ausschüsse ... 77
   3.3. Die individuellen Abgeordneten ... 82
4. **Arbeitsweise der Parlamente** ... 88
   4.1. Reguliert und ritualisiert ... 89
   4.2. Öffentlich, aber nicht durchweg ... 92
   4.3. Parlamente als „Orte der Debatte": Diskurs vs. Verhandeln – „arguing" vs. „bargaining" ... 94
   4.4. Parlamente als Orte des Entscheidens und Opponierens: Mehrheit vs. Minderheit ... 96
5. **Organisationstheoretische Einordnung: Parlamente als Organisationen sui generis?** ... 98
   5.1. Organisationscharakteristika von Parlamenten (Nelson W. Polsby) ... 98

5.2. Parlamente als „korporative" oder „kollektive" Akteure (Fritz W. Scharpf)? ... 101

Kapitel III: Parlamentsfunktionen ... 107

1. **Funktionskataloge und Funktionssystematiken** ... 107
   1.1. Funktionskataloge ... 107
   1.2. Funktionstypologie ... 115
2. **Parlamentsaufgaben – Funktionslogik, Funktionserfüllung, Funktionsprobleme** ... 117
   2.1. Wahl- und Abwahlfunktion ... 118
   2.2. Gesetzgebungsfunktion ... 126
   2.3. Kontrollfunktion ... 135
   2.4. Kommunikationsfunktion ... 144
3. **Funktionale Parlamentstypologien** ... 150
   3.1. Parlamente vs. Legislaturen ... 151
   3.2. Redeparlamente vs. Arbeitsparlamente (Winfried Steffani) ... 152
   3.3. „Transformative Legislatures vs. Arenas" (Nelson W. Polsby) ... 153
   3.4. „Active vs. Marginal Legislatures" (Michael L. Mezey) ... 155

Kapitel IV: Parlamentarismus unterhalb und oberhalb des Nationalstaates ... 159

1. **Subnationaler Parlamentarismus** ... 159
   1.1. Regionalparlamente ... 159
   1.2. Kommunal-„Parlamente" ... 162
2. **Transnationaler Parlamentarismus** ... 166
   2.1. Das Europäische Parlament ... 167
   2.2. Parlamentarische Versammlungen ... 193

Kapitel V: Parlamentarismuskritik ... 203

1. **Traditionelle Parlamentarismuskritik – von rechts und links** ... 204
   1.1. Kritik von rechts: Carl Schmitt ... 204
   1.2. Kritik von linksaußen: Johannes Agnoli ... 207
   1.3. Kritik von mitte-links: Jürgen Habermas ... 209
   1.4. Zwischenbilanz: rechts vs. links ... 212
2. **Zeitgenössische Kritikstränge** ... 214
   2.1. „Postparlamentarische Demokratie" (Svein S. Andersen/Tom R. Burns) ... 214
   2.2. Postparlamentarismus und Entparlamentarisierung ... 217
   2.3. Postparlamentarismus und Postdemokratie ... 218
   2.4. Parlamentarismuskritik als Parteienkritik ... 220
3. **Alt vs. jung in der Gesamtschau** ... 223

Kapitel VI: Neo-parlamentarische Perspektiven ... 227

1. **„Does parliament matter?" – Yes (but how?)** ... 227
   1.1. Parlamente als Netzwerkakteure ... 227
   1.2. Entparlamentarisierung als undifferenzierter Pauschalbefund ... 229
   1.3. Funktionswandel von Parlamenten ... 230
   1.4. Parlamentsreform – eine Chance für die Parlamente ... 232
2. **Parlamente in Transformationsstaaten und nicht-demokratischen Systemen** ... 234
   2.1. Parlamentarismus in Transformationsstaaten ... 234
   2.2. Parlamentarismus als Stabilisator von Demokratien? ... 236
   2.3. „Parlamentarismus" in nicht-demokratischen Systemen ... 239

3. „Parlamentarische Demokratie" jenseits des Nationalstaates ... 241
    3.1. Nationale Parlamente in der Europäischen Union – zum Verlieren verdammt? ... 241
    3.2. Das Europäische Parlament – ein Sonderfall? ... 243
    3.3. Parlamentarische Versammlungen – transnationaler Parlamentarismus in den Startlöchern? ... 244
    3.4. „Parlamentsverflechtung" ... 245
4. Parlamentarismus: Erfolg mangels Alternative? ... 247

Schluss: Kein Ende des Parlamentarismus ... 253

Literaturverzeichnis ... 257

Sachregister ... 287

Personenregister ... 297

Bereits erschienen in der Reihe STUDIENKURS POLITIKWISSENSCHAFT (ab 2017) ... 301

Abbildungsverzeichnis

Abbildung 2.1: Parlamente gruppiert nach Mandatsstärke (Erste Kammern und Einkammersysteme)   64

Abbildung 2.2: Zweite Kammern der bikameralen Parlamente gruppiert nach Mandatsstärke   70

Abbildung 2.3: Typologie der Parlamentsvorsitzenden   75

Tabellenverzeichnis

Tabelle 1.1:	Wahlprinzipien, ihre Begründung und Umsetzung	33
Tabelle 1.2:	Dimensionen pluralistischer Repräsentation	43
Tabelle 1.3:	Typen von Regierungssystemen	50
Tabelle 2.1:	Struktur von Parlamenten	72
Tabelle 2.2:	US-amerikanisches vs. britisches Ausschusssystem	82
Tabelle 2.3:	Typologie der Sitzanordnungen in Parlamenten	92
Tabelle 2.4:	Formen parlamentarischer Öffentlichkeit	93
Tabelle 2.5:	Eigenschaften von Parlamenten im Vergleich mit anderen staatlichen Körperschaften	99
Tabelle 2.6:	Typologie kollektiver Akteure	102
Tabelle 3.1:	Parlamentarische Funktionskataloge – Teil I	111
Tabelle 3.2:	Parlamentarische Funktionskataloge – Teil II	112
Tabelle 3.3:	Parlamentarische Funktionskataloge – Teil III	113
Tabelle 3.4:	Parlamentstypologie nach Michael L. Mezey	155
Tabelle 4.1:	Kontingentgröße der EU-Mitgliedsstaaten	171
Tabelle 4.2:	Ausschüsse im Europäischen Parlament (Stand Juli 2024)	177
Tabelle 4.3:	Fraktionen im Europäischen Parlament (Stand Juli 2024)	178
Tabelle 5.1:	Gegenpositionen der Parlamentarismuskritik	212
Tabelle 5.2:	Hauptpositionen der Parlamentarismustheorie	222

Einleitung: Parlamentarismus – ein Erfolgsmodell ohne Zukunft?

Parlamentarismus und Parlamente gehören immer noch mit zu den bestbeleuchteten politischen Phänomenen. Gibt man beispielsweise „Parlamentarismus" in den Katalog der Berliner Staatsbibliothek ein, erhält man rund 9.000 Treffer. Die Eingabe „Parlament" verweist gar auf rund 50.000 Veröffentlichungen, die das Wort im Titel tragen. In „google scholar" werden einige Millionen Publikationen aufgelistet, wenn man nach „parliament" sucht.

Das breite Fundament an wissenschaftlichen Veröffentlichungen hängt damit zusammen, dass Parlamente bereits seit Jahrhunderten existieren und von Beginn ihres Bestehens an wissenschaftliche Aufmerksamkeit auf sich gezogen haben. Legendär und auch heute noch viel zitiert sind die frühen Auseinandersetzungen von Walter Bagehot und John Stuart Mill mit dem Parlamentarismus ihrer Tage, dem Parlamentarismus des 19. Jahrhunderts. Aber auch noch heute ist die Parlamentarismusforschung ein wichtiger Arbeitsbereich der Politikwissenschaft und anderer Disziplinen. Was ist das Faszinierende an Parlamenten, das die klassischen Denker und zeitgenössischen Forschenden zur intensiven Analyse dieser Organisationen bewegt hat respektive bewegt?

Zum Ersten stehen Parlamente zumindest formal im Mittelpunkt zahlreicher politischer Systeme – allemal in den parlamentarischen Demokratien. Sie sind sichtbare, öffentliche Foren der gesellschaftlichen Auseinandersetzung und verbindlichen Entscheidung – ein Prozess, für den Parlamente den Rahmen setzen und/oder federführend sind. Weil sie im politischen System eine Schlüsselstellung einnehmen, sind sie selbst, ihre Organisation, Funktionen und Kompetenzen, ein Schlüssel zur Charakterisierung einzelner Staaten und für den Vergleich von Regierungsformen.

Zum Zweiten macht die dichte Verknüpfung von Parlamentarismus und Demokratie die Beschäftigung mit dieser Organisationsform attraktiv. Parlamentarisierung und Demokratisierung werden als miteinander verkoppelte Prozesse wahrgenommen. Auch heute gilt: Dort, wo „mehr Demokratie" gefordert wird, wird schnell der Ruf nach „mehr Parlament" laut: zum Beispiel in Staaten, die sich in dem Übergang von einem autokratischen zu einem demokratischen Regime befinden oder auch in der Europäischen Union (EU).

Zum Dritten sind es die Stabilität und die expansive Dynamik der Organisationsform, die Aufmerksamkeit auf sich ziehen. Etliche gesellschaftliche Institutionen sind verschwunden; Parlamente hingegen befinden sich seit Jahrhunderten auf einem Überlebenspfad, wenn nicht gar auf der Siegerstraße. Sie haben sich über die gesamte Welt verbreitet. Es existiert wohl kaum ein Staat, der nicht über ein „Parlament" oder artverwandtes Organ verfügt – mag es auch den gängigen demokratischen Standards nicht entsprechen. Die Datenbank *Parline* der Interparlamentarischen Union (IPU)[1] listet parlamentarische Körperschaften in mehr als 190 Staaten auf; darunter fallen zweifelsfrei nicht-demokratische Systeme wie die

---

1 Die „Parline"-Datenbank der Interparlamentarischen Union steht online zur Verfügung (https://data.ipu.org, 31.07.2024).

Islamische Republik Iran oder China. Selbst diese Staaten wollen oder können auf „Parlamente" nicht verzichten.

Parlamentarismus findet sich freilich nicht nur auf der Ebene nationalstaatlicher Politik, sondern auch auf der „subnationalen" Ebene, beispielsweise in den politischen Systemen von Einzelstaaten oder Regionen sowie auf der kommunalen Ebene. Darüber hinaus wird Parlamentarismus auch jenseits des Nationalstaates praktiziert, besonders sichtbar innerhalb der Europäischen Union mit ihrem starken Europäischen Parlament (EP). In Form Parlamentarischer Versammlungen (PV) findet sich das Prinzip des Parlamentarismus auch in der internationalen Politik.

Trotz seiner weltweiten Verbreitung und seiner Expansion über die verschiedenen Ebenen der Politikgestaltung hinweg werden seit geraumer Zeit Stimmen laut, die ein Ende des Parlamentarismus verkünden. Warum sollte – jetzt, da der Parlamentarismus am Zenit angekommen zu sein scheint – mit dem Höhepunkt auch der Endpunkt einer parlamentarischen Epoche gekommen sein? Das Argument vom „postparlamentarischen" und „postdemokratischen" Zeitalter[2], das später nochmals im Detail angesprochen wird, kommt zu folgendem Schluss: Parlamente sind zwar universell – über Systeme und Ebenen hinweg. Sie haben allerdings immer weniger zu sagen. Mit anderen Worten: Parallel zu ihrer quantitativen Ausbreitung verlieren Parlamente qualitativ an Relevanz und Kompetenz. Letzten Endes erfüllten sie nur noch eine Legitimations- und Fassadenfunktion. Sie simulierten Demokratie und Partizipation, wo in Wirklichkeit eine Beteiligung der Politikbetroffenen nicht mehr gegeben sei.

Diese parlamentarismusskeptischen Debatten sind Episoden einer langen Geschichte der Fragen an den Parlamentarismus – wobei das „Fragen stellen" mitunter zum „Infragestellen" geworden ist. Parlamente sind immer auch aus einem kritischen Blickwinkel betrachtet worden. So heißt es, dass die Parlamentarismuskritik so alt sei wie der Parlamentarismus selbst.[3] In der Tat wurde der Abgesang auf die Parlamente schon bereits Anfang des vergangenen Jahrhunderts angestimmt: Die legendäre Diagnose des britischen Historikers James Bryce vom „Decline of Legislatures" stammt beispielsweise aus dem Jahr 1921.

Einige Stränge der Kritik sind durchaus fundamental, wenn nicht nur einzelne Aspekte parlamentarischer Demokratie unter Beschuss stehen, sondern das gesamte System. Zahlreiche Alternativen zu Parlamenten sind diskutiert und entwickelt worden; dennoch ist Parlamentarismus das leitende Funktionsprinzip moderner Demokratie geblieben – (derzeit) ohne eine wirkliche Alternative. Angesichts dieser Spannung zwischen Fundamentalkritik am Parlamentarismus und dem stets zu vernehmenden Abgesang auf der einen Seite sowie seiner gleichzeitigen Beständigkeit und Verbreitung auf der anderen Seite kann ein genereller Ausgangsbefund festgehalten werden: „Parliament is a paradoxical institution".[4]

---

2 Vgl. Andersen/Burns 1996; Crouch 2013.
3 Vgl. von Beyme 1998: 21.
4 Loewenberg 1971: 1.

Mit diesen paradoxen Organisationen setzt sich dieses Buch auseinander. Es ist ausdrücklich als *Einführung* in den Parlamentarismus und die Organisationsform der Parlamente gedacht.

Für wen könnte dieses Buch hilfreich sein? Dieses Buch richtet sich zum einen an Studierende in den ersten Semestern und bietet eine Grundlage für Veranstaltungen zur Thematik. Es unterbreitet zum anderen Fortgeschrittenen ein auffrischendes Angebot mit Verweisen, sodass bei Bedarf ausgewählte Fragestellungen vertieft werden können. Diese Einführung kann auch jenseits der universitären (Aus-)Bildung oder der Fort- und Weiterbildung als kleines Handbuch für alle diejenigen dienen, die aus beruflichen oder persönlichen Gründen mehr über die Theorie und Praxis von Parlamentarismus erfahren wollen.

Das Buch will jedoch nicht nur Erkenntnisse der Parlamentarismusforschung für Interessierte zusammenstellen und verständlich machen. Darüber hinaus sollen Fragen leitend sein, die Anschlusspunkte für weitere Auseinandersetzung und Diskussion bieten: Wie hat sich der Parlamentarismus gewandelt? Welche Veränderungen stehen ihm noch bevor? Hat Parlamentarismus eine Zukunft und – wenn ja – welche?

Schon an dieser Stelle sei eine These aufgestellt: Parlamente sind Organisationen mit hohem Entwicklungspotenzial und mit der Fähigkeit, sich wandelnden Umständen anzupassen. Auch in hundert, zweihundert und noch mehr Jahren wird es Parlamente geben. Sie werden anders aussehen, vielleicht auch anders heißen, aber in einer Entwicklungslinie mit den Parlamenten stehen, wie wir sie heute kennen.

Zum Inhalt des Bandes

Das Lehrbuch soll also in Theorie und Praxis des zeitgenössischen Parlamentarismus einführen: Wie ist es aufgebaut?

- *Kapitel I – Grundlagen:* Das erste Kapitel legt die Wurzeln der Konzepte Parlament und Parlamentarismus frei und kommt auf die Entstehung der Begriffe sowie der konkreten Körperschaftsformen zu sprechen. Parlamentarismus ist zu „definieren", also abzugrenzen, und in Beziehung zu anderen Konzepten zu setzen, die mit ihm verwandt zu sein scheinen, wie Demokratie oder Repräsentation. Welche Stränge der politischen Theorie führen zum Parlamentarismus? Gibt es eine eigene Parlamentarismustheorie? Auch die „empirischen" Wurzeln sind zu betrachten: Was sind die Vorläufer moderner Parlamente? Wo hat der Parlamentarismus seine Kindheit verbracht? Wann ist er erwachsen worden? Am Ende des Kapitels werden für die weiteren Überlegungen die Begriffe „Parlament" und „Parlamentarismus" definiert.

- *Kapitel II – Struktur und Organisation von Parlamenten:* Das zweite Kapitel schaut sich die Parlamente als Organisationen an. Wie arbeiten Parlamente, wie sind sie aufgebaut? Welche operativen Ebenen und Gremien wirken innerhalb von Parlamenten? Was sind leitende Organisationsprinzipien parlamentarischer Körperschaften? Wie sieht die typische parlamentarische Arbeitsweise aus? Das Kapitel schließt mit einem Versuch, die Organisationsform „Parlament" gegenüber anderen Organisationen zu konturieren.

- *Kapitel III – Parlamentsfunktionen:* Das dritte Kapitel kommt auf die Rolle der Parlamente im politischen Prozess zu sprechen. Welche Aufgaben haben parlamentarische Körperschaften und über welche Kompetenzen verfügen sie? Ausgangspunkt sind verschiedene Funktionskataloge der Parlamentarismusforschung; auf dieser Grundlage lassen sich vier zentrale Parlamentsaufgaben identifizieren. Die Theorie und Praxis jeder dieser vier Funktionen sollen herausarbeitet werden. Am Ende des Kapitels stehen verschiedene in der Parlamentarismusforschung entwickelte Ansätze, die versuchen Parlamente entlang ihrer funktionalen Schwerpunkte zu sortieren.

- *Kapitel IV – Parlamentarismus unterhalb und oberhalb des Nationalstaates:* Bis hierhin sind Strukturen und Funktionen stets mit Bezug auf nationale Parlamente diskutiert worden. Im vierten Kapitel stehen Parlamente und Parlamentarismus unterhalb und oberhalb der nationalstaatlichen Ebene im Mittelpunkt. Zunächst werden parlamentarische Körperschaften auf der subnationalen, regionalen Ebene angesprochen. Im Anschluss bewegt sich die Analyse eine „Etage" tiefer auf die „grass roots", auf die kommunale Politik, und die Rolle, die Parlamentarismus dort spielt. In der anderen Richtung soll das Europäische Parlament thematisiert werden, aber auch eher unterbelichtete Formen von parlamentarischen Körperschaften in den internationalen Beziehungen, nämlich die Parlamentarischen Versammlungen.

- *Kapitel V – Parlamentarismuskritik:* Das fünfte Kapitel stellt fundamentale und zentrale Kritik am Parlamentarismus dar – eine Kritik, die, wie gesagt, Parlamente seit ihrer Geburtsstunde begleitet. Woher kommt die Kritik am Parlamentarismus und woran macht sie sich fest? Thematisiert werden klassische Diskursstränge, die sich aus verschiedenen ideengeschichtlichen Strömungen speisen. Aber auch die bereits angesprochenen zeitgenössischen „Entparlamentarisierungsdebatten" sollen Erwähnung finden sowie parteien- und repräsentationskritische Ansätze.

- *Kapitel VI – Neo-parlamentarische Perspektiven:* Im sechsten und letzten Kapitel soll die Kritik am Parlamentarismus wiederum selbst kritisiert und wo nötig relativiert werden. Haben Parlamente – wie uns Stränge der Parlamentarismuskritik glauben machen wollen – ihre ursprüngliche Bedeutung verloren? Sind Parlamente reformunfähige oder doch „lernende" Institutionen? An welche Anpassungsgrenzen können Parlamente stoßen? Schließlich ist zu schauen, was übrig bleibt: eine Bestätigung der Diagnose vom „postparlamentarischen" Zeitalter oder Konturen eines „neo-parlamentarischen", in dem den Parlamenten eine neue und durchaus wichtige Rolle zukommen könnte.

Am Ende der jeweiligen Kapitel wird ausgewählte Literatur angeführt und kommentiert. Außerdem schließen die Kapitel mit Zusammenfassungen sowie Wiederholungsfragen ab; mit deren Hilfe können die Leser:innen die Inhalte des jeweiligen Abschnitts nochmals Revue passieren lassen – natürlich bieten sich die Fragen bei Bedarf auch für Prüfungen zur Thematik an.

In den einzelnen Kapiteln soll immer wieder anhand von Fallbeispielen geschaut werden, wie sich die Theorie in die Praxis übersetzt und die Praxis zurück auf die Theorie wirkt. Eine besondere Rolle wird dabei die Mutter aller modernen Parlamente, das britische „Parliament", spielen, das mit Recht als Prototyp eines „parlamentarischen Parlaments"[5] begriffen wird. Gerade im historischen Teil wird der Blick intensiv auf „Westminster" gelenkt, aber auch immer dort, wo die Praxis des britischen Parlaments die Parlamentarismustheorie nachhaltig geprägt hat. Weiterhin soll verstärkt auf den Deutschen Bundestag und den deutschen Parlamentarismus verwiesen werden, der den meisten Leser:innen – zumindest geografisch – am nächsten steht. Wichtige Referenzfälle sind überdies der US-Kongress und das französische Parlament: also zum einen ein vergleichsweise starkes Parlament in einem der wenigen reinen „präsidentiellen Systeme" und zum anderen ein relativ schwacher („rationalisierter") Parlamentarismus in einem System, das als „semi-präsidentiell" oder „parlamentarisch-präsidentiell" bezeichnet werden kann.[6]

Wird Parlamentarismus jenseits des Nationalstaates thematisiert, darf natürlich der intensive Blick auf das Europäische Parlament (EP) nicht fehlen. Zwar spricht mittlerweile einiges dafür, das EP als den nationalen Volksvertretungen gegenüber gleichberechtigten Fall aufzunehmen, ähneln doch seine Funktionen und Strukturen weitgehend denen nationalstaatlicher Parlamente. Jedoch fehlen dem politischen System der Europäischen Union spezifische Voraussetzungen für die parlamentarische Organisation, wie wir sie aus dem nationalstaatlichen Kontext gewöhnt sind. Parlamentarische Repräsentation wird deswegen in der EU noch für eine geraume Zeit ein Fall „sui generis" (also unvergleichbar) sein.

Als empirische Referenzpunkte dienen überdies parlamentarische Körperschaften, die sich in der internationalen Politik rasant ausgebreitet haben: Parlamentarische Versammlungen internationaler Organisationen, die sich aus Mitgliedern nationaler Parlamente zusammensetzen. Diese sind zwar – streng genommen – keine Parlamente, bieten aber gutes Anschauungsmaterial für die Möglichkeiten und Grenzen des Parlamentarismus jenseits des Nationalstaates. Einige von ihnen scheinen auf dem besten Weg zu sein, wirkliche Parlamente zu werden. In den Blick genommen werden schließlich auch Beispiele für subnationale Parlamente auf regionaler und kommunaler Ebene; hier wird exemplarisch unter anderem über die deutschen Landtage und Kommunalparlamente zu sprechen sein.

Allein diese verschiedenen Referenzfälle machen deutlich, dass wir mit Parlamenten und Parlamentarismus ein sehr verästeltes Phänomen vor uns haben, das zugleich lange Wurzeln gezogen hat. Mit diesen Wurzeln beschäftigt sich das erste Kapitel.

---

[5] Steffani 1988: 261.
[6] Siehe die Erläuterungen zu den Begriffen in Kapitel I.

Kapitel I: Grundlagen

Will man die Verästelungen eines Konzeptes verstehen, muss man einen Blick auf das „Wurzelwerk" werfen. Zunächst sollen deswegen die begrifflichen und historischen Fundamente von Parlamentarismus und Parlamenten freigelegt werden. In einem weiteren Schritt gilt es, Parlamentarismus von anderen verwandten Konzepten wie dem der Demokratie oder der Repräsentation abzugrenzen. Schließlich werden Definitionen vorgeschlagen, die für die weitere Arbeit leitend sein sollen.

1. Begriffliche und institutionelle Wurzeln

Nicht überall, wo Parlament „draufsteht", ist auch Parlament „drin". Der Parlamentsbegriff findet Verwendung in einer Vielzahl von Zusammenhängen, die zum Teil auch weit entfernt von der Politik liegen. So gibt es beispielsweise ein Instrumentalensemble mit dem Namen „Parlement du Musique", das recht wenig mit dem politikwissenschaftlichen und staatsrechtlichen Verständnis von Parlament zu tun hat; schon dichter dran sind die sogenannten „Jugendparlamente", die auf kommunaler und regionaler Ebene die Vertretung von jungen Menschen bei Entscheidungen, die sie betreffen, garantieren sollen.

Richtig ist aber auch: Nicht überall, wo Parlament „drin" ist, steht Parlament „drauf"; alleine der Blick auf ausgesuchte Fälle macht dies deutlich: Im französischen Fall heißen die beiden Kammern zusammengefasst zwar noch „Parlement", in den USA hingegen „Congress", in Deutschland wird das Parlament als „Bundestag" bezeichnet. Der Begriff der „(National-)Versammlung/Assembly/Assemblée" taucht in einer Reihe von Fällen als Synonym auf, ebenso „(National-)Kongress", aber auch „Rat/Council/Conseil" oder „Legislature". Diese sprachliche Vielfalt macht eine Eingrenzung von Parlament und Parlamentarismus nicht unbedingt leichter.

1.1. Begriffsgeschichte

Wo kommt der Begriff „Parlament" her und was wurde mit diesem bezeichnet?[7] Das begriffliche Mutterland des Parlamentarismus ist Frankreich: „Parlament" stammt vom altfranzösischen „parlement" ab („parler" = sprechen, sich unterhalten) und meint „Unterredung" oder „Versammlung", lateinisch: „parlamentum". Der französische Begriff tauchte im 12. Jahrhundert auf. Er wird in Verbindung gebracht mit den Reichsversammlungen der fränkischen Könige, später fand er Verwendung für die Bezeichnung der obersten Gerichtshöfe der französischen Provinzen und in Paris. Diese Gerichtshöfe dienten als Berufungsinstanzen gegen die Entscheidungen des Monarchen und setzten sich zusammen aus vom König ernannten Mitgliedern. Der absoluten Autorität des Königs taten die „parlements" indes keinen Abbruch. Im Kielwasser der französischen Revolution wurden mit der Monarchie auch die „parlements" abgeschafft.

---

7 Vgl. zum Folgenden insbesondere Boldt 1978; auch von Beyme 2014 und Patzelt 2020.

Parallel tauchte der „Parlaments"-Begriff auf den britischen Inseln auf: So wurde im England des 13. Jahrhunderts die Unterredung des Königs mit den Vertretern der Stände als „parliamentum", als „Gespräch" bezeichnet. „King in Parliament" bedeutete, dass sich der König in einer Besprechung mit Beratern, später mit Vertretern der Stände befand. Diese englische institutionelle Linie sollte die Basis für unser heutiges Parlamentsverständnis bilden.

Im deutschen Sprachkontext diente „Parlament" zunächst als ein Fremdwort für das, was in Frankreich und Großbritannien als „parlement/parliament" bezeichnet wurde. Später ist der Begriff auch im Deutschen verallgemeinert und auf konkrete Organisationen übertragen worden, stand gleichwohl in dichter Konkurrenz mit Begriffen wie „Versammlung" oder insbesondere „Tag", der für die deutschen „Parlamente" verwendet wurde – und heute noch verwendet wird („Bundestag", „Landtag"). Erst ab der Mitte des neunzehnten Jahrhunderts verbreitete sich der Parlamentsbegriff auch im Deutschen, zunächst in seiner adjektivischen Form, z. B. in der Wendung „parlamentarische Regierung".

Das deutsche Wort „Parlamentarismus" meinte zunächst nichts Positives: Mit diesem Begriff wurde voll Verachtung die parlamentarische Körperschaft respektive die Überstrapazierung des parlamentarischen Prinzips gebrandmarkt. Der Begriff verlor seine negative Bedeutung jedoch relativ zügig und schon bald diente er zur neutralen Bezeichnung eines Regierungssystems, in dem Parlamente eine wichtige Rolle spielen. Das Verächtliche im Begriff schwand mit der Etablierung der so bezeichneten Institutionen in den nationalen politischen Systemen, mit der zunehmenden Anerkennung von Parlamentarismus als einem akzeptierten Weg, Herrschaft demokratisch zu legitimieren.

In diesem positiven Sinne fand „Parlamentarismus" Verwendung als Bezeichnung für die Bewegung, die im historischen Prozess versucht hat, die bestehenden parlamentarischen Organisationen zu stärken oder neue auszubauen. „Parlamentarismus" kann schließlich auch einen „fertigen" Systemtyp meinen, in dessen Strukturen ein Parlament in unterschiedlichem Ausmaß verankert ist. In der Zuspitzung versteht man unter „Parlamentarismus" ein System, „dessen Schwerpunkt in der Volksvertretung liegt".[8] Jedenfalls scheint der Begriff des „Parlamentarismus" aus der Empirie von Parlamenten abgeleitet und ohne die konkreten Körperschaften nicht denkbar zu sein. Anders formuliert: Am Anfang stand die Praxis parlamentarischer Körperschaft und dann erst das Konzept des „Parlamentarismus". Ob dieser Begriff positiv oder negativ wahrgenommen wurde, hing folglich davon ab, wie man zu den Parlamenten als Organisationen im politischen Entscheidungsprozess stand. Diese Haltung hat sich über die Zeit hinweg dramatisch gewandelt.

1.2. Institutionengeschichte

Die Begriffsgeschichte rund um Parlament und Parlamentarismus steht also in Bezug zur Geschichte einer real existierenden Institution – besser: der „Geschichten", denn von einer zeitgleichen Etablierung von Parlamenten kann nicht die

---

8 Von Beyme 2014: 24.

Rede sein. Unterschiedliche Entwicklungslinien müssen gezeichnet werden, im ersten Schritt die des Vorreiters, des britischen Parlamentarismus, im zweiten die der Nachzügler Frankreich, Deutschland und USA.[9]

1.2.1. Parlamentarisierung in Großbritannien

Für die institutionelle Herausbildung des Parlamentarismus im engeren Sinne, also eines Systems, in dem das Parlament eine zentrale Rolle spielt, ist der britische Fall wegweisend und formgebend.[10] Dabei lässt sich der dortige Prozess der „Parlamentarisierung" als Folge historischer Ereignisse verstehen, die insbesondere die Erste Kammer, das „House of Commons", in den Mittelpunkt des Regierungssystems auf der Insel gerückt haben.

Alles fing damit an, dass sich Könige einen Kreis von Beratern an die Seite stellten. Bereits in angelsächsischer Zeit beriefen die Fürsten von Zeit zu Zeit einen „Rat", den sogenannten „Witenagemot", ein, in dem die „Freien" den König beraten sollten. Mit der Entstehung des englischen Feudalsystems im 11. Jahrhundert wurde der „Rat des Königs" („Curia Regis") geschaffen, der Kern des späteren Parlaments. In der berühmten „Magna Charta" von 1215 sicherte sich die „Curia Regis" eigene Kompetenzen zu, zum Beispiel im Falle der Erhebung von Steuern gefragt zu werden.[11]

Im 13. Jahrhundert wurde das mittlerweile als „Großer Rat" („Great Council") bezeichnete Gremium erweitert und damit zur Vorstufe einer Ständeversammlung. Im Folgejahrhundert sind die „Commons", d.h. die Bürger aus den Städten respektive ihre Vertreter, regelmäßig zum „parliamentum", zum Treffen der Könige mit dem Rat, hinzugezogen worden. Mit der Etablierung zweier Kammern innerhalb des „Great Council" im 14. Jahrhundert („House of Lords", „House of Commons") wurde der Rat zu einer gesamtgesellschaftlichen Repräsentationskörperschaft. Seine politischen Rechte gerade in Budgetfragen wurden nach und nach erweitert.

Die weitere Parlamentsgeschichte ist geprägt von der wechselhaften Ereignisfolge auf den britischen Inseln. Parlament und König/Königin verkörperten dabei nicht selten die Antagonisten in der Auseinandersetzung, die auch zum Bürgerkrieg im 17. Jahrhundert führte. Dabei musste das Parlament phasenweise zurückstecken und bereits gewonnene Kompetenzen wieder abgeben, blieb aber auch in stürmischer See als Institution verankert – allerdings wurde es in seiner Zusammensetzung zum Teil erheblich verändert. Aus diesen Wirrungen englischer Politik ging am Ende das Parlament als ein Gewinner hervor. Einen wichtigen Markstein stellte die „Glorious Revolution" mit ihrer „Bill of Rights" aus dem Jahre 1689 dar. In diesem Dokument wurden die legislative Macht des Parlaments und das parlamentarische Steuerbewilligungsrecht zementiert.

---

9 Werner J. Patzelt greift für seine Geschichte des Parlamentarismus noch viel weiter in die Historie zurück: in die „Alte Geschichte" (vgl. Patzelt 2024).
10 Vgl. als Literatur zum britischen Fall u.a. Jones 2012; Kluxen 1971c; Loewenstein 1964.
11 Dokumentiert in Massing/Breit 2002: 301 f.

Bill of Rights (1689; Auszüge)

„And thereupon the said Lords Spiritual and Temporal and Commons, pursuant to their respective letters and elections, being now assembled in a full and free representative of this nation, taking into their most serious consideration the best means for attaining the ends aforesaid, do in the first place (as their ancestors in like case have usually done) for the vindicating and asserting their ancient rights and liberties declare;
That the pretended power of suspending of laws or the execution of laws by regal authority without consent of Parliament is illegal;
That the pretended power of dispensing with laws or the execution of laws by regal authority, as it hath been assumed and exercised of late, is illegal;
That the commission for erecting the late Court of Commissioners for Ecclesiastical Causes, and all other commissions and courts of like nature, are illegal and pernicious;
That levying money for or to the use of the Crown by pretence of prerogative, without grant of Parliament, for longer time, or in other manner than the same is or shall be granted, is illegal;
That it is the right of the subjects to petition the king, and all commitments and prosecutions for such petitioning are illegal;
That it is the raising or keeping a standing army within the kingdom in time of peace, unless it be with consent of Parliament, is against law;
That the subjects which are Protestants may have arms for their defence suitable to their conditions and as allowed by law;
That election of members of Parliament ought to be free;
That the freedom of speech and debates or proceedings in Parliament ought not to be impeached or questioned in any court of place out of Parliament;
That excessive bail ought not to be required, nor excessive fines imposed, nor cruel and unusual punishments inflicted;
That jurors ought to be duly impanelled and returned, and jurors which pass upon men in trials for high treason ought to be freeholders;
That all grants and promises of fines and forfeitures of particular persons before conviction are illegal and void;
And that for redress of all grievances, and for the amending, strengthening and preserving of the laws, Parliaments ought to be held frequently […]."

(Quelle: Doeker/Wirth 1982)

Von einer beginnenden Parlaments*souveränität*, also der faktischen Machtkonzentration in Westminster, kann Anfang des 18. Jahrhunderts gesprochen werden, nachdem sich das englische mit dem schottischen Parlament vereinigt hatte. Über diverse Reformschritte hinweg entwickelte sich das „House of Commons" zu der wichtigsten Komponente des Zwei-Kammer-Parlaments.

Diese Entwicklung spiegelte den gesellschaftlichen Wandel wider, insbesondere die wachsende wirtschaftliche Bedeutung des Bürgertums und der Grafschaften. Das „House of Lords", die Versammlung des Hochadels, verlor zunehmend an Bedeutung – ein Prozess, der bis in unsere Tage reicht. So kommt es, dass Walter Bagehot in seiner Analyse aus dem Jahr 1867 das Unterhaus und das Kabinett zu dem leistungsfähigen („efficient") Segment der Verfassung zählt, also zu den

Teilen, die über tatsächliche Entscheidungsmacht verfügen. Die Krone und das Oberhaus werden von Bagehot zum ehrwürdigen („dignified") Bereich des Systems gezählt, also zu den Institutionen, die wenig Entscheidungsmacht, aber eine wichtige integrative Aufgabe haben. „King in Parliament" ist – so Walter Bagehot – Mitte des 19. Jahrhunderts zu einer ritualisierten Fassade geworden. [12]

Aufschlussreich an der Entwicklung des britischen Parlaments ist der lange und beschwerliche Marsch, den die Institution hinter sich gebracht hat, um dort zu sein, wo sie heutzutage steht. Aus dem „King in Parliament", aus der Unterredung des Königs mit den Ständen oder sonstigen Ratgebern, ist über die Jahrhunderte hinweg *das* zentrale britische Verfassungsorgan geworden – aus einem „Gespräch" wurde eine mächtige „Institution", die im Laufe der Zeit den ursprünglich dominanten „Gesprächsteilnehmer", den König oder die Königin, entmachtete und aus dem politischen Prozess verdrängte.

1.2.2. Parlamentarisierung in Frankreich, Deutschland und den USA

Parlamentarismus im britischen Sinne begann auf dem Kontinent erst im 19. Jahrhundert massiv an Boden zu gewinnen. Parlamentarisierungsprozesse sind in den kontinental-europäischen Staaten ohne Zweifel zügiger verlaufen – nicht zuletzt, weil sie später ansetzten und somit andere gesellschaftliche Voraussetzungen vorfanden.

Zunächst zu Frankreich: Die Form des französischen Absolutismus hatte für die institutionalisierte Einbindung der Stände oder der Bürgerschaft nur wenig Raum gelassen. Zu sehr konzentrierte sich die Macht auf die Krone. In den revolutionären Umbrüchen Ende des 18. Jahrhunderts begann desgleichen nicht eine stetige Parlamentsentwicklung; vielmehr war die postrevolutionäre Zeit geprägt vom mehrfachen Wechsel zwischen Despotie und Republik. In Frankreich waren es dann nicht die bereits erwähnten „parlements", die die Grundlage der republikanischen Volksvertretung boten, sondern die von den verschiedenen Verfassungen jeweils etablierten Vertretungskörperschaften. Seit 1789 haben die Franzosen immer wieder Volksvertretungen wählen können – jedoch änderten sich die Namen des Parlaments („Nationalversammlung", „Kammer der Volksvertreter", „Gesetzgebender Körper", „Abgeordnetenkammer") wie auch dessen Kompetenzen.

Startpunkt war die „Assemblée Nationale", die 1789 in der Revolution gegründet worden war; die Vertreter des Dritten Standes gaben sich den Namen „Nationalversammlung" und markierten damit ihr Selbstverständnis und -bewusstsein, die gesamte französische Nation zu vertreten. Die Verfassung von 1791 sah die Schaffung einer „Gesetzgebenden Versammlung" vor. Die Folgeverfassung von 1795 begründete erstmalig eine bikamerale Struktur, also ein Zwei-Kammer-Parlament. Abgelöst wurden die postrevolutionären Ansätze parlamentarischer Regierung durch die Herrschaft Napoleons. Erst durch die Verfassungsschritte von 1814 und 1830 wurde die Rolle der beiden Kammern wieder aufgewertet.

---

12 Vgl. Bagehot 1971.

Nach einer Stagnationsphase im „Zweiten Empire" entwickelten sich die parlamentarischen Körperschaften zu mächtigeren Akteuren – allemal in der Dritten und Vierten Republik, indes wieder deutlich abgeschwächt in der aktuellen, der Fünften Republik.[13] Die gegenwärtige Stellung von Nationalversammlung und Senat im politischen System Frankreichs wird mit dem Begriff des „rationalisierten Parlamentarismus" charakterisiert[14]: Das Parlament steht einer mächtigen Regierung gegenüber, die bei Bedarf weit in die parlamentarischen Kompetenzen hineingreifen kann. Die Stärkung des Staatspräsidenten nach 1958 (auch durch die Einführung der Direktwahl per Referendum 1962) hat die Unabhängigkeit des Parlaments beschnitten. In der Literatur findet sich eine gnadenlose Diagnose: „Aber wie sehr sich ein Teil seiner Mitglieder auch bemüht es glauben zu machen: das Parlament ist nicht mehr souverän".[15]

Wie lief die Parlamentarisierung in Deutschland ab?[16] Hinderlich bei der Ausgestaltung des deutschen Parlamentarismus war die späte Herausbildung eines Nationalstaates; so erklären sich die Brüche und fehlende Kontinuität in der deutschen Parlamentsentwicklung. Sucht man nach Vorläufern, stößt man in Deutschland auf mittelalterliche Ständeversammlungen und später auf die die Fürsten beratenden Hoftage und Landstände. In den konstitutionellen Monarchien der „deutschen" Länder entstanden nach und nach „parlamentarische" Repräsentationsorgane, auf der Folie der englischen Entwicklung in der Regel als Zwei-Kammer-Körperschaft. Das Prinzip der parlamentarischen Ministerverantwortlichkeit wurde zum Standard – allerdings noch ohne parlamentarisches Misstrauensvotum: Die Minister waren letzten Endes vom Vertrauen der Fürsten abhängig. Dieses Muster wurde auch in die Verfassung des Deutschen Reiches von 1871 übernommen. Dennoch kam es gerade im Kaiserreich – trotz seiner formalen Machtlosigkeit – zu einem gesteigerten Selbstbewusstsein und dem informellen Erstarken des Parlaments, des Reichstages.[17] Hebel für eine Parlamentarisierung in Deutschland war – wie auch in anderen Fällen – das Budgetrecht: Das Parlament hatte das wichtige und alleinige Privileg, Haushaltsmittel zu bewilligen – und das führte, wie beispielsweise im preußischen Verfassungskonflikt 1859-1866 um die Heeresreform zu einem erbitterten Machtkampf zwischen Parlament und Regierung (s. Kapitel III).

Der formale und nahezu unmerkliche Wandel zur parlamentarischen Regierungsverantwortlichkeit vollzog sich in Deutschland 1918 mit dem „Parlamentarisierungserlass" von Kaiser Wilhelm II. und der entsprechenden Änderung der Reichsverfassung. Die somit begründete Parlamentsverantwortlichkeit der Regierung prägte die Weimarer Republik, relativiert durch die verfassungspolitisch starke Stellung des Reichspräsidenten. Die *parlamentarische* Regierung wurde insbesondere durch eine sehr extensive Auslegung der Notstandsregelungen aus den Angeln gehoben. Der Weimarer Parlamentarismus litt unter dem Fehlen einer

---

13 Vgl. Kempf 2017: 115; Kittel 2004.
14 Vgl. Kimmel 2015.
15 Goguel 1971: 167.
16 Vgl. hierzu u.a. Biefang u.a. 2022.
17 Vgl. insbesondere Kreuzer 2004; siehe auch Biefang 2004.

entsprechenden politischen Kultur und eines stabilen Parteiensystems.[18] Das Parlament vermochte in der Verfassungswirklichkeit nicht zum effektiven Gegenspieler des Reichspräsidenten zu werden.[19]

Das Prinzip der parlamentarischen Regierung ist nach dem Zweiten Weltkrieg in Form der bundesdeutschen Demokratie aufgegriffen worden – unter Verarbeitung der Lehren aus Weimar. Die Stellung des Parlaments wurde gestärkt, die des Staatsoberhauptes deutlich geschwächt. In der Deutschen Demokratischen Republik (DDR) entwickelte sich demgegenüber ein „Minimal-" oder „Scheinparlamentarismus", der unter der Dominanz der Sozialistischen Einheitspartei (SED) stand und mit der Deutschen Einheit sein Ende gefunden hat.[20]

Werfen wir noch einen kurzen Blick über den Atlantik: In den Vereinigten Staaten von Amerika entstand Ende des 18. Jahrhunderts das nationale Parlament im revolutionären und verfassungsgebenden Prozess. Bereits im Unabhängigkeitskampf hatten sich die Einzelstaaten republikanische Verfassungen mit parlamentarischen Elementen verliehen. Zur Verfassungsgebung kamen Delegierte der Staaten in den Kontinentalkongressen zusammen und brachten ihre Vorstellungen und Erfahrungen aus den Einzelstaaten auf nationaler Ebene ein.

Das Zwei-Kammer-System auf US-Bundesebene geht auf die Zwischenphase der Einzelstaatlichkeit und sogar noch weiter zurück – bis in die Kolonialzeit. Die Senate in den Einzelstaaten und später der Senat auf Bundesebene standen in der Tradition des „Governor's Council", des Beratungsgremiums der englischen Statthalter. Das Repräsentantenhaus ist wiederum ausdrücklich als „popular branch", als Vertretung des Volkes eingerichtet worden.

Mit dem Kongress ist den Präsidenten von den amerikanischen Gründungsvätern ein kräftiger Akteur gegenübergestellt worden – im Sinne von „checks and balances", der gegenseitigen Kontrolle und damit Einschränkung von Macht. Die Diskussionen im Rahmen der Verfassungsgebung drehten sich gleichfalls um die Frage, wie man eine (zu) starke Legislative zügeln könnte: zum Beispiel dadurch, dass man sie in zwei Kammern aufteilt.[21]

Die Verfassung der Vereinigten Staaten von Amerika ist mehrfach durch sogenannte „Amendments" geändert worden. Die Machtverteilung hat sich aber in ihren Grundzügen, vor allem was die Rolle des Kongresses angeht, als einigermaßen stabil erwiesen – mit Phasen, die mehr zum „presidential government", und Phasen, die mehr zum „congressional government" tendierten.[22]

Die parlamentarischen „Spätentwickler", insbesondere die USA, hatten einen entscheidenden Vorteil: Sie konnten auf den britischen Fall, seine Theorie und Erfahrungen, zurückgreifen und damit Wege beschreiten, die das britische Parlament freigeschaufelt hatte. Der britische Fall ist einzigartig aufgrund seiner vergleichs-

---

18 Vgl. Wirsching 2004; siehe auch Winkler 2005.
19 Vgl. Austermann 2020.
20 Vgl. Patzelt/Schirmer 2002.
21 Vgl. Hamilton u.a. 1961 (Paper Nr. 48).
22 Vgl. Ginsberg 2016.

weise bruchlosen Evolution hin zu einer parlamentarischen Regierung, die ihre Anfänge bereits im Mittelalter, in feudalen Zeiten fand. Einzigartig ist auch die frühzeitige faktische Dominanz des Parlaments gegenüber der Krone. Ansonsten zeigen sich in der zweiten Hälfte des 20. Jahrhunderts trotz der unterschiedlichen Vorgeschichten eine große Ähnlichkeit und Konvergenz, was die Parlamentsentwicklung in den verschiedenen Systemen angeht – wohlgemerkt innerhalb einer gewissen Spannbreite. Im französischen Fall ist man aufgrund der Erfahrungen mit dem starken Parlamentarismus der Vierten Republik zu einer Form von „rationalisiertem" Parlamentarismus in der Fünften Französischen Republik gelangt, in der vor allem die Rolle des Staatspräsidenten gegenüber der Volksvertretung gestärkt worden ist. In der Bundesrepublik wiederum lehrten die Weimarer Erfahrungen, dass das Parlament gegenüber den anderen Akteuren zu kräftigen sei. Das Ergebnis ist ein System, in dem der Bundestag die zentrale Stellung einnimmt.[23]

2. Theoretische Wurzeln und Äste

Die Organisationsform Parlament hat schon frühzeitig theoretische Reflexionen stimuliert und tut dies auch heute noch. Mit der Parlamentarismustheorie von gestern und heute setzt sich dieser Abschnitt auseinander: (1) mit den verschiedenen Strängen der Ideengeschichte, die den Weg zum Parlamentarismus unserer Tage bereitet haben, und (2) mit der Theorie und Forschung, die heutzutage den Parlamentarismus zum Gegenstand machen.

2.1. Wurzeln und Stränge der Parlamentarismustheorie

Parlamente und Parlamentarismus sind schon seit geraumer Zeit Gegenstand theoretischer Überlegungen, eben weil sie schon seit Langem Bestandteil der politischen Realität sind. Gibt es eine Parlamentarismustheorie ohne Parlamente, also eine Theorie über Parlamente, bevor es Parlamente gab, oder entwickelte sich diese ausschließlich entlang der real existierenden Körperschaften? Gibt es eine ideengeschichtliche „Wurzelarbeit"?

In der Tat lassen sich theoretische Diskurse ausmachen, die nahezu zwangsläufig zur Idee und schließlich auch zur Praxis des modernen Parlamentarismus geführt haben.[24] Zwei große Ströme der politischen Ideengeschichte, die Demokratietheorie und die Repräsentationstheorie, haben sich zur Theorie des demokratischen Parlamentarismus verbunden.

Zunächst zur Demokratietheorie: Der nächste Abschnitt wird die Beziehung zwischen den Konzepten „Parlament" und „Demokratie" noch genauer anschauen – mit der Feststellung, dass es sich dabei nicht um zwei Seiten einer Medaille handelt. Denn Demokratie wird in ganz unterschiedlichen Formen gedacht und auch in Strukturen, die weit entfernt von der parlamentarischen Regierungsform liegen können.

---

23 Vgl. Marschall 2023: 129-151; Grotz/Schröder 2021: 231-236.
24 Vgl. hierzu auch von Beyme 2014: 93-122; Hofmann/Riescher 1999; mit Blick auf den britischen Fall Selinger 2019; vgl. auch Ihalainen u.a. 2018 und Mineur 2020.

Ohne Zweifel führen aber bestimmte Linien der Demokratietheorie unmittelbar zur Praxis der parlamentarischen Demokratie. Allemal die frühen „Liberalen" haben in Richtung Parlament gedacht, wenn sie über das „Design" demokratischer Staaten reflektiert haben. So sehen die Gewaltenteilungslehren von John Locke oder von Charles-Louis Montesquieu die Existenz einer parlamentarischen Körperschaft vor; diese soll von den Bürgern gewählt werden. Die Volksvertretungen stehen den anderen Staatsgewalten gegenüber und sind von diesen mehr oder weniger abgekoppelt. Die Gewaltenteilungstheoretiker entwickelten ihre Ideen freilich nicht im luftleeren historischen Raum, sondern hatten insbesondere das politische System Englands mit seinem parlamentarischen Regime vor Augen.[25] Die Federalist Papers, die sich mit der US-amerikanischen Verfassungstheorie und -wirklichkeit beschäftigen, greifen das Gewaltenteilungsdenken auf. Montesquieu war wohl einer der wichtigsten spirituellen Gründungsväter der US-Verfassung.

Ein zweiter wichtiger ideengeschichtlicher Strang, der zum Parlamentarismus führt, ist die Repräsentationstheorie. Die Idee von der Herrschaft durch Vertretung hat ihre Anfänge spätestens in der Antike, in monarchischen, aristokratischen oder auch in den demokratischen Modellen und ihren Umsetzungen. Überhaupt scheint Herrschaft durch Repräsentation eine gesellschaftliche Universalie zu sein; ohne Repräsentation kann politische Ordnung vielleicht gar nicht organisiert werden. Repräsentation – darauf wird später noch einzugehen sein – ist über lange Strecken hinweg als Ein-Personen-Regime verstanden und realisiert worden: in Form der Monarchie. Erst durch die Verschiebung der Legitimation von Herrschaft weg von transzendentalen Vorstellungen („von Gottes Gnaden") hin zur Perspektive des Allgemeinwohls (schon als „bonum commune" bei Thomas von Aquin[26]) ändert sich die Repräsentationstheorie. Sie selbst wird „demokratischer" und fragt nach der Vertretung *des Volkes* oder zumindest nach einer Vertretung, die *für* das Volk arbeitet.

An dieser Stelle verbindet sich die Repräsentationsidee mit Strängen der Demokratietheorie zum Beispiel mit der eben erwähnten Gewaltenteilungslehre des 17. und 18. Jahrhunderts (John Locke, Montesquieu, Hamilton/Jay/Madison).[27] Parallel bildet sich eine demokratietheoretische Bewegung heraus, die sich gegen den Gedanken der Repräsentation wendet: die identitäre Demokratietheorie, die insbesondere von den Überlegungen Jean-Jacques Rousseaus geprägt worden ist.[28] Für Rousseau waren die Idee einer Veräußerung der Volkssouveränität an Repräsentanten und das Konzept der Gewaltenteilung absolut abwegig und alles andere als „demokratisch". Vielmehr könne sich das Volk nur durch sich selbst darstellen. Mit Rousseau findet die Parlamentarismustheorie einen ihrer ersten wortgewaltigen und einflussreichen Gegenspieler – und die (auch heute noch aktive) Bewegung für direkte Demokratie ihren wohl bedeutendsten ideengeschichtlichen Paten.

---

25 Montesquieu entwickelt die Grundzüge der Gewaltenteilung in seiner Analyse über das politische System Englands.
26 Vgl. Massing/Breit 2002: 65-74.
27 Vgl. Locke 1978; Montesquieu 1965; Hamilton u.a. 1961.
28 Vgl. Rousseau 1971; siehe auch Fetscher 1960.

Die liberalen Verfassungstheoretiker argumentieren – als Kontrapunkt zur identitären Demokratietheorie –, dass in demokratischen Flächenstaaten Repräsentation unabdingbar sei. Innerhalb der Repräsentationstheorie werden spezifische „parlamentarische" Linien entwickelt: (1) Bei der Vertretungsinstanz solle es sich nicht um eine Einzelperson handeln (wie noch u. a. bei Thomas Hobbes angedacht[29]), sondern um eine plurale Mehrpersoneninstitution, (2) die Repräsentationskörperschaft solle durch Wahl zustande kommen, (3) die Mitglieder der Parlamente sollen miteinander in eine freie Diskussion treten können, und (4) die Abgeordneten sollen in ihren Entscheidungen ungebunden sein. Im Einzelnen:

(1) Pluralistische Vertretungen: Der Parlamentarismus beruht nicht nur auf der liberalen Repräsentations- und Demokratietheorie, sondern gleichermaßen auf der Idee des Pluralismus, die davon ausgeht, dass es in der Gesellschaft eine Vielfalt von legitimen Interessen gibt. Solch heterogene Gesellschaften können jedoch nicht hinreichend von einer einzelnen Person, beispielsweise einem Fürsten oder Präsidenten, repräsentiert werden, sondern besser von einer größeren Personengruppe. Nur eine Vielpersonenkörperschaft kann die Pluralität der Gesellschaft adäquat spiegeln. In einer solchen Institution können Minderheiten und Mehrheiten gleichermaßen (was nicht heißt: gleich stark) vertreten sein. Der Binnenpluralismus dieser Vielpersonenkörperschaften dient zugleich dem Prinzip der „checks and balances". Die gesellschaftlichen Gruppen respektive ihre Vertreter können sich im Parlament gegenseitig kontrollieren. In diesem doppelten Sinne hat eine heterogene Vertretungskörperschaft mehr demokratisches Potenzial als Einzelrepräsentanten: als Spiegelung einer pluralen Bevölkerung und zum Zwecke der gegenseitigen Kontrolle der gesellschaftlichen Kräfte.

(2) Wahlen: Zu beidem, zur Kontrolle der Herrschenden und zur Gewährleistung von Repräsentation, dienen im Parlamentarismus Wahlen. Die Parlamentarismustheorie ist eng mit der Theorie des Wählens verflochten, sowohl mit ihrer eher empirischen Variante als auch mit der normativen. Aus normativer Perspektive ist die Frage, ab wann Wahlen demokratischen Prinzipien folgen, prägend für die Reflexionen über den demokratischen Parlamentarismus gewesen. Dabei schließt die Theorie des Wählens an demokratietheoretisch basale Vorstellungen an, z. B. an das Gleichheitsprinzip. Mit dem Thema Wahl ist zudem grundlegend die Frage nach dem Ausmaß und der Form der angemessenen Beteiligung („Partizipation") der Politikbetroffenen am politischen Prozess gestellt.

(3) Diskussion und Diskurs: „Government by discussion" – mit diesem Schlagwort wird eine besondere Leistung von parlamentarischen Systemen und zugleich einer ihrer demokratischen Wesenszüge markiert sowie eine weitere Theoriewurzel des Parlamentarismus freigelegt. Es handelt sich hierbei um Ansätze, die in der Diskussion, der Auseinandersetzung zwischen Argumenten einen Weg der rationalen Entscheidungsfindung sehen – im Sinne einer deliberativen Demokratie.[30] Die Aufgabe der Deliberation wird hier einem

---

29 Vgl. Hobbes 1996 (Original 1651).
30 Vgl. Bächtiger u.a. 2018.

gewählten elitären Kreis von Personen übertragen, einer „strong public"[31], die zugleich auch entscheidungsbefugt ist.

(4) Freies Mandat: Typisch „parlamentarisch" sind schließlich die Debatten über die Vertretungsrolle der Repräsentanten. Die Diskurse über die Unabhängigkeit der Abgeordneten im Vorfeld und im Rahmen der Französischen Revolution setzten einen Markstein für die späteren Diskussionen über die Freiheit und das Rollenverständnis der Abgeordneten. In diesen Debatten trat Abbé Sieyes als prominenter Verfechter des freien Mandats auf: Die Abgeordneten sollten ungebunden ihr Amt ausüben können und nur dem eigenen Gewissen unterworfen sein. Edmund Burke hat sich wenig später dieser Position in seinem Selbstverständnis als britischer Parlamentarier angeschlossen.[32]

Vor diesem Hintergrund werfen wir nochmal einen Blick zurück auf die Ausgangsfrage dieses Abschnitts: Gibt es eine Parlamentarismustheorie ohne Parlamente? Verschiedene Stränge der Demokratie- und Repräsentationstheorie führen mehr oder weniger unvermeidlich zum modernen Parlamentarismus und sind somit ideengeschichtliche Wegbereiter der parlamentarischen Regierungsform. Eine bahnbrechende Rolle spielen Gewaltenteilungstheorien, pluralistische Debattenstränge, diskurstheoretische sowie partizipative Ansätze. Diese Überlegungen und Konzepte griffen Raum, noch bevor der Parlamentarismus seinen organisatorischen Höhepunkt erreicht hat.

Die noch so abstrakten demokratie- und repräsentationstheoretischen „Vorüberlegungen" haben gleichwohl mit dem britischen Parlamentarismus, aber auch mit den zahlreichen und vielfältigen Mehrpersonenkörperschaften, die es in allen Epochen, auch in der Antike, gegeben hat, immer auch eine manifeste Form parlamentarischer Organisation vor Augen gehabt. Somit ist die Vorhut der Parlamentarismustheorie (erst recht die „Hauptkolonne") pragmatisch und innovativ zugleich vorgegangen, als sie sich zum einen mit einer denkbaren und erprobten Form der Vertretung auseinandergesetzt hat. Zum anderen wurde dieses Vertretungsmodell zum modernen und demokratischen Parlamentarismus weiterentwickelt. Das, was an Parlamentarismus in Theorie und Praxis vorlag, wurde ergänzt, modifiziert und revidiert – unter Rückgriff auf die sich parallel entwickelnden demokratietheoretischen Innovationen.

2.2. Trends der Parlamentarismustheorie und -forschung

Welche Tendenzen gibt es in der gegenwärtigen Parlamentarismustheorie und -forschung?[33] Generell gilt: Die wissenschaftliche Auseinandersetzung mit dem Parlamentarismus findet nicht in einem Vakuum statt. Ihre Fragen sowie die Art und Weise, diese zu beantworten, bleiben von den laufenden Moden und vorherrschenden Paradigmen im Wissenschaftsbetrieb nicht unberührt.

---

31 Vgl. Fraser 1992.
32 Vgl. von Alemann 2015b (siehe Kapitel II).
33 Vgl. hierzu insbesondere Patzelt 2020.

Die frühe Parlamentarismusforschung war noch nachhaltig von staatsrechtlichen Diskursen geprägt[34] – in einer Zeit, in der sich eine Politikwissenschaft, wie wir sie heute kennen mit ihrer eigenen Methodik und universitären Präsenz, noch nicht etabliert hatte. Die Konsequenz war eine normativ durchtränkte, empirisch-methodisch defizitäre Wahrnehmung von Parlamenten – oft mit (deskriptivem) Blick auf einzelne Parlamente oder mit einem monolithischen Verständnis parlamentarischer Körperschaften, das die Differenziertheit von Parlamenten ausgeblendet hat. Die Parlamentarismusanalyse in den 1970er und 1980er Jahren stand wiederum unter dem Stern der damals prägenden systemkritischen und neomarxistischen Analysen: Parlamentarismus wurde einerseits auf dieser ideologischen Folie reflektiert und mitunter kräftig kritisiert, andererseits vor Angriffen aus dieser Richtung verteidigt.[35]

Seit geraumer Zeit halten sich solche Herangehensweisen im Hintergrund auf; stattdessen reichen Ansätze insbesondere der politischen Ökonomie und des „rational choice" in die Parlamentarismusforschung hinein. Diese erfreuen sich ohnehin in der politikwissenschaftlichen Analyse hoher Beliebtheit; ein Aufschwung der politischen Ökonomie und des Neoinstitutionalismus ist in der angelsächsischen Parlamentarismusliteratur schon seit Längerem zu beobachten[36] und prägt mittlerweile auch einen beachtlichen Teil der deutschen Parlamentsforschung.

Für eine empirisch ausgerichtete Forschung bieten Parlamente wahre Fundgruben an Datenmaterial. Parlamente produzieren durch ihr Wirken mitunter „big data", die mit entsprechenden Instrumenten ausgewertet werden können. Beispielsweise bieten sich die protokollierten parlamentarischen Debatten oder Dokumente für u. a. diskurs- und inhaltsanalytische Verfahren an.[37] Oder das dokumentierte Abstimmungsverhalten von Abgeordneten kann zum Gegenstand von Analysen werden. Dabei reichen die Studien, die mit diesen Daten erstellt werden, mitunter weit über die engen Erkenntnisinteressen einer reinen Parlamentarismusforschung hinaus. So können am parlamentarischen Fall generelle Fragen und Hypothesen (z. B. wie sich politische Akteure in bestimmten Handlungskontexten verhalten) analysiert werden.

Studien, die auf das Verhalten des/der einzelnen Abgeordneten als Untersuchungseinheit abheben, verstehen Parlamente als „institutionelle Strukturen", in denen sich Individualakteure bewegen und rational verhalten.[38] Entsprechend dem methodischen Individualismus wird versucht vom Verhalten der einzelnen Akteure Rückschlüsse auf die Wirksamkeit von Kontextbedingungen zu ziehen und damit Erklärungen für diverse Phänomene zu generieren. An dieser Stelle verbindet sich die Parlamentarismusforschung mit einer „Soziologie der Parlamente" – insbeson-

---

34 Vgl. beispielsweise Kelsen 1926.
35 Vgl. Agnoli 1967; als Gegenposition Hereth 1971 und Thaysen 1972. Zur Debatte generell Oberreuter 2004.
36 Vgl. zum Beispiel Strøm 1995; siehe auch Crès 2020. Wir werden gleich mit dem „principal-agent"-Modell ein parlamentsrelevantes Analysemuster der politischen Ökonomie kennenlernen.
37 Vgl. Heiberger/Koss 2018; Slapin/Proksch 2014.
38 Vgl. Sieberer 2010: 22; Best/Vogel 2014.

dere auch dann, wenn der parlamentarische Alltag und die parlamentarische Kultur systematisch beobachtet und erfasst werden.[39]

Wenn es um die Analyse der Wirksamkeit unterschiedlicher Kontexte geht, kommt die vergleichende Parlamentarismusforschung ins Spiel. Diese hat insbesondere in den vergangenen Jahrzehnten eine Konjunktur erlebt.[40] Gerade in dem Zweig der Politikwissenschaft, der sich mit dem Übergang von autoritären zu demokratischen Systemen beschäftigt („Transformation"), ist dieser Ansatz gewinnbringend angewendet worden: Die vergleichende Parlamentarismusforschung hat viele Erkenntnisse über Zusammenhänge zwischen den jeweiligen Parteisystemen und der Rolle von Parlamenten, zwischen Wahlverfahren und Abgeordnetenverhalten in Erfahrung bringen und damit die Parlamentarismustheorie erheblich bereichern können (s. u. Kapitel VI). Auch wie unterschiedlich Parlamente auf die Europäisierung reagieren, ist Gegenstand des vergleichenden Ansatzes. Seine Beliebtheit verdankt dieser Ansatz einer besonderen Fähigkeit: Ein vergleichendes Design erlaubt, konkrete Fragen nach Beziehungen zwischen einzelnen Bedingungen („Variablen") stellen und diese durch eine gezielte Variation auch (vorläufig) beantworten zu können.

Jenseits (aber auch als ein Teil) der vergleichenden Analysen hat ein parlamentarischer Einzelfall die Parlamentarismusforschung in den vergangenen Jahren besonders intensiv beschäftigt: das Europäische Parlament. Hier liegen mittlerweile zahlreiche Studien vor, die versuchen, sich diesem ganz besonderen parlamentarischen Phänomen in einem ganz besonderen politischen Gebilde aus unterschiedlichen Blickwinkeln empirisch und theoretisch zu nähern (vgl. Kapitel IV).

3. Begriffsverwandtschaften

In den theoretischen Debatten scheinen bestimmte Konzepte untrennbar mit Parlament und Parlamentarismus verbunden zu sein. Auf das Verhältnis zwischen Parlamentarismus auf der einen Seite sowie Demokratie (Wahlen, Parteien) und Repräsentation auf der anderen Seite soll im Folgenden eingegangen werden.

3.1. Parlamente und Demokratie – von zahnlosen Tigern und Wölfen im Schafspelz

Wer an Parlamente und Parlamentarismus denkt, assoziiert nicht selten unwillkürlich Demokratie. Und in der Tat münden – wie soeben thematisiert – Teile der Demokratietheorie im Parlamentarismus. Auch die lexikalischen Abhandlungen über Parlamentarismus kommen schnell zur Rolle von Parlamenten *in Demokratien*. Typisch ist folgendes Zitat des legendären Hans Kelsen aus dem Jahr 1926: Parlamentarismus, so Kelsen, sei die einzig mögliche Form, „in der die Idee der Demokratie innerhalb der sozialen Wirklichkeit von heute erfüllt werden kann. Darum ist die Entscheidung über den Parlamentarismus zugleich die Entscheidung über die Demokratie".[41]

---

39 Vgl. Brichzin 2016; Brichzin u.a. 2018; Schöne 2010.
40 Vgl. Marschall 2016. Siehe als Standardwerke u.v.a. von Beyme 2014, Döring 1995a und Martin u.a. 2014.
41 Kelsen 1926: 5.

Die Logik mag in diese Richtung stimmen. Es wird noch darüber zu diskutieren sein, ob es wirklich sinnvolle und praktikable Demokratie-Alternativen zum Parlamentarismus gibt. Aber dass die Existenz von Parlamenten zwingend Demokratie mit sich bringt, ist fraglich.[42] Irritierend ist alleine schon der eingangs erwähnte Befund, dass in nicht-demokratischen Systemen Parlamente existieren. Da nahezu jedes Land über ein Parlament verfügt, aber gewiss nicht alle Staaten als „demokratisch" gewertet werden können, ist das Vorhandensein eines Parlaments alleine nicht hinreichend, um ein System als demokratisch zu bezeichnen. Was muss noch hinzukommen?

Aufschlussreich sind Punkte aus der Checkliste, die von der Nichtregierungsorganisation „Freedom House" entwickelt worden ist und mit der die demokratische und freiheitliche Qualität von Staaten gemessen wird. Unter den Fragen der „Political Rights Checklist" finden sich zwei einschlägige Punkte:

- Werden die nationalen gesetzgebenden Repräsentant:innen in freien und fairen Wahlen gewählt? („Were the current national legislative representatives elected through free and fair elections?")
- Bestimmen der/die frei gewählte Regierungschef:in und die nationalen gesetzgebenden Repräsentant:innen die Politik der Regierung? („Do the freely elected head of government and national legislative representatives determine the policies of the government?")

Was muss also nach diesem Verständnis von Demokratie noch vorhanden sein, dass ein System mit einem Parlament als demokratisch und freiheitlich eingestuft werden kann? Zunächst auf der „Input"-Seite die Wahl der „Volksvertreter".[43] Das Wahlverfahren hat bestimmten Prinzipien zu folgen, die sich im Laufe der Demokratisierungswellen etabliert haben. Hier ist erst einmal allgemein die Rede von freien und fairen Wahlen; eine ausdifferenzierte Liste von Wahlprinzipien ist noch vorzustellen (s. u.).

Aber reicht die Wahl eines Parlaments nach demokratischen Prinzipien aus, damit aus einem System ein demokratisches wird? Der zweite Punkt der Checkliste macht deutlich, dass noch ein „Output"-Aspekt hinzukommt: Das Parlament muss über Macht und Kompetenzen im politischen Prozess verfügen – und davon nicht zu wenig haben! Diese Macht wird dem Parlament in der Regel durch verfassungsmäßig verbriefte Rechte verliehen. Mindestens genauso wichtig wie die Verfassungstheorie, die „Buchstaben der Verfassung", ist aber die politische Wirklichkeit: Kann das Parlament die ihm übertragenen Rechte überhaupt nutzen?

Ein Beispiel für ein undemokratisch „gewähltes" Parlament in einem undemokratischen System bietet die Volkskammer der DDR.[44] Deren Wahlen entsprachen nicht den basalen Prinzipien Freiheit und Offenheit (s. u.). Zugleich spielte die Volkskammer im politischen System der DDR eine marginale Rolle; die „staatli-

---

42 Vgl. zur Ungleichzeitigkeit von Parlamentarisierung und Demokratisierung bereits Max Weber 1971: 383 (Original 1918).
43 Vgl. zur „input/output"-Unterscheidung in der Demokratietheorie Schmidt 2019.
44 Vgl. Patzelt/Schirmer 2002, siehe Kapitel VI.

chen" Institutionen, zu denen auch das Parlament gehörte, wurden von der allein herrschenden Sozialistischen Einheitspartei dominiert.

Ein Beispiel für ein – mehr oder minder – demokratisch gewähltes Parlament in einem „undemokratischen" System stellte über weite Strecken das Europäische Parlament dar. Dieses wird seit 1979 direkt gewählt, wobei streng genommen nicht alle demokratischen Wahlprinzipien perfekt realisiert werden. Obschon unmittelbar von den Bürger:innen gewählt – somit als einziges Organ auf EU-Ebene direkt legitimiert –, verfügte das Europäische Parlament auch nach der ersten Direktwahl bis noch weit in die 1980er Jahre hinein nur über begrenzte Einflussmöglichkeiten auf die Entscheidungsfindung in der Europäischen Union – jedenfalls über geringere als die Parlamente in den klassischen westlichen Demokratien. Ein Fall von „zahnlosem Tiger"!

Am Europäischen Parlament wird allerdings auch ein dynamisches Potenzial von direkt gewählten Körperschaften deutlich. Über die Vertragsentwicklung hinweg hat dieses Parlament immer mehr Rechte für sich gewinnen können: Seine Mitsprache- und Kontrollbefugnisse sind über die Stationen „Maastricht", „Amsterdam", „Nizza" und „Lissabon" erheblich geweitet worden.[45]

Was zeigt uns diese Entwicklung? Dass „zahnlose Tiger" durchaus Zähne bekommen können. Durch die Direktwahl ist das Europäische Parlament zur einzig unmittelbar legitimierten Instanz im politischen System der Europäischen Union geworden. Auf dieser Basis war es den Abgeordneten möglich, Forderungen nach mehr Einfluss und Macht laut zu artikulieren und erfolgreich durchzusetzen – zumal diese Forderungen durch den in den 1980er und 1990er Jahren drängender werdenden Ruf nach mehr Demokratie in der Europäischen Union verstärkt wurden.

Ein Gegenbeispiel zum Europäischen Parlament der 1980er Jahre, also für ein durchaus machtvolles, aber nicht demokratisch legitimiertes Parlament stellt das britische Unterhaus dar. Wie geschildert hat sich das „House of Commons" erheblich früher als seine Parallelinstitutionen auf dem Kontinent zu einer, ja zu *der* wichtigen Instanz im politischen Prozess herausgeschält. Aber über weite Strecken hinweg, bis in das 20. Jahrhundert hinein, ist es nicht auf der Grundlage zentraler demokratischer Prinzipien gewählt worden. Die Wahlrechtsreformen von 1832, 1867/68 und 1884/85 weiteten Schritt für Schritt den Personenkreis derer aus, die zur Wahl gehen durften.[46] Erst mit dem Ersten Weltkrieg erhielten Frauen das Wahlrecht, allerdings noch eingeschränkt durch eine höhere Altershürde als bei den Männern. Die Reform aus dem Jahre 1949 riss die noch bestehenden Barrieren ab und setzte den Grundsatz der allgemeinen und gleichen Wahl in die Realität um. Dienten Wahlen als Eliteninstrument lange Zeit noch der Stabilisierung undemokratischer Herrschaftsstrukturen[47], wurden sie nach und nach zu einem Tool der Einbindung breiter Teile der Bevölkerung.

---

45 Vgl. Ripoll Servent 2017. Die Städtenamen stehen für die Verträge, durch die die Europäische Union weiterentwickelt worden ist.
46 Vgl. Kley 2020; Kluxen 1971c.
47 Vgl. Richter/Buchstein 2017.

3.2. Parlamente, Wahlen und Parteien

Die demokratische Qualität von Systemen lässt sich somit an der Frage festmachen, wer wie welche Institution wählen darf. Insofern ist es nicht überraschend, dass auf dem Deckblatt von Büchern über die Demokratie gerne eine Wahlurne oder ein Wahllokal abgebildet wird. Sicherlich ist ein demokratisches System mehr als nur eines, in dem Wahlen stattfinden – wenngleich dieser Umstand minimalen Demokratiemodellen genügen mag.[48] Komplexe Demokratietheorien führen eine Vielzahl weiterer Faktoren an, die hinzukommen müssen, damit von einer tatsächlichen Demokratie gesprochen werden kann.[49] Aber Wahlen sind in der Tat ein wichtiger Mechanismus in demokratischen Systemen und ein bedeutsamer Schritt beim Übergang von einem nicht-demokratischen, einem autokratischen, zu einem demokratischen System.

Wie wird aus einer Wahl ein demokratischer Akt? Der „Freedom House Index" bestimmt folgende weiteren Kriterien, die über die oben angeführten Bedingungen „fair" und „free" hinausreichen:

- Sind die Wahlgesetze und Rahmenbedingungen fair? („Are the electoral laws and framework fair, and are they implemented impartially by the relevant election management bodies?")
- Haben die Bürger:innen das Recht, sich in unterschiedlichen politischen Parteien oder anderen im Wettbewerb stehenden politischen Gruppierungen ihrer Wahl zu organisieren und ist das System offen für den Aufstieg und den Niedergang dieser konkurrierenden Parteien und Gruppierungen? („Do the people have the right to organize in different political parties or other competitive political groupings of their choice and is the system open to the rise and fall of these competing parties or groupings"?) [50]

Zwei Kriterien werden somit aufgeführt: (1) die Existenz eines gerechten Wahlsystems und (2) die Möglichkeit zur freien Organisation in Parteien, überhaupt deren Existenz. Beide Aspekte sollen nun vertieft werden.

3.2.1. Wahlrecht und Wahlprinzipien

Der demokratische Gehalt eines Wahlrechts lässt sich daran festmachen, inwieweit bestimmte Prinzipien im Wahlverfahren realisiert werden. Demokratisierung kann als Etablierung demokratischer Grundsätze im Wahlrecht verstanden werden. Gemeinhin werden fünf demokratische Wahlprinzipien unterschieden[51]: Wahlen müssen (1) allgemein, (2) gleich, (3) direkt, (4) frei und (5) geheim sein (vgl. Tabelle 1.1).

---

[48] Vgl. Dahl 2006 (Original 1956); Schumpeter 1993; siehe auch Marschall 2014.
[49] Vgl. Schmidt 2019.
[50] https://freedomhouse.org/reports/freedom-world/freedom-world-research-methodology (29.04.2024).
[51] Vgl. z. B. Nohlen 2023: 43-45; wobei Nohlen das Freiheitsprinzip in den anderen Grundsätzen aufgehoben sieht.

Tabelle 1.1: Wahlprinzipien, ihre Begründung und Umsetzung

Prinzip	Idee	Umsetzung
Allgemein	Prinzip der Selbstbestimmung und Selbstregierung, Gleichheitsprinzip	Ausweitung des aktiven und passiven Wahlrechts
Gleich	Gleichheitsprinzip	Verbot der Stimmengewichtung, gleicher Zählwert
Direkt	unverzerrte Willensäußerung	(formale oder faktische) Entmachtung von Wahlleuteversammlungen
Frei	(Ergebnis-)Offenheit der Wahl, Chancengleichheit	offener Wettbewerb, offene Teilnahme
Geheim	unsanktionierbare freie Willensäußerung	verdeckte und anonymisierte Stimmzettel, Wahlkabinen

(Quelle: eigene Darstellung)

Was bedeutet dies im Einzelnen:

(1) *Allgemein* sind Wahlen dann, wenn *alle* Bürger:innen das Recht haben, an ihnen teilzunehmen. Die Gesamtheit der Mitglieder einer politischen Gemeinschaft soll an der Wahl derer, die die Entscheidungen treffen, partizipieren können. Der Gleichheitsgrundsatz („alle Menschen sind gleich") verbietet es, dass Teile der Bürgerschaft bei Wahlen systematisch außen vor bleiben. Die Reichweite der Allgemeinheit hängt wiederum vom Konzept der Staatsbürgerschaft ab. So gab es gar nicht so weit entfernte Zeiten, in denen Frauen die Staatsbürgerrechte und folglich auch das Wahlrecht nicht zugesprochen wurden. Für Deutschland gilt mittlerweile die Regelung, dass keiner aufgrund seines Geschlechts, seiner ethnischen Abstammung, seiner Sprache, seines Einkommens, seines Besitzes, seiner Bildung, seines Berufs, seines Standes oder seiner Konfession von der Wahl ausgeschlossen werden darf. Auch nicht aufgrund seines Alters? Doch! Alle Wahlsysteme sehen Altersgrenzen vor und legen fest, wie alt jemand sein muss, um gewählt zu werden und um wählen zu gehen. Diese Grenzen leiten sich zum Teil davon ab, wie alt man sein muss, um in den Vollgenuss staatsbürgerlicher Rechte und Pflichten zu gelangen („Volljährigkeit", „Mündigkeit"), zum Teil werden sie unabhängig von diesen gesetzt. In Deutschland gibt es mittlerweile in einer Reihe von Ländern und für die Wahlen zum Europäischen Parlament schon das Wahlrecht ab 16 Jahren, in Österreich auch auf Bundesebene. Insbesondere diese Uneinheitlichkeit führt immer wieder zu Debatten über das Wahlrecht von Geburt an: Winfried Steffani steuerte das Argument bei, dass von Demokratie im strengen Sinne des Wortes nur dann die Rede sein könne, wenn *alle* das Wahlrecht ausüben – unbeschadet ihres Alters.[52] Dass dies nicht praktikabel ist, liegt auf der Hand, aber das Argument hat Gewicht. Vielleicht gibt es

---

[52] Vgl. Steffani 1999.

hierfür keine Lösung – was im Umkehrschluss nicht bedeuten kann, dass es sich nicht um ein Problem handelt.[53]

(2) Das Wahlrecht entspricht dann dem Standard „*gleich*", wenn die Stimmen, die abgegeben werden, identisches Gewicht haben. Ein Zensuswahlrecht – wie noch lange Zeit in Großbritannien praktiziert und über weite Strecken auch in Deutschland – ist somit undemokratisch. Das Gleichheitsprinzip bezieht sich jedoch auf den *Zählwert* und nicht auf den *Erfolgswert*. Ein identischer Zählwert bedeutet, dass jede Stimme mit gleichem Gewicht in die Verrechnung aufgenommen wird, die aus den Stimmen Mandate macht. Das heißt aber nicht, dass jede abgegebene Stimme am Ende den gleichen Erfolg haben wird. Hier kann das jeweils angewandte Wahlsystem verzerrend wirken.[54] Dies fängt an bei der Zuschneidung von Wahlkreisen, geht über die Wirkung von Prozent-Hürden bis hin zur konkreten Stimmen-Mandatsverrechnung – jeder Schritt kann im Effekt dazu führen, dass Stimmen unter den Tisch fallen oder in ihrem Gewicht geschmälert werden. Diese Verzerrungen sind streng genommen demokratietheoretisch problematisch, aber letzten Endes nicht zu vermeiden. Sie werden zum Teil bewusst in Kauf genommen, um etwaigen problematischen Folgewirkungen zu begegnen, zum Beispiel einer Zersplitterung und Handlungsunfähigkeit des Parlaments.

(3) Wahlen sollen *direkt* stattfinden: Die Stimmabgabe der Bürger:innen darf nicht durch eine Zwischenebene vermittelt und ggf. verzerrt werden. Vielmehr sollen die Wahlen unmittelbar über die personelle Besetzung von Schlüsselpositionen entscheiden. Die Willensbekundung der Wählerschaft „eins zu eins" umzusetzen. Eine zwischengeschaltete Ebene könnte beispielsweise aus einem Gremium von Wahlmännern/-frauen bestehen, die in ihrer Entscheidung entweder frei oder gebunden sind. Rein der Form nach betrachtet erfüllen die US-amerikanischen Präsidentenwahlen deswegen diese Bedingung nicht, da die Präsidenten vom „Electoral College" gewählt wird, dessen Zusammensetzung wiederum von den Wahlergebnissen in den einzelnen Bundesstaaten abhängt. Jedoch hat sich in der Verfassungswirklichkeit die eigenständige „vermittelnde" Rolle des „Electoral College" erledigt. Faktisch sind die Mitglieder des Wahlleutegremiums an das Mehrheitsvotum in ihrem Bundesstaat gebunden.

(4) Wahlen sind *frei*, wenn zwei Bedingungen erfüllt sind: a) Die Wählenden unterliegen in ihrem Votum keinen äußeren Zwängen, sondern können in der Wahl ungebunden ihren Willen zum Ausdruck bringen. Dies setzt bestimmte Vorkehrungen voraus (z. B. die Gewährleistung des Wahlgeheimnisses, s. u.). b) Die Wahlberechtigten haben die Wahl zwischen mindestens zwei Parteien, die wirkliche Alternativen darstellen. Zur freien Wahl gehört folgerichtig auch die Möglichkeit, dass neue Parteien und/oder Personen zur Wahl antreten können. Dass die Wählenden überhaupt zwischen zwei und mehr Alternativen entscheiden können, ist letzten Endes banal – sonst handelt es

---

53 Vgl. als Replik Marschall 2000.
54 Vgl. Balinski/Young 1982; Nohlen 2023; Taagepera/Shugart 1989.

sich nicht um eine „Wahl". Eine „unfreie Wahl" wäre somit ein Widerspruch in sich.

(5) Der Wahlrechtsgrundsatz *geheim* schließlich setzt voraus, dass die Wählenden ihre Stimme unbeobachtet abgeben können und ihr persönliches Votum nicht auf sie zurückverfolgt werden kann. Diese Bedingung ist nicht zuletzt die Voraussetzung für eine freie Wahl: Durch die Anonymität der Stimmabgabe vermag niemand wegen seines Votums zur Rechenschaft gezogen zu werden. Jede/r kann selbstbestimmt ihre oder seine Präferenz zum Ausdruck bringen. Relevant ist die Umsetzung dieses Prinzips: Inwieweit ist die Möglichkeit der geheimen Stimmabgabe nur formal gewährleistet, weil sich faktisch eine andere Vorgehensweise etabliert hat? So bestand bei den Volkskammer-Wahlen der DDR zwar praktisch die Möglichkeit, eine Wahlkabine zu benutzen und die Stimme verdeckt abzugeben. Üblich war es jedoch, den Wahlzettel unbearbeitet in die Wahlurne zu werfen und damit die vorgeschlagene Personalliste zu akzeptieren. „Falten gehen" – das war das Synonym für diese Form von Wahlgang. Wer die Wahlkabine nutzte, machte sich verdächtig.

Die Umsetzung der Wahlprinzipien findet in den jeweiligen Wahlgesetzen und -ordnungen statt. Aber wie gerade am Beispiel der Volkskammerwahl in der DDR veranschaulicht: Wichtig ist die konkrete Wahlpraxis hinter den Rechtstexten. Zu diesem Zweck haben wichtige Institutionen wie die Organisation für Sicherheit und Zusammenarbeit in Europa (OSZE) mittlerweile ein System des Wahl-Monitorings etabliert. Internationale Beobachter:innen gehen während der Wahlen – insbesondere in neuen Demokratien oder labilen Systemen – in die Wahllokale vor Ort und registrieren eventuelle Unregelmäßigkeiten. Erfolgen solche Unregelmäßigkeiten systematisch, dann kann davon ausgegangen werden, dass die genannten Wahlprinzipien zwar womöglich proklamiert, aber nicht in die Wirklichkeit umgesetzt worden sind.

3.2.2. Parteien im Parlamentarismus

Das Wahlprinzip der Freiheit setzt voraus, dass man bei einer Wahl vor eine Entscheidung zwischen mindestens zwei wirklichen Alternativen gestellt wird. Diese „Alternativen" stellen in modernen Wahlsystemen unterschiedliche Parteien dar.

Parteien standen nicht immer zur Wahl, als es darum ging, „Parlamente" personell zu bestücken. Die frühen Parlamente konstituierten sich zunächst als Stände-, später als Honoratiorenversammlungen, also aus Delegierten oder Einzelpersönlichkeiten. In der Vor- und Frühphase des Parlamentarismus kannte man keine Parteien im heutigen Sinne. Aber als immer mehr, mitunter auch unorganisierte Teile der Bürgerschaft im Parlament vertreten werden sollten, traten die Parteien als neue Akteure auf und wurden schnell zu Schlüsselorganisationen parlamentarischer Repräsentation.

Eine Reihe von Parteien ist erst durch die parlamentarische Arbeit entstanden: Abgeordnete gleicher Gesinnung schlossen sich in Klubs oder „parties" zusammen. Sie koordinieren ihre Tätigkeit und bauten eine ergänzende außerparlamentarische Organisationsstruktur auf. Im englischen Parlament entstanden Vorfeldorganisationen der Parteien, die Whigs und Tories, schon im 17. Jahrhundert. In Deutschland fand die innerparlamentarische Parteiengründung insbesondere im Paulskirchenparlament statt. Auch im nachrevolutionären Frankreich wurden in den gewählten Versammlungen erste parteiförmige Vereinigungen von Parlamentariern gegründet. Die USA gelten als die Wiege des modernen Parteienwesens – obwohl die Gründerväter den „Parteiungen" sehr skeptisch gegenüberstanden. Das amerikanische Zwei-Parteiensystem entstand aus dem Konflikt zwischen „Föderalisten" und „Anti-Föderalisten", der im Kielwasser der Unabhängigkeitserklärung ausgefochten wurde. Im Gegensatz zu den europäischen (insbesondere den deutschen) Parteien spielten über lange Zeit bei den US-amerikanischen Parteien ideologische oder soziale Konflikte eine vergleichsweise geringe Rolle. In den USA machte sich vielmehr der Typus der „Patronagepartei" breit, dessen Ziel darin bestand, über die Besetzung von öffentlichen, auch von parlamentarischen Ämtern zu entscheiden. Eine Ideologisierung der Parteien fand erst wieder in den vergangenen Jahrzehnten statt.[55]

Eine Reihe von Parteien insbesondere in Europa ist nicht innerhalb der Volksvertretungen, sondern außerparlamentarisch entstanden – als Produkt gesellschaftlicher Bewegungen.[56] Diverse Parteien haben sich entlang sozialer Konfliktlinien, sogenannter „cleavages", formiert und sind via Wahlen in die Parlamente gelangt.[57] Innerhalb der Parlamente formierten sich die Abgeordneten der jeweiligen Parteien in Zusammenschlüssen, den Fraktionen. Die Fraktionen spielen im modernen Parlamentarismus eine wichtige Rolle, worauf noch genauer einzugehen sein wird (vgl. Kapitel II).

In Systemen mit demokratischen Parlamenten nehmen die Parteien mittlerweile eine zentrale Position ein. Das bedeutet jedoch nicht zwangsläufig, dass ihre Stellung einen angemessenen Niederschlag in den verfassungsrechtlichen Texten gefunden hätte. Folgerichtig wurden die parteibezogenen Zusammenschlüsse im Parlament, die Fraktionen, vom sonstigen Parlamentsrecht über weite Strecken nachlässig behandelt. Eine Ausnahme stellt die Bundesrepublik Deutschland dar, deren Verfassung und Parteien ausdrücklich erwähnt – im Artikel 21 des Grundgesetzes.

Art. 21 Abs. 1 des Grundgesetzes der Bundesrepublik Deutschland:

„Die Parteien wirken bei der politischen Willensbildung des Volkes mit. Ihre Gründung ist frei. Ihre innere Ordnung muss demokratischen Grundsätzen entsprechen. Sie müssen über die Herkunft und Verwendung ihrer Mittel sowie über ihr Vermögen öffentlich Rechenschaft geben."

Wie muss das Parteiensystem aufgebaut sein, damit Wahlen und folglich demokratischer Parlamentarismus überhaupt funktionieren können? Zunächst sollten bei einer „freien" Wahl mindestens zwei Parteien zur Wahl stehen. Die Freiheit zur

---

55 Vgl. Lütjen 2020.
56 Vgl. von Alemann 2018.
57 Vgl. Lipset/Rokkan 1967.

Gründung von politischen Gruppen muss gewährleistet werden (s. o.). Darüber hinaus muss eine entsprechende Mobilität gegeben sein: nicht nur die Möglichkeit des Aufstiegs neuer politischer Vereinigungen, sondern auch die des Abstiegs etablierter.

Genügt eine Zwei-Parteien-Struktur? Müssen oder dürfen es mehr sein und wie viel „mehr" ist verträglich? Die Diskussion dieser Frage ist über weite Strecken von der Dominanz des Westminster-Modells geprägt worden.[58] Das britische Modell geht von der Konstellation zweier trennscharf gegenüberstehenden Parteien aus, die je nach Wählerwille alternierend an die Macht gelangen – ein klassisches konkurrenzdemokratisches Design, also eine klare Alternativen bietende Struktur.[59] Einmal an der parlamentarischen Macht, kann die jeweilige Partei relativ ungestört ihre politischen Programme umsetzen.

Wie steht es aber mit Konsensdemokratien, in denen eine solche Zwei-Lager-Konstellation nicht besteht, in der neben dem Parlament viele „Veto-Spieler" existieren?[60] Auch in vetospielerstarken, konsensgeprägten Systemen mit ihrem schwach polarisierten Parteiensystem ist Parlamentarismus möglich, wenn auch in anderer Form als im Westminster-Modell, freilich nicht in einer weniger demokratischen. Zu fragen ist ohnehin, ob nicht das britische System in seiner konkurrenzhaltigen Aufstellung mittlerweile eher die „konkurrenzlose" Ausnahme denn die Regel darstellt – zumal es seinen idealtypischen Wettbewerbscharakter in den vergangenen Jahren eingebüßt hat.[61] Die gängige Strategie in Mehrheitswahlsystemen, Regierungskoalitionen aus mindestens zwei Parteien zu bilden, ist auch in Westminster-Systemen angekommen.

Mehrparteiensysteme bilden ebenfalls keine einheitliche Gruppe. Sie unterscheiden sich in grundlegenden Charakteristika: Wie viele Parteien spielen eine Rolle in dem System (Fragmentierung)? Wie sehr unterscheiden oder ähneln sich die Parteien ideologisch (Polarisierung)? Wie „koalitionsfähig" sind die Parteien untereinander (Segmentierung)? Giovanni Sartori hat entlang dieser Fragen unterschiedliche Typen von Mehrparteiensystemen entwickelt (z. B. polarisierte, segmentierte oder moderate).[62] Das jeweilige Parteiensystem – innerhalb und außerhalb des Parlaments – ist nicht zuletzt Konsequenz des geltenden Wahlrechts.[63] Gängig ist die Unterscheidung zwischen dem Mehrheits- und dem Verhältniswahlsystem. Dieter Nohlen differenziert diese beiden Varianten weiter aus und kommt zu zehn Untertypen sowie vielen weiteren Zwischenformen.[64] Nohlen weist allerdings darauf hin, dass die Konturen des Parteiensystems noch von einer Reihe weiterer Faktoren mitbeeinflusst werden.[65]

---

58 Vgl. von Alemann 1973; Russel/Serban 2022.
59 Vgl. Lijphart 2012: 10-21.
60 Veto-Spieler sind politische Akteure, die Entscheidungsprozesse blockieren können: beispielsweise Verfassungsgerichte, Präsidenten, föderale Strukturen, direktdemokratische Quoren (vgl. Tsebelis 1995, 2002).
61 Vgl. Strohmeier 2011.
62 Vgl. Sartori 2005; siehe auch Saalfeld 2007.
63 Vgl. bereits Duverger 1959.
64 Z. B. Zweierwahlkreissystem, vgl. Nohlen 2023.
65 Vgl. ebd.

Welcher Staat wiederum welches konkrete Wahlsystem hat, ist „pfadabhängig" – will heißen: leitet sich von einer Vielzahl spezifischer historischer Faktoren ab. Die Entscheidung für ein spezifisches Wahlsystem hat jedenfalls deutliche Auswirkungen auf die parteipolitische Zusammensetzung des Parlaments und das außerparlamentarische Parteiensystem. Wahlsystemfragen sind Machtfragen, die darüber mitbestimmen, wer sich wann und wie in den politischen Prozess einbringen kann.

3.3. Parlamente und Repräsentation

„Volksvertretung" – dieses gängige Synonym für Parlamente macht klar, dass Parlamente nicht zuletzt Vertretungsorgane sind. Damit sind wir bei einem Schlüsselbegriff der Politikwissenschaft und der Demokratietheorie angelangt, der sich bei genauem Blick als hochkomplex erweist: „Repräsentation". Wo generell über Repräsentation gesprochen wird – zum Beispiel in den einschlägigen politikwissenschaftlichen Lexika[66] –, wird schnell auf Repräsentation durch Parlamente abgestellt. Repräsentation wird zudem demokratietheoretisch verstanden. Dies spiegelt sich auch in der berühmten Definition von Repräsentation, die Ernst Fraenkel vor geraumer Zeit vorgeschlagen hat.

Repräsentation (Ernst Fraenkel 1958):

„Repräsentation ist die rechtlich autorisierte Ausübung von Herrschaftsfunktionen durch verfassungsmäßig bestellte, im Namen des Volkes, jedoch ohne dessen bindenden Auftrag handelnde Organe eines Staates oder sonstigen Trägers öffentlicher Gewalt, die ihre Autorität mittelbar oder unmittelbar vom Volk ableiten und mit dem Anspruch legitimieren, dem Gesamtinteresse des Volkes zu dienen und dergestalt dessen wahren Willen zu vollziehen."

(Quelle: Fraenkel 1991: 153)

Der demokratische Charakter von Repräsentation drückt sich darin aus, dass sich die jeweiligen Vertretungsorgane unmittelbar aus dem Volk legitimieren sollen („input") und in ihrer Arbeit dem Interesse des Volkes zu dienen haben („output").

3.3.1. Repräsentation als mehrdimensionales Konzept

Genau genommen ist Repräsentation ein weit über die Demokratie hinausweisendes Konzept.[67] Mit diesem Begriff haben sich in Deutschland aus staatsrechtlicher Perspektive frühzeitig Gerhard Leibholz und Carl Schmitt auseinandergesetzt.[68] Sie wenden sich dem „Wesen" der Repräsentation zu. „Repräsentation" bedeute, etwas gegenwärtig zu machen, was nicht anwesend ist. Repräsentieren kann also ein Parlament ein Volk, aber auch ein Wappen ein Land, die Eltern ihr Kind etc. Der Begriff erfordert somit eine Spezifizierung.

---

66 Vgl. z. B. von Alemann 2015b.
67 Vgl. Voigt 2019.
68 Vgl. Leibholz 1960 (Original 1929); Schmitt 1928.

> **Repräsentation (Hanna Pitkin 1967):**
>
> „The making present *in some sense* of something which is nevertheless *not* present literally or in fact."
>
> *(Quelle: Pitkin 1967: 8 f. (Herv. i. O.))*

Hanna Pitkin, eine US-amerikanische Politikwissenschaftlerin, hat sich in den 1960er Jahren darum verdient gemacht, in ihrem Buch „The Concept of Representation" den Begriff „Repräsentation" weiter auszuloten und in seine unterschiedlichen Dimensionen aufzufalten. Sie bietet ein Analyseraster, das wir gut an den Parlamentarismus anlegen können.[69] Pitkin unterscheidet drei grundlegende Repräsentationsansätze: formalistisch, deskriptiv, handlungsorientiert.

- Der *formalistische* Ansatz beschäftigt sich mit der Legitimation von Repräsentation: Warum darf eine Person eine andere vertreten? Pitkin macht verschiedene Begründungsmöglichkeiten hierfür aus, unter anderem die ausdrückliche Beauftragung einer Person durch eine andere.
- *Deskriptiv-darstellende* Repräsentation meint, dass die Vertretungskörperschaft in ihrer Zusammensetzung die gesellschaftliche Heterogenität widerspiegelt. *Deskriptiv-symbolische* Repräsentation bedeutet, dass die zu vertretende Gruppe auf eine abstrakte Weise anwesend gemacht wird; Repräsentation in diesem Sinne kann beispielsweise durch ein Objekt stattfinden (z. B. durch eine Flagge für ein Staatsvolk).
- *Handlungsorientierte* Repräsentation lässt Vertretung zu einem sozialen Prozess werden, an dem auf beiden Seiten Menschen mit Interessen und Erwartungen teilnehmen. Hier verweist Pitkin in ihrem englischsprachigen Buch ausdrücklich auf den deutschen Begriff „vertreten".

Diese letzte Dimension ist für die Analyse parlamentarischer Vertretung entscheidend. Hier wird Repräsentation zu einem interaktiven Vorgang zwischen den Parlamentarier:innen und der zu vertretenden Bevölkerung. Hanna Pitkin spricht in diesem Zusammenhang zentrale Fragen der Parlamentarismustheorie an, nämlich die nach der Freiheit der Abgeordneten und dem Rollenverständnis der Parlamentarier:innen (s. Kapitel II). Repräsentation – so begriffen – öffnet sich der Rollentheorie, die untersucht, wie sich Abgeordnete als „Rollenträger" in den unterschiedlichen parlamentarischen Arenen bewegen und welche Zielsetzungen sie mit welchen Möglichkeiten und Mitteln verfolgen (können).[70] Diese spezifische parlamentarische Rollentheorie unterscheidet seit Wahlke u. a. 1962 zwischen dem Repräsentationsfokus und dem Repräsentationsstil von Abgeordneten und entwickelt auf dieser Grundlage Typen (z. B. Trustee vs. Delegate, s. u.).[71]

An dieser Stelle sei noch ein weiteres Analyseraster erwähnt, das in der vergleichenden Parlamentarismusforschung eine zunehmend wichtige Rolle spielt und das hilft, parlamentarische Repräsentation zu begreifen: der „principal-agent"-

---

69 Vgl. Pitkin 1967.
70 Vgl. grundlegend Wahlke u.a. 1962; Fenno 1978; Fiorina 1977.
71 Vgl. Andeweg 2014.

Ansatz.[72] Dieses Konzept sowie seine Begriffe „principal" (Prinzipal) und „agent" (Agent) stammen ursprünglich aus den Wirtschaftswissenschaften, lassen sich aber auch auf politische Repräsentationsbeziehungen und auf den Parlamentarismus übertragen.[73] Der Ansatz unterscheidet „principals", die Auftraggeber, auf der einen Seite und ihre entsprechenden „agents", die Auftragnehmer, auf der anderen. Parlamente sind sowohl „agents" als auch „principals".

a) Parlamente als Agenten: Parlamentarische Körperschaften werden in Wahlen durch die Bürger:innen *beauftragt*, Politikprogramme zu entwickeln und zu verabschieden – diese Beziehung wird als „first link", als erstes Glied der Auftragskette, bezeichnet.[74] Das Wahlvolk ist der „Prinzipal", die Abgeordneten werden durch die Wahl zu den „Agenten" der Bürger:innen.

b) Parlamente als Prinzipale: Die Parlamentarier:innen beauftragen wiederum als Prinzipale weitere Instanzen damit, politische Programme zu realisieren. In diesem Sinne dienen die Exekutiven – die Spitze der Regierung und die ihr untergeordnete Verwaltung – als Agenten der Parlamente.

Die „principal-agent"-Theorie beschäftigt sich in erster Linie mit dem zweiten Kettenglied, also der Frage, wie Parlamente gewährleisten können, dass ihre Auftragnehmer, die Regierungen, das tun, wozu sie beauftragt werden. Dabei sind komplexe Kommunikations- und Informationsprobleme zu lösen, die im Rahmen der Auftragserledigung entstehen können. Wie kann gewährleistet werden, dass die „agents" keine eigenen, eventuell andersläufigen programmatischen Zielsetzungen verfolgen? Wie ist eine effektive Kontrolle des „Agentenhandelns" möglich? Wie kann die Verantwortlichkeit der Auftragnehmer, der Exekutiven, gesichert und gestärkt werden? Mit diesen Fragen setzt sich insbesondere die angelsächsische „principal-agent"-Forschung auseinander und fokussiert dabei auf die Beziehung zwischen US-Kongress und US-Administration. Dies bietet sich an, da in den Vereinigten Staaten die Aufgabenbereiche Gesetzgebung und Gesetzesausführung schärfer getrennt sind als in den europäischen parlamentarischen Demokratien. Im US-amerikanischen System lässt sich eine vergleichsweise klare Auftraggeber-Auftragnehmer-Konstellation ausmachen. Aber auch über die USA hinaus bietet sich der Prinzipal-Agent-Ansatz an, weil er ein begriffliches Werkzeug mitbringt, das später insbesondere helfen wird, die parlamentarische Kontrollfunktion zu beschreiben.

Jüngere Entwicklungen haben das Verständnis und die Analyse von Repräsentation noch geweitet – Entwicklungen, die sich als „constructivist turn" in der Repräsentationstheorie[75] bezeichnen lassen. Diesen Ansätzen zufolge kommt es in einer Repräsentationsbeziehung weniger auf die formale Vergabe und Kontrolle von Aufträgen als vielmehr auf die soziale Konstruktion der Repräsentationsbeziehung an. Repräsentation entsteht demnach durch das Formulieren und wechselseitige Anerkennen von Repräsentationsansprüchen verschiedener Akteure, das soge-

---

72 Vgl. Strøm 2000; Gilardi/Braun 2002; Holzinger 2009.
73 Vgl. Lane 2009.
74 Vgl. Mitchell 2000.
75 Disch 2011; siehe auch Näsström 2011, Disch u.a. 2019.

nannte „Claim-Making".[76] Für das Parlament würde dies entsprechend bedeuten, dass es sich seine tatsächliche Repräsentationsaufgabe erarbeiten und immer wieder in kommunikativen Prozessen mit dem Volk, seinem Prinzipal, bestätigen lassen müsste. Dies geht letzten Endes wieder auf die Idee von Hanna Pitkin zurück, dass Repräsentation vor allem ein interaktiver und sozialer Prozess ist.

3.3.2. Repräsentation – Einzelperson vs. Mehrpersonenkörperschaft

In dem vorherrschenden Verständnis von Repräsentation wird davon ausgegangen, dass das Volk durch eine Versammlung von Personen (interaktiv) vertreten wird. Aber auch Einzelpersonen können als „Volksvertretung" fungieren: So vertritt ein Staatsoberhaupt als Individuum den jeweiligen Staat nach außen und innen. Diese/r Repräsentant:in muss bis zu einem gewissen Grad immer losgelöst von gesellschaftlichen Teilinteressen sein – eine schwierige Gratwanderung für Präsident:innen, die einer Partei angehören/angehörten. Der/Die oberste Repräsentant:in des Staates kann unmittelbar demokratisch legitimiert sein: In einigen Systemen (USA, Frankreich, Österreich u. a.) wird das Staatsoberhaupt in freien und unmittelbaren Wahlen bestimmt.

Parlamentarische Repräsentation wiederum, also die Vertretung durch eine *Gruppe* von Personen, folgt einer anderen Logik als die Repräsentation durch ein Individuum. Ernst Fraenkel begründet dies gesellschaftstheoretisch: Eine einzelne Person könne nicht die Heterogenität der Bevölkerung abbilden, dazu seien alleine plurale Versammlungen in der Lage.[77] Die Verbindung von Pluralismustheorie und Parlamentarismus (s. o.) wird bei Fraenkel pointiert hergestellt: Der Pluralismus wie auch seine Weiterentwicklung, der Neopluralismus, gehen davon aus, dass die Gesellschaft aus unterschiedlichen legitimen Interessen besteht. Diese sollen in einem geregelten Prozess miteinander ausgeglichen werden. Akteure und Instrumente in diesem Prozess sind die organisierten Interessen/Verbände, Parteien, aber auch Parlamente, in denen sich die pluralistische Gesellschaft widerspiegelt: „As representative institutions, they [Parlamente, St.M.] are designed to encompass the diversity of their societies. They are intended to mirror the whole society".[78]

Aus der pluralismustheoretischen Perspektive lässt sich auch die privilegierte Stellung der Opposition im Parlamentarismus erklären[79]: Gesellschaftliche Gruppen haben das Recht zur Beteiligung, auch wenn sie nicht in der Mehrheit sind. Die Artikulation unterschiedlicher Interessen einschließlich derer von Minderheiten ist der Motor für die gesellschaftliche Fortentwicklung im pluralistischen Modell.

Werden Parlamente als Spiegel gesellschaftlicher Vielfalt verstanden, dann erklären sich einige ihrer Strukturprinzipien, z. B. ihr deskriptiv-darstellender Charakter: So wird immer wieder gefordert, dass sich alle gesellschaftlichen Gruppen im

---

76 Vgl. Saward 2010.
77 Vgl. Fraenkel 1991: 852.
78 Olson 1994: 7 f.
79 Vgl. Steffani 1999.

Parlament wiederfinden sollen – eine Forderung, die im modernen Parlamentarismus kaum zu verwirklichen ist, aber dennoch wirkmächtig bleibt (s. Kapitel III).

So steht die Beobachtung im Raum, dass die Interessen bestimmter Segmente der Bevölkerung durch ihre Nicht-Vertretung im Parlament unterbelichtet bleiben könnten.[80] Besonders intensiv ist dies mit Blick auf die Vertretung von Frauen in Parlamenten erforscht worden.[81] Tatsächlich gibt es zahlreiche Hinweise darauf, dass die Zusammensetzung von Parlamenten einen Unterschied macht, wenn es um die gesetzgeberischen Tätigkeiten geht.

3.3.3. Drei Formen der Repräsentation des gesellschaftlichen Pluralismus

Der gesellschaftliche Pluralismus kann höchst unterschiedlich repräsentiert werden – je nachdem, wie man die Gesellschaft wahrnimmt. Die Individuen in einem Gemeinwesen sind zum einen Mitglieder von funktional-gesellschaftlichen Gruppen, z. B. berufsständischen Organisationen (funktionale Repräsentation); sie sind aber zugleich auch Bewohner:innen unterschiedlicher Gebiete (territoriale Repräsentation); schließlich sind sie Persönlichkeiten mit individuellen Präferenzen (parlamentarische Repräsentation). Diese drei Perspektiven lassen sich in unterschiedliche Formen pluralistischer Vertretung übersetzen (Tabelle 1.2).

Zunächst zur *funktionalen* Repräsentation, zur Vertretung von organisierten gesellschaftlichen Teilinteressen: Diese kann beispielsweise über Ständeversammlungen ablaufen, der Frühform parlamentarischer Körperschaften. Aber auch heute finden sich noch in Form von Wirtschafts- und Sozialkammern Institutionen, die die Aufgabe haben, soziale Gruppen zu repräsentieren. In der Europäischen Union dient der Wirtschafts- und Sozialausschuss (WSA) insbesondere der Berücksichtigung von Arbeitnehmer- und Arbeitgeberinteressen; der WSA muss bei Entscheidungsprozessen in ausgewählten Politikfeldern von den anderen Organen der EU konsultiert werden. In Staaten wie Österreich oder Schweden sind desgleichen Vertretungsorgane funktionaler Interessen eingerichtet, die am politischen Prozess mitwirken können. Bei einer weitreichenden Einbindung von Verbänden in die politische Steuerung spricht man von „korporatistischen" oder „neokorporatistischen" Arrangements.[82]

Was bedeutet *territoriale* oder *föderale Repräsentation*? Voraussetzung für diesen Vertretungsmodus ist folgende Konstellation: Innerhalb eines Systems existieren verschiedene voneinander abgegrenzte politische Gebiete, die über einen „Subjektcharakter" verfügen; das heißt, es handelt sich bei diesen um mehr oder weniger eigenständige Akteure oder „Körperschaften". Zudem wird davon ausgegangen, dass diese Gebiete identifizierbare Eigeninteressen haben. Wenn die Interessen dieser Gebietskörperschaften auf der höheren Ebene (z. B. der Bundesebene) vertreten werden, dann sprechen wir von territorialer Repräsentation. Dies findet in föderalen Systemen statt, in denen sich ein Bundesstaat aus verschiedenen Teilstaaten zusammensetzt, wie zum Beispiel die Bundesrepublik Deutschland, Belgi-

---

80 Vgl. Elsässer/Schäfer 2021.
81 Vgl. O´Brien/Piscopo 2019; Tayler-Robinson 2014.
82 Vgl. Voelzkow 2021.

en, Österreich, die Schweiz oder die Vereinigten Staaten von Amerika. Auf der nationalen Ebene können die Gebietskörperschaften beispielsweise durch Zweite Kammern repräsentiert werden (s. u.). Oberhalb des Nationalstaates spielt das Prinzip der territorialen Vertretung *die* entscheidende Rolle. Finden sich dort politische Quasi-Systeme mit entscheidungsbefugten Vertretungskörperschaften, dann werden darin primär die Interessen der jeweiligen Staaten repräsentiert; in der Regel kommen in den Beschlussgremien die Staats- und/oder Regierungschef:innen der beteiligten Staaten, ihre Minister:innen oder Botschafter:innen zusammen. Territoriale Repräsentation findet auch in der Europäischen Union statt; dort werden die nationalen Interessen vor allem im Europäischen Rat (Treffen der Staats- und Regierungschef:innen) sowie im Rat der Europäischen Union (Ministerversammlung) repräsentiert – wenn auch in abgeschwächter Form und bei Koexistenz eines *parlamentarischen* Repräsentationsorgans.[83]

In der *parlamentarischen Repräsentation* stehen die Individuen und ihre Präferenzen im Mittelpunkt des Vertretungsprozesses. Dies drückt sich alleine in den beschriebenen Wahlgrundsätzen aus, auf deren Grundlage jedes Individuum seine Interessen zum Ausdruck bringen kann – nicht in Gruppen, sondern als Einzelpersönlichkeiten mit unübertragbarem Stimmrecht. Über die Parteien, die zur Wahl antreten, können diese Interessen organisiert, gebündelt und eingebracht werden. Parteien stellen in modernen Gesellschaften die politische Schnittstelle zwischen dem Einzelinteresse und der parlamentarischen Entscheidungsebene dar (s. o.).

Tabelle 1.2: Dimensionen pluralistischer Repräsentation

	funktional/ sektoral	territorial/ föderal	parlamentarisch/ demokratisch
Träger gesellschaftlicher Heterogenität	Gruppen mit identischem Interesse	Gebietskörperschaften	Individuen
Organisatorische Zwischenebenen	organisierte Interessen, Verbände, Stände	Gebietsregierungen, -parlamente, -parteien	Parteien, Wahlen
Repräsentativkörperschaften	Stände- und Verbändekammern, sektorale Ausschüsse	Länder- und Staatenkammern, Ministerräte	Parlamente im Sinne „Erster Kammern"

(Quelle: eigene Darstellung)

Parlamentarische Repräsentation kann sich mit den beiden anderen Formen der Vertretung, der funktionalen und der territorialen, verbinden. So werden beispielsweise innerhalb der parlamentarischen Vertretung territoriale Interessen repräsentiert, wenn Abgeordnete (wie zum Beispiel im Bundestag üblich) entlang ihrer Provenienz Landesgruppen bilden und über diese spezifische territoriale Interessen einzubringen versuchen. Parlamentarische Repräsentation bietet auch Kanäle für

---

83 Zum Europäischen Parlament siehe Kapitel IV.

funktionale Vertretung: wenn Verbände in die Parlamente „hineinreichen", weil Abgeordnete ihnen nahestehen oder weil die Verbände Lobbying betreiben.

Repräsentation ist somit ein überaus weiter Begriff, in dem unterschiedliche Formen der Vertretung von Personen (oder Dingen) zusammengefasst sind. Die parlamentarische Repräsentation ist eine Unterform – allerdings in modernen demokratischen Systemen die zentrale. Ihr werden – mehr als der territorialen und der funktionalen Vertretung – demokratisierende Effekte zugetraut.

Diese Unterscheidung der drei Repräsentationsformen ist – zugegeben – europazentriert. In clan- oder stammesgeprägten Gesellschaften kann Vertretung auch über Versammlungen von „Repräsentanten" gesellschaftlich relevanter Gruppen oder Milieus organisiert werden – siehe als Beispiel die *Loya Jirga* (Große Versammlung) in Afghanistan und seinen Nachbarstaaten.

4. „Parlamente" und „Parlamentarismus" – Arbeitsdefinitionen

Wie gesagt: „Parlamente" haben über die Zeit mannigfache Formen angenommen. Und was als „Parlament" oder als „Parlamentarismus" bezeichnet wird, ist zum Teil sehr unterschiedlich. Entsprechend schwer ist eine Abgrenzung der Begriffe; sie soll nun trotzdem angegangen werden.

Begriffe zu definieren, gehört zu den größten Herausforderungen in der Wissenschaft, vor allem wenn ganz unterschiedliche Verständnisse vorliegen. Begriffe abzugrenzen, gehört aber auch zu ihren wichtigsten Aufgaben. Die folgende Abgrenzung kann nur vorläufiger Natur sein: Das heißt, sie dient als Grundlage für ein gemeinsames Verständnis, stellt aber keine abschließende Vorgabe dar.

4.1. „Parlamente"

Zunächst zum Begriff des „Parlaments". Wie bei vielen Konzepten lässt sich ein weit gespannter Definitionsansatz, der möglichst viele Elemente umfasst, von einem engeren, der die Gruppe der Elemente klein hält, unterscheiden. Auf diese Weise bildet Werner J. Patzelt zwei Klassen von „Parlamenten": (1) Parlamente im weiteren Sinne und (2) Parlamente im engeren Sinne.[84]

(1) Parlament im weiteren Sinne: Hierunter versteht Patzelt „jede zu Beratungen zusammentreffende politische *Vertretungskörperschaft*"[85], wenn diese (a) zwischen den Regierten und der jeweiligen Exekutive platziert ist und (b) „einen beträchtlichen Teil gesellschaftlicher Inputs in das politische System" übermittelt.[86] Dabei komme es nicht darauf an, welchen Namen die Institution trage. Auch sei nicht von Belang, wie sie zustande komme, welche Kompetenzen sie habe und wie sie ihre Arbeit gestalte. Ausschlaggebend sei vielmehr ihre Vertretungs- und Vermittlungs*idee*. Patzelt unterscheidet zwischen „Vertretungskörperschaften" und „Repräsentationsorganen". „Repräsentationsorgane" als Untergruppe der „Parlamente im weiteren Sinne"

---

[84] Vgl. Patzelt 1995; siehe auch Patzelt 2020.
[85] Patzelt 1995: 365.
[86] Ebd.

zeichneten sich durch drei Eigenschaften aus: (a) die Repräsentant:innen handeln im Interesse der Repräsentierten, (b) Repräsentant:innen und Repräsentierte agieren unabhängig voneinander, (c) die Organe sind in der Lage, aufkommende Vertretungskonflikte zu lösen.

(2) Parlamente im engeren Sinne: Hierunter zählt Patzelt demokratisch zustande gekommene Vertretungskörperschaften. „Demokratisch zustande gekommen" – das seien Parlamente, deren Zusammensetzung in regelmäßigen und freien Wahlen bestimmt wird, ganz unbeschadet, welche Aufgabe diese Organisationen haben. Aus historischer Perspektive stelle dieser Typus einen „Sonderfall" dar: Während es Vertretungskörperschaften („Parlamente im weiteren Sinne") schon in der Antike gegeben habe, seien „Parlamente im engeren Sinne" ein Phänomen der Neuzeit.

Mit der Unterscheidung zwischen Parlamenten im weiteren und im engeren Sinne werden nicht zwei trennscharfe Klassen gebildet; vielmehr wird innerhalb der Gesamtmenge „Vertretungskörperschaften" nochmals eine Untergruppe isoliert. Diese Teilmenge verfügt über Merkmale, die die übrigen Teilmengen nicht aufweisen. Damit wird die Untergruppe zum Sonderfall.

Die vorgeschlagene Unterscheidung ist zunächst analytisch hilfreich. Dass „Parlamente im engeren Sinne" nur eine Teilmenge einer großen Gruppe von Vertretungskörperschaften sind, öffnet neue Perspektiven: Damit können die Übergänge zwischen nicht-demokratischen und demokratischen Repräsentationsorganen besser analysiert werden. „Grenzgänger" werden zudem nicht rundweg als nicht-parlamentarische Organisationen abgetan, sondern können in ihren parlamentarischen Potenzialen vermessen werden – mit der Frage, ob sie früher oder später in den engeren Kreis der demokratisch gewählten Parlamente rücken werden.

Die moderne vergleichende Parlamentarismusforschung bezieht sich freilich in der Regel auf die „Parlamente im engeren Sinne". Sogar die Repräsentationstheorie tut dies über weite Strecken: Wenn über Repräsentation reflektiert wird, dann verengt sich der Blickwinkel schnell auf die parlamentarischen Organe, die demokratisch gewählt werden (s. o.). Und das mit Recht, weil dieser Institutionentyp eine vielleicht junge, aber doch sehr stabile Form sowie in der politischen Praxis und Wahrnehmung *die* dominante Variante einer Vertretungskörperschaft darstellt. Hier setzt der Definitionsvorschlag an.

> **Arbeitsdefinition „Parlamente":**
>
> „Parlamente" sind aus regelmäßig stattfindenden Wahlen hervorgehende Vertretungskörperschaften mit der Aufgabe der Volksvertretung. Sie bestehen aus einer Vielzahl an individuellen gleichberechtigten Repräsentanten, die über ein freies Mandat verfügen.

Definitionen sind Abgrenzungen, die ausgrenzen: Welche Organisationen werden gemäß diesem Verständnis nicht als „Parlamente" bezeichnet? Ob die Körperschaft gewählt wird oder nicht, ist in dieser Definition *das* zentrale Kriterium. Die Wahl übersetzt die Idee der „Volksvertretung" in die politische Wirklichkeit. Somit werden mit dieser Definition Vertretungskörperschaften ausgeschlossen, die nicht qua Bevölkerungswahlen bestimmt werden, sondern deren Zusammensetzung von anderen Akteuren (Regierungen, gesellschaftliche Gruppen) bestimmt wird. Folglich werden Ständeversammlungen oder Körperschaften, die aus Regierungsdelegierten bestehen, nicht zu den „Parlamenten" gezählt.

Warum ist die Wahl ein so entscheidendes Merkmal? Weil regelmäßig stattfindende Wahlen eine ganz besondere Vertretungsbeziehung zwischen den Gewählten und den Wählenden aufbauen. Sie führen zu wichtigen Repräsentationselementen wie „Responsivität" und „Verantwortlichkeit":

(1) Responsivität („responsiveness") meint die Fähigkeit und Bereitschaft der Repräsentanten, die Interessen der Vertretenen wahrzunehmen und in den politischen Prozess einzubringen.[87]
(2) Verantwortlichkeit („accountability") bedeutet, dass die Repräsentant:innen denjenigen, die sie gewählt haben, Rechenschaft schuldig sind. Ihnen droht, wenn sie ihre Aufträge in der Wahrnehmung ihrer „Prinzipale" nicht hinreichend erfüllen, der Entzug des Vertrauens und damit gegebenenfalls die Abwahl oder keine Wiederwahl.[88]

„Parlamente" bestehen – ein weiteres Merkmal – aus vielen Personen, nicht nur aus einigen wenigen oder gar einer einzelnen; es handelt sich also um „Mehr-" oder „Vielpersonenkörperschaften". Es können an dieser Stelle keine konkreten Zahlen gesetzt werden, beispielsweise dass ein „Parlament" aus mindestens 100 Personen bestehen muss. Wir werden sehen, dass das kleinste nationale Parlament gerade mal knapp über zehn Mitglieder hat. Die Anzahl der Abgeordneten hängt von der Bevölkerungsgröße ab. Sie ist – logischerweise – wesentlich kleiner als die Gesamtzahl der zu Vertretenen. Über eine Formel, die besagt, wie groß Parlamente optimalerweise sein müssten, wird später noch zu sprechen sein (s. Kapitel II).

Ein weiteres Merkmal: Die Mitglieder von „Parlamenten" sind gleichberechtigt und verfügen über ein freies Mandat. Dies bedeutet als Erstes: Die Abgeordneten sind einander rechtlich gleichgestellt. Gerade diese Eigenschaft – so Gerhard Loewenberg – unterscheidet Parlamente von anderen politischen Organisationen. Für Loewenberg ist die Gleichstellung der Mitglieder eine der kennzeichnenden Facetten parlamentarischer Körperschaften – „distinguishing parliaments from hierarchically ordered organizations".[89]

Die Mitglieder von „Parlamenten" sind überdies formal nicht an Weisungen derer gebunden, die sie als Kandidat:innen aufgestellt oder gewählt haben („freies Mandat"). Faktisch kann die Arbeitswirklichkeit der Abgeordneten indes von dieser Norm abweichen. Wir werden im Weiteren sehen, welche „constraints", welche Einschränkungen, die Spielräume der Abgeordneten einengen können (s. Kapitel II). Aber zumindest formal-rechtlich soll die Freiheit der Mandatsträger:innen verbürgt sein. Vertretungskörperschaften, in denen die Mitglieder ein imperatives

---

87 Vgl. Brettschneider 1995; Pettit 2010; Powell 2004.
88 Vgl. Bovens 2014; Przeworski u.a. 1999.
89 Loewenberg 1971: 3.

Mandat[90] haben (historisches Modell: Räteversammlungen/Rätesystem), zählen nicht zu den „Parlamenten".

Mit dieser Definition sind wir auf dem Weg zu den demokratischen Parlamenten aber noch nicht angekommen: Denn beide Mechanismen – „responsiveness" und „accountability" – wirken suboptimal, solange die Wahlen nicht demokratischen Standards genügen. Dies ist bereits am Fallbeispiel der DDR-Volkskammer deutlich geworden: Es müssen wirkliche Alternativen zur Verfügung stehen, die Wählerschaft sollte über die zur Wahl stehenden Optionen hinreichendes Wissen haben und das Stimmrecht muss über alle Bevölkerungsgruppen gleich verteilt sein. Auch wenn solche Bedingungen nicht erfüllt sind, kann man eine – wie auch immer gewählte – Institution „Parlament" nennen, wenngleich nicht zur Untergruppe der „demokratischen Parlamente" zählen. Die Gruppe der „demokratischen Parlamente" lässt sich wie folgt abgrenzen.

> **Arbeitsdefinition „Demokratische Parlamente":**
>
> *Demokratische* „Parlamente" sind Vertretungskörperschaften mit der Aufgabe der Volksvertretung. *Sie entstehen aus freien, allgemeinen, gleichen, geheimen und regelmäßigen Wahlen.* Sie setzen sich aus einer Vielzahl an individuellen Repräsentant:innen zusammen, die über ein freies Mandat verfügen.

Legen wir diese Definition rigide an, werden wir später feststellen müssen, dass das Europäische Parlament in diesem strengen Sinne nicht-demokratisch ist. Deswegen nochmals: Es handelt sich bei diesen Abgrenzungen nur um Arbeitsdefinitionen. Am Ende gilt es zu schauen, wo die Begriffsbestimmungen im Lichte der Parlamentarismuswirklichkeit revidiert werden müssen.

4.2. „Parlamentarismus"

„Parlamente" abzugrenzen ist nicht leicht – „Parlamentarismus" zu definieren, noch um einiges schwieriger. Der Begriff lässt sich nicht an konkreten „Organisationen" festmachen. Er ist zwar von den Parlamenten abgeleitet. Aber er hat sich über die Zeit hinweg verselbstständigt und unterschiedliche Bedeutungen angenommen. Wie zuvor geschildert, diente er zunächst als Schmähwort für das, was Parlamente machen. Oder er beschrieb die „Bewegung", die sich die Verbreitung und Stärkung der Parlamente auf die Fahnen geschrieben hatte. Mittlerweile hat sich der Begriff als Systemkategorie etabliert. Parlamentarismus ist somit ein „Label" für politische Systeme geworden – wie Präsidentialismus oder Föderalismus.

Wird „Parlamentarismus" als Systemetikett verwendet, lassen sich auch hier ein enger und ein weiter Ansatz ausmachen. Im engen Sinne bezeichnet „Parlamentarismus" die parlamentarische Demokratie, im weiten Sinne jedes politische System, in dem das Parlament eine zentrale Stellung einnimmt.

---

90 „Imperatives" Mandat (von lat. „imperare": befehlen) bedeutet, dass die Abgeordneten bei jeder Entscheidung die Vorgaben ihrer Auftraggeber, ihrer Prinzipale, eins zu eins umsetzen müssen.

4.2.1. Parlamentarismus im engen Sinne: parlamentarische vs. (semi-)präsidentielle Regierungsform

Was ist das Kennzeichen des „Parlamentarismus im engen Sinne" oder – wie Karl Loewenstein es formuliert hat[91] – eines „echten" Parlamentarismus? Ein weiteres Mal hat Winfried Steffani Pflöcke eingeschlagen, indem er die parlamentarische Demokratie mithilfe eines zentralen Kriteriums und entlang weiterer „supplementärer" Kriterien eingekreist hat.[92] Ein „parlamentarisches Regierungssystem" liegt Steffani zufolge dann vor, wenn das Parlament die Regierung abwählen kann. Dabei steht die Fähigkeit, eine Regierung abzuwählen, in enger Verbindung mit der Kompetenz, eine Regierung zu bestellen – aber nicht unbedingt: Steffani erinnert an den britischen Fall, in dem formal die „Krone" das Recht hat, den/die Regierungschef:in einzusetzen. Ähnliches gilt auch für das italienische Regierungssystem, in dem die Präsidenten weitreichende Freiheiten bei der Ernennung des „Kopfes" der Regierung haben.[93]

Steffanis Kriterium der Regierungsabwahl wird im „echten Parlamentarismus" von „supplementären" Merkmalen begleitet. Das wichtigste ergänzende Kriterium ist – so Steffani – die Möglichkeit der Parlamentsauflösung durch die Exekutive: In „parlamentarischen Systemen" verfüge die Regierung über die Kompetenz, diejenige Kammer aufzulösen, die im Fall der Fälle die Exekutive abwählen könne. Ein weiteres supplementäres Merkmal des „parlamentarischen Regierungssystems" ist Steffani zufolge die Vereinbarkeit von Amt und Mandat: Wer ein Regierungsamt bekleidet, muss nicht, *kann* aber auch ein Abgeordnetenmandat innehaben. In einer parlamentarischen Demokratie fällt die Rolle der Parteien im Parlament sehr spezifisch aus: Die Fraktionen, die die Regierung tragen, befinden sich mit dieser in einer „Schicksalsgemeinschaft"[94]; die übrigen Parteien bilden die „institutionalisierte Opposition"[95], die zusammen mit der Öffentlichkeit zu großen Teilen die parlamentarische Kontrolle der Regierungsarbeit übernimmt.

Zu den parlamentarischen Regierungssystemen zählt Steffani auch solche, in denen es eine doppelköpfige Exekutive gibt, die aus einem/r vom Parlament getragenen Premierminister:in oder Ministerpräsident:in sowie einem direkt gewählten Staatsoberhaupt besteht. Zwar sind in derartigen Systemen die Staatspräsidenten mit großen Machtpotenzialen versehen. Dennoch wird das für Steffani entscheidende Kriterium erfüllt: Der/die jeweilige Regierungschef:in kann vom Parlament abberufen werden.

Als Gegenmodell zum parlamentarischen Regierungssystem skizziert Steffani das präsidentielle. In einem solchen System kann die Exekutive nicht vom Parlament abgesetzt werden. Folgerichtig fehlt dem Parlament auch die Kompetenz, die Regierung einzusetzen – wie auch *vice versa* der Regierung die Möglichkeit, das Parlament aufzulösen. Regierungsamt und Parlamentsmandat sind in der Regel

---

91 Vgl. Loewenstein 1964: 144.
92 Vgl. Steffani 1979b: 39-50.
93 Vgl. Ismayr 2009: 646 f.
94 Steffani 1979b: 53.
95 Ebd.

inkompatibel. In präsidentiellen Systemen findet sich das Merkmal der „geschlossenen Exekutive", wenn – wie in den USA – die Präsidenten die Aufgaben des Staatsoberhauptes, des Regierungschefs und des einzigen Ministers auf sich vereinen. Das gesamte Parlament, nicht nur eine „Opposition" im Parlament, stellt den Gegenspieler der Regierung dar.

Mit dieser Zweiteilung der demokratischen Regierungssysteme ist Steffani nicht allein geblieben. Klaus von Beyme hat sich ihm angeschlossen und definiert ein „parlamentarisches System" – ähnlich wie Winfried Steffani – entlang folgender Merkmale, wobei er die formal-verfassungsrechtlichen noch um empirische erweitert[96]:

(1) die Vereinbarkeit von Parlamentsmandat und Regierungsamt,
(2) die Rekrutierung des Kabinetts aus dem Parlament,
(3) die parlamentarische Ministerverantwortlichkeit,
(4) interpellative (Frage-)Rechte des Parlaments,
(5) die Parlaments(ab)wahl der Regierung,
(6) die Parlamentsauflösung durch die Regierung.

Neben diesen institutionellen Kriterien führt von Beyme folgende „sozialstrukturelle" Merkmale an, die typisch für „parlamentarische" Systeme seien:

(7) die Existenz organisierter Parteien,
(8) die Homogenität im Kabinett,
(9) die Dominanz des/der Premierministers:in,
(10) das Vorhandensein einer loyalen Opposition,
(11) eine „dem Parlamentarismus günstige" politische Kultur.[97]

Ein weiteres Standardwerk der vergleichenden Politikwissenschaft, das Demokratien typologisiert, nämlich „Patterns of Democracy"[98] von Arend Lijphart, unterscheidet ebenso zwei Formen von Regierungssystemen, „parlamentarische" und „präsidentielle („parliamentary and presidential forms of government"). Lijphart zieht drei Kriterien heran[99]:

(1) Abwahl der Exekutive: In parlamentarischen Systemen ist der Regierungschef vom Parlament abhängig und kann von diesem abberufen werden, in präsidentiellen Systemen ist eine Amtsenthebung des Regierungschefs nur unter außergewöhnlichen Umständen möglich.

(2) Bestellung der Regierung: In parlamentarischen Systemen wird der Regierungschef vom Parlament gewählt, in präsidentiellen von der Wahlbevölkerung.

---

96 Vgl. von Beyme 2014: 25-33. Diverse Aspekte werden später (Kapitel III) nochmals aufgegriffen und ausführlicher erläutert.
97 Vgl. von Beyme 2014: 29.
98 Vgl. Lijphart 2012.
99 Ebd.: 106-113.

(3) Form der Exekutive: In parlamentarischen Systemen sind die Exekutiven kollegial organisiert. Die Stellung des/der Premierminister:in im Kabinett kann von „primus inter pares" (Erster unter Gleichen) bis hin zur Dominanz reichen. Jedenfalls spielt das Kollegium stets eine mitentscheidende Rolle. In präsidentiellen Systemen findet sich in der Regel eine faktische Ein-Personen-Exekutive.

Mit diesen drei Kriterien gelingt es Lijphart, seine Untersuchungsgruppe (36 Demokratien) in zwei Klassen einzusortieren. Als einziger Ausreißer stört die Schweiz das Bild: Die Exekutive ist zwar kollegial strukturiert („parlamentarisch"), aber nicht abhängig vom Parlament („präsidentiell").

Tabelle 1.3: Typen von Regierungssystemen

Parlamentarische Regierungssysteme		Präsidentielle Regierungssysteme
Australien	Italien	Argentinien
Österreich*	Jamaika	Frankreich* (1958–86, 1988–93, 1995–97, 2002–)
Bahamas	Japan	
Barbados	Kanada	Israel (1996–2003)
Belgien	Luxemburg	Korea
Botswana	Malta	Uruguay
Dänemark	Mauritius	Costa Rica
Deutschland	Niederlande	USA
Finnland*	Neuseeland	
Frankreich* (1986–88, 1993–95, 1997–2002)	Norwegen	
	Portugal*	
Griechenland	(Schweiz)	
Großbritannien	Spanien	
Indien	Schweden	
Irland*	Trinidad	
Island*		
Israel (1949–96, 2003–)		

* semi-präsidentielle Regierungssysteme (s. u.)
(Quelle: Lijphart 2012: 108, eigene Darstellung)

Aufschlussreich ist die Frage, wie Lijphart den französischen Fall einordnet, und überraschend die Antwort: mal so, mal so. Maßgeblich für die Einstufung eines Systems sei, wer der/die wirkliche Regierungschef:in ist („the real head of government").[100] Dies müsse für Frankreich jedoch phasenspezifisch beantwortet werden. So habe sich in den Jahren, in denen Jacques Chirac und Edouard Balladur Premierminister während der Präsidentschaft des Sozialisten François Mitterrand waren oder in denen der Sozialist Lionel Jospin als Regierungschef „unter"

---

100 Ebd.: 110 f.

dem Gaullisten Chirac diente, die exekutive Macht vom Präsidenten wegbewegt: Lijphart ordnet in diesen Jahren Frankreich der Kategorie „parlamentarische Regierungsform" zu – ansonsten der „präsidentiellen".

Die grobe Zweiteilung der Demokratien in „präsidentielle" und „parlamentarische" (wenn auch mit Unterformen[101]) ist umstritten. In der vergleichenden Politikwissenschaft ist die Nützlichkeit dieser Einteilung nicht zuletzt angesichts der Systemtransformation in den 1990er Jahren infrage gestellt worden. Seinerzeit bildete sich eine Reihe von Systemen heraus, die einen stabilen Kompromiss zwischen dem parlamentarischen und dem präsidentiellen darstellen – in der Tradition von Systemen wie Finnland, Portugal, Irland oder vor allem Frankreich. Für diese Gruppe hatte der französische Politikwissenschaftler Maurice Duverger frühzeitig den Begriff des „semi-präsidentiellen" Systems entwickelt. Duverger hat seine Überlegungen in verschiedenen Veröffentlichungen vorgestellt und diskutiert: in seinem Buch über das politische System Frankreichs, in einer Publikation mit dem vielsagenden Titel „Échec au Roi" („Schach dem König") sowie in einem englischsprachigen Aufsatz im *European Journal of Political Research* aus dem Jahr 1980.[102]

Als Merkmale semi-präsidentieller Systeme hat Duverger folgende drei Punkte definiert:

– der/die Präsident:in wird direkt vom Volk gewählt,
– der/die Präsident:in verfügt über beachtliche Kompetenzen,
– der/die Regierungschef:in ist auf das Vertrauen des Parlaments angewiesen.[103]

In einem semi-präsidentiellen System wird also nicht allein das Parlament direkt gewählt, sondern desgleichen das Staatsoberhaupt. Damit stehen sich zwei unmittelbar volkslegitimierte Instanzen gegenüber – mit den entsprechenden Konsequenzen für die Machtverteilung. In diesen Systemen verfügt – so das zweite Merkmal – der/die Präsident:in über erhebliche Zuständigkeiten. Das dritte Merkmal ist genau das, was Steffani als maßgeblich für „parlamentarische" Demokratien bestimmt hat: die Parlamentsverantwortlichkeit der Regierung.

Duverger unterscheidet drei Typen semi-präsidentieller Systeme:

■ Systeme, in denen den Präsidenten überwiegend repräsentative Aufgaben zukommen („figurehead presidency"; z. B. Österreich),
■ Systeme mit machtvollen Präsidenten („all-powerful presidency"; z. B. Frankreich),
■ Systeme mit einer ausgeglichenen Machtbalance („balanced presidency and government"; z. B. Portugal).

Maurice Duverger erklärt die Unterschiede zwischen den drei Typen mithilfe eines Rasters, das zwei „exogene" und zwei „endogene" Faktoren enthält. Als exogene

---

101 Bereits Lijphart differenziert diese Kategorien noch weiter aus (2012: 108).
102 Vgl. Duverger 1978, 1980, 1985; Raunio/Sedelius 2020.
103 Vgl. Duverger 1980: 166.

Faktoren führt er die Verfassung sowie die Tradition und institutionellen Rahmenbedingungen an. Seine endogenen Faktoren sind die Zusammensetzung der parlamentarischen Mehrheit und die Beziehung zwischen den jeweiligen Präsidenten und dieser Mehrheit.

Die Argumente, eine eigene Systemgruppe mit der Bezeichnung „semi-präsidentiell" zu bilden, hat Verfechter des „Zwei-Klassen"-Modells nicht überzeugen können. Ausdrücklich hat sich Winfried Steffani gegen die – wie er es sieht – Ausgliederung einer integralen Untergruppe der „parlamentarischen" Systeme ausgesprochen.[104] Auch Klaus von Beyme stemmt sich gegen die Bildung einer dritten Kategorie.[105]

Andernorts wurde dieser Ansatz aufgegriffen und sogar noch weiter ausdifferenziert, z. B. bei Matthew S. Shugart und John M. Carey.[106] Sie unterscheiden in ihrem Buch „Presidents and Assemblies" neben parlamentarischen Systemen (im engen Sinne) und präsidentiellen Systemen noch zwei weitere Formen: „premier-presidential" und „president-parliamentary".[107] Bei beiden handelt es sich um Untergruppen der „semi-präsidentiellen" Systeme im Verständnis Duvergers. Sowohl für den Typus „premier-presidential" als auch für „president-parliamentary" ist charakteristisch, dass der/die Präsident:in direkt vom Volk gewählt wird. Eine weitere Gemeinsamkeit ist die „bikephale" (doppelköpfige) Exekutive, also dass es neben dem/der Präsident:in noch eine/n Premierminister:in oder Ministerpräsident:in gibt. Die Regierung ist dabei vom Vertrauen des Parlaments abhängig. Im Typus „president-parliamentary" verfügt der/die direkt gewählte Präsident:in zudem über legislative Kompetenzen oder die Macht, das Parlament aufzulösen – respektive über beides.

Die Kategorien von Shugart und Carey finden sich in der Transformationsforschung wieder, wenngleich mit leicht verändertem Namen. So schlägt beispielsweise Wolfgang Merkel[108] neben dem präsidentiellen und dem parlamentarischen System zwei Kombinationstypen vor: den parlamentarisch-präsidentiellen und den präsidentiell-parlamentarischen Typus. Die Unterscheidungskriterien variieren gegenüber denen von Shugart und Carey leicht: In beiden Systemformen ist die Exekutive doppelköpfig. Im präsidentiell-parlamentarischen Typ hat der/die Präsident:in zusätzlich die Möglichkeit, den Ministerpräsidenten auch gegen den Willen der Parlamentsmehrheit zu entlassen. Einige Fälle, die bei Duverger noch unter „semi-präsidentiell" laufen, sind hier der Gruppe der parlamentarischen Demokratien zugeschlagen worden.

Aufschlussreich ist jedenfalls, dass die Direktwahl des Staatsoberhauptes bei der Einordnung von Systemen an Typologisierungskraft verliert. So finden sich bei Merkel Staaten mit direkt gewähltem Präsidenten nicht nur in der Gruppe der

---

104 Vgl. Steffani 1995.
105 Vgl. von Beyme 2014: 37.
106 Vgl. Shugart/Carey 1992.
107 Ebd.: 23-27.
108 Vgl. Merkel 2010: 107.

"parlamentarisch-präsidentiellen" Systeme, sondern auch im Block der „parlamentarischen Regierungssysteme", z. B. Portugal.

Der israelische Fall von 1996 bis 2003 hat die Frage der Systematik noch weiter verkompliziert. In diesem Zeitraum ist der israelische Regierungschef vom Volk gewählt worden. Das Staatsoberhaupt, der Präsident Israels, wurde weiterhin durch Parlamentswahl bestimmt. Arend Lijphart zählt Israel in dieser Phase zu den präsidentiellen Systemen, obwohl ein gegenseitiges Auflösungsrecht zwischen Premier und der Knesset, dem israelischen Parlament, bestand.[109] Frank Decker spricht in diesem Zusammenhang von einem „präsidentiellen Parlamentarismus".[110]

Solche Sonderfälle und die widersprüchlichen Systematiken machen jedenfalls deutlich: Ein allgemein geteiltes Verständnis darüber, was unter „parlamentarisches System" fällt, ist nicht auszumachen. Sobald man versucht, „Parlamentarismus" als Etikett für eine „parlamentarische Demokratie" zu verwenden, gerät man in die eben angeführte Diskussion über die Abgrenzungslinien zwischen den Regierungsformen.

4.2.2. Parlamentarismus weit gefasst

Um diese Abgrenzungsprobleme zu umgehen, kann Parlamentarismus weiter gefasst werden, ohne dass im Detail auf das konkrete Beziehungsdreieck zwischen dem/r jeweilige/n Präsident:in, Regierungschef:in und Parlament abgehoben wird. Ein geweitetes Verständnis begreift „Parlamentarismus" als ein System, in dem ein Parlament nicht zwangsläufig das einzig gewählte Staatsorgan ist, nichtsdestoweniger eine wichtige Stellung einnimmt. Folgende Definition sei vorgeschlagen:

> **Arbeitsdefinition „Parlamentarismus":**
>
> „Parlamentarismus" bezeichnet ein System, in dem ein Parlament (oder mehrere Parlamente) formal und/oder tatsächlich eine zentrale Stellung im politischen Prozess einnimmt (einnehmen).

Gemäß dieser Definition gibt es Parlamentarismus nicht ohne Parlament. Parlamentarismus ist kein abstraktes oder ideales Prinzip, sondern bezieht sich auf ein System mit einem konkreten institutionellen Arrangement, in dem auf jeden Fall ein Parlament eingebaut sein muss. Damit ist noch nichts über die demokratische Qualität des Parlaments gesagt: Auch ein nicht durch allgemeine und freie Wahlen zustande gekommenes Parlament kann Parlamentarismus begründen – wie im britischen Fall vor den einschlägigen Reformen des Wahlrechts.

Im „Parlamentarismus" üben die Parlamente Einfluss auf den politischen Entscheidungsprozess aus. Sie nehmen eine zentrale Stellung im politischen Prozess ein; sie sind effektiv. Es reicht also nicht aus, dass Parlamente in einem System existieren. Sie müssen auch einen Unterschied machen (können). Welchen Unterschied? Die Formulierung ist bewusst vage gehalten: „zentrale Stellung". Die

---

[109] Vgl. Lijphart 2012: 111 ff.
[110] Decker 2006.

Definition verzichtet auf eine starre Checkliste an Kompetenzen, die ein „Parlament" erfüllen muss. So ist das Recht, die Regierung wählen oder abwählen zu können, kein Muss. Das Konzept öffnet sich somit für die Analyse der Rolle von Parlamenten in unterschiedlichen Regierungssystemen – auch in nicht-parlamentarischen im oben angeführten Sinne, also in präsidentiellen und semi-präsidentiellen (oder wie auch immer man diese Gruppe nennen möchte).

Wozu dient die Ergänzung „formal und/oder tatsächlich"? Zwischen einer formalen und der tatsächlichen Position einer Institution in einem System kann sich eine tiefe Kluft auftun. Verfassungsrecht und Verfassungswirklichkeit sind nicht unabhängig voneinander, können sich aber im Laufe der Systementwicklung erheblich auseinanderbewegen. Bei der Definition nur auf die Verfassungswirklichkeit abheben zu wollen, wäre wenig hilfreich. Man müsste von Fall zu Fall den tatsächlichen Einfluss bestimmen. Nur auf den Verfassungstext zu schauen, würde die Fälle ausblenden, in denen das Parlament trotz formal schwacher Stellung zu einem wichtigen Akteur geworden ist. Der Definitionsansatz ist bewusst offen und breit angelegt, um keine Form des Parlamentarismus vorschnell auszuklammern.

Deswegen ist in der Definition auch nicht von Staat oder Nation die Rede, sondern umfassender von „System". Parlamentarismus findet nicht nur auf nationalstaatlicher Ebene statt. Überall, wo Parlamente sind, kann Parlamentarismus untersucht werden: auf der kommunalen und auf der regionalen Ebene, aber auch jenseits des Nationalstaates. Schließlich ist auf dieser Folie die Untersuchung von Systemen möglich, die sich über mehrere Ebenen spannen („Mehrebenenpolitik"). In solchen, aber auch in anderen Kontexten kann Parlamentarismus durch mehr als nur eine parlamentarische Körperschaft begründet werden.

Auf der Grundlage dieser sehr offenen Abgrenzung werden in den folgenden Kapiteln „Parlamente" und „Parlamentarismus" auf den verschiedenen Ebenen analysiert. Am Ende gilt es zu überprüfen, ob der Definitionsgürtel zu eng oder zu weit geschnallt war.

Zusammenfassung

- Die Wurzeln von „Parlament" und „Parlamentarismus" reichen weit in die Geschichte, bis tief ins Mittelalter hinein. Der Begriff und die Organisationen, die so bezeichnet worden sind, haben sich im Lauf der Jahrhunderte erheblich gewandelt.
- Der englische/britische Parlamentarismus bildet aufgrund seiner langen und stetigen Entwicklung einen wichtigen Referenzpunkt für die Parlamentarismustheorie und -praxis – und zugleich einen Sonderfall. Parlamentsentwicklungen auf dem „Kontinent" und in den Vereinigten Staaten von Amerika setzten vergleichsweise spät an und haben sich mitunter am britischen Westminster-Modell orientiert, aber ohne dieses eins zu eins zu kopieren.
- In die Theorie des Parlamentarismus fließen unterschiedliche ideengeschichtliche Strömungen ein. Stränge der Demokratie-, Diskurs- und Repräsentationstheorie bilden die Grundlage für die Parlamentarismustheorie. Die Theorie des

Parlamentarismus orientiert sich eng an den real existierenden Parlamenten und ihrer Einbettung in die jeweiligen Systeme.
- „Parlament" und „Parlamentarismus" sind mit anderen Begriffen verwandt, insbesondere mit dem der Repräsentation. Repräsentation ist ein hochkomplexes Konzept, das neben der parlamentarischen Vertretung noch andere Formen umfasst. Parlamente stellen eine spezifische Sorte von „Vertretungskörperschaften" in pluralistischen Gesellschaften dar.
- Parlamentarismus und Demokratie scheinen Geschwister zu sein: Moderne Demokratien greifen in der Regel auf das Instrument des Parlamentarismus zurück. Aber nicht überall dort, wo es Parlamente gibt, kann von demokratischen Systemen gesprochen werden. Demokratisch ist Parlamentarismus dann, wenn die Parlamente nach bestimmten Grundsätzen vom Volk gewählt werden und wenn die Parlamente eine wichtige Stellung im politischen Prozess einnehmen.
- „Demokratische" Parlamentswahlen setzen in der Regel voraus, dass diese den Grundsätzen frei, allgemein, direkt, geheim und gleich folgen. Die Wahlrechtsgrundsätze haben sich erst im Laufe der Demokratisierung etabliert.
- Parteien spielen im Parlamentarismus eine wichtige Rolle. Sie haben mittlerweile ein Quasi-Monopol bei der Kandidatenaufstellung anlässlich von Parlamentswahlen. In Form der Fraktionen sind die Parteien zudem relevante *innerparlamentarische* Akteure geworden.
- Die Konzepte „Parlament" und „Parlamentarismus" können eng und weit gefasst werden. Für die folgende Untersuchung wird unter einem „Parlament" eine Vielpersonenkörperschaft verstanden, die durch Wahlen zustande kommt und in der ihre Mitglieder über ein freies Mandat verfügen. Die institutionelle Idee eines „Parlaments" ist die der „Volksvertretung".
- Unter „Parlamentarismus" im engen Sinne wird die parlamentarische Regierungsform verstanden. Diese zeichnet sich durch die Parlamentsverantwortlichkeit der Regierung aus, die sich in der Möglichkeit der Abwahl der Exekutive durch das Parlament und in weiteren Facetten niederschlägt. Das Gegenmodell ist der präsidentielle Systemtyp.
- Mit dem „semi-präsidentiellen" System ist in der vergleichenden Politikwissenschaft eine dritte eigenständige Kategorie eingeführt worden, die von einigen Autoren noch weiter ausdifferenziert wird. Etabliert hat sich die Unterscheidung zwischen präsidentiell-parlamentarischen und parlamentarisch-präsidentiellen Systemen – neben den rein parlamentarischen und präsidentiellen.
- „Parlamentarismus" wird hier vergleichsweise weit gefasst: Damit ist nicht nur die Form des „parlamentarischen Regierungssystems" gemeint. Vielmehr ist „Parlamentarismus" ein Label für alle Systeme, innerhalb derer ein (demokratisch oder nicht-demokratisch gewähltes) Parlament eine zentrale Rolle spielt.

Auswahlliteratur

Multiperspektivisch und auf einen großen Pool an einschlägiger Expertise zurückgreifend deckt das „Oxford Handbook of Legislative Studies" den Stand der internationalen Parlamentarismusforschung ab (hrsg. von Shane Martin/Thomas

Saalfeld/Kaare W. Strøm, Oxford 2014). Ebenso aus unterschiedlichen Blickwinkeln nähert sich das „Handbook of Parliamentary Studies" aus dem Jahre 2020 dem Forschungsfeld an (hrsg. von Cyril Benoît/Olivier Rozenberg, Cheltenham); hier werden aus einer multidisziplinären Perspektive heraus parlamentarische Körperschaften sowie Ansätze für ihre Analyse betrachtet. Ein weiteres, diesmal deutschsprachiges Standardwerk, das in die Historie und Begriffsgeschichte des Parlamentarismus einführt, ist das Buch von Klaus von Beyme mit dem Titel „Die parlamentarische Demokratie. Entstehung und Funktionsweise 1789–1999" (4. Aufl., Wiesbaden 2014). Umfassend mit Blick auf Theorie, Methodik und Empirie setzt sich Werner J. Patzelt in seinem Werk „Parlamentarismusforschung. Einführung" (Baden-Baden 2020) mit dem Thema auseinander. Einführungen in die Theorie des Parlamentarismus sind eher selten. Eine Ausnahme, die freilich mittlerweile in die Jahre gekommen ist, stellt die „Einführung in die Parlamentarismustheorie" von Wilhelm Hofmann und Gisela Riescher dar (Darmstadt 1999). Mit der Entwicklung des Parlamentarismus – begrifflich wie auch institutionell – in verschiedenen europäischen Ländern beschäftigt sich „Parliament and Parliamentarism" von Pasi Ihalainen, Cornelia Ilie und Kari Palonen (New York 2018).

Jenseits von Buchpublikationen präsentieren einschlägige Zeitschriften aktuelle Befunde der Parlamentarismusforschung. Für den deutschsprachigen Bereich ist die Zeitschrift für Parlamentsfragen (www.zparl.de) *die* Plattform für parlamentswissenschaftliche Forschungsergebnisse und Debatten, die auch die parlamentsrechtliche Perspektive berücksichtigen. Im englischsprachigen Bereich findet sich eine Reihe von Zeitschriften, die sich schwerpunktmäßig parlamentarischen Fragen zuwenden, u. a.:

- Journal of Legislative Studies
- Parliamentary Affairs
- International Journal of Parliamentary Studies
- Legislative Studies Quarterly.

Links

www.parlgov.org (auf dieser Website finden sich Datensätze zur parteipolitischen Zusammensetzung von Parlamenten in zahlreichen Staaten)

www.freedomhouse.org (die NGO hat einen der bekanntesten Demokratie-Indizes entwickelt und präsentiert dessen Methode und Ergebnisse auf ihrer Website)

www.iparl.de (auf dieser Seite dokumentiert das Berliner Institut für Parlamentarismusforschung seine Publikationen und berichtet über die eigenen Forschungsaktivitäten)

www.dvparl.de (unter dieser URL ist die renommierte Deutsche Vereinigung für Parlamentarismusforschung zu finden, ein als Verein organisiertes Netzwerk aus parlamentarischer Praxis und Wissenschaft)

www.kgparl.de (auf dieser Website informiert die Kommission für Geschichte des Parlamentarismus und der politischen Parteien über ihre Publikationen und Forschung)

Wiederholungsfragen

1. Woher kommt der Begriff „Parlament"?
2. Was ist das Besondere an der englischen/britischen Parlamentsentwicklung?
3. Warum führt die Gewaltenteilungslehre zum Parlamentarismus?
4. Inwiefern sind Demokratisierung und Parlamentarisierung ungleichzeitige Prozesse?
5. Welche Prinzipien müssen greifen, damit von einer demokratischen Wahl gesprochen werden kann?
6. Warum waren die Volkskammerwahlen in der DDR keine demokratischen Parlamentswahlen?
7. Welche drei Formen pluralistischer Repräsentation lassen sich wie unterscheiden?
8. Wann sprechen wir von „demokratischer Repräsentation" im Sinne von Ernst Fraenkel?
9. Was sind die Merkmale eines „parlamentarischen Systems" im Verständnis von Winfried Steffani?
10. Wie lässt sich der Typus des semi-präsidentiellen Systems nach Maurice Duverger abgrenzen?
11. Worin unterscheiden sich gemäß Wolfgang Merkel „präsidentiell-parlamentarische" von „parlamentarisch-präsidentiellen" Systemen?

Kapitel II: Struktur und Organisation von Parlamenten

Dieses Kapitel wirft einen Blick darauf, wie Parlamente intern gestaltet sind und arbeiten. Es geht darum, organisatorische Grundzüge zu entdecken, die typisch für Parlamente sind und die Volksvertretungen von anderen Organisationen unterscheiden.

Das Kapitel geht in drei Schritten vor: Zunächst soll eine Struktureigenschaft angesprochen werden, die zwar nur auf eine Minderheit aller Parlamente zutrifft, aber bei diesen von großer Relevanz sein kann: die bikamerale Struktur, also dass Parlamente aus zwei Kammern bestehen können. Dann steht die Größe von Parlamenten im Mittelpunkt – verbunden mit der Frage, welchen Umfang Parlamente typischerweise und idealerweise haben (sollten). Schließlich richtet sich der Blick auf die internen Strukturen der Parlamente: Wie sind Volksvertretungen im Inneren organisiert? Zur Sprache kommen verschiedene parlamentarische Arenen (Plenum, Ausschüsse, Fraktionen) und typische Arbeitsweisen von Parlamenten (z. B. die Debattenkultur oder die Öffentlichkeit der Verhandlungen).

1. Zwei- oder Ein-Kammer-Parlamente

Was haben der US-Kongress, das französische und das britische Parlament gemeinsam? Alle drei Fälle weisen eine Zwei-Kammer-Struktur auf. Solche Parlamente, die aus zwei Häusern zusammengesetzt sind, nennt man „bikameral", die Systemfacette wird mit dem Begriff „Bikameralismus" bezeichnet.[111]

1.1. Bikameralismus

Bikameralismus ist ein mäßig verbreitetes Phänomen: Im Jahr 2024 liegt der Anteil bikameraler Parlamente bei 78 von den 190 bei der Interparlamentarischen Union registrierten Repräsentationskörperschaften; das sind also rund 42 Prozent.[112] Von den bikameralen Systemen kann wiederum die Hälfte zu den Demokratien westlichen Zuschnitts gerechnet werden.[113] Schwer einzuordnen sind einige historische Sonderfälle: Zum Beispiel wurde in Norwegen bis 2009 und in Island bis 1991 aus der einen Kammer nachträglich noch eine zweite gebildet. Arend Lijphart zählte diese beiden Staaten zur Sonderkategorie der Eineinhalb-Kammer-Systeme („one-and-a-half chambers category").[114]

In bikameralen Parlamenten können die Häuser ganz unterschiedliche Namen tragen: z. B. „House of Representatives" und „Senate" (USA), „Eerste Kamer" und „Tweede Kamer" (Niederlande), „Nationalrat" und „Ständerat" (Schweiz), „Nationalrat" und „Bundesrat" (Österreich), „House of Commons" und „House of Lords" (Großbritannien), „Assemblée Nationale" und „Sénat" (Frankreich). In

---

111 Mit dem Bikameralismus setzen sich u.a. folgende Publikationen auseinander: Heller/Branduse 2014, Riescher u.a. 2010, Uhr 2008.
112 Vgl. die Parline-Datenbank (https://data.ipu.org/, 17.07.2024).
113 Vgl. Riescher u.a. 2010: 13.
114 Vgl. Lijphart 2012: 188 f.

der Gesamtschau findet der Senatsbegriff die häufigste Verwendung für Zweite Kammern.[115]

Der deutsche Fall ist ein wenig schwieriger: Bundestag und Bundesrat bilden staatsrechtlich gesehen kein bikamerales Parlament. Vielmehr ist der Bundestag allein das „deutsche Parlament"; der Bundesrat hingegen stellt ein eigenständiges Staatsorgan des Bundes dar. Der Bundesrat wäre damit keine „echte" Zweite Kammer; es spricht aber vieles dafür, ihn analytisch so zu behandeln – wie dies in der einschlägigen Literatur auch getan wird.

Aber nicht nur für den deutschen Fall gilt: Die Qualität von Parlamenten im engeren und im demokratischen Sinne, also die der Volksvertretung, kommt in den meisten Fällen nur einer, in der Regel der Ersten Kammer zu. Eine Ausnahme ist das niederländische System, in dem die „Eerste Kamer" die Charakteristika einer Zweiten hat.

Die sogenannten „Senate" oder „Zweiten Kammern" haben in der Regel genuine Aufgaben und Kompetenzen; sie werden anders zusammengesetzt als die Ersten Kammern. Ihre institutionelle Idee weicht zumeist von der der Ersten Kammer ab. Bei alldem gibt es indes kein einheitliches Muster. Zweite Kammern können höchst unterschiedlich aussehen und höchst unterschiedlich in das jeweilige System eingepasst sein.

1.2. Zweite Kammern

1.2.1. Historische Genese und institutionelle Idee

Welche historischen Wurzeln haben Zweite Kammern? Bikamerale Strukturen lassen sich bereits in der griechischen und römischen Antike finden. Der englische Parlamentarismus bietet das Modell für die Neuzeit des Bikameralismus. Chronologisch betrachtet war die Zweite Kammer, das Oberhaus, die „erste" (s. Kapitel I); erst später wurden im „Great Council" auch Vertreter der „Commons" eingebunden, die eine eigene Gruppe und ein eigenes „House" gründeten. Das „House of Commons" entwickelte sich in den Parlamentarisierungs- und Demokratisierungswellen zu *dem* entscheidenden Organ des britischen Parlamentarismus.

Anders die Entwicklung im US-Kongress: Die Gründungsväter hatten – nicht zuletzt mit Blick auf die englische Blaupause – ihr Parlament von Anfang an bikameral organisiert. Beide Häuser, das Repräsentantenhaus und der Senat, werden in der Verfassung erwähnt und in den Federalist Papers, den Verfassungskommentaren von Madison, Hamilton und Jay, begründet. Die französische Entwicklung verlief unruhiger: Die bikamerale Struktur schälte sich im Laufe der brüchigen postrevolutionären Verfassungsentwicklung heraus. In Deutschland wiederum existierte bereits im Deutschen Reich mit dem Reichsrat ein dem Reichstag gegenübergestelltes Organ; dieses Vertretungsorgan der Länder wurde in die Weimarer Republik übernommen und schließlich auch in Form des Bundesrates eine wichtige (und umstrittene) Facette der bundesdeutschen föderalen Ordnung nach dem Zweiten Weltkrieg.

---

115 Vgl. Patterson/Mughan 1999b: 2.

Der deutsche Fall macht genau dieses deutlich: Zweite Kammern stehen in enger Verbindung mit dem Föderalismus, also mit einem System, in dem mehr oder weniger eigenständige Gliedstaaten zu einem Bund zusammengeschlossen sind.[116] „The killer application for bicameralism in the modern era is representing territorial interests"[117]. Föderale Systeme sind in der Regel mit Zweiten Kammern ausgestattet, während nicht-föderale (unitarische) Staaten Ein-Kammer-Parlamente beherbergen.[118] Natürlich kennt auch diese Regel ihre Ausnahmen: In einigen (tendenziell) unitarischen Systemen wie Frankreich sind gleichfalls Zweite Kammern eingerichtet worden.

In föderalen Strukturen dient der jeweilige „Senat" der Vertretung von Interessen der im Bund zusammengefassten Gebietskörperschaften. Aber dies ist nicht die einzige „Vertretungsidee" Zweiter Kammern. Neben der Repräsentation von subnationalen Einheiten können im Bikameralismus bestimmte Bevölkerungsgruppen privilegiert eingebunden werden. Das britische Oberhaus ist ein solcher Fall, in dem eine gesellschaftliche Schicht besondere Vertretung erfahren hat – wobei durch die Reformen der vergangenen Jahre dem Oberhaus diese Eigenschaft zunehmend abhanden gekommen ist.

1.2.2. Zusammensetzung

Wie werden Zweite Kammern gebildet? Drei Verfahren lassen sich unterscheiden: (1) direkte Wahl, (2) indirekte Wahl, (3) Ernennung.[119] Eine vierte Variante, die vererbte Mitgliedschaft, findet sich seit der Reform des britischen Oberhauses nicht mehr in der Praxis.

(1) Direkte Wahl: Die meisten Zweiten Kammern werden unmittelbar von der wahlberechtigten Bevölkerung gewählt.[120] Das Wahlverfahren kann sich dabei von dem der Ersten Kammer unterscheiden; auch die Länge der Mandatsdauer muss nicht identisch mit der in der Ersten Kammer sein. Beispiele für direkt gewählte Zweite Kammern sind der Schweizer Ständerat sowie der Senat der Vereinigten Staaten von Amerika. Dessen Mitglieder wurden allerdings bis zur Verfassungsänderung im Jahr 1913 indirekt, nämlich von den Parlamenten der Einzelstaaten gewählt. Das 17. Amendment (Zusatzartikel) der US-amerikanischen Verfassung führte die direkte Volkswahl der Senatoren in den Einzelstaaten ein.[121]

(2) Indirekte Wahl: Eine Reihe von Zweiten Kammern wird nicht von der Wahlbevölkerung, sondern von den jeweiligen Gliedstaatenparlamenten oder Wahlleutegremien gewählt und damit mittelbar legitimiert. Beispiele für indirekt gewählte Zweite Kammern sind der österreichische Bundesrat und der französische Senat.

---

116 Vgl. Benz/Broschek 2013; Sturm 2020.
117 Heller/Branduse 2014: 339.
118 Vgl. Heller/Branduse 2014: 339 f.; Patterson/Mughan 1999b: 10; Sturm 2020: 45.
119 Vgl. Coakley 2014.
120 Vgl. ebd.: 47.
121 Vgl. Haas 2010.

(3) Ernennung: Die Ernennung von Mitgliedern der Zweiten Kammern ist eine dritte Variante. Wer ernennt? Dies können unterschiedliche Instanzen sein: die Regierungen der Gliedstaaten respektive eine Instanz auf der Bundesebene. Beispielsweise fällt der Deutsche Bundesrat in diese Kategorie, aber auch die Mitglieder des britischen Oberhauses werden ernannt.[122]

Einige Kammern weisen historisch bedingte Mischformen auf (z. B. der spanische Senat, in dem direkt und indirekt gewählte Mitglieder zusammenkommen). Die Form der Konstituierung spiegelt die Funktion der Kammer wider und hat Auswirkungen auf die jeweilige Stellung der Zweiten Kammer im politischen Prozess. Werden Zweite Kammern wie die Ersten direkt von der Wahlbevölkerung gewählt, dann nähern sich diese einander an: Ihr Einfluss, ihre Arbeitsstrukturen, die Rolle der Parteien – all dies und noch viel mehr konvergiert zwischen zwei unmittelbar gewählten Häusern eines Parlaments.

Wie werden die Sitze in Zweiten Kammern verteilt? Wenn die Aufgabe der Zweiten Kammer die Vertretung von Gebietskörperschaften ist, lassen sich zwei basale Formen der Sitzverteilung unterscheiden[123]:

- „Senatsprinzip": Jede Region ist gleichstark vertreten – unabhängig von ihrer jeweiligen Bevölkerungsstärke (z. B. USA, Schweiz, Australien).
- „Bundesratsprinzip": Die jeweilige Zahl der Vertreter hängt von der Bevölkerungsstärke der Gliedstaaten ab (z. B. Deutschland, Österreich, Belgien).

Das „Bundesratsprinzip" wird in der Regel nur in einer abgeschwächten Form angewandt. Eine perfekt-proportionale Repräsentativität ist die Ausnahme. Eine solche Ausnahme stellt der belgische Senat dar: Dort wird die Anzahl der Senatoren je Provinz von der Bevölkerungsstärke abhängig gemacht (Art. 68 der Verfassung Belgiens).[124]

1.2.3. Funktionen

Welche Funktionen haben Zweite Kammern? Über die Funktion der Zweiten Kammern werden wir im Einzelnen noch ausführlicher sprechen müssen, wenn wir uns die Aufgaben der Parlamente insgesamt anschauen. Die Aufgabe der Senate hängt letzten Endes von der jeweiligen institutionellen Leitidee ab: Zu welchem Zweck ist die Kammer ins Leben gerufen worden? Wen vertritt sie, die Gliedstaaten oder eine bestimmte gesellschaftliche Gruppe? Als Vertretungskörperschaften haben die Senate jedenfalls die Aufgabe, spezifische Interessen in den politischen Prozess, insbesondere in die Gesetzgebung einzubringen.

Generell gilt, dass Zweite Kammern die Funktion einer institutionalisierten zweiten Meinung haben („institutionalized second opinion").[125] Ihnen kommt die Aufgabe zu, der eventuellen Kurzsichtigkeit der Ersten Kammern langfristiges

---

[122] Vgl. Sturm 2020: 59-61.
[123] Vgl. ebd.
[124] Vgl. Zink 2010.
[125] Vgl. Patterson/Mughan 1999b: 13. Siehe auch Coakley 2014; Heller/Branduse 2014; Riescher u.a. 2010; Riker 1992.

Denken entgegenzusetzen. Sie vermögen überdies symbolisch-integrative Aufgaben zu erfüllen; Walter Bagehot zählt in diesem Sinne das britische Oberhaus nicht zu den wirkmächtigen („efficient") Teilen der Verfassung, sondern zu den würdevollen („dignified").[126]

Zweite Kammern sollen die Leistungen der Ersten Häuser der Parlamente nicht duplizieren, sondern ergänzen; deswegen unterscheiden sie sich in ihrer Zusammensetzung zumeist von den Ersten Häusern. Selbst dort, wo *beide* Kammern direkt gewählt werden, bleiben Unterschiede bestehen: So haben die US-amerikanischen Senatoren und Senatorinnen eine längere Amtszeit als die Mitglieder des Repräsentantenhauses, und es werden bevölkerungsunabhängig jeweils zwei Vertreter:innen pro Einzelstaat entsandt, während das Repräsentantenhaus bevölkerungsproportional zusammengesetzt ist.

Die Daseinsberechtigung Zweiter Kammern ist – ganz im Gegensatz zu der Erster Häuser – strittig. In Neuseeland (1950), Dänemark (1953), Schweden (1971) sowie Kroatien (2001) sind beispielsweise Zweite Kammern abgeschafft worden. Damit gehören Senate zu den wenigen Institutionen demokratischer Systeme, die sich nicht kontinuierlich weiter verbreiten – wenngleich sich phasenweise durchaus ein „revival of second chambers" beobachten lässt.[127]

Die Idee des Bikameralismus könnte in der Europäischen Union eine Renaissance erleben. Mit dem Ministerrat und dem Europäischen Parlament ist bereits eine Struktur angelegt, die in der langfristigen Weiterentwicklung des EU-Systems zu einem bikameralen Parlament werden könnte – so sehen es zumindest diverse Modelle für die Europäische Union vor.[128]

2. Wie groß sind Parlamente?

„A legislature is a plural body".[129] Parlamente sind Vielpersonenkörperschaften – dies ist ein generelles Charakteristikum parlamentarischer Organisationen. Aber wie viele Personen kommen typischerweise in diesen Vertretungsorganen zusammen? Oder gibt es gar bestimmte Mindestzahlen, was den Personenumfang von Parlamenten betrifft? Also: Wie groß sind Parlamente?

2.1. Größe macht einen Unterschied

Unterschiedlich groß – so würde man die scheinbar banale Frage nach der Größe von Parlamenten wohl spontan beantworten. Der oberflächliche Blick auf die Zahlen, die bei der Interparlamentarischen Union online zu finden sind, vermittelt in der Tat eine enorme Spannbreite[130]: Der mikronesische Kongress umfasst lediglich 13 Mitglieder; der Chinesische Volkskongress hat Platz für rund 3.000 – allerdings indirekt „gewählte" – Mandatsträger:innen. Der chinesische Fall zeigt schon einmal, dass die Größe eines Parlaments nicht mit dem Grad an Freiheit

---

126 Vgl. Bagehot 1971: 107.
127 Vgl. Coakley 2014.
128 Vgl. Becker/Lippert 2018; Fischer 2014.
129 Olson 1994: 5.
130 Vgl. Parline-Datenbank (https://data.ipu.org/, 17.07.2024).

und Demokratie in dem jeweiligen System zusammenhängt – zumindest nicht positiv korreliert.

In der Abbildung 2.1 sind auf der Datenbasis der Interparlamentarischen Union 186 Parlamente nach Mandatsstärke gruppiert. Bei bikameralen Parlamenten sind die Mitglieder der Ersten Kammer aufgeführt. Es findet sich eine deutliche Tendenz. Die dritt stärkste Gruppe ist die erste mit 0 bis 49 Mitglieder; danach folgen Parlamente mit bis zu 99 Mitgliedern mit Abstand die größte Gruppe ist die von den 100- bis 199-Personen-starken Parlamenten. Die Häufungen in den ersten drei Stärkegruppen führen zu einem entsprechenden Mittelwert. Dieser liegt bei durchschnittlich 199,3 Mandataren pro Parlament. Nach oben hin werden die Säulen kleiner. Einige wenige Ausreißer führen zu einer breiten Streuung; das Extrem ist wie erwähnt China mit seinen knapp 3.000 Volkskongressmitgliedern.

Abbildung 2.1: Parlamente gruppiert nach Mandatsstärke (Erste Kammern und Einkammersysteme)

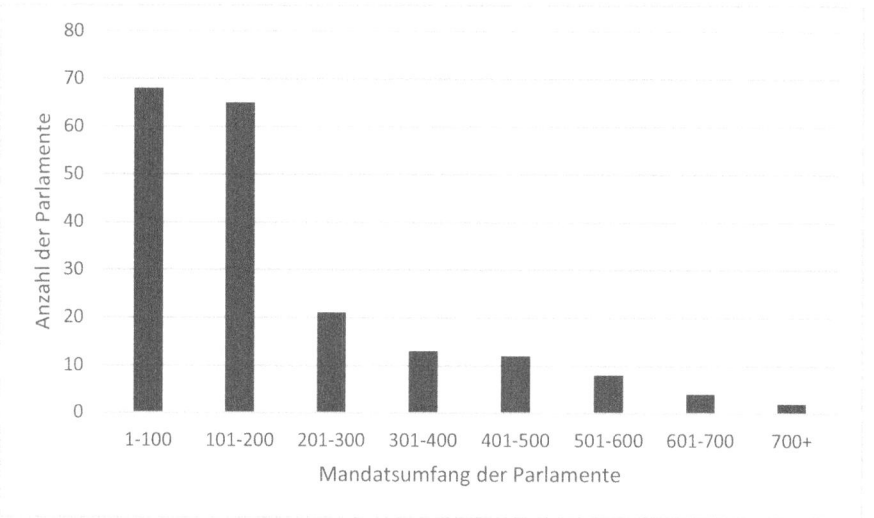

(Quelle: Parline-Datenbank (https://data.ipu.org/ , 31.07.2024), eigene Berechnungen und Darstellung)

Beim zweiten Nachdenken würde man die Frage „wie groß" mit einem „kommt darauf an" beantworten. Aber worauf kommt es an? Auf der Suche nach einer Regel wird man intuitiv die Größe der Versammlung mit der Größe der Bevölkerung in Beziehung setzen. Und in der Tat: Nicht nur bei den beiden oben erwähnten Extremfällen, Mikronesien und China, sondern darüber hinaus gibt es einen anscheinend überzufälligen Zusammenhang zwischen dem Umfang der Bevölkerung und der Größe des Parlaments.

Diese Regel scheint jedoch nicht für alle Fälle hundertprozentig zu funktionieren. So kommen die USA im Repräsentantenhaus auf 435 Parlamentarier:innen bei einer Einwohnerstärke von rund 342 Millionen. Umgerechnet bedeutet dies, dass ungefähr 786.000 Personen auf einen Repräsentanten entfallen. In Deutschland sollen wiederum 630 Bundestagsabgeordnete eine Bevölkerung von 84,6 Millionen vertreten: Das sind rund 141.000 Personen pro Repräsentant:in. Der Zusammenhang zwischen der Bevölkerungsgröße und der Mandatsstärke der Parlamente scheint jedenfalls nicht von simpler Natur zu sein.

Diese Diskrepanzen hängen damit zusammen, dass es historisch sehr unterschiedliche Pfade gibt, auf denen sich die jeweiligen Parlamentsgrößen herausgebildet haben. Einige Beispiele: Der Umfang des US-Kongresses ist das Resultat von Festlegungen in der Verfassung. Für den Senat gilt der Artikel 1 Abschnitt 3 Satz 1. Im Senat sitzen pro Bundesstaat zwei Senatoren. Sein Umfang hat sich im Laufe der US-Geschichte durch die territoriale Ausdehnung der USA erweitert; mit den inzwischen 50 Bundesstaaten setzt sich der Senat aus 100 Personen zusammen.

> **Zusammensetzung des Senats gemäß US-Verfassung (Article 1, Section 3):**
>
> „The Senate of the United States shall be composed of two Senators from each State, chosen by the Legislature thereof, for six Years; and each Senator shall have one Vote."[131]

Für die Größe des US-Repräsentantenhauses setzt der Abschnitt 2 des ersten Verfassungsartikels den Rahmen. Dort werden folgende Regeln aufgestellt:

- Die Sitze im Repräsentantenhaus sollen unter Berücksichtigung der Bevölkerungsstärke auf die Bundesstaaten verteilt werden.
- Die Anzahl der Vertretenen soll nicht 30.000 pro Mandat überschreiten.
- Jeder Staat soll mindestens eine/n Repräsentant:in entsenden können.
- Alle zehn Jahre soll die Verteilung überprüft werden.

Bis 1911 wuchs die Größe des Hauses kontinuierlich auf 435 an. In der Folgezeit kam es zu Kontroversen über die Zuteilung der Sitze. In der Konsequenz ist der heute noch geltende Umfang von 435 Sitzen zementiert worden. Die Verfassungsvorgaben sind von der politischen Wirklichkeit überholt worden.

Der Umfang des britischen Parlaments ist ein Produkt der jahrhundertelangen Geschichte von Westminster. Der aktuelle Zuschnitt der Wahlkreise („constituencies"), deren Anzahl die Größe des Unterhauses bestimmt, ist in Gesetzen festgelegt (z. B. im „Parliamentary Constituencies Act"). Für England, Schottland, Wales und Nordirland überprüfen vier Wahlkreiskommissionen („Boundary Commissions") regelmäßig alle fünf Jahre den Zuschnitt der jeweiligen „constituencies".

Wie sieht es beim französischen Parlament aus? In der Verfassung der aktuellen Fünften Republik von 1958 wird nicht konkret erwähnt, welchen Umfang die beiden Kammern aufweisen sollen. Dieses – so der Verweis in der Verfassung – werde durch ein „Organgesetz" bestimmt. Die Organgesetze zur Nationalversammlung

---

131 Diese Regelung ist durch den Satz 1 des XVII. Amendments geändert worden (s.o.).

und zum Senat, die die Größe der Wahlkreise festlegen, sind im Laufe der Zeit mehrfach verändert worden.

Der Mandatsumfang des Deutschen Bundestages ist desgleichen nicht in der Verfassung, im Grundgesetz verankert, sondern im Bundeswahlgesetz. Dort wird im ersten Paragraphen die Zahl der Abgeordneten des Deutschen Bundestages festgelegt. Per Novellierung kann die Größe des Bundestages verändert werden. Dies ist beispielsweise im Vorfeld der Wahl 2002 praktiziert worden, als durch eine Änderung des Wahlgesetzes die Zahl der Wahlkreise und damit der Umfang des Bundestages deutlich reduziert worden sind. Die deutsche Einheit hatte zuvor zu einer Parlamentsgröße geführt, die als nicht mehr angemessen empfunden worden war. Seit 2023 ist die Größe des Bundestags auf 630 Abgeordnete gedeckelt worden.

Zusammengefasst: Der jeweilige Umfang der Parlamente ist zum einen Ergebnis eines historischen Pfades. Zugleich gilt für die analysierten Fälle (für den US-Kongress nur bedingt): Die Größe der Parlamente ist nicht in Stein gemeißelt (nicht in der Verfassung niedergeschrieben), sondern kann respektive muss unter bestimmten Bedingungen durch den Gesetzgeber verändert werden. Der Umfang des Parlaments leitet sich in der Regel von der Anzahl der Wahlkreise ab, es sei denn, im Wahlrecht sind keine Wahlkreise vorgesehen. Anpassungen müssen üblicherweise dann vorgenommen werden, wenn das Gleichheitsprinzip in Gefahr steht, das heißt wenn das Verhältnis „Repräsentierte pro Repräsentant:in" zwischen den Wahlkreisen erheblich schwankt.

2.2. Die „typische" Größe Erster Kammern (Rein Taagepera)

Ist die Größe der Parlamente also ein bloßes Zufallsprodukt einer gesellschaftlichen und organisatorischen Pfadentwicklung?[132] Dies bestreitet zumindest der Politikwissenschaftler Rein Taagepera. Dieser hat sich – vor geraumer Zeit – auf die Suche nach einer Regelmäßigkeit hinsichtlich der Größe von Parlamenten gemacht und entdeckte einen Zusammenhang zwischen der Bevölkerungsstärke von Staaten und den jeweiligen Parlamentsgrößen.

In einem Beitrag für die Zeitschrift „Social Science Research" aus dem Jahre 1972 stellt er seine These auf: Der Umfang nationaler Versammlungen entsteht nicht aus Zufällen, sondern folgt der Logik parlamentarischer Repräsentation; er ist damit berechenbar und vorhersehbar.[133]

Welche Faktoren könnten theoretisch auf den Umfang der Parlamente Einfluss nehmen? Taagepera stellt folgende Liste zusammen:

a) die Größe der Nation,

b) der Grad wirtschaftlicher Entwicklung,

c) der Grad sozialer Mobilisierung,

d) der Grad effektiver Autonomie oder nationaler Unabhängigkeit,

---

132 Vgl. De Santo/Le Maux 2023.
133 Vgl. Taagepera 1972.

e) das Bestellungsverfahren (handelt es sich um gewählte oder ernannte Versammlungen),
f) ihre Funktionen (Entscheidungsfindung, Beratung oder „rubber stamp"[134]),
g) die Vorgaben der ersten nationalen Versammlung,
h) personelle und nationale Besonderheiten.

Taagepera greift zunächst den Faktor „Größe der Nation" heraus. Er kalkulierte die mathematische Beziehung zwischen der Bevölkerungsgröße und dem Mandatsumfang der Versammlungen für alle 1965 existierenden formal unabhängigen Staaten und autonomen Gebiete. Dabei entdeckte er, dass eine simple Formel eine sehr gute Erklärungskraft bietet: Der Umfang der Versammlung entsprach *grosso modo* der Kubikwurzel der Bevölkerung.

Taagepera belässt es nicht dabei, diesen Zusammenhang als „überzufällig" zu bezeichnen. Er plausibilisiert das statistische Phänomen, indem er die Formel repräsentationstheoretisch ableitet. Dabei geht er von den Fällen aus, in denen das Parlament direkt gewählt wird und die über Ein-Personen-Wahlkreise verfügen (also in denen pro Wahlkreis nur eine Person gewählt werden kann).

Taagepera setzt an bei der Frage, wie Kommunikation zwischen Repräsentanten und Repräsentierten vonstattengeht. Drei Bedingungen stellt er auf:

1. Jedes aktive Mitglied der Bevölkerung muss über einen direkten oder indirekten Kommunikationskanal zu einem/r Repräsentant:in auf der höchsten Ebene verfügen.
2. Die Vertreter auf der höchsten Ebene („highest level interest aggregators") müssen die Möglichkeit haben, direkt miteinander zu kommunizieren.
3. Die Anzahl der Kommunikationskanäle, die von der Bevölkerung zum Repräsentanten laufen, muss so hoch sein wie die Anzahl der Kommunikationskanäle, in die die individuellen Repräsentanten innerhalb der Versammlung eingebunden sind.

Taageperas Ausgangspunkt ist die „aktive Bevölkerung" oder die mobilisierten Bürger:innen. Den Grad an Mobilisierung macht er am „literacy"-Faktor fest, d.h. an der Prozentzahl der Einwohner:innen, die des Schreibens und Lesens mächtig sind. Die optimale Größe der Versammlung ist folglich die Kubikwurzel aus der jeweiligen Bevölkerung im arbeitsfähigen Alter abzüglich des Anteils an Analphabet:innen.

Taagepera überprüft sicherheitshalber noch die Wirksamkeit anderer Faktoren: Der Grad der Autonomie eines Territoriums hat seiner Beobachtung zufolge keine Auswirkungen auf die Größe der Parlamente. Anders verhält es sich mit einer geografischen Rahmenbedingung: Inselstaaten tendieren dazu, kleinere Versammlungen zu haben! Leider bietet Taagepera für diesen „fun fact" keine plausible Erklärung. Sonstige Faktoren sind nicht relevant.

---

134 Das Bild des „rubber-stamp", des Stempelkissens, findet sich immer wieder dann, wenn es darum geht, Parlamente als faktisch machtlose, nur noch formal entscheidende Akteure zu illustrieren.

Funktioniert die Formel für unsere Referenzfälle – unter Vernachlässigung des Alters- und „literacy"-Faktors? Für Deutschland wäre der optimale Wert (bei einer Bevölkerungsstärke von rund 84,4 Millionen) eine Mitgliederstärke des Bundestages von rund 439 Personen. Vor 2002 betrug der Umfang des Bundestages 656 Abgeordnete (plus Überhangmandate). Die Reform für die Wahl 2002 nahm eine Verkleinerung auf 598 vor. Nach einigen Ausreißern nach oben (bis zu 736 Mitglieder) ist der Umfang des Bundestages jetzt auf 630 gedeckelt worden. Der optimale Wert ist zwar durch die Dezimierung nicht erreicht worden; aber immerhin hat eine Annäherung stattgefunden.

Welche Größe müsste der US-amerikanische Kongress, das französische Parlament und das britische Unterhaus vorweisen? Der optimale Repräsentationswert ergibt für den US-Kongress (Repräsentantenhaus) einen Umfang von rund 695 Sitzen (ausgehend von einem Bevölkerungsumfang von ca. 335 Millionen); die tatsächlichen 435 Mitglieder des Repräsentantenhauses liegen unter dieser Maßzahl. Die erste Kammer des französischen Parlaments, die Nationalversammlung, setzt sich aus 577 Mandatsträgern zusammen; gemäß der Taagepera-Formel müssten die ca. 68,1 Millionen Französinnen und Franzosen von rund 408 Repräsentanten vertreten werden. Das britische Unterhaus umfasst 650 Abgeordnete; der optimale Wert läge angesichts einer Bevölkerungsstärke von ca. 67,5 Millionen bei 390.[135] Bis auf den US-amerikanischen Fall haben die Parlamente eher zu viele als zu wenige Mandate.

Ein Blick auf diese Referenzfälle zeigt, dass es mehr oder weniger starke Abweichungen von der Formel geben kann. Wie geschildert ist die jeweilige Größe eines Parlaments pfadabhängig. Wenn es trotz aller Pfadabhängigkeit so ist, dass in der Gesamtschau dieser beobachtete Zusammenhang besteht – wie ist es dazu gekommen? Taagepera unterstellt einen „trial and error"-Prozess. Die Parlamente hätten sich im Laufe der Zeit auf die optimale Größe hinbewegt. Wenn es zu Veränderungen im Umfang kommt, dann in die „richtige" Richtung. Für den deutschen Fall, aber auch für den britischen (das Unterhaus ist 2005 verkleinert worden), scheint sich dies zu bestätigen.

Schließlich: Die Stabilität von Demokratien hängt wohl letzten Endes nicht davon ab, ob ihre Parlamente die Taagepera-Formel erfüllen. Was also bringen uns Taageperas Rechenspiele? Sie können zum einen gute Hinweise darauf geben, wie groß ein (noch nicht existierendes) Parlament sein müsste, will es kommunikativ gut verankert sein. Ein solches Wissen ist bei verfassungsgebenden Prozessen oder bei Parlamentsreformen hilfreich. So empfiehlt Taagepera für ein fiktives Weltparlament mithilfe seiner Formel die Größe von 1.700 Parlamentariern. Für das Europäische Parlament können bei 27 Staaten rund 766 Sitze berechnet werden.[136]

---

[135] Quellen: Bevölkerungszahlen für Deutschland und Frankreich: Eurostat (https:// ec.europa.eu/eurostat, 31.07.2024); Bevölkerungszahlen für Großbritannien Statista (https://de.statista.com/, 31.07.2024); Bevölkerungszahl USA: United States Census Bureau (www.census.gov, 31.07.2024).

[136] Eigene Berechnung nach Rein Taageperas „cube root"-Formel (vgl. Taagepera 1972, Taagepera/Recchia 2002), ausgehend von rund 449 Millionen EU-Bürger:innen (Eurostat-Angaben Juni 2024).

Zum anderen liegt mit der Formel ein Lackmustest vor, der es ermöglicht, Versammlungen als „parlamentarisch" oder „nicht-parlamentarisch" zu klassifizieren, wenn man sich über ihre Qualität nicht ganz sicher sein kann. Taagepera veranschaulicht diese Indikatorqualität anhand des Europäischen Parlaments. Das EP hat im historischen Prozess, was seinen Umfang betrifft, immer mehr das „Kubikwurzelgesetz" umgesetzt – selbstredend ohne dieses zu kennen. Was kann dies signalisieren? Das Europäische Parlament hat sich über die Jahrzehnte hinweg in Sachen Mandatsumfang zu einer typischen Ersten Kammer entwickelt; es hat sich in dieser Hinsicht „normalisiert".[137]

2.3. Die „typische" Größe Zweiter Kammern (Taagepera/Recchia)

Die Frage nach der typischen Größe lässt sich auch für die Zweiten Kammern stellen. Die Antwort fällt aber nicht ganz so leicht: Zweite Kammern sind als Gruppe noch heterogener als die Ersten. In der Literatur, z. B. bei Arend Lijphart, findet sich als Beobachtung lediglich, dass die Zweiten Kammern tendenziell kleiner als die Ersten sind.[138] Dies bestätigt auch ein Blick auf die Durchschnittswerte, kalkuliert auf der Grundlage der Angaben der Parline-Datenbank der Interparlamentarischen Union: Während Erste Kammern und Parlamente in Einkammersystemen im Mittelwert 199,7 Parlamentarier stark sind, setzen sich Zweite Kammern durchschnittlich aus nur 89,7 Personen zusammen.[139] Die meisten der zweiten Häuser haben nur bis zu 100 Mitglieder (vgl. Abbildung 2.2).

Wie bereits bei den Ersten Kammern hat sich Rein Taagepera – diesmal zusammen mit Steven P. Recchia – an die Aufgabe gemacht, eine Regelmäßigkeit, vielleicht sogar eine Logik für die Größe Zweiter Kammern zu finden.[140] Hier mussten die Autoren anders vorgehen, denn die Repräsentationsidee Zweiter Kammern ist eine andere als die der Ersten. Es geht bei Senaten nicht primär darum, die Gesellschaft als Gruppe von Individuen zu vertreten. Vielmehr dient ein Großteil der Zweiten Kammern der Repräsentation von subnationalen Einheiten, von Einzelstaaten oder Bundesländern.

---

[137] Siehe mehr zum EP in Kapitel IV.
[138] Vgl. Lijphart 2012: 190 f.
[139] Quelle: Parline-Datenbank (https://data.ipu.org, 31.07.2024), eigene Berechnung.
[140] Vgl. Taagepera/Recchia 2002; siehe auch Coakley 2014: 550.

Abbildung 2.2: Zweite Kammern der bikameralen Parlamente gruppiert nach Mandatsstärke

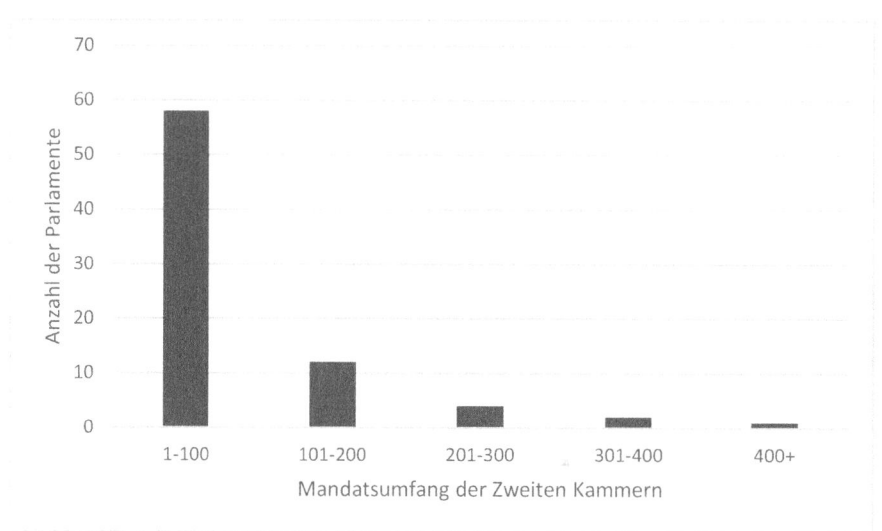

(Quelle: eigene Berechnung auf Grundlage von Daten der Interparlamentarischen Union (IPU) (https://data.ipu.org/, 29.04.2024), eigene Darstellung)

Taagepera und Recchia schauen sich solche föderalen Zweiten Kammern an. Sie erwarten das Wirken von vier Einflussgrößen auf den Umfang der Senate:

1. Die Größe der Bevölkerung: „larger populations may need larger bodies and can more easily afford them".[141]
2. Die Größe der Ersten Kammer: Da sich dieser Wert *grosso modo* gemäß dem Kubikwurzelgesetz bestimmt, steht dieser Faktor mit der Bevölkerungsgröße in Beziehung, berücksichtigt aber überdies die spezifische Pfadentwicklung der Ersten Kammer.
3. Die Anzahl der subnationalen Einheiten: Je mehr Gebietskörperschaften zu vertreten sind, desto mehr Mandate müsste das zuständige Repräsentationsorgan aufweisen.
4. Die Stellung der Zweiten Kammer: Ihre Funktion und politische Bedeutung sollten Einfluss auf den Umfang der Senate haben.

Für ihre empirische Überprüfung ziehen die beiden Autoren 28 föderale Staaten heran, in denen die Mitglieder der Zweiten Kammer als Vertreter:innen der subnationalen Einheiten gewählt oder ernannt werden. Zusätzlich berücksichtigen sie 30 weitere Staaten mit Zweiten Kammern, die jedoch nicht durch subföderale Einheiten mandatiert werden. Ihre Ergebnisse bestätigen zunächst unsere eben erwähnte Beobachtung: Zweite Kammern waren durchschnittlich kleiner als die jeweiligen Ersten; lediglich in Taiwan und Großbritannien waren die damaligen

---

[141] Ebd.: 168.

Oberhäuser größer als die Unterhäuser – und diese Fälle gehörten ohnehin zur Gruppe der nicht-föderalen Zwei-Kammer-Systeme. Der zweite Befund: Je größer die Bevölkerung, desto größer ist tendenziell der Umfang der Zweiten Kammer. Die beiden Autoren können noch mehr zu der Beziehung sagen: Die Größe der Zweiten Kammer steigt weniger steil, als die Kubikwurzel aus der Bevölkerungszahl ansteigt.

Darüber hinaus gibt es eine vergleichsweise stabile Beziehung zwischen der jeweiligen Ersten und Zweiten Kammer: Zweite Kammern nehmen in dem Maße zu, in dem Erste Kammern größer werden. Dabei weisen die Oberhäuser über den Daumen gepeilt ein Drittel des Personenumfangs der jeweiligen Unterhäuser auf.

Während andere Faktoren, wie die jeweilige Stellung der Zweiten Kammer im politischen Prozess, keine Wirkung zeigen, identifizieren die beiden Autoren indes einen effektiven Bestimmungsfaktor: die Anzahl der territorialen Subeinheiten. Zwei „limits" grenzen somit den erwartbaren Umfang von Oberhäusern ein:

(1) Die Anzahl der subnationalen Einheiten: Sollen in der Zweiten Kammer Gebietskörperschaften vertreten werden, dann muss die Kammer mindestens so viele Mandate haben, wie der Bundesstaat Länder oder Einzelstaaten umfasst.

(2) Die Größe der Ersten Kammer: Würden die Senate die Bürger:innen als Individuen vertreten, wären die Zweiten Kammern so groß wie die Ersten (sie würden dem Kubikwurzelgesetz folgen). Da es logischerweise weniger territoriale Interessen als Bürger:innen in einem Staat gibt, müsste der Umfang der Zweiten Kammern deutlich unter dieser Marke liegen.

Damit ist eine weite Spanne aufgezogen, innerhalb derer sich Zweite Kammern bewegen können. Aber wo genau innerhalb dieser Spannbreite liegt der erwartbare Umfang von Oberhäusern? Die beiden Autoren ermitteln als typischen „Ort" das geometrische Mittel zwischen den beiden Werten. Mit anderen Worten: Man multipliziert die jeweilige Anzahl der territorialen Subeinheiten mit der jeweiligen Anzahl der Mitglieder in den entsprechenden Ersten Kammern; aus dem Ergebnis wird die Wurzel gezogen.

Nehmen wir zwei Referenzfälle und schauen, ob die Rechnung stimmt. Der US-Senat und der Bundesrat sind beides Körperschaften, die von ihrer institutionellen Idee her föderale Repräsentation gewährleisten sollen. In den USA gibt es 50 Bundesstaaten; die Erste Kammer, das „House of Representatives", umfasst 435 Mandate. Damit haben wir die beiden entscheidenden Werte, um die typische Größe einer Zweiten Kammer zu kalkulieren. Das geometrische Mittel aus der Zahl der territorialen Subeinheiten und der Mitgliederzahl der Ersten Kammer beträgt für diesen Fall 147; tatsächlich setzt sich der Senat aus 100 Senatoren zusammen. Die gleiche Rechenoperation ermittelt für den Deutschen Bundesrat eine typische Größe von 97; tatsächlich besteht der Bundesrat aus 69 Mitgliedern. In diesen Fällen gibt es also Abweichungen.

Bei vielen anderen Fällen können die Formelväter hingegen einen entsprechenden Zusammenhang identifizieren. Die Erkenntniskraft der Formel liegt – wie bei vielen quantitativen Ansätzen – weniger im Einzelfall; hier sind Abweichungen von der Prognose häufig. Ihr Wert liegt darin, dass sie über eine *Vielzahl* von Fällen hinweg annäherungsweise zuverlässig ist.

Mit der Formel für Zweite Kammern bieten uns Taagepera und Recchia einen Anhaltspunkt, um über die optimale Größe eines Oberhauses zu diskutieren. Aus ihren Überlegungen entwickeln sie Empfehlungen: Wie groß könnte eine Zweite Kammer in der Europäischen Union sein? Wie könnten die Stimmengewichte im EU-Ministerrat optimal verteilt werden?

Natürlich sind die Größenformeln keine Gebote, und Gesetzmäßigkeiten keine „Gesetze". Aber die referierten Beobachtungen sind aufschlussreich, weil sie uns helfen bikamerale Strukturen zu verstehen. Sie bieten zudem eine Grundlage, um repräsentative Körperschaften, über deren Vertretungsqualität noch geforscht werden muss, einzustufen.[142] Formeln ersparen uns freilich nicht die Mühe, auf die Einzelfälle zu schauen – und dabei festzustellen, dass eine Reihe von anderen, ganz spezifischen und unsystematischen Faktoren auf das Erscheinungsbild von Parlamenten wirkt.

3. Innere Struktur der Parlamente – Arbeitsebenen und Organe

Wie sind Parlamente im Innern aufgebaut? Komplex. Es handelt sich um Vielpersonenkörperschaften, die sich in verschiedene Arbeitsebenen und -arenen ausdifferenzieren – ausdifferenzieren müssen! Denn ohne Arbeitsteilung und Organisation können Körperschaften, die aus so vielen Mitgliedern bestehen, nicht effektiv und effizient arbeiten.

Tabelle 2.1: Struktur von Parlamenten

Ebene	Akteur	Prinzip	Organisation
Makro	Vollversammlung der Abgeordneten als kollektiver Akteur	Gesamtparlament als Verfassungsorgan	Plenarsitzungen, Präsidenten/„Speaker" an der Spitze, geschäftsführende Organe, Sekretariat
Meso	Zusammenschlüsse von Abgeordneten als kollektive Akteure	funktionale Differenzierung, Arbeitsteilung	fachlich-funktional: Ausschüsse, parteipolitisch: Fraktionen, sonstige Gremien (ständig oder „ad hoc"), ggf. Unterstützung durch Sekretariate
Mikro	Mandatsträger:innen als individuelle Akteure	freies Mandat	Mitarbeiterstäbe, Ressourcen für Infrastruktur

(Quelle: eigene Darstellung)

Die Grobgliederung von Parlamenten – die gleich noch ausführlich dargestellt wird – sieht wie folgt aus (Tabelle 2.1): Auf einer Makro-Ebene konstituiert sich das Gesamtparlament als Plenum der Abgeordneten. Als kollektiver Akteur

---

142 Siehe zum Beispiel zur Anwendung der Formel auf Parlamentarische Versammlungen internationaler Organisationen Marschall 2005. Vgl. hierzu auch De Santo/Le Maux 2023.

(also als ein „Handelnder", der sich aus vielen Personen zusammensetzt) tritt es den anderen Staatsorganen und der Gesellschaft gegenüber. Als Plenum kann das Parlament verbindliche Beschlüsse verabschieden. An der organisatorischen Spitze der Vollversammlung stehen „Präsident:innen" oder „Speaker", die das Parlament nach außen vertreten und die in Zusammenarbeit mit geschäftsführenden Gremien und unterstützt von Hilfsorganen für seine Arbeitsfähigkeit Sorge tragen.

Auf der mittleren, der Meso-Ebene differenzieren sich Parlamente aus: Abgeordnete schließen sich nach verschiedenen Kriterien und zu verschiedenen Zwecken zusammen. Diese Gruppen bilden das organisatorische Rückgrat parlamentarischer Arbeit. Zusammenschlüsse von Abgeordneten formieren sich entlang ihrer Parteizugehörigkeit (Fraktionen, politische Gruppen), entlang ihrer fachlichen Schwerpunkte (Ausschüsse) sowie entlang weiterer Kriterien (z. B. Zusammenschlüsse von Parlamentarierinnen, von Abgeordneten einer Region oder Konfession). Auch kurzfristige, aus einer spezifischen Situation geborene Gruppenbildungen sind denkbar. Je nach Institutionalisierungsgrad verfügen die Gruppen über einen Mitarbeiterstab und eine Geschäftsordnung.

Schließlich bilden auf der Mikro-Ebene die einzelnen, formal unabhängigen Parlamentarier:innen das Fundament für die parlamentarische Organisation. Die individuellen Repräsentanten sind ein wichtiger Akteur im parlamentarischen System und durch das Prinzip des „freien Mandats" und andere Rechte geschützt. In den meisten Parlamenten werden den Abgeordneten Ressourcen zur Verfügung gestellt, mit denen ein Büro inklusive Mitarbeiterstab finanziert werden kann.

Die Unabhängigkeit der Parlamentarier:innen ist die Voraussetzung dafür, dass sich diese freiwillig mit anderen Abgeordneten zusammenschließen können. Die Gruppenbildung hängt mit der Abgeordnetenfreiheit zusammen. Ob und inwieweit die Mandatsträger durch ihre Mitgliedschaft in einer Gruppe ihre Unabhängigkeit und Freiheit aufgeben (müssen), wird noch zu diskutieren sein.

3.1. Das Parlament als Plenum

Das Plenum ist der traditionelle Ort parlamentarischen Verhandelns und Entscheidens und wird auch von außen in der Regel als „das Parlament" wahrgenommen. Wenn die Abgeordneten in der Vollversammlung zusammenkommen, bilden („konstituieren") sie formalrechtlich gesehen die Volksvertretung. Entscheidungen können in der Regel nur von der Plenarversammlung verabschiedet werden; dabei müssen bestimmte Anwesenheits- und/oder Zustimmungsquoren erfüllt werden.

Durch die wahrgenommene Identität von Parlament und Plenum werden die Orte der Vollversammlung zum „pars pro toto" und finden als Synonyme Verwendung. So bezieht sich der Begriff „Parlament" im österreichischen Regierungssystem auf das Tagungsgebäude und in anderen Staaten werden die Sitzungsorte als Namen für das Parlament verwendet (z. B. „Westminster" für das britische Unterhaus, „Capitol (Hill)" für den US-Kongress) – all dies unbeschadet der Tatsache, dass parlamentarische Aktivitäten auch oder sogar überwiegend andernorts, z. B. im Wahlkreis, stattfinden.

An der Spitze der parlamentarischen Gesamtorganisation steht ein Vorsitzender oder eine Vorsitzende.[143] Generell lassen sich zwei Vorsitzendenrollen unterscheiden: zum einen das Modell des „Speaker" nach englischem Vorbild und zum anderen das kontinentale Modell des/der Parlamentspräsident:in nach französischer Vorlage[144]:

(1) „Speaker": Seit dem 14. Jahrhundert gibt es im englischen Unterhaus die Funktion des „Speaker", ein Amt, das sich bis heute gehalten hat und auch von anderen Parlamenten kopiert worden ist (z. B. mit Modifikationen in den USA). In den englischen Frühzeiten fungierte der „Speaker" noch als „the King's man". Im Laufe der Parlamentarisierung hat sich die Verknüpfung mit der „Krone" weitestgehend gelöst. In der britischen Parlamentspraxis wird der „Speaker" aus den Reihen der Abgeordneten gewählt, wobei eine interfraktionelle Einstimmigkeit angestrebt wird. Die Amtsträger repräsentieren und personifizieren das Parlament nach außen. Nach innen haben sie Plenarsitzungen zu leiten: Sie eröffnen und schließen die Debatte, rufen zu Wortbeiträgen auf und üben das Ordnungsrecht aus. Sie haben eine weitreichende Verfahrenskompetenz. Bei der Sitzungsleitung nimmt der „Speaker" die Position eines überparteilichen Richters ein und beteiligt sich nicht an den Debatten und Abstimmungen. Bei Stimmengleichheit kann ihm/ihr allerdings die entscheidende Stimme zukommen, die „casting vote". Die Überparteilichkeit des „Speaker" zeigt sich nicht zuletzt in der Bestimmung, dass der oder die Gewählte Parteiämter ruhen lassen muss (auch die Mitgliedschaft in einer Fraktion). Eine weitere Konsequenz: Bei wechselnden Mehrheiten kommt es nicht zwangsläufig zu einer Neuwahl des/der Parlamentsvorsitzenden.

(2) „Präsident:in": Der Vorsitzende der französischen Nationalversammlung von 1789 ist der Prototyp des Parlamentsvorsitzenden kontinentaler Prägung. Dieses Modell ist auch im deutschen Parlamentarismus übernommen worden. Den Präsidenten kommt – wie auch den „Speakers" – die Aufgabe der Vertretung des Parlaments nach außen zu. Nach innen sind sie gleichfalls zuständig für die ordnungsgemäße Durchführung der Plenardebatten. Sie leiten die Vollversammlung und verfügen über die entsprechende Ordnungsgewalt. Dabei sollen die Präsidenten wie bereits die „Speakers" überparteilich agieren. Die Verfahrensmacht der Präsidenten ist allerdings eingeschränkter als die der angelsächsischen „Speaker": Prozedurale Entscheidungen des Vorsitzenden nach französischem Modell können vom Plenum aufgehoben werden. In der deutschen Parlamentarismustradition hat sich bereits in der Weimarer Republik der Brauch etabliert, dass der/die Präsident:in von der stärksten Fraktion gestellt wird. Im Gegensatz zum britischen Modell hat ein Wandel in den Fraktionsstärken zwangsläufig einen Austausch an der Parlamentsspitze zur Folge. Ein weiterer Gegensatz: Präsidenten können ihre Parteiämter behalten und sich – wenn sie den Stuhl des sitzungsleitenden Vorsitzenden verlassen – an den Debatten und Abstimmungen beteiligen.

---

143 Vgl. hierzu Bach 1999; Jenny/Müller 1995.
144 Vgl. Sommer/Graf von Westphalen 1996: 89-92.

Der/die kontinentale Parlamentspräsident:in fällt somit vergleichsweise „parteiisch" aus, jedenfalls parteiischer als der angelsächsische „Speaker". Folgerichtig ist das Präsidentenamt der stärkeren Kontrolle des Plenums unterworfen. Dies gilt gleichwohl nicht für den US-amerikanischen Fall; dort ist der „Speaker" durchaus ein Parteigänger der Mehrheitsfraktion, im Repräsentantenhaus gar ihr Anführer.[145]

Aufgrund der Tatsache, dass ein wirklicher „Speaker" im Sinne der englischen Tradition kaum noch zu finden ist (selbst in Großbritannien nicht mehr), ist eine alternative Typologie angezeigt. Marcelo Jenny und Wolfgang C. Müller unterscheiden deswegen systematisch, ob es sich um machtvolle und/oder parteiische Vorsitzende handelt. Sie gelangen zu einer Vierertypologie (vgl. Abbildung 2.3).[146]

Abbildung 2.3: Typologie der Parlamentsvorsitzenden[147]

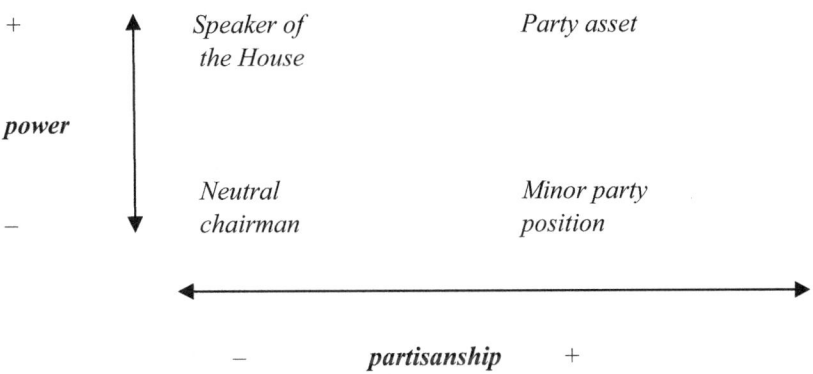

Klaus von Beyme gibt für drei der vier Typen folgende Beispiele:
1. für den „parteilichen Präsidenten" („party asset"): Griechenland und Italien,
2. für den „neutralen Chairman"-Typ („neutral chairman"): Schweiz und Großbritannien,
3. für den „minor party position"-Typ: Frankreich, Finnland, Portugal.[148]

Für den vierten Typus, den „Speaker of the House", der frei von Parteibindung, aber mächtig im Parlament ist, lässt sich nur in der englischen Parlamentsgeschichte ein Beispiel finden: den „Speaker" des Unterhauses im 17. Jahrhundert.[149]

Für alle Modelle gilt: Die Vorsitzenden kommen aus dem Kreise der Abgeordneten. Sie werden den Parlamenten nicht von außen „vorgesetzt", sondern von der Vollversammlung der Parlamentarier:innen gewählt oder benannt. Die Entschei-

---

145 Vgl. Green 2010; Hübner/Münch 2013: 120.
146 Vgl. Jenny/Müller 1995: 328-331.
147 Abbildung entnommen aus ebd.: 328.
148 Vgl. von Beyme 2014: 186.
149 Vgl. Jenny/Müller 1995: 331.

dungsfreiheit über den organisationseigenen Vorsitz ist somit ein Ausdruck der Souveränität und Unabhängigkeit der parlamentarischen Körperschaften.

Die Präsident:innen oder „Speakers" werden in ihrer Aufgabe von gleichfalls aus den Reihen der Abgeordneten gewählten Stellvertreter:innen unterstützt – je nach Parlament in variierender Anzahl. Diese stehen vor den gleichen Aufgaben und Kompetenzen in der Sitzungsleitung wie die Vorsitzenden, wobei die drei Stellvertreter:innen des englischen „Speaker" nicht über die gleiche Amtskompetenz wie der/die erste Vorsitzende verfügen.

Zusammen mit ihren Stellvertreter:innen bilden die Vorsitzenden in der Regel die geschäftsführende Spitze des Parlaments, das Präsidium oder „Bureau". Neben dem Präsidium sind weitere Gremien für die Geschäftsleitung zuständig. Verbreitet ist die Einrichtung eines Ältestenrats/„Council of the Elders"/„Steering Committee". Diese und ähnliche Gremien entscheiden mit über die Agenda und die Debattenstruktur im Parlament.

Parlamente sind Organisationen mit hohem Verwaltungs- und Infrastrukturaufwand. Ihnen ist deswegen personelle Unterstützung an die Hand gegeben. Den Volksvertretungen steht in der Regel ein organisatorischer Apparat zur Seite, der die Abgeordneten und die Abgeordnetengruppen bei der Ausübung ihres Mandats unterstützt: die parlamentarischen Hilfsdienste oder Generalsekretariate.

Die Möglichkeit, sich mit solchen Stabsstellen auszustatten, ist Ausdruck des Selbstorganisationsrechts der Parlamente.[150] Spätestens im Parlamentarismus des 20. Jahrhunderts war deutlich geworden, dass die Leistungen eines Parlaments ohne einen Stab an Mitarbeitenden nicht zu erbringen sind. Allein für die Organisation und die Dokumentation der Plenarversammlungen benötigte man personelle Unterstützung. Mittlerweile verfügen Parlamente weltweit über zum Teil umfangreiche Hilfsdienste. Wie schon die Größe der Parlamente selbst variiert die Personalstärke der Stäbe erheblich. Mit seinen rund 3.000 Mitarbeitenden gehört die deutsche Bundestagsverwaltung zu den personalstärksten Hilfsdiensten weltweit. Mehr Mitarbeitende hat u. a. noch der US-Congress, dieser bewegt sich in Richtung 10.000 Personen – je nach Zählweise.

Unter dem Dach der Hilfsdienste, die zumeist von einem/r Generalsekretär:in geführt werden, sind ganz unterschiedliche Arbeitsbereiche untergebracht. Neben den Einheiten, die die Parlamente infrastrukturell unterstützen, sind Abteilungen entstanden, die auch an der inhaltlichen Parlamentsarbeit mitwirken, z. B. indem sie wissenschaftliche Beratung leisten. Auf einen der größten wissenschaftlichen Apparate kann der US-Kongress mit seinem „Congressional Research Service" zurückgreifen.[151]

Leitendes Prinzip der parlamentarischen Hilfsdienste ist ihre Überparteilichkeit. Sie gewährleisten die Funktionstüchtigkeit der Institution und *aller* in ihr wirkenden Abgeordneten. Dort, wo sie wissenschaftliche Expertise erbringen und kom-

---

150 Vgl. hierzu und zum Folgenden Christiansen u.a. 2023.
151 Vgl. Peters 2023; Relyea 2010.

munizieren, versorgen sie das Parlament unabhängig von seiner parteipolitischen Zusammensetzung mit Informationen.

3.2. Zentrale innerparlamentarische Zusammenschlüsse: Fraktionen und Ausschüsse

Fraktionen und Ausschüsse stellen die wohl wichtigsten Zusammenschlüsse von Abgeordneten in modernen Volksvertretungen dar. In den Fraktionen oder politischen Gruppen kommen die Mandatsträger:innen entlang ihrer parteipolitischen Provenienz zusammen, in den Ausschüssen entsprechend ihrer fachlichen Spezialisierung. Üblicherweise liegt die Anzahl der Fraktionen unter der Anzahl der Ausschüsse. Beide Formen der parlamentarischen Zusammenarbeit sind – jede auf ihre Art – für den modernen Parlamentarismus unverzichtbar geworden. Ein Parlament ohne Fraktionen stünde unter dem Verdacht, dass die Abgeordneten nicht frei sind – zumindest nicht frei genug, um sich entlang ihrer programmatischen Orientierungen zu organisieren. Ein Parlament ohne Ausschüsse müsste sich fragen lassen, welchen effektiven Beitrag es zur Politikherstellung in komplexen Gesellschaften überhaupt leisten kann.

3.2.1. Fraktionen

Zwar stellen die „Fraktionen" oder „politischen Gruppen" mittlerweile die zentralen parlamentsinternen Akteure dar. Sie haben sich aber erst vergleichsweise spät etabliert. Als dauerhafte innerparlamentarische Untergruppen entstanden die Fraktionen in England Mitte des 17. Jahrhunderts in den Formationen der „Tories" und der „Whigs" – allerdings noch ohne stabilen organisatorischen Unterbau.[152] Erste Ansätze außerparlamentarischer Organisation lassen sich dann infolge der Wahlrechtsreform von 1832 ausmachen.

Die deutsche Fraktionsgeschichte begann – wie auch der deutsche Parlamentarismus – später und anders. Erst nach der Revolution von 1848 entwickelten sich im Frankfurter Paulskirchenparlament die ersten Zusammenschlüsse von Abgeordneten („Clubs"), die sich nach den Lokalitäten benannten, in denen sie sich trafen („Deutscher Hof", „Casino" u. ä.).

Der Prozess der Fraktionsentstehung in Frankeich lief gleichfalls postrevolutionär ab, allerdings bereits einige Jahrzehnte früher im Kielwasser der Französischen Revolution von 1789. In der Nationalversammlung gruppierten sich die Abgeordneten entlang ihrer Haltung zur Monarchie – beginnend (vom Präsidentenstuhl aus gesehen) links bei den Antiroyalisten bis nach rechts zu den Anhängern des Königtums.

Im US-amerikanischen Parlamentarismus bildeten sich Fraktionen sehr zögerlich heraus. Die Parteien spielten außer- wie innerparlamentarisch eine vergleichsweise geringe Rolle. Dies prägte die parlamentarische Kultur in den USA bis weit in die Gegenwart.

---

[152] Vgl. Graf von Westphalen 1996b: 72-76; Jones 2012.

Fraktionen entstanden in vielen Fällen, ohne dass ihre Gründung im Parlamentsrecht gefordert oder überhaupt reguliert worden war. Vielmehr mussten die Fraktionen in einigen Systemen lange auf ihre rechtliche Anerkennung warten. Mittlerweile sind die „politischen Gruppen" parlamentsrechtlich etabliert. Sie werden zu Recht als die „wichtigsten Akteure/Einheiten/Faktoren/Institutionen/Organe" im modernen Parlamentarismus bezeichnet.[153] Ihnen kommen in der parlamentarischen Willensbildung und Entscheidungsfindung herausragende Aufgaben zu.[154] Eine Reihe von Kompetenzen des Parlaments kann nur von Fraktionen oder fraktionsstarken Zusammenschlüssen von Abgeordneten genutzt werden. Und trotz einiger diskutabler Nebenwirkungen: Fraktionen sind unverzichtbare Bestandteile des zeitgenössischen Parlamentarismus geworden. Die besondere Leistung der Fraktionen besteht darin, die Arbeitsfähigkeit des Parlaments zu gewährleisten, indem sie stabile Mehrheiten organisieren. Sie tragen zur Effektivität und Effizienz des Parlamentarismus bei.

In den Fraktionen oder politischen Gruppen verbünden sich in der Regel Abgeordnete mit gleicher Parteizugehörigkeit. Insofern sind die Fraktionen ins Parlament hineinreichende Arme der Parteiorganisationen. Die Geschichte der Parlamentsfraktionen ist deswegen eng mit der Geschichte der jeweiligen Parteiensysteme verbunden.

Die Beziehung zwischen Fraktion und Partei war anfänglich davon geprägt, wie die Parteigründungen vonstattengegangen waren[155]: entweder als gesellschaftliche Nachgründungen parlamentarischer Zusammenschlüsse (wie bei vielen bürgerlichen Parteien) oder als Ausfluss einer gesellschaftlichen Bewegung, die in einem zweiten Schritt versucht hat, ins Parlament zu gelangen (wie bei den sozialistischen Gruppen oder den Bewegungsparteien Ende des 20. Jahrhunderts). Im weiteren Verlauf kann sich die Beziehung durchaus zugunsten entweder der inner- oder außerparlamentarischen Parteiorganisation verschoben haben. So lässt sich eine Vielzahl von Beziehungsqualitäten ausmachen.[156] Auf der einen Extremseite ist eine ressourcenstarke Fraktion in der Lage, die externe Parteiorganisation zu dominieren. In diesem Fall wird aus dem „Arm" der „Körper". Dies gilt für das britische System, in dem die außerparlamentarischen Parteiorganisationen zu Satelliteneinheiten der politischen Gruppen im Parlament geworden sind. In der Nähe des britischen Falls liegt (zumindest in diesem Sinne) auch das Europäische Parlament: Den EP-Fraktionen haben lange Zeit keine oder nur rudimentäre europäische Parteien gegenüberstanden. Das andere Extrem ist die Dominanz der außerparlamentarischen Parteien über die jeweiligen Fraktionen, wie dies zum Beispiel für den französischen Fall diagnostiziert worden ist.

Ludger Helms unterscheidet fünf Typen der Beziehung zwischen Fraktion und Partei (in Klammern seine Referenzfälle): Fraktionsdominanz (Großbritannien), Parteidominanz (Frankreich), Integrative Struktur (Deutschland), Funktionale Au-

---

153 Schüttemeyer 1998: 23.
154 Vgl. Saalfeld/Strøm 2014: 372.
155 Vgl. von Beyme 1998: 239.
156 Vgl. Helms 1999b; Saalfeld/Strøm 2014: 377-380.

tonomie (USA), Faktionsdominanz (Japan).[157] Er identifiziert auch das meistverbreitete Modell: „Als üblich erscheint heute in den meisten Systemen eine Vormachtstellung der Fraktionen gegenüber den außerparlamentarischen Parteiorganisationen".[158] Dies hängt auch damit zusammen, dass die Finanzierung der Fraktionsorganisation unmittelbar über das Parlamentsbudget läuft. Damit sind ihre Ressourcen gesicherter als die der außerparlamentarischen Parteiorganisationen.

Die Fraktionen sind ausdifferenzierte Organisationen: Sie bilden eigene parlamentarische Teilsysteme mit einer Management-Ebene, einer eigenen Leitungsspitze, und einer Vielzahl von Arbeitseinheiten. Die Teileinheiten formieren sich beispielsweise entlang territorialer und sektoraler Kriterien. Eine besondere Rolle in den Fraktionen spielen die „whips" (die „Einpeitscher"), die für die Organisationskraft und die Kohärenz der politischen Gruppen Sorge tragen.

Es gibt noch einen weiteren Hinweis auf die Relevanz der Fraktionen in den Parlamenten: Die Arbeit der politischen Gruppen wird in der Regel von eigenen Stabsstellen unterstützt; hierzu werden ihnen seitens des Parlaments Ressourcen zur Verfügung gestellt. Eine solche organisatorische Unterstützung ist ein deutliches Zeichen dafür, dass die politischen Gruppen handlungsfähige und relevante Parlamentsakteure geworden sind. Ihnen wird eine relative Autonomie zugestanden.

3.2.2. Ausschüsse

Neben dem Plenum und den Fraktionen haben sich die Ausschüsse als wichtige parlamentarische Arena herausgebildet.[159] Mit der Etablierung eines Ausschusswesens reagieren die Parlamente auf die veränderten Herausforderungen, die von außen an sie herangetragen werden. Die zunehmende Komplexität und Ausdifferenzierung der Politik haben eine arbeitsteilige Parlamentsorganisation erforderlich gemacht. Die Vollversammlung ist nicht mehr in der Lage, Problemlösungen zu allen anstehenden Sachfragen beschlussreif zu beraten. Es bedarf vorbereitender Gremien, die sich mit den Einzelfragen beschäftigen und Entscheidungsvorlagen erarbeiten.

In ihrer Organisation und Arbeitsweise ähneln die Ausschüsse der Vollversammlung der Abgeordneten. An ihrer Spitze steht ein Vorsitzender oder eine Vorsitzende, der/die zugleich Abgeordnete/r im Parlament ist; in den Ausschüssen wird wie im Plenum debattiert und mit Mehrheitsvotum beschlossen bei gleichzeitiger Wahrung der Rechte von Minderheiten. In ihrer Zusammensetzung bilden die Ausschüsse die parteipolitischen Stärkeverhältnisse des Plenums ab; die Fraktionen sind in der Regel entsprechend ihrer jeweiligen Mandatsstärken vertreten.

---

157 Unter „Faktion" versteht man innerparteiliche und informelle Machtgruppen im japanischen System, die sich um einzelne prominente Führungspersönlichkeiten herum bilden (vgl. Pohl 1999).
158 Helms 1999a: 22.
159 Vgl. Shane 2014; Siefken/Rommetvedt 2022.

Zwei Typen von Ausschüssen lassen sich unterscheiden[160]:

- Ständige Ausschüsse, die mindestens für die Dauer einer Legislaturperiode eingerichtet werden,
- Ad-hoc-Ausschüsse, die kurzfristig und temporär eingesetzt werden.

Ein Blick auf die Welt der Ausschusssysteme offenbart eine Reihe von weiteren Unterscheidungsmöglichkeiten und eine Varianz, auf deren Grundlage sich Parlamente einsortieren lassen[161]:

(1) Zahl der Ausschüsse: Die Anzahl der Ausschüsse variiert erheblich von Parlament zu Parlament. So beherbergt das US-Repräsentantenhaus beispielsweise genau 20 ständige Ausschüsse. Das französische gliedert sich wiederum in nur acht. Wie viele Ausschüsse eingerichtet sind, hat Auswirkungen auf die Spielräume der Mandatsträger: „Es gilt die Faustregel, dass die Macht der Parteien über die Abgeordneten mit wachsender Zahl der Ausschüsse abnimmt".[162]

(2) Größe der Ausschüsse: Beim Umfang tut sich eine Spanne auf zwischen Kleinstausschüssen mit rund vier bis neun Mitgliedern (z. B. in Island, Neuseeland) und Megaausschüssen, z. B. im französischen Parlament, die über 150 Mandatsträger:innen umfassen können (da die Gesamtanzahl der Ausschüsse im französischen Parlament auf acht begrenzt ist).[163] Hier gilt folgender Zusammenhang: Je größer der Ausschuss, desto größer ist die Macht der Regierungsfraktionen über „ihre" Abgeordneten.

(3) Übereinstimmung von Ausschussspezialisierung und Regierungsportfolios: In den westlichen Demokratien (mit Ausnahme Großbritanniens) passen sich die Arbeitsgebiete der Ausschüsse dem Ressortzuschnitt der Ministerien an. In der Praxis parlamentarischer Arbeit ermöglicht dies eine sachbezogene Verzahnung von Regierung und Regierungsmehrheit sowie eine ressortgenaue Kontrolle der Regierung durch die Opposition, die in den Ausschüssen vertreten ist.

(4) Bestellung der Ausschussmitglieder: Verschiedene Wege der Zusammensetzung der Ausschüsse lassen sich unterscheiden.[164] Entweder entscheiden hierüber die Vollversammlungen, eigens hierzu eingerichtete Gremien oder die Parlamentsvorsitzenden. Faktisch sind es in der Regel die Fraktionen, die darüber befinden, wer in welche Ausschüsse gelangt. Bei der Zusammensetzung kommt üblicherweise ein Proporzverfahren zur Anwendung, das eine adäquate Vertretung der Fraktionen entlang ihrer Mandatsstärke erlaubt – mit den unvermeidbaren Verzerrungen, die jedes Umrechnungsverfahren mit sich bringt.

---

160 Vgl. Martin 2011: 357 f.; Mattson/Strøm 1995: 258 f.; Strøm 1990: 71.
161 Vgl. zum Folgenden u.a. von Beyme 2014: 175-179.
162 Von Beyme 2014: 175.
163 Vgl. Harfst/Schnapp 2003: 12.
164 Vgl. Martin 2014.

(5) Leitung der Ausschüsse: Bei der Besetzung des Ausschussvorsitzes gibt es verschiedene Modelle[165]; entweder erhält die Mehrheitsfraktion alle „Chairs" (z. B. in Westminster oder im US-Kongress) oder die Vorsitze werden auf alle Parteien verteilt, also auch unter Einbindung der Opposition. Wird die Opposition bei der Vergabe berücksichtigt und sitzt sie – wie im deutschen Fall – sogar traditionellerweise einem oder mehreren zentralen Ausschüssen vor (z. B. dem Haushaltsausschuss), so erhöht dies die Mitwirkungsmöglichkeit der oppositionellen Fraktionen.

(6) Eigengewicht der Ausschüsse: Wie autonom können die Ausschüsse gegenüber dem Plenum und den Fraktionen handeln? Dies hängt davon ab, ob im Gang der Gesetzgebung Ausschussberatungen obligatorisch sind oder nicht. Eine hohe Autonomie der Ausschüsse stärkt wiederum die Rolle seiner einzelnen Mitglieder und die Stellung der Ausschussvorsitzenden im Parlament. In einigen Fällen können die Ausschüsse sogar anstelle des Plenums abschließende Entscheidungen treffen (z. B. in Italien,).

(7) Gesetzesinitiative: Dass Ausschüsse Gesetze einbringen können, stellt eher eine Ausnahme, denn die Regel dar (z. B. in Österreich und Schweden).[166] Klaus von Beyme stuft dieses Recht als weniger effektiv ein als die Kompetenz der Ausschüsse, Gesetzentwürfe zu verändern.[167]

(8) Öffentlichkeit der Ausschussberatungen: In den meisten Staaten tagen die Ausschüsse nicht-öffentlich. Allerdings werden in der Regel die Türen zu öffentlichen Anhörungen geöffnet – ein Vorgehen, das eine Reihe von Parlamenten vom US-Kongress übernommen hat.[168]

(9) Kontrollrechte: Die Ausschüsse übernehmen in unterschiedlichem Ausmaß Kontrollfunktionen des gesamten Parlaments. So registriert Klaus von Beyme in 59 Fällen das Recht der Parlamentsausschüsse, Minister:innen vorzuladen – also bei einer Mehrheit der von ihm untersuchten Fälle.[169]

Dass die Aufgaben, Kompetenzen und Strukturen der Ausschusssysteme ganz unterschiedlich ausfallen, verweist auf grundlegende mitunter historisch gewachsene Eigenheiten des jeweiligen Parlamentarismus, die im Ausschusswesen ihren Niederschlag finden. Im US-amerikanischen Kongress und im Deutschen Bundestag nehmen die Ausschüsse – insbesondere die ständigen Fachausschüsse – eine zentrale Stellung im Gesetzgebungsprozess ein. Die deutsche Entwicklung folgte dem französischen Modell von 1791, das die Bildung von Sachausschüssen vorsah. Entsprechende Regelungen wurden auf die frühkonstitutionellen Parlamente in den deutschen Landen übertragen. Im englischen Unterhaus bildeten sich erste Ausschüsse in Form nicht-ständiger Gremien zwar sehr frühzeitig heraus, nämlich im 14. Jahrhundert. Dennoch ist es in der weiteren Parlamentsentwicklung bei der imposanten Dominanz der Plenararena geblieben. Die Vollversammlung selbst kann zum Ausschuss mutieren, als „Committee of the Whole House". An der

---

[165] Vgl. Mattson/Strøm 1995: 277-281.
[166] Vgl. ebd.: 285-291.
[167] Vgl. von Beyme 2014: 178.
[168] Vgl. Mattson/Strøm 1995: 282 f.; vgl. auch Fasone/Lupo 2015.
[169] Vgl. von Beyme 2014: 178.

Plenarzentralität in Westminster haben weder die Anfang des 20. Jahrhunderts eingerichteten „Standing Committees" noch die nicht-ständigen „Select Committees" rütteln können. Beide „Committee"-Varianten konnten sich nicht zu den Fachausschüssen des Bundestages oder des US-Kongresses vergleichbaren Einrichtungen entwickeln.

Die marginale Rolle der Ausschüsse im britischen Parlamentarismus wird umso plastischer, wenn man sie auf weiteren Dimensionen mit dem US-amerikanischen Ausschusssystem vergleicht – wie David M. Olson dies vor geraumer Zeit getan hat (vgl. Tabelle 2.2).

Tabelle 2.2: US-amerikanisches vs. britisches Ausschusssystem

Kriterien	US-Kongress	Britisches Unterhaus
Amtszeit	fortwährend	„ad hoc", zeitlich befristet
Vorsitz	Seniorität	neutral, alternierend
Zuständigkeitsbereich	Gesetzgebung, administrative Überprüfung, Untersuchungen	Gesetzgebung
Zeitpunkt der Beteiligung im legislativen Prozess	ex-ante, vor Plenardebatte	ex-post, nach Annahme durch Plenum
Beratung des Gesetzentwurfs	Vollständig	teilweise
Vorlage des Gesetzentwurfs im Plenum	Ausschuss	Regierung
verantwortlicher Debattenführer	Ausschuss	Regierung und Partei

(Quelle: in Auszügen entnommen und übersetzt aus Olsen 1994: 58)

Sowohl in ihrer Struktur als auch in ihrer Kompetenz nehmen die Ausschüsse des US-Kongresses eine einflussreiche Position im parlamentarischen Betrieb ein.[170] Sie beteiligen sich vergleichsweise früh, umfassend und verbindlich am Gesetzgebungsprozess. Wir werden später sehen, dass die jeweiligen Ausschusskulturen ein guter Indikator für die Unterscheidung zweier Parlamentstypen sind, der Rede- und der Arbeitsparlamente.[171]

3.3. Die individuellen Abgeordneten

Der einzelne Parlamentarier oder die einzelne Parlamentarierin handelt nicht nur als Teil des Plenums oder als Mitglied einer innerparlamentarischen Gruppe. Als Individuum ist er oder sie Träger von Rechten und ein „Subsystem" der parlamentarischen Gesamtorganisation. Dabei stehen Abgeordnete in der Regel nicht alleine da: Sie sind in vielen Parlamenten umgeben von einem Stab an persönlichen Mitarbeitenden, die ihnen bei der Erfüllung ihrer Tätigkeit zuarbeiten.

---

170 Vgl. Martin 2014.
171 Vgl. Steffani 1979a: 95-97. Siehe Kapitel III.

3.3.1. Die besondere Rechtsstellung der Abgeordneten

Zunächst zur rechtlichen Stellung der individuellen Parlamentarier:innen. Abgeordnete verfügen typischerweise während ihrer Mandatszeit über Schutzrechte, auf die andere politische Akteure nicht zurückgreifen können. So sind Parlamentarier:innen vor strafrechtlicher Verfolgung gefeit. Dieses Privileg wird mit den beiden Begriffen *Immunität* und *Indemnität* umrissen.

a) Immunität (Schutz vor Verfolgung wegen Straftaten): Die Immunität beinhaltet den Schutz vor Verhaftung und Bestrafung aufgrund rechtswidrigen Verhaltens außerhalb des Parlaments. Die parlamentarische Immunität endet mit dem jeweiligen Mandat. Sie kann während der Mandatszeit in der Regel nur auf Beschluss des Parlaments nach einem genau geregelten Verfahren aufgehoben werden. Erste Immunitätsbestimmungen gab es bereits in der französischen Nationalversammlung 1789. In der frühen Zeit der Parlamentarisierung und Demokratisierung schützte dieses Recht die Mandatsträger insbesondere vor der willkürlichen Verfolgung durch die Exekutive, falls sich diese unter dem Vorwand der Straffälligkeit politisch unerwünschter Abgeordneter entledigen wollte. Die Immunität ist somit Ausdruck der Souveränität des Parlaments und seiner Unabhängigkeit von anderen politischen Instanzen, insbesondere von der Regierung.

b) Indemnität (Schutz vor Verfolgung aufgrund von Mandatshandlungen): Die Indemnität breitet über die Parlamentarier:innen den Schirm aus, sodass sie nicht wegen ihrer Meinungsäußerungen und ihres Abstimmungsverhaltens in der Volksvertretung verfolgt werden können. Die Indemnität sichert insofern die Rede- und Handlungsfreiheit der Abgeordneten. Im Gegensatz zur Immunität reicht die Indemnität üblicherweise über die Mandatszeit hinaus. Indemnitätsbestimmungen finden sich bereits im englischen Frühparlamentarismus des 13. Jahrhunderts. In der „Bill of Rights" wird die Indemnität in Absatz 9 geregelt: „That the freedom of speech, and debates or proceedings in Parliament, ought not to be impeached or questioned in any court or place out of Parliament" (s. o.). Wie bereits bei der Immunität sollen durch die Indemnität die Parlamentarier vor willkürlicher Verfolgung seitens der Exekutive bewahrt werden.

In konsolidierten Demokratien hat dieser Rechtsschutz der Abgeordneten seinen historischen Sinn verloren. Eine willkürliche Verfolgung von Parlamentariern seitens der Exekutive oder der „Krone" steht in rechtsstaatlichen Systemen nicht zu befürchten. Die Immunität von Parlamentariern, die sich mit staatsanwaltschaftlichen Ermittlungsverfahren konfrontiert sehen, wird in der Regel bereitwillig von den Parlamenten aufgehoben. Auch die Indemnitätsklausel spielt in der parlamentarischen Praxis kaum noch eine Rolle. In nicht-konsolidierten Demokratien oder Transformationsstaaten haben diese Rechte hingegen immer noch eine relevante Reservefunktion, die im Falle des Falles wichtig werden kann.

3.3.2. Das „freie Mandat" in Theorie und parlamentarischer Wirklichkeit

Immunität und Indemnität sind mit der „Freiheit" des Mandats verwandt. Dieses wichtige parlamentarische Konzept ist erstmalig im revolutionären Frankreich entwickelt worden und gilt mittlerweile als typisches Merkmal des Parlamentarismus generell. Auch in der einleitend entwickelten Definition von „Parlamenten" taucht dieses Konzept auf (s. Kapitel I). Was steht dahinter? Das freie Mandat verbürgt, dass die Abgeordneten keinen Weisungen unterliegen und in ihrer Willensbildung und Entscheidungsfindung ungebunden sind. Sie sind nur „ihrem Gewissen unterworfen" – so die klassische Formulierung, wie sie sich z. B. im bundesdeutschen Grundgesetz findet.

Das freie Mandat fällt im Englischen mit dem Begriff des „trustee" zusammen („trustee" = Vertrauensperson). Das Gegenmodell ist der „delegate", der/die Delegierte, der/die die Aufgabe hat, unmittelbar die Interessen seiner/ihrer Wähler:innen ins Parlament einzubringen und umzusetzen.[172] Somit lautet die entscheidende Frage: „Should (must) a representative do what his constituents want, and be bound by mandates or instructions from them; or should (must) he be free to act as seems best to him in pursuit of their welfare?"[173]

Die Debatte um das freie Mandat, um die Ungebundenheit der Abgeordneten spielte in den frühparlamentarischen Zeiten eine besondere Rolle. Eines der entschiedensten Plädoyers für das freie Mandat stammt von Edmund Burke, der selbst lange Zeit Parlamentarier im britischen Unterhaus war.

> **Repräsentationsverständnis bei Edmund Burke:**
>
> „Ein Parlament ist kein Kongress von Gesandten verschiedener und miteinander verfeindeter Interessen, deren unterschiedliche Interessen jeder als dessen Agent und Anwalt gegenüber anderen Agenten und Anwälten zu verteidigen hat. Ein Parlament ist vielmehr die beratend-abwägende Versammlung einer Nation, mit einem Interesse, dem des Ganzen".
>
> *(Quelle: zit. nach Steffani 1981: 113 f.)*

Dass die Abgeordneten frei von Weisungen und im Interesse des Ganzen handeln sollen – diese Sichtweise hat sich mittlerweile im Parlamentsrecht etabliert. Das freie Mandat gehört zu den Universalcharakteristika moderner Volksvertretungen. Auch das Europäische Parlament hat dieses Prinzip übernommen und es findet sich sogar in der internationalen Politik bei Parlamentarischen Versammlungen wieder.

Dass Abgeordnete autonom Handelnde sind, wird in diversen Regularien des Parlamentsrechts deutlich. Die Mandatsträger:innen können in den Phasen der innerparlamentarischen Willensbildung auf verbriefte Rechte zurückgreifen, um ihre Positionen und Anliegen ungehindert in den parlamentarischen Prozess einzuspeisen. So verfügen die individuellen Abgeordneten in der Regel über Möglichkeiten, als Einzelperson Anträge zu formulieren und einzubringen oder bestimmte Kontrollinstrumente einzusetzen. Auch bei Abstimmungen sind die Abgeordneten ungebunden: Das Stimmrecht liegt formal bei den individuellen Mandatsträgern, nicht bei parlamentarischen Gruppen wie den Fraktionen.

---

172 Als Mittelrolle, die beide Facetten vereint, ist der „Politico" entwickelt worden (Eulau u.a. 1959).
173 Pitkin 1967: 145.

So weit, so frei. Aber jenseits dieser formalrechtlichen Freiheit der Abgeordneten: Gibt es Grenzen der Autonomie, die vielleicht nicht im Parlamentsrecht stehen, aber durch die Realität der parlamentarischen Willensbildung gezogen werden? Es gibt sie durchaus. So kann sich insbesondere zwischen der Rolle der Fraktionen und dem freien Mandat eine Spannung aufbauen. Denn neben dem „delegate" und dem „trustee" lässt sich eine dritte Abgeordnetenrolle identifizieren: der „party delegate" oder der „loyal partisan" – ein Abgeordnetentyp, der die parlamentarische Tätigkeit auf seine Partei und Fraktion hin ausrichtet.[174]

Fraktionen sind Orte der koordinierten Entscheidungsfindung, die eine nach außen geschlossene, einheitliche Position anstreben. Sie fördern also den „party delegate"-Fokus. Dies gilt allemal für die Regierungsfraktionen in parlamentarischen Systemen, die darauf angewiesen sind, stabile Mehrheiten für die Politik der von ihnen getragenen Regierungen zu organisieren. Abweichungen von der Fraktionslinie können zum Problem für die Handlungsfähigkeit der parlamentarischen Regierung werden.

Um ihre Abgeordneten bei der Stange zu halten, verfügen die Fraktionen, genauer gesagt ihre Führungen, gegenüber den einzelnen Mitgliedern über verschiedene Möglichkeiten der positiven und negativen Sanktion.[175] Zu den negativen Sanktionierungsmöglichkeiten (den „Strafen") bei „abweichendem" Verhalten der Parlamentarier:innen gehören[176]

- das „Abberufungsrecht", das allerdings (wg. des Schutzes der Parlamentarier:innen während ihrer Mandatszeit) erst bei der Folgewahl greifen kann,
- die „Marginalisierung in der Fraktionssitzung", auch in Form des „Mobbing",
- die Abberufung der entsprechenden Abgeordneten aus den Ausschüssen (eine Möglichkeit, die den Fraktionen in den meisten Parlamenten zusteht),
- das Parteiordnungsverfahren und der Parteiausschluss, der gegebenenfalls auch zum Ausschluss aus der Fraktionsgemeinschaft führen kann.

Zu den positiven Sanktionen (den „Belohnungen") zählen[177]

- die Beförderung eines/r Abgeordneten in einen attraktiven oder den gewünschten Ausschuss,
- die Zuteilung eines relevanten Berichterstatterpostens oder eines prominenten Ausschussvorsitzes,
- die Beförderung in begehrte innerparteiliche oder innerfraktionelle Positionen,
- der Aufstieg in eine Regierungsposition (greift nur bei Mehrheitsfraktionen in parlamentarischen Systemen).

---

174 Vgl. Andeweg 2014: 275.
175 Vgl. von Beyme 2014: 189 f. Klaus von Beyme zählt die Kontrolle des abweichenden Verhaltens durch namentliche Abstimmungen dazu, aber hierbei handelt es sich weniger um ein Sanktionsinstrument, denn um eine Methode zur Überprüfung des Verhaltens der Parlamentarier:innen, dem eine (positive oder negative) Sanktion folgen kann; vgl. auch Saalfeld/Strøm 2014.
176 Vgl. von Beyme 2014: 189 f.
177 Vgl. von Beyme 2014: 191; Damgaard 1995: 321.

Somit kann es trotz all der formal gewährten Autonomie für die einzelnen Parlamentarier:innen rational sein, im Abstimmungsverhalten und bei den Meinungsäußerungen den Vorgaben der Fraktion zu folgen.

Durch die Mitgliedschaft in einer Fraktion geben Abgeordnete einerseits einen Teil ihrer Spielräume ab; andererseits versetzt sie die Einbindung in eine Fraktionsgemeinschaft in die Lage, neue Spielräume zu gewinnen. So rechtlich abgesichert die individuellen Parlamentarier:innen auch sein mögen, so schwach sind sie, solange sie keine Mitstreiter für ihre Anliegen finden. Einen Ort, um Kombattanten und Ressourcen zu mobilisieren, bieten aber gerade die politischen Gruppen.[178]

Fraktionen erleichtern zudem die Informationsverarbeitung und können die Komplexität der Sachpolitik für die einzelnen Parlamentarier:innen erheblich reduzieren: Eine Einarbeitung in jede zur Abstimmung stehende Materie ist nicht erforderlich. Wenn man im Sinne der Fraktionsgemeinschaft denjenigen vertraut, die im Auftrag der politischen Gruppe eine Beschlussempfehlung zu einer anstehenden Thematik vorbereitet haben, und sich ihrem Votum anschließt, dann handelt man arbeitsökonomisch.

Diese sachkundigen Meinungsführer:innen innerhalb der Fraktionen gewinnen somit großen Einfluss. Ihre Arenen sind vor allem die Ausschüsse. Dort haben sie die Chance, sich innerparlamentarisch, aber auch innerfraktionell zu profilieren; dort können die „einfachen" Abgeordneten als Berichterstatter zu Spezialisten werden mit einer gegebenenfalls über den Ausschuss hinausreichenden Reputation. Die Reichweite der Profilierungsmöglichkeit hängt wiederum von den jeweiligen Strukturen des Ausschusssystems ab. Weil die Ausschüsse für die Stellung der einzelnen Abgeordneten so wichtig sind, setzen – wie beschrieben – einige der Disziplinierungsmöglichkeiten der Fraktionsführungen speziell bei der Ausschussmitgliedschaft an.

3.3.3. Die Repräsentationsfoki der Abgeordneten

Wen vertreten die Abgeordneten? Auf wen oder was „fokussieren" sie in ihrem parlamentarischen Handeln? Nur auf die Vorgaben ihrer Fraktionen oder Parteien? Dies wäre wohl zu kurz gegriffen.

Die Abgeordneten agieren vielmehr mit verschiedenen „Repräsentationsfoki"; sie vertreten unterschiedliche, zum Teil im Konflikt stehende Interessen. Neben der Fraktion ist bereits ein weiterer „Repräsentationsfokus" ausgemacht worden, die Gesamtbevölkerung. Diese Vertretungsausrichtung taucht dann auf, wenn die Parlamentarier als „Vertreter des ganzen Volkes" verstanden werden.

Es gibt allerdings noch eine weitere wichtige Orientierungseinheit für Abgeordnete, ihr jeweiliger Wahlkreis. So kommen John C. Wahlke u. a. schon in den sechziger Jahren des vergangenen Jahrhunderts zu folgender These: „The geographical electoral district is probably the most practical and, from the point of view of competitive politics, the functionally most viable unit of representation".[179]

---

178 Vgl. Schüttemeyer 1998.
179 Wahlke u.a. 1962: 294.

Dass diese Erkenntnis aus der US-amerikanischen Forschung stammt, darf nicht überraschen: Die besondere Bedeutung des Wahlkreises („constituency") in der Kongress-Literatur wurzelt im Mehrheitswahlsystem, das in den Vereinigten Staaten zu einer engen Beziehung zwischen den Wahlkreisen und den in den Wahlkreisen jeweils gewählten Abgeordneten führt. In anderen Wahlsystemen wäre eine schwächere geografische Orientierung zu erwarten.

Kreuzt man die parteipolitischen und geografischen Bezugsgrößen, differenzieren sich die Repräsentationsfoki noch weiter aus: zwei zusätzliche, denkbare Orientierungspunkte sind die Partei im Wahlkreis und die Partei auf nationaler Ebene. Hinter beidem, dem „constituency"-Fokus wie auch hinter dem Parteienfokus, steht letztlich eine leitende Annahme: Die Abgeordneten handeln rational und versuchen durch eine Orientierung an den entscheidenden Akteuren wieder ins Parlament zu gelangen.

Neben den geografischen und parteipolitischen Bezugsgrößen lässt sich eine „sektorale" Ausrichtung von Abgeordneten ausmachen. Die Mitglieder von Parlamenten fokussieren in ihrem Entscheidungsverhalten auch auf die organisierten gesellschaftlichen Interessen, also auf die Präferenzen von religiösen, berufsständischen oder sonstigen Gruppen.[180] Dies ist allemal dann der Fall, wenn die Abgeordneten mit den entsprechenden Verbänden eng verkoppelt sind, beispielsweise weil sie Posten in einer Interessenorganisation innehatten, bevor sie ihr Parlamentsmandat erhalten haben, oder diese Funktionen sogar noch während der Mandatszeit weiter ausüben.

Überhaupt kann die biografische „Vorgeschichte" von Parlamentarier:innen dazu führen, dass ihr Repräsentationsverhalten in die eine oder andere Richtung weist. Tatsächlich werden die Volksvertretungen jedoch von Berufsabgeordneten dominiert; der Austausch zwischen Gesellschaft und Volksvertretung ist reduziert. Der Trend zum Berufsparlamentariertum lässt sich anhand verschiedener Entwicklungen festmachen[181]:

(1) Die Abgeordneten sind vor ihrem Eintritt in die Parlamente einen zunehmend kürzeren Zeitraum lang berufstätig gewesen.

(2) Die Anzahl der Abgeordneten mit beruflicher Haupttätigkeit und damit auch die Zahl der Feierabendparlamentarier:innen nehmen ab (Ausnahme z. B. Schweiz).

(3) Die Wahrscheinlichkeit, dass Abgeordnete nach dem Ausscheiden aus dem Parlament wieder in ihren Ausgangsberuf zurückkehren, ist geringer geworden.

(4) Die Abgeordneten erhalten in den meisten Staaten Entschädigungen, die sie von einem zusätzlichen Einkommen unabhängig machen.

Eine Untersuchung zum Grad der Professionalisierung von Parlamenten, die im Auftrag der Parlamentsdienste der Schweizer Bundesversammlung erstellt worden ist, zeigt, dass die Professionalisierung je nach Parlament unterschiedlich aus-

---

180 Vgl. Binderkrantz 2014; Norton 1999a, 1999b.
181 Vgl. von Beyme 2014: 206; siehe auch Edinger/Patzelt 2011; Reiher 2019.

fällt.[182] Die beiden Verfasser der Studie ermitteln den Professionalisierungsgrad von Parlamenten in 20 OECD-Staaten mithilfe eines Indexes: Dieser erfasst (1) das Einkommen der Abgeordneten, (2) die Ausgaben für die Dienstleistungen der Parlamente pro Parlamentarier:in (abzüglich des Einkommens), (3) die durchschnittliche Zahl der Sitzungstage. Die Studie kommt zu dem Ergebnis, dass das kanadische Unterhaus den höchsten Professionalisierungsgrad aufweist; das spanische Parlament ist das am wenigsten professionalisierte. Dabei hängt die Professionalisierung stark von der jeweiligen Größe der Länder ab: Hat ein Land mehr Einwohner:innen, dann ist der Professionalisierungsgrad des Parlaments größer. Die Autoren bestätigen jedenfalls die generelle Entwicklung hin zum professionellen Parlament.[183]

In der Professionalisierung des Abgeordnetenberufs liegt ein Grund für die Abweichung von der Forderung nach dem Parlament als Spiegelbild der Gesellschaft (s. o.). Die Professionalisierung birgt die Gefahr, dass die „linkages" zur gesellschaftlichen Lebenswelt fragil werden, weil der Austausch zwischen Gesellschaft und Volksvertretung eingeschränkt wird. Abgeordnete sind auch zu „Sachbearbeitenden" geworden.

Was bedeutet dies alles für die Freiheit der Abgeordneten? Zwar sind die Mitglieder moderner demokratischer Parlamente formal und materiell ungebunden und rechtlich nur ihrem Gewissen unterworfen. Zugleich stehen sie aber unter dem Druck parlamentsinterner und -externer Interessen, an denen sie nicht vorbeischauen können, wollen sie sich nicht ihrer Möglichkeiten der Politikgestaltung berauben.

Die Komplexität wird dadurch verstärkt, dass die Parlamentarier:innen in diversen Arenen aktiv sind, die wiederum ganz unterschiedliche Anforderungen an sie stellen. Sie agieren im Parlament, dort wiederum im Plenum, in den Ausschüssen und Fraktionen sowie als eigenständige Abgeordnete, verbringen aber auch einen großen Teil ihrer Zeit im Wahlkreis. „Vor Ort" sind sie in unterschiedlichen Zusammenhängen unterwegs, nicht zuletzt in den jeweiligen Parteiorganisationen. Wenn sich die Abgeordneten in Spezialgebieten profiliert haben, kommen möglicherweise noch weitere parlamentsexterne Arenen hinzu, innerhalb derer sich die Parlamentarier:innen bewegen müssen. Die besondere Herausforderung für die Abgeordneten liegt darin, die unterschiedlichen Repräsentationsanforderungen und -leistungen in den verschiedenen Handlungsräumen miteinander zu verkoppeln und zu vereinbaren.

4. Arbeitsweise der Parlamente

Wie arbeiten Parlamente? In vielerlei Hinsicht genauso, wie viele Organisationen im politischen und nicht-politischen Bereich arbeiten. Aber es gibt durchaus typische Facetten parlamentarischer Willensbildungs- und Entscheidungsprozesse, die die Volksvertretungen deutlich von anderen Organisationen unterscheiden. Einige von diesen sollen im Folgenden angesprochen werden.

---

182 Vgl. Linder/Z'graggen 2004.
183 Vgl. hierzu auch Borchert 2003.

4. Arbeitsweise der Parlamente

4.1. Reguliert und ritualisiert

Eine herausstechende Eigenschaft von Parlamenten ist der hohe Formalisierungsgrad ihrer Arbeit. Was heißt das? Der parlamentarische Arbeitsprozess läuft in erster Linie nicht spontan und unvorhersehbar ab, sondern unterliegt präzisen Vorgaben. Wer darf wann wie lange im Plenum sprechen? Wie viele Abgeordnete müssen zusammenkommen, damit sie einen Antrag einreichen können? Wie viele Parlamentarier:innen müssen wann wie abstimmen, damit das Parlament einen Beschluss fassen kann? All diese Fragen – und noch viel mehr – sind geregelt, und zwar im Parlamentsrecht.[184]

Das *Parlamentsrecht* – das sind die Verfassungsbestimmungen, Regelungen in den einschlägigen Gesetzen, die Geschäftsordnungen der Parlamente sowie die parlamentarischen Gebräuche.

a) Die *Verfassungen* der Staaten erwähnen in der Regel überhaupt erst einmal die Existenz des Parlaments, zudem mehr oder weniger detailliert, wie es sich zusammensetzt und welche Funktionen es hat. Verfassungen setzen den Rahmen, innerhalb dessen sich parlamentarische Organisationen bewegen können. Sie regulieren grundlegend die Beziehung zwischen dem Parlament und den anderen Verfassungseinrichtungen und weisen den Volksvertretungen Kompetenzen zu. Verfassungsbestimmungen können in der Regel nur in einem hürdenreichen Verfahren geändert werden.

b) *Gesetze* füllen die Lücken, die der Verfassungstext offenlässt. Dort werden die Details über die Zusammensetzung und die Kompetenzen des Parlaments in den unterschiedlichen Politikfeldern festgehalten. Gesetze sind Produkte eines legislativen Prozesses, in dem die Parlamente eine wichtige, üblicherweise sogar die zentrale Rolle spielen.

c) Die *Geschäftsordnungen* der Parlamente legen die innerparlamentarischen Spielregeln fest. Sie sind für die operative Arbeit der Parlamente *die* entscheidende Grundlage. Geschäftsordnungen gehen ins Detail parlamentarischer Arbeit und kodifizieren die Arbeitsabläufe mitunter minutiös. Sich eine eigene Geschäftsordnung geben zu können, ist ein Privileg und Ausdruck der Autonomie von Parlamenten.

d) Die *parlamentarischen Gebräuche* stellen gewohnheitsrechtliche Regeln dar. Parlamentsrecht wird nicht nur durchschriftliche Festlegung, sondern auch durch Übung oder aufgrund von mündlichen Vereinbarungen gesetzt. Dieses Repertoire an Regularien kann zwar von den parlamentarischen Akteuren ohne großes Aufheben verändert werden, weist aber durchaus eine beachtliche Robustheit auf.

Die Regelungsdichte der Verfahren führt zu einer hohen Formalisierung parlamentarischer Handlungen – insbesondere der Plenarsitzungen. Die Formalisierungsdichte geht wiederum Hand in Hand mit einer Ritualisierung. Gerade weil Parlamente alte Institutionen sind, haben sich in ihnen Gepflogenheiten und Rituale erhalten, die in moderneren Organisationsformen nicht zu finden sind. In den Ri-

---

[184] Vgl. Müller/Sieberer 2014. Für den deutschen Fall siehe § 9 in Morlok u.a. 2016, Marschall 2021.

tualen wird das Besondere der Körperschaft vermittelt, die „Würde des Hauses". Sie sind markante Elemente des Parlamentarismus mit hohem Wiedererkennungswert.

Rituale bedienen die symbolischen Anforderungen an den Parlamentarismus. Marion G. Müller spricht von der Notwendigkeit einer „politischen Liturgie" der Parlamente[185] und unterstreicht die Funktion eines solchen rituellen Handlungsraums für das gesamte Gemeinwesen: „Als Gravitationszentrum eines pluralistischen Gemeinwesens ist dieser ideelle Kernbereich ‚heilig' in dem Sinne, daß er nicht offensichtlich, nicht per se verständlich ist und doch eine anhaltende Faszination ausübt".[186] Parlamentarische Rituale verhelfen den Volksvertretungen, jenseits des Rationalen Bindekräfte zu entfalten. Hier ist der bereits erwähnte Begriff der „dignified parts" einer Verfassung von Walter Bagehot anschlussfähig.[187]

Die Wirkung der ehrwürdigen Verfassungskomponenten (Walter Bagehot 1867):

„Sie [die Verfassung] enthält gleichermaßen historische, komplexe, erhabene, theatralische Teile, die, aus einer langen Vergangenheit überkommen, die Menge ergreift und durch eine unmerkliche, aber allmächtige Kraft die Verbindungen ihrer Bürger beeinflussen. Ihr Kern zeigt kraftvoll die Stärke moderner Einfachheit; ihr Äußeres zeigt die Erhabenheit gotischer Größe aus einer eindrucksvolleren Zeit".

(Quelle: Bagehot 1971: 53)

Insbesondere das britische Parlament kennt eine Reihe solcher Rituale, die dem Beobachter vom „Kontinent" mitunter befremdlich vorkommen. Offensichtliche rituelle Symbole sind der „Thron" und die Robe des „Speaker" des Unterhauses. Oder das „Mace", der Amtsstab, der während der Zeit, in der das Parlament tagt, auf dem Tisch vor dem „Speaker" liegt. Rituelle Höhepunkte der parlamentarischen Saison sind die Thronreden des Monarchen anlässlich der Eröffnungssitzung des Parlaments. Der König liest die Regierungserklärung des Premierministers oder der Premierministerin vor. Die Mitglieder des Unterhauses werden von der sogenannten „Black Rod"[188], einer Parlamentsbediensteten, zur gemeinsamen Sitzung eingeladen; wenn sich die „Black Rod" der Tür des Unterhauses nähert, wird ihr diese vor ihrer Nase zugeschlagen – als Ausdruck der Unabhängigkeit des Unterhauses. Erst nach einem devoten Anklopfen wird die Tür wieder geöffnet und die Abgeordneten bewegen sich, wenngleich ostentativ gemächlich, zum Oberhaus.

Parlamente der ehemaligen britischen Kolonien haben Rituale des Mutterparlaments in Teilen übernommen. Aber auch vergleichsweise junge Volksvertretungen wie der Deutsche Bundestag verzichten nicht ganz auf rituelle Facetten – wenn sie dabei auch nicht die Exzentrik der britischen Parlamentskultur erreichen. Hierzu gehören Usancen bei der Eröffnung der Sitzung: Ein Gong ertönt, wenn die

---

[185] Vgl. Müller 2001.
[186] Ebd.: 179.
[187] Vgl. Bagehot 1971: 49 f.
[188] Benannt nach dem Amtsstab („black rod"), den sie in der Hand zu halten pflegt.

Sitzungsleitung den Raum betritt, und die Abgeordneten erheben sich von ihren Plätzen.

Schließlich gehören die Liegenschaften der Parlamente, insbesondere die Räume der Debatten, zur rituellen und symbolischen Seite der jeweiligen Parlamentskultur.[189] Bei den parlamentarischen Stätten lassen sich unterschiedliche Facetten analysieren, denen Symbolkraft zukommen kann: die Architektur und historische Geschichte eines Hauses sowie seine innere Ausgestaltung. So lässt sich die Entscheidung der französischen Nationalversammlung, das Palais Bourbon zum Sitz des Parlaments zu machen, als Ausdruck eines Selbstverständnisses werten, das sowohl die Revolutionsgeschichte als auch die monarchischen und aristokratischen Linien der französischen Historie aufgreift.[190] Die Glaskuppel auf dem Sitz des Deutschen Bundestages kann wiederum als „republikanisches Symbol" verstanden werden.[191]

Eine wichtige Facette – gerade in der visuellen Selbstdarstellung des Parlaments – ist die Sitzordnung. Gemäß der Tradition aus der französischen Revolution sitzen die „Linken" (Radikalrevolutionäre) vom Vorsitzendenplatz aus gesehen links und neben ihnen die „Rechten" (Royalisten) – zumindest in den Parlamenten des kontinentalen Europas. In Westminster sieht das Plenum wiederum völlig anders aus. Dort sitzen sich die Abgeordneten gegenüber – mindestens zwei Schwertlängen voneinander entfernt, um (heute nur noch symbolisch) Handgreiflichkeiten auszuschließen.

Philip Manow macht vier Grundformen parlamentarischer Sitzanordnung aus: die „archaische Form" des Rechtecks mit ihrer Variation Hufeisen sowie die moderne Form (Halbkreis) und ihre Variation Halbkreis mit gegenüber positionierten Regierungssitzreihen (vgl. Tabelle 2.3).[192] Die unterschiedlichen Sitzordnungen wurden in der Literatur zum einen als Manifestation einer konkurrenz- oder konsensorientierten politischen Kultur interpretiert.[193] Zum anderen wird die Position vertreten, dass sich die Sitzanordnungen (vor allem die Dominanz des Halbkreises) als neue „Einheitssymbolisierung" des Volkes nach Wegfall des „Königskörpers" erklären lassen.[194]

---

189 Vgl. Patzelt 2001: 62-68. Siehe zur Symbolik von Parlamentsdebatten Schiller 1999 und Schwanholz/Theiner 2020.
190 Vgl. Fixemer 2001.
191 Vgl. Breier/Gantschow 2003; siehe auch Dörner 2000.
192 Vgl. Manow 2008.
193 Vgl. Döring 1995b.
194 Manow 2008.

Tabelle 2.3: Typologie der Sitzanordnungen in Parlamenten

Grundform	„archaische Form": rechteckig, Regierungs- und Oppositionsbänke stehen sich an den Längsseiten gegenüber	Variation: Hufeisen	moderne Form: Halbkreis	Variation: Halbkreis mit Regierungsbänken dem Parlament gegenüber, teilweise Drittel- oder Zweidrittelkreis
(Klassisches) Beispiel	House of Commons	Parliament House (Australien)	Palais Bourbon	Deutscher Reichstag, Palazzo de Montecitorio
Länder	UK, Kanada, Singapur	Australien, Indien, Neuseeland, Irland	Frankreich, Belgien, Dänemark, Norwegen, USA	Deutschland, Italien, Österreich, Niederlande, Schweiz, Japan

(Quelle: Manow 2008: 23)

Schließlich: Obschon das Parlament ritualisiert und reguliert auftritt – dies schließt die Existenz von informellen Arenen nicht aus. So findet sich im parlamentarischen Bereich eine Vielzahl von Nischen, in denen frei von formellen Strukturen Politik gemacht wird. In der Parlamentarismusforschung ist gerade diesen informellen Arenen und den in ihnen stattfindenden Prozessen wachsende Aufmerksamkeit zuteil geworden (s. Kapitel VI). Der sichtbare und prominente Teil der Arbeit des Parlaments – gerade die Debatte im Plenum – prägt jedoch die Außenwahrnehmung parlamentarischer Organisationen und führt zu Fehlwahrnehmungen der Parlamente als Orte, an denen informelle Verhandlungsprozesse keinen Raum finden könnten.

4.2. Öffentlich, aber nicht durchweg

Parlamente sind betont öffentlich handelnde Organe – gerade ist von den sichtbaren und symbolischen Facetten parlamentarischer Arbeit gesprochen worden. Die Öffentlichkeit in der Volksvertretung ist ein wichtiges demokratietheoretisches Element: Sie bildet einen Gegenpol zum Geheimhandeln anderer politischer Akteure (insbesondere der Exekutive), sie ermöglicht die Beteiligung der Bevölkerung an der Willensbildung, sie schafft Transparenz und gewährleistet somit die Kontrolle von Herrschaft.[195] Licht in das Dunkel des Regierens gebracht zu haben gilt als eine zentrale Errungenschaft des Parlamentarismus.

Bei der parlamentarischen Öffentlichkeit ist zu differenzieren: Denn Parlamente öffnen sich nicht durchweg der Beobachtung von außen (Tabelle 2.4).[196] Vielmehr dehnt sich neben den öffentlichen Verfahren ein weites Feld von nicht-öffentlichen

---

[195] Vgl. Sarcinelli 2013.
[196] Vgl. Marschall 2001, 2015; Sarcinelli 2011.

Vorgängen aus, die, wie oben erwähnt, Raum auch für informelles Handeln bieten.

Tabelle 2.4: Formen parlamentarischer Öffentlichkeit

Nicht-Öffentlichkeit	Öffentlichkeit
Geheim	präsenzöffentlich
vertraulich	online-/medien-/rundfunköffentlich (Bild/Ton, live/zeitversetzt)
nicht-öffentlich	

(Quelle: eigene Darstellung)

Parlamentarische Aktivitäten können nicht-öffentlich im Sinne von geheim respektive vertraulich sein (z. B. wenn sicherheitssensible Fragen behandelt werden); dann darf aus den Beratungen nichts nach außen dringen. Oder sie sind einfach unzugänglich für externe Akteure, ohne dass nicht im Nachhinein aus den Gremien berichtet werden könnte. Aber auch „öffentlich" kann ganz unterschiedlich ausfallen, je nachdem wie weit die Türen nach außen aufgestoßen werden: Ist die parlamentarische Arena „präsenzöffentlich", dann dürfen Zuschauer den Verhandlungen beiwohnen. Ist die Arena „medienöffentlich", dann kann mithilfe elektronischer Medien aus dem Parlament berichtet werden. Zu unterscheiden ist noch bei der Medienöffentlichkeit, ob die Bild- und/oder Ton-Übertragung unmittelbar („live") oder zeitversetzt stattfindet.

In demokratischen Systemen, aber auch in nicht-demokratischen, findet die *Plenarberatung* in der Regel öffentlich statt. Üblicherweise verfügen die Parlamente in ihren Häusern über eine Zuschauergalerie, die während der Sitzungszeit für Besucher geöffnet wird. Schon vor geraumer Zeit hat sich auch die Medienübertragung der Plenarverhandlungen als Standard durchgesetzt.[197] Die Parlamente haben Hörfunk-, aber auch Fernsehstationen die Übertragung von Bild und Ton gestattet – zum Teil freilich recht spät: In Großbritannien beispielsweise wurden erst in den 1980er Jahren Kameras im Unterhaus zugelassen.[198] In der Regel organisieren die Parlamente die Bild- und Tonübertragungen ihrer Plenardebatten selbst: über eigene Parlamentskanäle oder als Livestreaming online.

Bei der Öffentlichkeit sonstiger parlamentarischer Arenen lassen sich einheitliche Muster weniger gut ausmachen. Höchst unterschiedlich fallen beispielsweise die Bestimmungen für die *Ausschusssitzungen* aus: Hier reicht die Spanne von rundfunköffentlichen bis hin zu geheimen Verfahrensweisen. Klaus von Beyme hat in seinem Parlamentsvergleich folgende Verteilung festgestellt[199]: In 49 der untersuchten Fälle tagen die Ausschüsse hinter verschlossenen Türen, in zwölf nur nach Beschluss öffentlich und wiederum in 21 Parlamenten ist die Ausschussöffentlichkeit obligatorisch. In der Mehrzahl bleiben die Ausschüsse somit dem parlamentsexternen Publikum versperrt. Sitzungen anderer Gremien wie der Frak-

---

[197] Vgl. die vergleichende Analyse der wissenschaftlichen Dienste der Knesset: Mizrahi 2003.
[198] Vgl. Schiller 2002.
[199] Vgl. von Beyme 2014: 178.

tionen finden in der Regel hinter verschlossenen Türen statt. Dies gilt auch für die Treffen der parlamentarischen Leitungsgremien.

Trotz dieser Einschränkungen stellt das Parlament – zumindest im Vergleich zu anderen politischen Entscheidungsorganen – einen Hort der Transparenz dar: „In democratic systems, of all governmental institutions, legislatures are the most accessible to the public".[200]

4.3. Parlamente als „Orte der Debatte": Diskurs vs. Verhandeln – „arguing" vs. „bargaining"

Ort der (öffentlichen) Diskussion zu sein ist ein typisches Merkmal von Parlamenten. Walter Bagehot nannte das Parlament eine „Diskussionsmaschinerie".[201] Auch die Parlamentarismuskritik setzt bei der Wahrnehmung von Volksvertretungen als „parlierende" Organisationen an. Carl Schmitt macht seine Parlamentarismuskritik an dieser, seiner Meinung nach substanziellen parlamentarischen Eigenschaft fest (s. Kapitel V). Schließlich: Das „Parlieren" ist den Parlamenten in den Namen geschrieben.

Wie kann man parlamentarische Debatten beschreiben? Wie sollten sie sein und wie sind sie in Wirklichkeit? John Elster gibt uns mit seiner Unterscheidung zwischen „arguing" und „bargaining" ein Werkzeug in die Hand, mit welchem wir die parlamentarische Debattenkultur besser begreifen können. Die beiden Typen der Auseinandersetzung, „arguing" und „bargaining", entwickelt Elster an historischen Beispielen, nämlich mit Blick auf zwei parlamentsähnliche Institutionen, der „Federal Convention" in Philadelphia 1787 und der verfassungsgebenden Versammlung in Frankreich von 1789 bis 1791. Er analysiert die dort stattgefundenen Auseinandersetzungen und kommt dabei zu folgenden Unterscheidungen: „To argue is to engage in communication for the purpose of persuading an opponent, i.e. to make the other change beliefs about factual or normative matters. [...] To bargain is to engage in communication of forcing or inducing the opponent to accept one's claim".[202]

Elsters „arguing" erinnert an die klassische Diskurstheorie, die besagt, dass in der Auseinandersetzung beide Seiten zu Gehör kommen müssten und am Ende die Kraft des besseren Arguments entscheide.[203] In der Tat findet sich im parlamentarischen Prozedere immer wieder das Prinzip der offenen Rede und Gegenrede: Wird eine Position zu Gehör gebracht, so soll unmittelbar im Anschluss die Gegenposition dargestellt werden dürfen. Geschäftsordnungen regeln ein derartiges dialektisches Debattenvorgehen für die Plenarverhandlungen, zum Teil aber auch für sonstige parlamentarische Gremien.[204]

Im Parlament kommt jedoch nicht nur „arguing" zum Einsatz, sondern gleichfalls „bargaining" – also ein Kommunikationsmodus, der von Drohungen und

---

200 Olson 1994: 1.
201 Vgl. Bagehot 1971: 287.
202 Elster 1991: 2.
203 Vgl. Habermas 1988; Wessler 2008.
204 Vgl. Schäfer 2017.

Versprechungen geprägt ist. Für derartige Vorgänge ist weniger der Plenarsaal der Ort, sondern hier spielen Arenen mit einer kleineren Anzahl an Akteuren und einem geringeren Grad an Öffentlichkeit die entscheidende Rolle. Folgerichtig bieten sich hierfür nicht-öffentliche Ausschusssitzungen oder die Treffen anderer Gremien an.[205]

In der Praxis der Parlamentskommunikation kann indes nicht trennscharf zwischen beiden Formen der Auseinandersetzung unterschieden werden.[206] Dass es generell schwer ist, „arguing" von „bargaining " zu trennen – dies hat John Elster selbst zugestanden: „In actual communicative situations one will usually find elements of both arguing and bargaining. And in some situations it may not be clear whether we are dealing with the one or the other".[207]

In der Außenwahrnehmung des Parlaments spielt das „Debattieren" („arguing"), das öffentliche Austauschen von Positionen, eine zentrale Rolle. Parlamente werden als Orte des Streits und der öffentlichen Auseinandersetzung wahrgenommen – zum Teil unter Ausblendung der informellen „bargaining"-Strukturen jenseits der Plenarverhandlungen. Problematisch ist es, wenn damit die Vorstellung einhergeht, dass Parlamente letzten Endes nicht entscheidungsfähig seien, dass dort nur geredet, aber nicht gehandelt werde.

Wird auf die Plenardebatten fokussiert (auch seitens der Parlamentarismusforschung), ist man schnell bei einer Verfallstheorie und der Behauptung, das „arguing" werde nur vorgetäuscht. Es werde zwar noch so getan, als ob man Argumente austausche; tatsächlich seien die Entscheidungen bereits im Vorfeld gefallen. Das, was im Plenum noch an Auseinandersetzung stattfände, sei nur eine Farce – jedenfalls kein argumentativer Diskurs.[208]

Ob man sich die Debatten des Frühparlamentarismus als reine Diskursveranstaltungen vorstellen kann, ist jedoch fraglich. Zwar hatte die Gruppenstruktur seinerzeit noch nicht die Bedeutung, die sie heute hat, und die „Honoratioren" waren womöglich freier (weil unbeobachteter) in ihrer Meinungsbildung und -äußerung. Aber jeder politischen Kommunikation wohnen strategische Komponenten inne; nichts spricht dafür, dass dies im Frühparlamentarismus anders gewesen sein sollte.

Dennoch: So sehr auch andere Gremien und Kommunikationsformen den parlamentarischen Alltag bestimmen mögen – das debattierende Plenum bleibt eine feste Größe in der Wahrnehmung von Parlamenten, allemal wenn ihm, wie im britischen System, eine tatsächlich wichtige Rolle zukommt. Dass die Debatte in der Vollversammlung der Abgeordneten jedoch ihren diskursiven, ergebnisoffenen Charakter verloren hat – sollte sie diesen jemals gehabt haben –, ist wohl unvermeidlich und nicht zuletzt eine Konsequenz des Gruppenparlamentarismus auf der

---

205 Vgl. Bächtiger 2014.
206 Vgl. Sarcinelli/Tenscher 2000.
207 Elster 1991: 3.
208 Vgl. die Parlamentarismuskritik im Kapitel V.

einen Seite sowie der Medienöffentlichkeit der Plenardebatte und der sich dabei einstellenden „reziproken Effekte" auf der anderen.[209]

4.4. Parlamente als Orte des Entscheidens und Opponierens: Mehrheit vs. Minderheit

Parlamente sind nicht nur Orte des „Parlierens", sondern auch und nicht zuletzt Orte der Entscheidung: In Parlamenten werden Beschlüsse gefällt, Gesetze verabschiedet, die Spitze der Exekutive gewählt oder abgewählt. Solche Entscheidungen beruhen zumeist auf der Willensbekundung einer Mehrheit im Parlament.[210] Einstimmigkeitserfordernisse bilden die große Ausnahme. Diverse Typen von Mehrheitsabstimmungen lassen sich unterscheiden:

(1) die relative Mehrheit (die Variante, die mehr Stimmen erhält als jede andere einzeln genommen, hat gewonnen),

(2) die einfache Mehrheit (die Variante, die mehr Stimmen erhält als alle anderen zusammen, hat gewonnen),

(3) die absolute Mehrheit (die Variante, die mindestens 50 Prozent der Stimmen erhält, hat gewonnen),

(4) die qualifizierte Mehrheit (die Variante, die – beispielsweise – zwei Drittel der Stimmen erhält, hat gewonnen).

Diese Typen können nochmals dahingehend ausdifferenziert werden, ob sich die jeweilige Mehrheitsbedingung nur auf die tatsächlich anwesenden oder auf alle Mitglieder des Parlaments bezieht. Welche Mehrheit jeweils erforderlich ist, hängt vom Abstimmungsgegenstand und/oder von dem zur Anwendung kommenden Verfahren ab. Dieses wird vom Parlamentsrecht geregelt.

Weiterhin lässt sich noch der Grad der Offenheit der Stimmabgabe unterscheiden: Geheime Abstimmungsverfahren sind bei Personalvoten üblich; bei Sachvoten finden in der Regel Abstimmungen ohne die Dokumentation der Einzelstimmabgabe (z. B. durch Handzeichen) statt. Im Falle einer namentlichen Abstimmung („roll call") wird dokumentiert, welche Abgeordneten wie votiert haben.

Parlamente sind aber nicht nur Orte der Mehrheit(sentscheidung), sondern auch Orte der Minderheit und der Opposition. Der friedliche Konflikt zwischen Majorität und Minorität prägt die Kultur von Parlamenten. Mit den Worten David M. Olsons: „Legislatures institutionalize conflict".[211]

Eine besonders wichtige Rolle spielt die Opposition in parlamentarischen Demokratien, also dort, wo die Regierung vom Parlament (genauer von der Parlamentsmehrheit) getragen wird. Die Opposition soll personelle und programmatische Alternativen zur aktuellen Regierung entwickeln.[212] Im präsidentiellen System der USA, aber auch in präsidentiell-parlamentarischen Regierungsformen kann die

---

209 Mit „reziproken Effekten" bezeichnet man die empirisch gesicherte Erkenntnis, dass sich Menschen vor der Kamera anders verhalten, als wenn sie sich unbeobachtet fühlen.
210 Vgl. zum Folgenden Müller/Sieberer 2014; Saalfeld 1995.
211 Olson 1994: 7.
212 Zum Konzept und zur Empirie von Opposition vgl. Helms 2002, 2013; Garritzmann 2017.

Mehrheit des Parlaments der Exekutivspitze (oder einem Teil der Doppelspitze) parteipolitisch gegenüberstehen. In parlamentarisch-präsidentiellen Systemen stellt die Situation, dass die Partei der Präsidenten nicht die Mehrheit im Parlament hat, eine mitunter konfliktreiche (Ausnahme-)Situation dar (siehe z. B. die Phasen der „cohabitation" im politischen System Frankreichs).

Die Opposition und das Opponieren nehmen in der parlamentarischen Idee einen wichtigen Platz ein. Ohne Opposition kein demokratischer Parlamentarismus – so könnte man es abkürzen.[213]

> **Mehrheitsprinzip und Minderheitenrecht (Hans Kelsen):**
>
> „Denn die Majorität setzt schon ihrem Begriffe nach die Existenz einer Minorität und es setzt somit das Recht der Majorität die Existenzberechtigung einer Minorität voraus. [...] Schon durch die Tatsache ihrer rechtlichen Existenz vermag die Minorität den Willen der Majorität bis zu einem gewissen Grade zu beeinflussen und so zu verhindern, daß der Inhalt der auf dem Wege des Majoritätsprinzipes geschaffenen sozialen Ordnung in einen absoluten Gegensatz zu den Interessen der Minorität gerät."
>
> *(Quelle: Kelsen 1926: 30 f.)*

Wichtige parlamentarische Leistungen für die Demokratie sind ohne das Vorhandensein innerparlamentarischer Antagonisten nicht denkbar. Deswegen genießt die parlamentarische Minderheit besonderen Schutz, in einigen Systemen sogar ausdrückliche Hervorhebung. So wird im britischen Parlament der/die Vorsitzende der Opposition hoheitsvoll als „Leader of His Majesty's Opposition" tituliert. Als diese Formulierung Anfang des 19. Jahrhunderts aufkam, hatte sie einen humorigen Beigeschmack. Aus der ironischen Wendung wurde indes harte Verfassungswirklichkeit, spätestens seitdem der jeweiligen Oppositionsführung ein staatlich garantiertes (Zusatz-)Einkommen und weitere Privilegien zugesichert worden sind.

Auch in der Bundesrepublik ist über die ausdrückliche Würdigung der Opposition im Grundgesetz verhandelt worden. In den Debatten der Gemeinsamen Verfassungskommission von Bundestag und Bundesrat Anfang der neunziger Jahre ist eine Ergänzung des Artikels 49 Abs. 2 GG mit folgender Formulierung andiskutiert worden: „Das Recht auf Bildung und Ausübung parlamentarischer Opposition wird gewährleistet".[214] Der Vorschlag erhielt gleichwohl nicht die erforderliche Mehrheit. In den Verfassungen einiger deutscher Länder finden sich solche ausdrücklichen Oppositionsklauseln.

Ob in den Verfassungen erwähnt oder nicht: Im operativen Parlamentsrecht verfügen die innerparlamentarischen Oppositionen über weitreichende Privilegien. Zwar ist die abschließende Entscheidungsfindung üblicherweise eine Sache der Mehrheit. Der Prozess der Auseinandersetzung jedoch, der vor der Entscheidung liegt, sieht eine unaufhebbare Beteiligung der parlamentarischen Minderheiten

---

[213] Vgl. Steffani 1999.
[214] Vgl. Deutscher Bundestag 1996 I: 89.

vor. Parlamentarische Oppositionen verfügen in der Regel über Möglichkeiten, die Tagesordnung mitzugestalten, abweichende Meinungen zu dokumentieren oder mittels bestimmter Verfahren Entscheidungen zu verzögern. Eine besondere Rolle spielen Minderheiten und die Opposition, wie später zu zeigen sein wird, im Rahmen der parlamentarischen Kontrollfunktion.

> **Zur Rolle der parlamentarischen Opposition (Winfried Steffani):**
>
> „In Parlamenten findet [...] permanent ablaufende Willensbildung statt, die selbst mit einer nahezu einstimmig gefassten Entscheidung dann keineswegs ihr Ende finden wird, falls und sobald neue Gesichtspunkte auftreten. Wer in Opposition zu einer eben getroffenen Entscheidung steht, darf und wird dies geschäftsordnungsmäßig auch im Parlament jederzeit bekunden".

(Quelle: Steffani 1999: 779)

Parlamente setzen somit das um, was Giovanni Sartori die „beschränkte Mehrheitsherrschaft" nennt; für Sartori ist dies der Kern moderner Demokratie.[215] So begründen sich die besondere Repräsentationsaufgabe von Parlamenten und ihr demokratisches Potenzial: In den binnenpluralen Parlamenten sind auch gesellschaftliche Minderheiten zu vertreten, deren Integrität in den innerparlamentarischen Prozessen geschützt werden muss. Parlamentarischer Oppositionsschutz entspricht einem gesellschaftlichen Minderheitenschutz.

5. Organisationstheoretische Einordnung: Parlamente als Organisationen sui generis?

Nachdem wir diverse Charakteristika von Parlamenten ausgemacht haben, sollen die Volksvertretungen in eine organisationstheoretisch vergleichende Perspektive gestellt werden – zunächst mithilfe einer Übersicht von Nelson W. Polsby, der anhand unterschiedlicher, mitunter in diesem Kapitel angeführter Organisationmerkmale Parlamente von anderen politischen Körperschaften unterscheidet. In einem zweiten Schritt kommt ein Schema von Fritz W. Scharpf ins Spiel, das die Möglichkeit bietet, Organisationstypen generell zu unterscheiden. Während Polsby einen Vergleich mit ausgewählten staatlichen Organisationsformen vornimmt, ermöglicht Scharpf die Einordnung der Parlamente in eine Gesamttypologie von „komplexen Akteuren".

5.1. Organisationscharakteristika von Parlamenten (Nelson W. Polsby)

Nelson W. Polsby hat in seinem wegweisenden Artikel über „legislatures" im „Handbook of Political Science" aus dem Jahr 1975 vier staatliche Institutionenformen mit der des Parlaments verglichen: Geschworenengerichte, Berufungsgerichte, die Verwaltung und gewählte Exekutiven. Jede dieser Organisationsformen wird von Polsby mit folgenden fünf Fragen konfrontiert:

---

215 Vgl. Sartori 2006: 40.

(1) ob sie aus mehreren Mitgliedern zusammengesetzt ist („x is multimembered"),
(2) ob bei ihr eine formalisierte Debatte der Entscheidungsfindung vorangeht („x must deliberate before action"),
(3) ob sie Entscheidungen durch Abstimmungen herbeiführt („x makes decisions by voting"),
(4) ob sie ihre Legitimation in der Bevölkerung findet („x arises from the population subject to its rules"),
(5) ob sie fortwährend der Bevölkerung gegenüber verantwortlich ist („x is subsequently accountable to the people").

Mit diesem Schema entwickelt er eine Übersicht, eine Fünf-mal-fünf-Feldertafel, auf der er abträgt, ob die Institutionen diese Bedingungen erfüllen oder nicht (vgl. Tabelle 2.5).

Tabelle 2.5: Eigenschaften von Parlamenten im Vergleich mit anderen staatlichen Körperschaften

Official body	is multi-membered	must deliberate formally before acting	makes decisions by voting	arises from the population subject to its rules	is subsequently accountable to the people
Legislature	yes	yes	yes	yes	Yes
Jury	Yes	yes	yes	yes	No
Multimember appellate court	yes	yes	yes	not necessarily	No
Bureaucracy	yes	not necessarily	no	not necessarily	No
Elected executive	rarely	not necessarily	no	yes	Yes

(Quelle: Polsby 1975: 261)

Wie können also Parlamente von anderen staatlichen Organisationen abgegrenzt werden? Mit den Geschworenengerichten gibt es auf der Grundlage der ausgewählten Merkmalsdimensionen eine nahezu perfekte organisatorische Verwandtschaft. Nur in einem Punkt grenzen sich Parlamente von ihnen ab: Zwar finden auch Geschworenengerichte ihre Legitimation in der Bevölkerung, werden aber nicht von dieser regelmäßig zur Verantwortung gezogen. Denn die Geschworenen werden für nur jeweils ein Verfahren bestimmt.

Welche organisatorische Nähe und Distanz besteht zu den Berufungsgerichten in den USA, die nicht aus Laiengeschworenen bestehen? Hier greift als Unterscheidungsmerkmal neben der fehlenden regelmäßigen Rechenschaftspflicht, die bereits bei den Geschworenengerichten ein Trennmerkmal ist, dass die Mitglieder der

Berufungsgerichte nicht notwendigerweise ihre Legitimation unmittelbar aus dem Volk ableiten.

Die Unterschiede nehmen überhand, wenn „legislatures" auf der einen Seite und die Verwaltungen auf der anderen profiliert werden: Eine klare organisatorische Verwandtschaft besteht nur darin, dass beide Körperschaften kollektive Organisationen sind, also aus mehreren Personen bestehen. Ansonsten unterscheiden sich beide Formen grundlegend. In zwei Hinsichten jedoch („Deliberation vor Entscheidung" und „unmittelbare Legitimation aus der Bevölkerung") kann es gleichwohl Bereiche innerhalb von Verwaltungen geben, die diese Bedingungen erfüllen.

Den letzten Referenzpunkt stellen direkt gewählte Exekutiven dar; die Verwandtschaft mit den Parlamenten liegt auf der Hand: Beide erhalten ihre Legitimation aus der Bevölkerung und beide müssen sich regelmäßig dieser gegenüber verantworten. Die Unterschiede liegen wiederum darin, dass gewählte Exekutiven ihre Entscheidungen nicht durch Abstimmungen herbeiführen. Außerdem stellen mehrköpfige direkt gewählte Exekutiven bislang die Ausnahme dar (Arend Lijphart erwähnt beispielsweise nur zwei Fälle: Zypern von 1960–63 sowie Uruguay von 1952–67).[216] Schließlich gibt es für die Exekutiven in der Regel keinen formalen Debattenzwang vor der Beschlussfassung.

Die unmittelbarste Verwandtschaft entlang der von Polsby ausgesuchten Kriterien und Organisationsformen besteht somit zwischen den Geschworenengerichten und den Parlamenten, die größte Distanz zwischen der Verwaltung und den „legislatures". Polsbys vergleichender Überblick verdeutlicht, was auch andere Parlamentarismusforscher festgestellt haben: „These institutions [parliaments, St.M.] exhibit some generic features that clearly mark them off from other kinds of political organizations".[217] Polsbys differenzierte Gegenüberstellung macht überdies deutlich: Parlamente werden nicht durch einen einzelnen organisatorischen Wesenszug einzigartig, sondern durch eine „mélange of characteristics".[218] Sie ähneln anderen Institutionen jeweils in einigen der ausgewählten Organisationsfacetten, aber nie in allen und nie in denselben.

Parlamente ließen sich noch weiter konturieren. Nelson W. Polsby zieht nur eine Auswahl von Organisationsmerkmalen heran. Würde diese Auswahl um die in diesem Kapitel skizzierten typischen parlamentarischen Strukturen und Arbeitsformen erweitert, träten die Spezifika der Parlamente noch stärker hervor. Zum Beispiel wäre die Dimension „verhandelt öffentlich" ein Charakteristikum, das in keiner der anderen angeführten „official bodies" zu finden ist. Ebensowenig findet sich die Wahl eines/r Vorsitzenden als Erste/r unter Gleichen in allen erwähnten Körperschaftstypen. Staatliche Organisationsformen verfügen auch nur selten über eine Geschäftsordnungsautonomie, also über das Recht, ohne Einvernehmen mit anderen Institutionen ihre Arbeitsbedingungen festzulegen.

---

216 Vgl. Lijphart 2012: 109.
217 Copeland/Patterson 1994: 5.
218 Polsby 1975: 260.

Würde der Vergleich noch auf weitere Organisationen staatlicher und nicht-staatlicher Natur ausgedehnt (z. B. Parlamente vs. Parteien, Parlamente vs. Verbände), würden die von Polsby ausgewählten Charakteristika an Kontur gewinnen. Ein Raster, die organisatorischen Eigenschaften von Parlamenten im Vergleich mit anderen, auch nicht-staatlichen Vielpersonenkörperschaften zu profilieren, bietet Fritz W. Scharpfs Typologie „komplexer Akteure".

5.2. Parlamente als „korporative" oder „kollektive" Akteure (Fritz W. Scharpf)?

Wie lassen sich Parlamente grundlegend organisationstheoretisch fassen? Hierzu kann auf eine Typologie zurückgegriffen werden, die von Fritz W. Scharpf vorgeschlagen worden ist – im Rahmen des von ihm und Renate Mayntz entwickelten „akteurzentrierten Institutionalismus".[219] Sein Ansatz ist für Parlamente deswegen besonders aufschlussreich, weil er die denkbaren Spannungen zwischen der Gesamtorganisation und seinen Mitgliedern systematisch aufgreift; diese Spannung ist bei Parlamenten besonders virulent (Stichwort: „freies Mandat" vs. Gruppenparlament).

Erst einmal unterscheidet Scharpf zwischen „individuellen" und „komplexen" Akteuren. Ein Parlament ist in diesem Sinne ein „komplexer Akteur": Es besteht aus einer Vielzahl von natürlichen Personen, es handelt sich um „eine Ansammlung von Individuen".[220] Eine solche „Ansammlung" kann unter bestimmten Umständen durchaus einem einzelnen Handelnden ähnlich auftreten und sich rational verhalten. Scharpf beschäftigt sich mit solchen handelnden Akteuren und fragt unter anderem, wie sich die innere Struktur der Akteure auf ihr Außenverhalten auswirkt.

Die Gruppe der „komplexen" Akteure teilt sich nochmals in die beiden Untergruppen „kollektive" und „korporative" Akteure. Worin unterscheiden sich diese? „Kollektive" Akteure – so Scharpf – sind von den Interessen ihrer Mitglieder abhängig. Die Mitglieder sind also vergleichsweise autonom und können weitreichenden Einfluss auf die Handlungen des kollektiven Akteurs nehmen. „Korporative" Akteure hingegen – so Scharpf – verfügen „über ein hohes Maß an Unabhängigkeit von den letztendlichen Nutznießern ihres Handelns".[221] Korporative Akteure nehmen in der Regel die Form von „top-down"-Organisationen an: „Selbst wenn sie ‚Mitglieder' im formellen Sinne haben, wirken diese Mitglieder nicht aktiv an der Festlegung der Handlungsoptionen des kollektiven Akteurs mit, sondern haben höchstens die kollektive Macht, das Führungspersonal auszuwählen und abzuberufen. Jedenfalls sind die Strategieentscheidungen von den Präferenzen der Mitglieder abgekoppelt".[222]

Wie lassen sich bis hierhin Parlamente einordnen, als „korporative" oder als „kollektive" Akteure? Berücksichtigt man, was bereits über die Organisation von Parlamenten gesagt worden ist, liegt ein Verständnis von Parlamenten als „kollek-

---

219 Scharpf 2006: 96-107. Vgl. auch schon Mayntz/Scharpf 1995.
220 Scharpf 2006: 96.
221 Ebd.: 101.
222 Ebd.: 105.

tive" Akteure nahe. Denn die Parlamente setzen sich aus einzelnen voneinander abgegrenzten selbstständigen Individuen, aus Mandatsträgern, zusammen, die per Mehrheitsbeschluss die Handlungen des Akteurs Parlament bestimmen. In ihren Entscheidungen sind die Parlamentarier:innen (zumindest formal) frei. Insofern wirken die Abgeordneten an der „Festlegung der Handlungsoptionen des kollektiven Akteurs" mit (vs. korporative Akteurslogik). Die Präferenzen der Mitglieder fließen in die Strategieentscheidungen des komplexen Akteurs ein. Die Mitglieder haben somit wesentlich mehr Einfluss als die bloße Möglichkeit, das Führungspersonal (Vorsitzende, Stellvertretende) auszuwählen und abzuberufen.

Bei den „kollektiven" Akteuren nimmt Scharpf noch eine weitere Differenzierung vor. Er typologisiert innerhalb dieser Gruppe entlang zweier Kriterien, den Handlungsressourcen und der Handlungsorientierung.

Bei den *Handlungsressourcen* fragt er, ob diese „entweder im Besitz der einzelnen Mitglieder sind oder ‚kollektiviert' wurden und der Verfügungsgewalt des kollektiven Akteurs unterliegen".[223] Ein guter Indikator für die Kollektivierung der Ressourcen sei die Existenz eines Mitarbeiterstabs, der bei den operativen Handlungen der Organisation eine wichtige Rolle spielt.

Auch bei der Frage nach den *Handlungsorientierungen* lassen sich zwei Formen unterscheiden. Gemeinsam ist den kollektiven Akteuren zwar, dass sie von den Präferenzen ihrer Mitglieder abhängig sind und folglich nicht autonom über ihr Handeln entscheiden können. Wenn jedoch bei kollektiven Akteuren (mitgliederbestimmte) Handlungsentscheidungen gefällt werden, sind zwei Zielrichtungen denkbar: Entweder beziehen sich die Handlungen der Organisation auf die separaten Absichten der Mitglieder. Oder sie beziehen sich auf gemeinsame Zielsetzungen, die kollektiv definiert werden.

Kombiniert man die zwei Dimensionen, kommt man zu einer Vierfeldertafel, die folgende Typen kollektiver Akteure definiert: Koalition, Soziale Bewegung, Club und Verband (vgl. Tabelle 2.6).

Tabelle 2.6: Typologie kollektiver Akteure

	Handlungsorientierung auf separate Ziele bezogen	Handlungsorientierung auf kollektive Ziele bezogen
Kontrolle der Handlungsressourcen separat	Koalition	Soziale Bewegung
Kontrolle der Handlungsressourcen kollektiv	Club	Verband

(Quelle: Scharpf 2006: 102)

„Koalitionen" werden hier nicht im engen politischen Sinne als Zusammenschlüsse von Parteien oder Fraktionen verstanden. Breiter angesetzt sind Koalitionen „relativ dauerhafte Arrangements zwischen Akteuren", die miteinander vereinbar-

---

[223] Ebd.: 101.

5. Organisationstheoretische Einordnung: Parlamente als Organisationen sui generis?

te Ziele verfolgen. Die Ziele selbst können recht unterschiedlich sein und aus der Logik der einzelnen Koalitionspartner definiert werden. Die Mitglieder sind in der Regel verantwortlich für die Umsetzung der Entscheidungen. Sie können – sollten sich ihre Vorstellungen zu sehr auseinander bewegen – wieder aus der Koalition austreten.

„Soziale Bewegungen" beruhen – wie Koalitionen – auf einer freiwilligen Mitgliedschaft von vielen individuellen oder korporativen Akteuren. Die Ziele werden jedoch kollektiv bestimmt. Hierin unterscheiden sich die sozialen Bewegungen von den Koalitionen. Was soziale Bewegungen aber nicht aufweisen, ist eine institutionalisierte Führungsstruktur.

„Clubs" ähneln insofern den Koalitionen, als dass ihre Mitglieder über eine einfache Austrittsoption verfügen. Sie sind allerdings verpflichtet, einen Beitrag zu den „Club"-Ressourcen beizusteuern. Diese Ressourcen werden kollektiv über ein Sekretariat oder einen Mitarbeiterstab verwaltet und organisiert. Die Entscheidung über den Einsatz von Ressourcen wird kollektiv gefällt.

„Verbände" schließlich sind Mitgliederorganisationen, deren Meinungsbildungsprozesse „bottom-up" ablaufen, also von unten nach oben. Ihre Handlungsressourcen und -orientierungen sind kollektiviert; sie befinden sich in den Händen der Führung des Verbands. Dennoch haben die kollektiven Mitgliederpräferenzen Vorrang vor den Zielsetzungen der Verbandsführung.

Wenn wir mit diesem Raster an Parlamente herangehen: Welchem Typ von kollektivem Akteur stehen Parlamente am nächsten? Am ehesten scheint das „Club"-Modell auf die parlamentarische Organisationsform zu passen, geht man die unterschiedlichen Dimensionen durch.[224]

- In einem „Club" werden gemeinsame Handlungen beschlossen: Parlamente verabschieden Entschließungen und sonstige Rechtsakte, die als Handlungen der Gesamtorganisation wahrgenommen werden.
- In einem „Club" sind die Ziele der Akteure individuell geprägt: Parlamente bestehen aus Personen und Gruppen (Fraktionen), die mitunter konträre Ziele verfolgen.
- „Clubs" verfügen über kollektive Ressourcen: Parlamente können auf einen eigenen Haushalt und einen gemeinsamen Mitarbeiterstab zurückgreifen.
- In „Clubs" werden Entscheidungen per Abstimmung getroffen: Beschlüsse werden in Parlamenten in der Regel durch Mehrheitsvoten gefällt.

Was ist mit dieser – zugegeben nicht ganz unkomplizierten – Typologie für das Verständnis von Parlamenten als Organisationen gewonnen? Mehr Kontur! Parlamente sind komplexe Organisationen, deren Charakter sich aus der Spannung zwischen ihren Mitgliedern und der Gesamtorganisation entwickelt. Im Gegensatz zu korporativen Akteuren sind Parlamente in erster Linie „Ansammlungen" von formal selbstständigen Individuen und von Gruppen (Fraktionen etc.). Diese parlamentarischen Untergruppen verfolgen nicht zwangsläufig ein gemeinsames Ziel,

---

[224] Ebd.: 105.

sondern stehen zueinander in mitunter scharfer Konkurrenz. Parlamente treten zugleich nach außen als handelnde Organisationen auf, verfügen über gemeinsame Ressourcen wie beispielsweise einen Mitarbeiterstab (Parlamentsdienste).

Womöglich sind wir hiermit bei der wichtigsten Errungenschaft parlamentarischer Organisation angelangt: Volksvertretungen haben Mittel und Wege gefunden, dass die innerorganisatorische Heterogenität nicht in Entscheidungsunfähigkeit mündet. Dazu dienen nicht zuletzt das Mehrheitsprinzip bei Abstimmungen und feste Fristen, innerhalb derer Entscheidungen getroffen werden müssen. Das Mehrheitsprinzip funktioniert, weil im Rahmen der Meinungsbildung die einzelnen Abgeordneten und Minderheitengruppen das Recht auf Beteiligung haben – aber letztlich das entscheidende Vorrecht der Mehrheit akzeptieren.

Zusammenfassung

- Parlamente werden von der modernen Parlamentarismusforschung als komplexe und komplizierte Organisationen begriffen: nicht als Monolithen, sondern als vielschichtige, binnenplurale Akteure.
- Grundlegend lassen sich Ein-Kammer- und Zwei-Kammer-Parlamente voneinander unterscheiden. Zweite Kammern variieren in ihrer Zusammensetzung und Rolle im jeweiligen politischen System. Sie dienen in einem Großteil der Staaten als Vertretung der Interessen von Gebietskörperschaften. Der Bikameralismus hat zudem die demokratische Aufgabe, im Sinne der Gewaltenteilung eine zusätzliche Kontrollinstanz zu bilden.
- Die Größe der parlamentarischen Körperschaften variiert stark. Es lässt sich dabei gemäß den Sozialwissenschaftlern Rein Taagepera und Steven P. Recchia ein überzufälliger und plausibler Zusammenhang zwischen dem Mandatsumfang von Parlamenten und der jeweiligen Bevölkerungsstärke ausmachen (bei Zweiten Kammern unter zusätzlicher Berücksichtigung der Anzahl der subnationalen Einheiten). Abweichungen von diesen Regeln sind vor allem historisch bedingt.
- Parlamente sind Organisationen mit vergleichsweise selbstständigen Teileinheiten. So können neben der Gesamtorganisation (Makro-Ebene) noch mindestens zwei weitere relevante Ebenen unterschieden werden: Zusammenschlüsse von Abgeordneten (Meso-Ebene) und die individuellen Parlamentarier:innen (Mikro-Ebene). Alle drei Ebenen (Plenum, Gruppen und Abgeordnete) haben eigene Funktionslogiken. Auf der Gruppenebene spielen die Fraktionen und die Ausschüsse eine wichtige innerparlamentarische Rolle.
- Innerhalb des politischen Systems ist das Parlament ein Staatsorgan, das als Vollversammlung der Abgeordneten verbriefte Kompetenzen und Aufgaben hat. Das Plenum fungiert als parlamentarisches Beschlussorgan. Ihm stehen Präsident:innen oder „Speakers" vor, die von der Vollversammlung aus ihren Reihen gewählt werden, das Parlament nach außen vertreten und nach innen die Sitzungsleitung innehaben. Außerdem unterstützen Generalsekretariate die Arbeit der Gesamtorganisation Parlament.

- Die Fraktionen als Zusammenschlüsse parteipolitisch verwandter Abgeordneter sind zu wichtigen innerparlamentarischen Akteuren geworden. Ihnen kommen durch Parlamentsrecht und -praxis zentrale gesamtparlamentarische Funktionen zu.
- Die Bildung eines Ausschusswesens stellt eine Reaktion der Parlamente auf die Ausdifferenzierung von Politik und Gesellschaft dar. Ausschüsse sind zu unverzichtbaren Arbeitsarenen geworden, in denen Entscheidungen weitreichend beraten werden, bevor sie dem Plenum zum Beschluss vorgelegt werden. Allerdings unterscheiden sich die Struktur und Rolle der Ausschüsse von Parlament zu Parlament erheblich.
- Die einzelnen Abgeordneten sind nicht nur Gruppenmitglieder, sondern in ihrer Unabhängigkeit geschützte Organisationseinheiten der Parlamente. Das Parlamentsrecht garantiert ihnen Schutz vor strafrechtlicher Verfolgung und die Freiheit des Mandats. Diese formalrechtliche Autonomie wird jedoch von faktischen Rolleneinschränkungen der Parlamentarier:innen konterkariert. Insbesondere die Gruppenstruktur hat Auswirkungen auf die Spielräume der Mandatsträger:innen. Sie engt einerseits ein, verleiht den Abgeordneten aber andererseits auch Einfluss. In ihrem parlamentarischen Handeln orientieren sich Abgeordnete an einer Reihe von Bezugspunkten territorialer, parteipolitischer und sektoraler Art.
- Parlamente sind unverwechselbar durch die Art und Weise, wie sie ihre Arbeit gestalten. Wichtige Charakteristika sind zum Beispiel: der starke Regulierungs- und Formalisierungsgrad ihrer Tätigkeit, rituelle Routinen, die Kultur der öffentlichen Debatte (bei gleichzeitiger Sicherung von informellen Verhandlungsräumen), Abstimmungen durch Mehrheitsbeschluss sowie die gesicherte und hervorgehobene Rolle der Opposition.
- Ihre Eigentümlichkeit zeigt sich nicht zuletzt bei einer vergleichenden Gegenüberstellung von Parlamenten mit anderen politischen Organisationsformen. Parlamente ähneln sonstigen staatlichen Organisationen in bestimmten Bereichen, in anderen grenzen sie sich von diesen ab – und dies je nach Vergleichsfall in ganz unterschiedlicher Weise. Charakteristisch für Parlamente ist eine sehr spezielle Kombination verschiedener organisatorischer Merkmale.
- Parlamente lassen sich organisationstheoretisch in die Gruppe derjenigen Organisationen einordnen, deren gemeinsames Handeln von der Selbstständigkeit ihrer Teileinheiten geprägt wird. In der Typologie Fritz W. Scharpfs passen sie am ehesten in die Kategorie der „kollektiven Akteure" und hier in die Unterkategorie der „Clubs".

Auswahlliteratur

Mit der Organisation von Parlamenten und auch der Parlamentspraxis in Deutschland – aber auch darüber hinaus – setzen sich umfassend Martin Morlok, Utz Schliesky und Dieter Wiefelspütz in ihrem Werk „Parlamentsrecht" (Baden-Baden 2016) auseinander. Ein Klassiker der vergleichenden Parlamentarismusforschung, aus dem – trotz seines Alters – in diesem Kapitel oft zitiert wurde, ist:

Parliaments and Majority Rule in Western Europe (hrsg. von Herbert Döring, Frankfurt a.M. 1995). Aktueller und mit vergleichender Perspektive – auch mit Blick auf die Organisation und Struktur von Parlamenten – empfiehlt sich „The Oxford Handbook of Legislative Studies" (hrsg. von Shane Martin, Thomas Saalfeld und Kaare W. Strøm, Oxford 2014).

Links

www.ipu.org (die Interparlamentarische Union, eine transnationale Organisation von Parlamenten, bietet Publikationen und Informationen über den Parlamentarismus weltweit)
www.bundestag.de (das Web-Angebot des deutschen Parlaments)
www.parliament.uk (das gemeinsame Web-Angebot des britischen Unter- und Oberhauses)
www.assemblee-nationale.fr (das Web-Angebot der französischen Nationalversammlung)
www.senat.fr (das Web-Angebot des französischen Senats)
www.house.gov (das Web-Angebot des US-amerikanischen Repräsentantenhauses)
www.senate.gov (das Web-Angebot des US-amerikanischen Senats)

Wiederholungsfragen

1. Welche Funktionen haben Zweite Kammern?
2. Auf welche unterschiedlichen Weisen werden Zweite Kammern zusammengesetzt?
3. Wie ermitteln Rein Taagepera und Steven P. Recchia die typische respektive optimale Größe von Parlamentskammern?
4. Wie und warum differenzieren sich Parlamente binnenorganisatorisch aus?
5. Welche Unterschiede bestehen zwischen den Parlamentsvorsitzendentypen „Speaker" und „Präsident:in"?
6. Welche Rolle spielen parlamentarische Fachausschüsse?
7. Wo liegen die Spannungen zwischen den Fraktionen und der Stellung der Abgeordneten in Parlamenten?
8. Welche demokratischen Funktionen hat die Opposition im parlamentarischen System?
9. Inwiefern prägen Öffentlichkeit und Diskurs die parlamentarische Arbeitsweise?
10. Welche Organisationsmerkmale unterscheiden Parlamente von anderen staatlichen Körperschaften – gemäß Nelson W. Polsby?
11. Warum lassen sich „Parlamente" am ehesten als „Clubs" in die Akteurstypologie von Fritz W. Scharpf einordnen?

Kapitel III: Parlamentsfunktionen

Parlamentarismus findet überall dort statt, wo Parlamente eine zentrale Stellung im politischen System einnehmen. Mit dieser Stellung, mit der Rolle von Parlamenten, beschäftigt sich dieses Kapitel. Dabei interessieren folgende Aspekte: Welche Funktionen, welche Aufgaben sollen und können Parlamente ausüben? Über welche Kompetenzen verfügen sie konkret? Was sind die Voraussetzungen, damit sie ihre Aufgaben erfüllen können?

An den Anfang der Beschreibung und Problematisierung parlamentarischer Aufgaben sei eine Warnung von Gerhard Loewenberg gestellt. Parlamente von ihrer Aufgabenseite her zu betrachten, sei problematisch. Warum? Die Funktionen von Parlamenten streuen – so Loewenberg – derart stark, dass es schwierig sei, einen gemeinsamen Nenner zu finden.[225] Parlamente sind, wie Nelson W. Polsby es formuliert, „multipurpose organizations", also Vielzweckorganisationen.[226] Nichtsdestoweniger hat sich die Wissenschaft auf die Suche nach typischen parlamentarischen Funktionen gemacht und ist fündig geworden – mit leicht variierenden Ergebnissen.

1. Funktionskataloge und Funktionssystematiken

Mit Katalogen und Systematiken versucht die Parlamentarismusforschung begriffliche und analytische Ordnung in den vielfältigen Aufgabenbereich von Volksvertretungen zu bringen. Die Zielsetzung des Katalogisierens ist es, möglichst umfassende Listen von parlamentarischen Funktionen zu erstellen. Systematisierend versucht man dann die unterschiedlichen Funktionen in Gruppen zusammenzufassen und zu charakterisieren.

1.1. Funktionskataloge

Parlamente sind geschaffen worden, um spezifische Leistungen zu erbringen. Insofern finden sich bereits in den frühen Parlamentarismusstudien Vorstellungen über die Funktion von Parlamenten, die zugleich ein Spiegel des Parlamentarismus ihrer Zeit sind. Auf dieser „alten" Grundlage haben zeitgenössische Wissenschaftler neue Kataloge entwickelt, unter Berücksichtigung des Wandels von Parlamentarismus, Gesellschaft und Politik.

1.1.1. Die „Klassiker": Mill und Bagehot

Dass die maßgeblichen „alten" Funktionskataloge auf den britischen Inseln entwickelt wurden, liegt auf der Hand: Die Wiege des neuzeitlichen Parlamentarismus ist auch die Wiege der systematischen Parlamentarismustheorie.

---

225 Vgl. Loewenberg 1971.
226 Vgl. Polsby 1975.

John Stuart Mill

Zunächst zu einem Klassiker, zu John Stuart Mill, seinen Reflektionen über die repräsentative Regierung und die Rolle von Parlamenten, insbesondere die Rolle des Parlaments britischen Typs, aus dem Jahr 1861. Mills parlamentarischer Funktionskatalog bleibt noch einigermaßen übersichtlich: Er geht von wenigen Parlamentsaufgaben aus. Andere, später als substanziell wahrgenommene parlamentarische Funktionen werden ausdrücklich ausgeschlossen.

Die zentrale Aufgabe von Parlamenten ist für Mill die öffentliche Debatte: „Ihre [der Parlamente, St.M.] Rolle ist es, auf Bedürfnisse aufmerksam zu machen, als Organ für die Forderungen des Volkes zu dienen, und ein Ort kontroverser Diskussionen über alle großen und kleinen öffentlichen Angelegenheiten zu sein".[227] Parlamente werden von Mill als Sprachrohre des Volkes und als Räume der öffentlichen Debatte begriffen.

Welche Beziehung besteht nach Mill zwischen Parlament und Regierung? Das Parlament bestimme faktisch, wenn auch nicht formal (dies sei Vorrecht der Krone), über das Amt des Premierministers. Weitergehende Personalkompetenzen lehnt Mill hier ab: „Man hat es nie für erstrebenswert gehalten, daß das Parlament auch nur die Mitglieder des Kabinetts nominieren soll".[228] Aufgabe des Parlaments sei es vielmehr, „die Regierung zu überwachen und zu kontrollieren, die volle Öffentlichkeit aller Regierungshandlungen herzustellen, deren Offenlegung und Rechtfertigung zu erzwingen".[229]

Für uns vielleicht überraschend: Die Gesetzgebung rechnet Mill nicht zu den Aufgaben von Parlamenten – ganz im Gegensatz zu den späteren Funktionskatalogen. Er begründet dies damit, dass eine „vielköpfige Körperschaft" gänzlich ungeeignet hierfür sei; diese Aufgabe könne viel besser von einem „Ausschuss" geleistet werden. Denn sie erfordere „einen erfahrenen und geübten, durch langes und mühevolles Studium geschärften Verstand".[230] Die *Ausführung* der Gesetze obliege ohnehin mit guten Gründen anderen Instanzen: „Noch weniger aber ist eine Volksvertretung geeignet, administrative Aufgaben durchzuführen oder denen, die mit der Verwaltung beauftragt sind, detaillierte Vorschriften zu machen".[231]

Mills parlamentarischer Funktionskatalog ist aus heutiger Sicht unzureichend; er passt nicht zur modernen Vorstellung vom Parlamentarismus. Die Betonung der kommunikativen Aufgaben von Parlamenten erinnert an die unvorteilhaften Wahrnehmungen parlamentarischer Körperschaften als „Schwatzbuden"[232] – eine Wahrnehmung, gegen die sich Mill jedoch ausdrücklich wendet.[233] Sein Verständnis vom Parlament als Ort öffentlicher Diskussion und Kontrolle von Regierungshandeln kann aber auch richtungsweisend sein und wird später nochmals ange-

---

227 Mill 1971: 102.
228 Ebd.: 95.
229 Ebd.: 101.
230 Ebd.: 96.
231 Ebd.: 92.
232 Vgl. beispielsweise Schmitt 1926 (siehe Kapitel V).
233 Vgl. Mill 1971: 102.

sprochen, wenn der aktuelle Funktionswandel des Parlamentarismus beschrieben wird, welcher zur faktischen Stärkung der Mill'schen Parlamentsaufgaben geführt hat (s. Kapitel VI).

Mill setzt mit seiner Funktionsanalyse auch ein Motiv, das in den Debatten um die Stellung der Abgeordneten eine Rolle spielt: das Parlament als Versammlung freier Individuen, die über die Angelegenheiten der Nation diskutieren. Dieses alt-liberale Parlamentsverständnis fließt auch in zeitgenössische Diskussionen über die Rolle und Freiheit der Abgeordneten ein.[234]

Walter Bagehot

Gar nicht viel später als Mill stellte Walter Bagehot in seiner Analyse der britischen Verfassung von 1867 eine Liste parlamentarischer Funktionen auf. Auf Bagehots Katalog hat die Parlamentarismusforschung immer wieder Bezug genommen. Er steht einem zeitgenössischen Parlamentsverständnis zweifelsfrei näher.

Bagehot überwindet Mills Konzentration auf die parlamentarische Kommunikationsfunktion und listet – exemplarisch am „House of Commons" – folgende Aufgaben von Parlamenten auf: (1) „elective function ", (2) „expressive function", (3) „teaching function", (4) „informing function" und (5) „legislative function".[235]

Die Wahlfunktion des Parlaments („*elective function*"), die (kontinuierliche) Unterstützung der jeweiligen Regierung, stuft Bagehot als die wichtigste Aufgabe ein. Auch wenn das Parlament passiv erscheine: Es leiste seinen womöglich entscheidenden Beitrag dadurch, dass es den amtierenden Premierminister und sein Kabinett trage.

Bei der zweiten Funktion steht das Parlament im Dienste der Bevölkerung, als Sprachrohr der Bürger:innen: Die „*expressive function*" beinhaltet, dass das Parlament „die Gedanken des englischen Volkes zu allen Angelegenheiten, mit denen es konfrontiert wird", zum Ausdruck bringen soll.[236]

Bagehot fährt fort mit der parlamentarischen Lehrfunktion („*teaching function*"). Das Parlament solle die „Nation lehren, was sie nicht weiß"[237], und damit zum Besseren verändern: „Eine große und öffentliche Körperschaft gewichtiger Männer kann nicht in die Mitte eines Gemeinwesens gestellt werden, ohne dies Gemeinwesen zu verändern".[238]

Im Rahmen der Beschwerdefunktion („*informing function*") wiederum sollen der Bevölkerung die „Klagen partikularer Interessen" vorgetragen werden; in ihrer Logik nähert sich diese Aufgabe der „teaching function" an. Auch hier ist es die Bestimmung des Parlaments, dass „es uns bis zu einem gewissen Grad zu Gehör bringt, was wir sonst nicht hören würden".[239] War früher der König oder die

---

234 Vgl. Andeweg 2014.
235 Vgl. Bagehot 1971: 136-139.
236 Ebd.: 138.
237 Ebd.
238 Ebd.
239 Ebd.

Königin Ansprechpartner:in für die Beschwerden gesellschaftlicher Gruppen, so ist es – Bagehot zufolge – nun der „gegenwärtige Souverän", das Staatsvolk selbst.

Schließlich und endlich erwähnt Bagehot die Gesetzgebungsaufgabe („*legislative function*"). Die legislative Funktion schätzt Bagehot hoch; gleichwohl stuft er die Wahl- und die Beschwerdeaufgabe als noch wichtiger ein. Dennoch: „Doch selbst nach Berücksichtigung aller Abstriche und Einschränkungen bleibt die jährliche Gesetzgebungsarbeit des Parlaments ein Ergebnis von einzigartiger Wichtigkeit".[240]

Für Walter Bagehot gehört – wie angesprochen – das Unterhaus zusammen mit dem Kabinett und im Gegensatz zur Krone und dem Oberhaus zu den „efficient parts" der Verfassung, also zu den Organen, die für das operative politische Tagesgeschäft verantwortlich sind. Entsprechend ist Bagehots parlamentarische Aufgabenliste deutlich vom Moment der Politik*herstellung* bestimmt. Davon zeugen allein die Erwähnung und die Betonung der legislativen Funktionen. Sein Aufgabenkatalog erscheint gerade deswegen „moderner" als der von Mill und anschlussfähiger an die zeitgenössische Parlamentarismustheorie.

Ob die frühen parlamentarischen Funktionskataloge für die gegenwärtige Parlamentarismusdebatte überhaupt von Belang sind, ist freilich umstritten. Die Zuschreibungen kommen aus einer Zeit, in der Gesellschaft und Politik sowie die Rolle des Parlaments unter gänzlich anderen Vorzeichen standen. Auch orientierten sich beide Autoren, Mill und Bagehot, konkret am englischen Parlament und seiner spezifischen Einbettung in das politische System der Insel. Einige Grenzen der Übertragbarkeit sind unüberwindbar. Aber stimuliert haben diese frühen Aufschläge so oder so – entweder ihre Weiterentwicklung oder konstruktiven Widerspruch.

1.1.2. Zeitgenössische Funktionskataloge

Wie werden also von zeitgenössischen Autoren die Aufgaben von Parlamenten katalogisiert? Peter Schindler hat in dem Datenhandbuch des Deutschen Bundestages unterschiedliche Kataloge dokumentiert, die zusammengefasst die Tabellen 3.1 und 3.2 wiedergeben. Die Aufstellung wird durch weitere, ausgewählte Funktionskataloge aus der Parlamentarismusforschung ergänzt (vgl. Tabelle 3.3). Die tabellierten Aufgabenlisten beziehen sich zumeist auf den Deutschen Bundestag und auf parlamentarische Regierungssysteme im engeren Sinne; dies zeigt sich deutlich in der Betonung bestimmter Aufgaben, die nur in parlamentarischen Systemen bedeutsam sind.

---

[240] Ebd: 139.

Tabelle 3.1: Parlamentarische Funktionskataloge – Teil I

Autor	Joachim Raschke (1968)	Gerhard Loewenberg (1969)	Hans Apel (1969)	Norbert Achterberg (1971)	Heinhard Steiger (1973)	Ulrich Lohmar (1975)	Friedrich Schäfer (1975)
Funktionen	Wahl bzw. Abwahl der Regierung, Führungsauslese	Auswahl der Regierungsmitglieder		Kreationsfunktion	Kreationszuständigkeiten	Bildung der Regierung	Herrschaftsbestellung/Wahlfunktion
	Gesetzgebungsfunktion	Gesetzgebung	Gesetzgebung	Rechtsetzungsfunktion	Gesetzgebung	Gesetzgebung	Gesetzgebungsfunktion
	Kontrollfunktion		Kontrolle der Bürokratie	Kontrollfunktion	Kontrolle der vollziehenden Gewalt	Kontrolle von Regierung und Verwaltung	Kontrollfunktion
	Artikulations- und Informationsfunktion, Filterung und Integration von Verbandsinteressen	Kommunikation zwischen Regierung und Öffentlichkeit	Vertretung sowie Darstellung der Volksmeinung		Öffentlichkeitsfunktion	Politische Willensbildung, Repräsentation des Volkes	Funktion als Forum, Informationsfunktion, Erziehungsfunktion
			Sicherung der Bürgerrechte	Feststellung des Verteidigungsfalles	Mitwirkung bei der Ausübung der Regierungsfunktion		

(Quelle: Schindler 1999 II: 2834–2847)

Referenzpublikationen:
Joachim Raschke, 1968: *Der Bundestag im parlamentarischen Regierungssystem. Darstellung und Dokumentation*, Berlin (Colloquium).
Gerhard Loewenberg, 1969: *Parlamentarismus im politischen System der Bundesrepublik Deutschland*, Tübingen (Wunderlich).
Hans Apel, 1969: Aufgaben der Parlamentsreform; in: *Das Parlament* vom 30. August.
Norbert Achterberg, 1971: *Grundzüge des Parlamentsrechts*, München (Beck).
Heinhard Steiger, 1973: *Organisatorische Grundlagen des parlamentarischen Regierungssystems. Eine Untersuchung zur rechtlichen Stellung des Deutschen Bundestages*, Berlin (Duncker & Humblot).
Ulrich Lohmar, 1975: *Das Hohe Haus. Der Bundestag und die Verfassungswirklichkeit*, Stuttgart (DVA).
Friedrich Schäfer, 1975: *Der Bundestag. Eine Darstellung seiner Aufgaben und seiner Arbeitsweise*, 2. Aufl., Opladen (Westdeutscher Verlag).

Kapitel III: Parlamentsfunktionen

Tabelle 3.2: Parlamentarische Funktionskataloge – Teil II

Autor	Uwe Thaysen (1976)	Emil Hübner/Heinrich Oberreuter (1977)	Eckard Jesse (1978)	Winfried Steffani (1979)	Hans Hugo Klein (1987)	Hans Meyer (1989)
Funktionen	Wahlfunktion	Kreationsfunktion	Wahlfunktion	Gouvernementale Kreations-/Terminierungsfunktion, Rekrutierungsfunktion	Kreationsfunktion	Garant einer Regierung
	Gesetzgebungsfunktion	Gesetzgebungsfunktion	Gesetzgebungsfunktion	Gesetzgebungs- und Geldbewilligungsfunktion	Gesetzgebungsfunktion	Gesetzgeber
	Kontrollfunktion, Initiativfunktion	Kontrollfunktion	Kontrollfunktion	Kontrollfunktion	Politische Willensbildung und Regierungskontrolle	Organ parlamentarischer Kontrolle
	Artikulationsfunktion	Artikulationsfunktion	Repräsentations- und Artikulationsfunktion	Kommunikationsfunktion, Interessenartikulationsfunktion, Integrationsfunktion	Öffentlichkeitsfunktion	Vertretungsfunktion, Vermittler personaler Legitimation
		Willensbildungs- und Mobilisierungsfunktion				

(Quelle: Schindler 1999 II: 2834–2847)

Referenzpublikationen:
Uwe Thaysen, 1976: Parlamentarisches Regierungssystem in der Bundesrepublik Deutschland. Daten – Fakten – Urteile im Grundriß, Opladen (Leske + Budrich).
Emil Hübner/Heinrich Oberreuter, 1977: Parlament und Regierung. Ein Vergleich dreier Regierungssysteme, München (Ehrenwirth).
Eckard Jesse, 1978: Die Demokratie der Bundesrepublik Deutschland. Eine Einführung in das politische System, Berlin (Colloquium).
Winfried Steffani, 1979: Das präsidentielle System der USA und die parlamentarischen Systeme Großbritanniens und Deutschlands im Vergleich, in: Ders., Parlamentarische und präsidentielle Demokratie. Strukturelle Aspekte westlicher Demokratien, Opladen (Westdeutscher Verlag), S. 61–104.
Hans Hugo Klein, 1987: Aufgaben des Bundestages, in: Josef Isensee/Paul Kirchhof (Hrsg.), Handbuch des Staatsrechts der Bundesrepublik Deutschland, Bd. II, Heidelberg (Müller), S. 341–366.
Hans Meyer, 1989: Die Stellung der Parlamente in der Verfassungsordnung des Grundgesetzes, in: Hans-Peter Schneider/Wolfgang Zeh (Hrsg.), Parlamentsrecht und Parlamentspraxis in der Bundesrepublik Deutschland. Ein Handbuch, Berlin/New York (de Gruyter), S. 117–163.

1. Funktionskataloge und Funktionssystematiken

Tabelle 3.3: Parlamentarische Funktionskataloge – Teil III

Autor/-in	Werner J. Patzelt (2003)	Wolfgang Ismayr (2012)	Klaus von Beyme (2014)	Amie Kreppel (2014)	Werner J. Patzelt (2020)	*grundlegende Dimensionen*
Funktionen	Kreationsfunktion	Regierungsbildung	Rekrutierungsfunktion		Wahlfunktion	Wahl/Abwahl
	Gesetzgebung	Gesetzgebung	Gesetzgebungsfunktion	policy-making	Gesetzgebungsfunktion/ Regelsetzungsfunktion	Gesetzgebung
	Regierungskontrolle	Kontrolle	Kontrollfunktion	control/oversight	Kontrollfunktion	Kontrolle
	Vernetzungsfunktion, Responsivitätsfunktion, Darstellungsfunktion, kommunikative Frühwarnungsfunktion	Repräsentation und Kommunikation	Repräsentationsfunktion	representation, linkage between government and citizens	Repräsentationsfunktion	Kommunikation
	Institutionelle Selbsterhaltung				Legitimationsfunktion	Sonstiges

(Quelle: eigene Zusammenstellung)

Referenzpublikationen:
Werner J. Patzelt, 2003: Parlamente und ihre Funktionen, in: Ders. (Hrsg.), Parlamente und ihre Funktionen. Institutionelle Mechanismen und institutionelles Lernen im Vergleich, Wiesbaden (Westdeutscher Verlag), S. 13–49.
Wolfgang Ismayr, 2012: Der Deutsche Bundestag, 3. Aufl., Wiesbaden (Springer VS).
Klaus von Beyme, 2014: Die parlamentarische Demokratie. Entstehung und Funktionsweise 1789–1999, 4. Aufl., Wiesbaden (Springer VS).
Amie Kreppel, 2014: Typologies and Classifications, in: Martin, Shane/Saalfeld, Thomas/Strøm, Kaare W. (Hrsg.), The Oxford Handbook of Legislative Studies, Oxford (Oxford University Press), S. 82–100.
Werner J. Patzelt, 2020: Parlamentarismusforschung. Einführung, Baden-Baden (Nomos), S. 195-196.

Der Blick auf die Tabellen vermittelt Unterschiedliches: Zunächst liegt eine Vielzahl von Funktionskatalogen vor mit einem variierenden Spektrum von Aufgaben, die den Parlamenten zugeschrieben werden. Auch scheinen es prima vista ganz unterschiedliche Funktionen zu sein, die dem Parlament seitens der Literatur zugewiesen werden – allerdings nur auf den ersten Blick. Was unterschiedlich ausgedrückt wird, meint in vielen Fällen das Gleiche. In den Tabellen ist bereits eine erste Sortierung der Funktionen vorgenommen worden. Am Ende der dritten Tabelle taucht dann ein Schema auf, das versucht die Vielzahl der Funktionen auf zentrale Aufgabenbereiche einzudampfen, auf vier Hauptfunktionen: (A) die Wahl/Abwahl, (B) die Gesetzgebung, (C) die Kontrolle, (D) die Kommunikation.

A) Wahlfunktion

Die angeführten Autoren beziehen sich in ihren Funktionskatalogen primär auf parlamentarische Demokratien im engen Sinne, einige – wie gesagt – ausdrücklich auf den Deutschen Bundestag. Damit rückt die Wahlfunktion, d.h. die Bestellung der Regierung respektive des/der Regierungschef:in durch das Parlament, in den Mittelpunkt und an den Anfang des Funktionskatalogs – wie dies schon bei Walter Bagehot der Fall war. Zu einem anderen Ergebnis käme ein Katalog für Parlamente in präsidentiellen Systemen, obschon auch die präsidentiellen Parlamente Einfluss auf die Zusammensetzung der Regierung nehmen können. Außer von der „Wahl" oder „Auswahl" ist von der „Kreation" oder der „Herrschaftsbestellung" die Rede, weiter gefasst auch von der „Rekrutierung". Winfried Steffani ergänzt noch ausdrücklich die Terminierungsfunktion, d.h. die Möglichkeit der Abwahl des/der Regierungschef:in durch das Parlament, die für ihn ein wichtiges Kriterium zur Unterscheidung von Systemen darstellt.

B) Gesetzgebung

Die legislative Funktion taucht in allen Katalogen auf. In der US-amerikanischen Parlamentarismusforschung nimmt – mangels Wahl des/der Regierungschef:in – die gesetzgeberische Tätigkeit von Parlamenten (der „legislatures"!) die zentrale Stellung in der parlamentarischen Aufgabenbestimmung ein. Von den erwähnten deutschsprachigen Autoren spricht nur einer nicht von der „Gesetzgebungs-", sondern von der „Rechtsetzungsfunktion" (Achterberg 1971), ohne damit etwas anderes zu meinen. Winfried Steffani, der mit dem ausdifferenziertesten Funktionskatalog aufwartet, ergänzt die Gesetzgebungs- durch die Geldbewilligungsaufgabe. Ansonsten wird das Budgetrecht, also die Möglichkeit des Parlaments, über den Haushalt zu bestimmen, von keinem Autor ausdrücklich aufgeführt oder gar als eigene Funktion herausgearbeitet.

C) Kontrollfunktion

Die Kontrolle spielte in Bagehots Analyse keine ausdrückliche Rolle; anders zuvor bei Mill und in der zeitgenössischen Parlamentarismusforschung. Alle Autoren führen die Kontrolle als eigene Funktion an, bis auf Gerhard Loewenberg, der die Kontrolltätigkeit in anderen Aufgabenbereichen unterbringt. In einigen Katalogen wird der Gegenstand der Kontrolle (z. B. Regierung und/oder Verwaltung) angesprochen. Bei diversen Autoren stehen die Konzepte Kontrolle und Initiative in enger Beziehung: Mit einer Initiative kann das Parlament die Regierung unter Tätigkeitsdruck setzen und damit sein Kontrollpotenzial aktivieren. Wird die Kontrolle mit der politischen Willensbildung verknüpft, wie dies bei zwei Funktionskatalogen der Fall ist, dann gewinnt die Kontrollaufgabe noch eine weitere Facette hinzu: dass durch die Kontrolle Aufklärung über Sachverhalte geleistet wird, die in den inner- und außerparlamentarischen Meinungsbildungsprozess einfließen kann.

D) Kommunikationsfunktion

Ein Bereich, der in den Katalogen immer wieder auftaucht, aber im Gegensatz zu den bisher dargestellten Parlamentsaufgaben nicht so recht konturenscharf werden will, umfasst Funktionen, die sich rund um die parlamentarische Kommunikation drehen. Die Rede ist von der Artikulations-, der Öffentlichkeits-, der Forums-, der Integrations- und Responsivitätsfunktion oder von der kommunikativen Führung respektive ausdrücklich von der Kommunikationsfunktion. Diese Begriffe sprechen diverse kommunikative Leistungen an: Das Parlament solle gegenüber der Regierung die „Gedanken" des Volkes zum Ausdruck bringen, somit Sprachrohr oder Artikulationsorgan der Repräsentierten sein. Ist von „Öffentlichkeitsfunktion" die Rede, ist damit die Herstellung von Transparenz im politischen Prozess gemeint. Die „Forumsfunktion" erfüllt ein Parlament, wenn es einen Ort der öffentlichen Debatte bildet, an dem unterschiedliche Positionen vorgetragen werden und nach Ausgleich gesucht wird.

E) Sonstige Funktionen

Eine Reihe von durchaus wichtigen Funktionen lässt sich nur schwer in das oben entwickelte Schema der vier parlamentarischen Hauptfunktionen pressen. Es gibt aber keine „Sonstigen", die sich durch *alle* Kataloge ziehen. Zum einen betreffen sie sehr konkrete Aufgaben wie die „Feststellung des Verteidigungsfalls" oder sehr abstrakte wie die „Sicherung der Bürgerrechte", die „Willensbildung" oder „Mobilisierung". Zum anderen beziehen sie sich auf „selbstreferentielle" Aufgaben, die jede Organisation zu erbringen hat („institutionelle Selbsterhaltung"). In zwei Katalogen taucht der Begriff der „Staatsleitung" ausdrücklich oder unmittelbar auf: Dahinter steht die Beobachtung, dass nicht nur die Regierung, sondern auch das Parlament an der Politikplanung und gesellschaftlichen Steuerung beteiligt sei – eine Sichtweise, die in der rechtswissenschaftlichen Literatur besondere Verbreitung gefunden hat.[241]

1.2. Funktionstypologie

In der Parlamentarismusforschung hat man sich nicht nur darüber Gedanken gemacht, welche unterschiedlichen Funktionen Parlamente insgesamt haben. Zudem ist gefragt worden, wie sich die diversen parlamentarischen Funktionen charakterisieren lassen.

---

241 Vgl. für den deutschen Fall grundlegend Friesenhahn 1958 und Magiera 1979.

Klaus von Beyme unterscheidet die Parlamentsfunktionen danach, welche parlamentarische „Beziehung" sie betreffen[242]:

(1) das Verhältnis zwischen Abgeordneten und Wähler:innen („Repräsentations- und Artikulationsfunktion"),
(2) das Verhältnis des Parlaments zur Regierung und zur Verwaltung („Kontrollfunktion"),
(3) das Verhältnis des Parlaments zu den „Bedürfnissen der Gesamtheit" („Gesetzgebungsfunktion"),
(4) das Verhältnis des Parlaments zu sich selbst („Rekrutierungsfunktion").

Entlang dieser Unterscheidung kommt von Beyme zu den in den Klammern aufgeführten vier parlamentarischen Funktionen, die bereits in Tabelle 3.3 zu finden sind. Die Verbindung von Funktionen mit den unterschiedlichen Beziehungen des Parlaments wirft jedoch Fragen auf. So findet das Verhältnis zwischen Abgeordneten und Wähler:innen nicht nur in der Repräsentationsfunktion seinen Niederschlag, sondern auch in der Gesetzgebung – immer dann, wenn die Abgeordneten die Präferenzen der Gesellschaft in die Politikherstellung einfließen lassen („Responsivität"). Ob sich die Abgeordneten in ihrer legislativen Tätigkeit an den „Bedürfnissen der Gesamtheit" orientieren (müssen), ist gleichermaßen diskutabel. Und die Beziehung zur Regierung wird zumindest in parlamentarischen Systemen nicht nur über die Kontrollfunktion „gepflegt", sondern auch und vor allem durch die „Rekrutierungsleistungen" des Parlaments.

Einen zweiten Vorschlag, Funktionen zu sortieren und zu charakterisieren, hat Werner J. Patzelt vorgelegt.[243] Seine Typologie schließt zunächst an die von Klaus von Beyme an: Patzelt unterscheidet Funktionen danach, auf was oder wen sie bezogen sind. Er identifiziert dabei drei Gruppen von parlamentarischen Aufgaben:

(1) auf die Repräsentierten bezogene Parlamentsfunktionen,
(2) auf die Regierung bezogene Parlamentsfunktionen,
(3) auf das Parlament selbst bezogene Parlamentsfunktionen.

Unter (1) subsumiert Patzelt die Funktionen, die in der o. a. Tabelle unter „Kommunikation" geführt werden, also u. a. die Vermittlung von parlamentarischen Entscheidungen und die Vernetzung. Zu den Funktionen, die auf die Regierung bezogen sind (2), gehören die Regierungskontrolle, die Gesetzgebung und ggf. die Wahl der Regierung und/oder weiterer Akteure. Während von Beyme die Gesetzgebung noch als eine Aufgabe wahrnimmt, die auf die gesellschaftlichen Bedürfnisse ausgerichtet ist, bezieht Patzelt sie somit auf die Regierung. Parlamentsbezogene Funktionen (3) sind die Selbstorganisation sowie die personelle Selbstreproduktion. Solche selbstbezüglichen Leistungen finden in der Literatur selten Erwähnung. Ihre Relevanz für das Verständnis innerparlamentarischer Organisation ist unstreitig, begrenzt ist jedoch ihr Erkenntnisgewinn für die Frage nach der Rolle von Parlamenten im politischen System.

---

242 Vgl. von Beyme 2014: 199.
243 Vgl. Patzelt 2003b und 2020: 196-198.

In einem zweiten Schritt unterscheidet Werner J. Patzelt die parlamentarischen Funktionen danach, ob sie manifest oder latent und ob sie instrumentell oder symbolisch sind:

(1) Manifest vs. latent: Manifest sind Funktionen – laut Patzelt –, wenn sie in der Leitidee der Institution angelegt sind. Was heißt das? Institutionen werden nicht zufällig ins Leben gerufen, sondern um bestimmte Aufgaben zu erfüllen.[244] Diese Aufgaben – in unserem Fall die von Parlamenten – sind manifest, wenn sie in Verfassungen oder sonstigen Rechtstexten niedergeschrieben sind. Latent sind im Umkehrschluss Funktionen, die nicht schriftlich festgehalten sind; sie bilden sich im Laufe der Zeit heraus. Die Unterscheidung zwischen manifesten und latenten Funktionen ist für Parlamente relevant, wenn ein Funktionswandel zu verzeichnen ist, d.h. wenn manifeste Aufgaben an Bedeutung verlieren und von latenten ersetzt werden (s. Kapitel VI).

(2) Instrumentell vs. symbolisch: In Anlehnung an Gerhard Göhler unterscheidet Patzelt zudem noch instrumentelle und symbolische Funktionen. Instrumentell sind Funktionen dann, wenn sie Steuerungsleistungen erbringen. Bei symbolischen Aufgaben handelt es sich um Darstellungs- und Orientierungsleistungen. Sie dienen der Produktion und Reproduktion der „emotionalen Tiefenschicht"[245] von politischer Repräsentation. Zu diesen Aufgaben zählt Patzelt die Kommunikationsleistungen der Parlamente nach außen, z. B. die „architektonische und künstlerische Ausgestaltung"[246] der Parlamentsgebäude und Plenarsäle im Rahmen einer parlamentarischen „Selbstsymbolisierung, Selbstinszenierung und Selbstrepräsentation"[247] (s. Kapitel II).

Unterschiedliche Kombinationen sind denkbar: zum Beispiel instrumentelle Funktionen, die einen manifesten Charakter aufweisen, oder symbolische, die latent sind. Mit seiner Typologie geht Patzelt weit über die traditionellen Parlamentsfunktionen hinaus, die in der Regel zu den manifesten und/oder instrumentellen Varianten gehören. Symbolische und latente Aufgaben von Parlamenten sind zum Verständnis von parlamentarischen Systemen in der Tat wichtig, sie sind aber schwierig zu analysieren. Im Weiteren soll der Blickpunkt auf die klassischen Funktionen gerichtet werden; wo möglich, sind latente und symbolische Facetten mitzuberücksichtigen.

2. Parlamentsaufgaben – Funktionslogik, Funktionserfüllung, Funktionsprobleme

Nach dem Blick auf Funktionskataloge und Möglichkeiten, Funktionen zu charakterisieren und zu systematisieren, sollen die einzelnen Parlamentsaufgaben vertieft werden. Dabei liegt der Schwerpunkt auf den vier Hauptaufgaben. Bei jeder der vier Funktionen ist in drei Schritten vorzugehen: (1) Welche *Funktionslogik* ist leitend, wie lässt sich die Funktion demokratie- und parlamentarismustheoretisch

---

244 Vgl. Göhler 1994.
245 Patzelt 2003b: 46.
246 Ebd.: 21.
247 Ebd.: 46.

einstufen? (2) Welche Instrumente werden zur *Funktionserfüllung* eingesetzt? (3) Welche *Funktionsprobleme* können dabei auftauchen?

Damit werden die Parlamentsaufgaben „normativ" und „empirisch" ausgelotet: *normativ* dann, wenn gefragt wird, welche Aufgaben Parlamente aus demokratietheoretischer Perspektive haben sollten; *empirisch* dann, wenn geschaut wird, ob und wie Parlamente diese Aufgaben in der Wirklichkeit politischer Systeme erfüllen können. Die nicht seltene Erkenntnis, dass sich zwischen beiden Perspektiven, zwischen den Soll-Vorstellungen und dem Ist-Befund, eine Kluft auftut, wird sich mitunter auch bei den Parlamentsfunktionen einstellen.

2.1. Wahl- und Abwahlfunktion

2.1.1. Funktionslogik

Parlamente sind selbst Produkte eines Wahlvorgangs. Als vom Staatsvolk gewählte Organisationen verfügen sie über eine ausgewiesene demokratische Legitimation – insbesondere im Vergleich zu anderen Akteuren, die nicht auf diesem Weg zusammengesetzt werden. Regelmäßige Wahlen gelten in modernen Demokratien als Ausdruck der Volkssouveränität. Durch sie wird repräsentative Demokratie erst konstituiert.

Selbst gewählt, ist die Wahl weiterer politischer Akteure eine wichtige Leistung der Abgeordneten.[248] Die Legitimation, die sie aufgrund ihrer eigenen Wahl erhalten haben, reichen sie dabei an die von ihnen Gewählten weiter. Sie bilden somit das erste Glied in einer „Legitimationskette", die von unterschiedlicher Länge sein kann.

Auf die Funktion des Wählens reduziert, gleichen Parlamente den Wahlleuteversammlungen, die ausschließlich für den Zweck zusammentreten, anstelle des Staatsvolkes eine Person zu wählen (z. B. in den USA, in Deutschland und Italien für die Präsidentenwahl). Im Sinne der alt-liberalen Demokratietheorie dient das Einziehen eines solchen Zwischendecks dazu, populistischen Bestrebungen und einer Tyrannei der Mehrheit zu beggnen. Das Misstrauen gegenüber der ungezügelten Demokratie legte ein elitäres Arrangement nahe, das sich aber in der Geschichte nicht hat halten können. Mittlerweile fungieren beispielsweise die Wahlmänner und -frauen bei den US-Präsidentenwahlen weitestgehend als Delegierte ohne maßgebliche Entscheidungsspielräume.

Historisch betrachtet gehört die Wahl der Regierung zu den jüngeren Parlamentsfunktionen. Über lange Strecken hinweg ist es das Vorrecht der Krone gewesen, den Chef/die Chefin der Regierung zu bestellen. Und dies ist auch heute noch der Fall: Regierungschefs und -chefinnen werden in einer Reihe von Staaten ohne formalen parlamentarischen Wahlakt von den Staatsoberhäuptern ernannt.[249]

Um die parlamentarische Rekrutierungsaufgabe umfänglich zu erfassen, muss bei der Wahlfunktion die Abwahlfunktion mitdiskutiert werden. Die Möglichkeiten,

---
248 Vgl. Sieberer 2010.
249 Vgl. Sieberer 2010: 116-121.

eine Person einerseits in ein Amt zu wählen und andererseits diese Person wieder abzuwählen, gehen aber nicht zwangsläufig Hand in Hand. Mehrere Variationen sind denkbar:

a) Das Parlament hat das Recht, die Regierung zu wählen, aber ohne diese abwählen zu können. Diese seltene Konstellation liegt in der Schweiz vor[250]: Der Nationalrat kann den Bundesrat (die Schweizer Regierung) wählen, verfügt aber im Laufe der Legislaturperiode nicht über die Möglichkeit, ihn wieder des Amtes zu entheben.

b) Das Parlament hat die Kompetenz, die Regierung abwählen zu können, ohne sie vorher gewählt haben zu dürfen. Dieser Modus ist in parlamentarischen Regierungssystemen weitverbreitet und findet sich auch bei der Mutter aller Parlamente, in Westminster.

c) Das Parlament kann die Regierung wählen und gegebenenfalls auch wieder abwählen. Diese Macht hat beispielsweise der Deutsche Bundestag, der den/die Bundeskanzler:in wählt und ihn/sie auch jederzeit wieder per Misstrauensvotum absetzen kann.

Prima vista scheint das Parlament im Szenario c) am einflussreichsten. Allerdings kann auch die zweite Variante vergleichbare Macht entfalten. Denn die Instanz, die die Exekutivspitze benennt, wird aller Voraussicht nach keine Person aufstellen, die vom Parlament direkt wieder abgewählt würde. Sehr speziell ist die erste Spielart, in der das Parlament nur durch die Wahl *ex ante* Einfluss nehmen kann. Während die Möglichkeit der Abwahl zu einer fortwährenden Verantwortlichkeit der Regierung gegenüber dem Parlament führt, fällt dieser Mechanismus im Fall a) weg. Der vom Parlament gewählte Akteur kann sich im Weiteren von seinen „Wählern" emanzipieren, ohne dass diese eine Chance zur Sanktionierung hätten.

Wenn über die parlamentarische Wahl- und Abwahlfunktion gesprochen wird, ist man – wie soeben bereits passiert – schnell bei der Beziehung zwischen Parlament und Regierung angelangt. Genau genommen differenziert sich aber die Wahlfunktion noch weiter aus, nach innen und nach außen:

(1) Nach innen: Die Abgeordneten wählen oder ernennen die Funktionsträger *im* Parlament (respektive wählen sie gegebenenfalls ab). Zu den parlamentsinternen Gewählten gehören die Parlamentsspitze (Präsident:in, „Speaker", Stellvertreter:innen) und ggf. noch weitere innerparlamentarische Funktionsträger. Auch die Wahl eines/r Generalsekretär:in, der/die der Parlamentsverwaltung vorsteht, kann parlamentsintern ablaufen. Auf der parlamentarischen Gruppenebene, in den Ausschüssen, Fraktionen und sonstigen Zusammenschlüssen von Abgeordneten, finden desgleichen zahlreiche Wahlen statt. Auch dort werden durch Personenvoten Funktionsträger bestimmt.

(2) Nach außen: Parlamente entscheiden über die Besetzung von außerparlamentarischen Positionen. Eine zentrale Rolle spielt – wie gesagt – die Wahl der Regierung durch das Parlament. Die Volksvertretungen können desgleichen Funktionsträger in weiteren Einrichtungen wählen oder ernennen, z. B. die

---

250 Vgl. Lijphart 2012: 108.

Vorsitzenden von Rechnungshöfen, Zentralbanken oder Richter:innen an obersten Gerichten.[251] Unter bestimmten Umständen können die Abgeordneten auch eine Abwahl parlamentsexterner Amtsträger vornehmen.

Bei der Frage, welcher außerparlamentarische Akteur vom Parlament gewählt wird, sind wir wieder bei der Unterscheidung zwischen parlamentarischen und präsidentiellen Systemen angelangt. In parlamentarischen Systemen ist die „Kreation" der Regierung respektive das Recht, eine bestehende Regierung aus dem Amt zu heben, ein systemkennzeichnendes Parlamentsprivileg. Dass die Realität politischer Systeme indes weniger schematisch ist, wird augenfällig, wenn wir uns nun die Instrumente der Funktionserfüllung in der parlamentarischen Praxis näher anschauen.

2.1.2. Funktionserfüllung

Wie wird die Wahl- und Abwahlfunktion in der parlamentarischen Wirklichkeit praktiziert? Wie sehen die entsprechenden Verfahren aus?

Wahlfunktion

Kurz zu den parlamentsinternen Wahlen: Die Wahlen für interne Posten basieren auf den jeweiligen parlamentsrechtlichen Regelungen. Wie bereits im Kapitel II angesprochen, werden die Präsidenten oder „Speakers" in der Regel von einer Mehrheit der Abgeordneten gewählt. Solche Abstimmungen finden – wie Personenvoten generell – zumeist mithilfe verdeckter Stimmzettel statt. Bei diesen internen Wahlen spielen die parteipolitischen Gruppen eine zentrale Rolle. Sie stellen die Kandidat:innen auf und versuchen die erforderlichen Mehrheiten zu organisieren. Eventuell werden im Vorfeld von internen Personenwahlen schon Koalitionen zwischen Parteigruppierungen geschmiedet oder zumindest vorbereitet.

Üblicherweise sind die parlamentsinternen Wahlen – die der Präsidenten oder Sprecher gelegentlich ausgenommen – vergleichsweise unspektakulär. In einer Reihe von Fällen handelt es sich um einen Pro-forma-Vorgang. Das Parlamentsrecht kann Regeln setzen, die eine parteipolitische Auseinandersetzung überflüssig machen, z. B. dass die Mehrheitsfraktion bestimmte Positionen wie die Ausschussvorsitze besetzen darf.

Spannender und politisch relevanter sind die nach außen gerichteten Wahlakte des Parlaments, vor allem die Kreation der Regierung.[252] Zunächst lässt sich unterscheiden, welcher Bestandteil der Regierung vom Parlament gewählt werden kann:

- entweder die Regierungsspitze alleine, die dann im zweiten Schritt formal autonom ihre Minister:innen ernennen kann,
- die Exekutivspitze und die Minister:innen als „Paket",
- die Regierungsspitze und die einzelnen Minister:innen in getrennten Wahlen.

---

251 Sieberer 2010: 143.
252 Vgl. zum Folgenden insbesondere De Winter 1995; Sieberer 2010: 99-138.

Die zweite und dritte Option stellen die Ausnahme dar. In den meisten Parlamenten wird die Auswahl der Minister:innen den jeweiligen Regierungschef:innen überlassen.[253]

Zur Wahl des Regierungsspitze: In der Mehrzahl der Demokratien liegt das Vorschlagsrecht für die Position des/der Regierungschef:in beim jeweiligen Staatsoberhaupt – eine Ausnahme bildet u. a. der schwedische Fall, in dem das Parlament selbst einen Vorschlag entwickelt und der/die Parlamentspräsident:in den/die Ministerpräsident:in ernennt.[254] Jenseits des schwedischen Sonderfalls sind Staatsoberhäupter ganz unterschiedlich frei oder eingeengt in ihren Möglichkeiten, Einfluss auf die Besetzung der Regierungsspitze zu nehmen.

Mit am wenigsten Spielraum haben (neben dem irischen Staatsoberhaupt) die deutschen Bundespräsidenten: Sie schlagen dem Bundestag eine Person zur Wahl vor; wird diese mit Mehrheit gewählt, dann *muss* das deutsche Staatsoberhaupt diese ernennen. Sollte sein Vorschlag nicht auf eine parlamentarische Mehrheit stoßen, verlieren Bundespräsidenten in den folgenden Wahlgängen das Vorschlagsrecht.

Anders die Regelungen in Italien: Dort ernennen die Staatspräsidenten die Spitze der Regierung, die sich im Anschluss aber – so will es die Verfassung – einem Vertrauensvotum des Parlaments (beider Häuser!) stellen muss. Bei stabilen parlamentarischen Mehrheiten ist diese Macht des italienischen Staatsoberhaupts irrelevant, aber im Fall einer Krise im Parteien- und parlamentarischen System kann sie entscheidend sein.

Ein unmittelbares „Ex-post"-Vertrauensvotum wird in Frankreich und Österreich von der Verfassung nicht vorgesehen. Die Präsidenten müssen rein formal betrachtet keine Rücksichten auf die Parlamentsmehrheit nehmen; sie können ernennen, wen sie wollen. In der Verfassungswirklichkeit ist es allerdings üblich geworden, dass sich die jeweiligen Regierungschef:innen unmittelbar nach ihrer Ernennung einer Vertrauensfrage stellen, obschon sie es nicht müssten. Hier gilt, was eben angesprochen wurde: Im parlamentarischen System hat es keinen Sinn, eine Regierungsspitze zu ernennen, die eine parlamentarische Mehrheit *gegen* sich hat.

Der genaue Wahlmodus der Regierungschef:innen durch die Parlamente variiert: So wird der/die deutsche Bundeskanzler:in vom Bundestag mit verdeckten Stimmzetteln gewählt; aber auch die Slowakei und Litauen kennen die geheime Wahl. Diese ist in einer Reihe anderer Staaten wie Irland oder Spanien wiederum nicht üblich: Dort finden offene Abstimmungen statt.[255]

Im *präsidentiellen* System ist die Wahl der Regierung die Sache des Staatsvolkes, nicht des Parlaments. Aber dies trifft nicht ausnahmslos zu. So bedürfen beispielsweise die Einsetzung von „Secretaries" der US-Regierung sowie die von vielen weiteren Funktionsträgern in der Administration (Botschafter:innen, führende Ministerialbeamte) der Billigung durch den Kongress. Mag es sich hier auch eher

---

253 Vgl. von Beyme 2014: 236.
254 Vgl. Sieberer 2010: 117. Hierin drückt sich ein deutlicher Bruch mit den monarchischen Traditionen aus.
255 Vgl. Sieberer 2010: 118 f.

um eine Zustimmungs- denn um eine Wahlfunktion handeln – allein, dass so viele Positionen einem Parlamentsvorbehalt unterworfen sind (weit mehr als in parlamentarischen Systemen!), relativiert die sonstige Rekrutierungsschwäche des präsidentiellen Parlaments. In der Praxis hat der Kongress von seinem Recht, Besetzungsverfahren zu blockieren, durchaus Gebrauch gemacht.[256] Die Blockadebereitschaft des Kongresses hängt davon ab, ob sich „President" und „Congress" in der Situation des „divided government" befinden. Dies ist der Fall, wenn die Parlamentsmehrheit in beiden Häusern einer anderen Partei angehört als das Staatsoberhaupt – wobei es bereits schon kritisch werden kann, wenn nur der Senat abweichend zusammengesetzt ist, da bei ihm zentrale Personalfragen ressortieren.

Wie erwähnt: Das Parlament wählt oder ernennt Amts- und Funktionsträger über den engen Kreis der Regierung hinaus. Die parlamentarische Wahlkompetenz erfasst üblicherweise auch Organisationen, die eng mit dem Parlament verbunden sind, z. B. Rechnungshöfe oder sonstige Kontroll- und Aufsichtsbehörden. An der Bestellung von Obersten Gerichten wirkt eine Reihe von Parlamenten mit (z. B. der US-Kongress). In einigen parlamentarischen Systemen ist das Parlament zudem an der Wahl des Staatsoberhauptes beteiligt (z. B. in Deutschland, Griechenland, Israel, Italien).

Abwahlfunktion

Die Wahlfunktion von Parlamenten ist stets in Beziehung zur parlamentarischen Abwahlfunktion zu sehen. Die parlamentsinternen „Terminierungsverfahren", z. B. die Abwahl einer Präsidentin oder eines „Speaker", spielen in der Praxis eine nur nachgeordnete Rolle.[257] Sie reichen in ihrer Wirkung selten weit über das Parlament hinaus.

Die Möglichkeit des Parlaments, die Amtszeit der Regierung vorzeitig zu beenden, gilt hingegen als der entscheidende parlamentarische Machthebel. Wie können Parlamente den Regierungsauftrag entziehen? Drei gängige Verfahren finden hierzu Anwendung: die Vertrauensfrage, das Misstrauensvotum und die Selbstauflösung des Parlaments.

a) Die *Vertrauensfrage* geht nicht vom Parlament, sondern von dem/der Regierungschef:in aus. Er oder sie stellt im Parlament die Frage, ob er/sie noch das Vertrauen der Abgeordneten genießt. Diese Vertrauensfrage kann – wie angesprochen – nach der Ernennung der Regierung verfassungsrechtlich vorgeschrieben oder traditionell üblich geworden sein. In diesen beiden Fällen nähert sich die Vertrauensfrage dem Akt der Wahl oder der Zustimmung an und hat mit der „Terminierungsfunktion" wenig zu tun. Der terminierende Charakter der Vertrauensfrage entfaltet sich dann, wenn sich die Regierungsspitze der parlamentarischen Mehrheit *nicht mehr* sicher ist und deswegen um das Vertrauen bittet. Oder wenn er/sie eine Sachentscheidung mit einer Vertrauensfra-

---

256 Vgl. Roberts 2014.
257 Zu den unterschiedlichen Verfahren bei der Abwahl von Parlamentsvorsitzenden vgl. grundlegend Jenny/Müller 1995: 338.

ge verbindet. Diese Spielart der Vertrauensfrage ist in Frankreich und Italien schon häufig praktiziert worden. In Deutschland kam eine solche Kombination von Sachentscheidung und Vertrauensfrage bislang nur einmal zum für die Regierung erfolgreichen Einsatz (im November 2001 anlässlich der geplanten Versendung von Bundeswehrtruppen nach Afghanistan). Die Verneinung der Vertrauensfrage durch das Parlament kann die Entlassung der Regierung zur Folge haben. „Kann"! Dies muss nicht die zwangsläufige Konsequenz sein. Das Staatsoberhaupt als der Akteur, der die Regierung ernennt, hat in einigen Systemen auch die Möglichkeit, eine Regierung ohne parlamentarische Mehrheitsbasis als Minderheitsregierung im Amt zu belassen. Allein ein Rücktritt der Regierung infolge einer gescheiterten Vertrauensfrage würde in diesem Fall einen definitiven Schnitt setzen.

b) Das *Misstrauensvotum* geht anders als die Vertrauensfrage nicht von der Regierungsspitze, sondern vom Parlament aus. Das Parlament kann der Regierung – ungefragt – auf Antrag eines Teils der Abgeordneten das Misstrauen aussprechen. Auch in diesem Fall ist die Amtsenthebung der Regierung nicht durchweg eine zwingende Konsequenz, aber eine naheliegende. Anerkennende Beachtung und Nachahmung hat die deutsche Variante, das *konstruktive* Misstrauensvotum, gefunden: Das Parlament kann die Amtszeit eines/r Regierungschef:in nur dann vorzeitig beenden, wenn es mit der erforderlichen Mehrheit jemand neues wählt. Die konstruktive Bedingung soll ein rein destruktives Verhalten des Parlaments verhindern: Die Regierungsstabilität steht im Vordergrund. Sie kann nicht von einer parlamentarischen „Negativkoalition" ohne personelles Alternativangebot beschädigt werden.

c) Die *Selbstauflösung des Parlaments* ist eine indirekte Möglichkeit, die Amtszeit der Regierung zu verkürzen. Die Auflösung der Volksvertretung zieht in parlamentarischen Systemen Neuwahlen und eine Regierungsneubildung nach sich. Je nachdem, wie das Parlament infolge von Wahlen bei der Bestellung der Regierung beteiligt ist, kann es unmittelbaren oder mittelbaren Einfluss auf deren Zusammensetzung nehmen. Die Selbstauflösung stellt ein heikles Verfahren dar, berauben sich die Abgeordneten doch ihres Mandats, ohne die absolute Gewissheit haben zu können, im neu gewählten Parlament wieder mit von der „Partie" zu sein.

Obschon die Abwahlkompetenz ein Vorrecht von Parlamenten in parlamentarischen Regierungssystemen ist – auch in präsidentiellen Systemen können Parlamente an der Verkürzung der Amtszeit der einköpfigen Regierungsspitze mitwirken. In den USA erlaubt das komplizierte und mehrstufige „Impeachment", an dem beide Kammern des Parlaments beteiligt sind, die Amtsenthebung des Präsidenten. Ansonsten ist die Amtsenthebung von direkt gewählten Präsidenten in der Regel nur durch Volksentscheid und/oder Beschluss des obersten Gerichts möglich. Einen Sonderfall stellt Israel in der Periode 1996 bis 2003 dar, also in der Zeit, als der Premierminister direkt vom Volk gewählt wurde. Auch in dieser „präsidentiellen Phase" (Arend Lijphart) konnte die Knesset den Regierungschef jederzeit des Amtes entheben.

2.1.3. Funktionsprobleme

Wo stößt die Wahl- und Abwahlfunktion von Parlamenten an Grenzen, wo liegen die Probleme der parlamentarischen Kreations- und Terminierungsfunktion? Inwiefern relativiert sich die mit der Wahl- und Abwahlmöglichkeit verliehene parlamentarische Macht?

Zunächst zu den Spielräumen der Abgeordneten bei der Wahl der Regierung. Ein wichtiges Prinzip jeder demokratischen Wahl ist das der „Freiheit". Wird den Abgeordneten diese Freiheit bei der Auswahl der Regierung tatsächlich gewährt? Zwar sind in Staaten wie Deutschland und Schweden die Volksvertretungen die qua Verfassung wählenden und maßgeblichen Akteure: Denn in Deutschland hat das Staatsoberhaupt ein sehr stark eingeschränktes Vorschlagsrecht (nur für den ersten Wahlgang); in Schweden übernimmt das Parlament, der Riksdag, die Kandidatenaufstellung und Wahl komplett. In einer Reihe von anderen Systemen liegt die formale Entscheidungsmacht indes beim jeweiligen Staatsoberhaupt, der dabei nicht gezwungen ist, die Mehrheitsverhältnisse im Parlament zu berücksichtigen. Wenn sich in der Verfassungswirklichkeit der Brauch etabliert hat, unmittelbar nach der Ernennung die parlamentarische Billigung einzuholen, so gibt dies jedoch einen Hinweis darauf, dass am Parlament vorbei keine Regierung installiert werden kann.

Der russische Fall zeigt indes, wie sehr die formale Entscheidungsfreiheit unter bestimmten Umständen zugunsten eines autoritär-präsidialen Regimes eingeengt werden kann[258]: Der Präsident der Russischen Föderation schlägt der Duma „seinen" Kandidaten für das Amt des Ministerpräsidenten/der Ministerpräsidentin vor; erhält diese/r im dritten Wahlgang nicht die absolute Mehrheit der Stimmen, kann der Präsident das Parlament auflösen und Neuwahlen ansetzen. Dieses Szenario setzt die Abgeordneten in ihrer Entscheidung unter starken Druck: Wollen sie ihr eigenes Mandat gefährden, indem sie den vom Präsidenten vorgeschlagenen Kandidaten ablehnen? Die Kombination zweier präsidialer Rechte (Vorschlagsrecht und Parlamentsauflösung) erweist sich als entparlamentarisierend: Die Wahlfreiheit der Duma-Abgeordneten wird in der Verfassungswirklichkeit erheblich eingeschränkt.

Neben dieser Einengung durch präsidiale Kompetenz tritt in (semi-)parlamentarischen Systemen noch ein anderer einschränkender Faktor hinzu: der „Parteienstaat". Bereits im Wahlkampf gibt es seitens der antretenden Parteien üblicherweise klare Festlegungen auf eine/n Kandidat:in für das Amt des/der Regierungschef:in. Im Wahlkampf wird gezielt mit konkreten Personen für die Positionen geworben und mit der Ansage gearbeitet, dass diejenigen, die für die Partei ins Parlament gelangen, den/die Parteispitzenkandidat:in auch wählen werden. Ebenfalls kann es bei kleinen Parteien im Vorgriff auf eventuelle Koalitionen zu einer solchen Festlegung auf eine Person (einer anderen Partei) kommen. Parlamentswahlen sind in einigen Systemen zu Premierministerwahlen geworden; dies kann als ein Phänomen einer generellen „Präsidentialisierung" parlamentarischer Syste-

---

258 Vgl. Stykow/Baumann 2023: 78.

me wahrgenommen werden.[259] Im Fall einer klaren Festlegung auf Spitzenkandidaten mutieren Parlamente bei der Wahl der Exekutivspitze faktisch zu „Wahlleutegremien".

Die Defizite in der Wahlfreiheit der Abgeordneten könnten wiederum durch das Prinzip der geheimen Wahl geheilt werden: Kann niemand nachvollziehen, wie die Parlamentsmitglieder über einen Personalvorschlag abgestimmt haben, vermag niemand die Abgeordneten für ihr Stimmverhalten verantwortlich zu machen. Die geheime Wahl des Regierungschefs ist gleichwohl umstritten. Winfried Steffani war es, der 1991 eine Debatte im damaligen „Jahrbuch für Politik" losgetreten hat, indem er forderte, die Bundestagsabgeordneten müssten den/die Bundeskanzler:in in namentlicher Abstimmung wählen.[260] Steffani hielt der geltenden Praxis entgegen, dass die Abgeordneten bei jeder parlamentarischen Entscheidung – nicht nur bei Sachvoten, sondern auch bei Personalvoten – für ihre Wählerschaft kontrollierbar sein müssten; deswegen widerspreche das Verfahren mit verdeckten Stimmzetteln der Logik parlamentarischer Repräsentation.

Steffani wirft damit grundlegende Fragen mit Blick auf die Rechtsstellung der Mitglieder von Parlamenten auf. In seiner Forderung spiegelt sich die bekannte und bereits skizzierte Konfliktlinie zwischen dem „freien" Mandat auf der einen Seite und der Rolle von Parteien im Parlamentarismus auf der anderen. In der Realität der parlamentarischen Parteiendemokratie könnte die Einschränkung der Wahlfreiheit der Abgeordneten zugunsten ihrer Parteien durchaus als Demokratiegewinn gesehen werden: Denn so werden die Präferenzen der Bürger:innen, die sich bei Wahlen für Parteien *und* Personen (Spitzenkandidaten) entschieden haben, ungebrochener realisiert. Im Gegensatz dazu führt die geheime Wahl effektiv zu Unsicherheiten bei der Bestellung der Regierung.[261]

Eine weitere politikwissenschaftliche Diskussion dreht sich um die Auswirkungen der Terminierungsfunktion auf die Stabilität von Regierungen.[262] Eine starke parlamentarische Abwahlmacht könnte unter bestimmten Umständen zu instabilen Systemen führen. Häufige Regierungswechsel stünden zu befürchten, wie beispielsweise in der Weimarer Republik, in der italienischen „Ersten Republik" bis 1992/94 oder in der französischen Vierten Republik. Bewusst hat das bundesdeutsche Grundgesetz die konstruktive Qualität zur Voraussetzung eines Misstrauensvotums gemacht. Die französische Fünfte Republik wurde als Reaktion mit einem „rationalisierten" Parlamentarismus ausgestattet.

In der Literatur wird die Furcht vor der Instabilität des Parlamentarismus gekontert: Von Juan Linz stammt die These, dass parlamentarische Systeme stabiler seien als präsidentielle. Präsidentielle Demokratien neigten eher dazu zusammenzubrechen.[263] Diese wichtige und alt-junge Debatte über den „breakdown" von Demokratien wird Kapitel VI ausführlich darstellen. An dieser Stelle soll der Hin-

---

259 Vgl. Poguntke/Webb 2005.
260 Vgl. Steffani 1991; Decker 2020.
261 Vgl. Sieberer 2010: 113.
262 Vgl. hierzu die „breakdown of democracy"-Debatte in Kapitel VI.
263 Vgl. Linz 1990a, 1990b.

weis genügen, dass weniger die Institutionen, sondern eher die politische Kultur über die Stabilität von Systemen und Demokratien entscheidet. Dies ist nicht zuletzt eine Essenz der Forschung zum Untergang der Weimarer Republik.[264]

2.2. Gesetzgebungsfunktion

2.2.1. Funktionslogik

Die Gesetzgebung ist die vielleicht parlamentarischste aller parlamentarischen Aufgaben (geworden). Bezeichnenderweise ist „Gesetzgeber" ein Synonym für das Parlament. Und im Englischsprachigen heißen die Volksvertretungen nicht umsonst „legislatures" (mit Ausnahme der britischen Volksvertretung, die auch in der angelsächsischen Literatur als „parliament" bezeichnet wird). Die Gesetzgebung ist Element einer der drei traditionellen politischen, ja gesellschaftlich-universellen Aufgaben, nämlich der Normensetzung (Normenausführung und Normenkontrolle sind die beiden anderen).[265] In der Übertragung auf die Gewaltenteilungslehre ist die Normensetzung zur „Legislative", die Normenausführung zur „Exekutive" und die Normenkontrolle zur „Judikative" geworden. Schon die frühen Gewaltenteilungstheoretiker Locke und Montesquieu schlagen für die legislative Gewalt die Einrichtung einer Versammlung vor, die von den Politikbetroffenen zu wählen ist, d.h. ein Parlament.

Historisch betrachtet ist die legislative Funktion aber nicht *die* primäre Aufgabe von Parlamenten gewesen – dies trifft wohl eher auf die „Kommunikationsfunktion" zu (s. u.). Erst nach und nach ist aus dem Parlament der zentrale Normensetzer geworden. Als wichtiger Ausgangspunkt diente das parlamentarische Budgetrecht.[266] Vergleichsweise früh verfügten Parlamente über die „power of the purse" („Macht des Geldbeutels"), also das Recht, über die Ausgaben zu entscheiden – vertraten die Parlamente doch diejenigen, die durch ihre Steuerabgaben staatliche Ausgaben erst möglich machten. „No taxation without representation": keine Besteuerung ohne (parlamentarische) Repräsentation. Mit dieser Kampfansage hatten die amerikanischen Kolonien ihren Unabhängigkeitskampf gegen die englische Krone geführt. Dieses Motto hat Gültigkeit über den US-Fall hinaus.

Mit einer zunehmend steuergestützten Staatstätigkeit wurde aus diesem Instrument ein maßgeblicher Hebel zur umfassenden parlamentarischen Beeinflussung des Regierungshandelns. Hier tat sich auch ein Feld für Machtkämpfe zwischen Regierung und Parlament auf. Legendär ist beispielsweise der preußische Verfassungskonflikt um die Finanzierung der Heeresreform (1859 bis 1866). Das von den Liberalen dominierte Abgeordnetenhaus weigerte sich, die Mittel für die vom König und seinem Kriegsminister geplante Heeresreform zu bewilligen. Es kam zu einer regelrechten Verfassungskrise.

Das Budgetrecht wurde nach und nach um weitere legislative Kompetenzen ergänzt. Aber auch heute noch fallen nicht alle Politikfelder gleichermaßen unter die Gesetzgebungsvollmacht der Parlamente.

---

264 Vgl. u.a. Kolb/Schumann 2022.
265 Vgl. Dahrendorf 1964.
266 Vgl. von Beyme 2014: 56-61.

Die legislative parlamentarische Macht basiert auf nach Phasen unterscheidbaren Kompetenzen:

(1) die Möglichkeit, eine Gesetzesvorlage einzubringen (Initiative),
(2) die Möglichkeit, Änderungen an den Vorlagen vorzunehmen (Überarbeitung),
(3) die Möglichkeit, Gesetze zu verabschieden oder zu blockieren (Verabschiedung, Veto).

In all diesen Phasen sind unterschiedliche Konstellationen denkbar: Diejenigen, die Gesetze initiieren, mögen andere sein als die, die an der Bearbeitung oder an der finalen Verabschiedung der Gesetze beteiligt sind. Die Rolle der Parlamente in diesen Phasen ist differenziert zu betrachten.

Gesetzgebung lässt sich nicht nur in Phasen unterteilen, sondern auch im Hinblick auf Inhalte und Formen. Die parlamentarische Normensetzung regelt ganz unterschiedliche gesellschaftliche Fragen. Je nach Materie kann die Beteiligung des Parlaments an der Gesetzgebung variieren. Ein besonderer Fall ist das Verfassungsrecht. Bei der Setzung des sogenannten Primärrechts gelten in der Regel nicht dieselben Bedingungen wie bei der „alltäglichen" Produktion von Sekundärrecht; die Hürden liegen höher und es sind auch zum Teil weitere Akteure beteiligt (z. B. die Wählerschaft, falls ein Volksentscheid über die Verfassungsänderung stattfinden muss).

Die parlamentarische Gesetzgebung ist nicht die einzige Form der Normensetzung. Sie wird durch die Setzung von Recht ergänzt, die außerhalb des Parlaments stattfindet. Zum Beispiel im Rahmen des Verordnungsrechts: „Verordnungen" werden seitens der Exekutive erlassen. Die Regierungen haben die Kompetenz, über Verordnungsrecht Fragen zu regeln, die die Gesetze offengelassen haben.

Auch die „dritte Gewalt", die Jurisdiktion, ist an der Gesetzgebung beteiligt: Rechtsprechung lässt sich nicht trennscharf von der Setzung von Recht unterscheiden. Eine ehemalige Präsidentin des deutschen Bundesverfassungsgerichts hat es in einer Rede im Jahr 1996 pointiert auf den Punkt gebracht: „Richterliches Entscheiden ist nicht nur Erkenntnis, sondern immer auch Rechtsgewinnung. Der Richter schafft in dem Prozess der Entscheidungsfindung Recht".[267] Der Vorgang der richterlichen Rechtsetzung (oder „Rechtsgewinnung") begründe sich darin, dass die Rechtsordnung „weder lückenlos, widerspruchsfrei, sprachlich eindeutig noch gegenüber dem sozialen Wandel erhaben" sei und deswegen einer Füllung, einer Interpretation und Aktualisierung auch durch die Gerichte bedürfe.

Normensetzung findet schließlich auch außerhalb des gesamten staatlichen Bereichs statt, wenn der Gesellschaft, vor allem den organisierten Interessen, die Möglichkeit der Selbstregulierung gegeben wird (Stichwort: Tarifautonomie). Oder auch in Form direktdemokratischer Verfahren wie Volksentscheide. Für alle politischen Systeme – auch für die vermeintlich direkten Demokratien wie die

---

[267] Vgl. www.humboldt-forum-recht.de/deutsch/12-1996/beitrag.html (20.11.2023) sowie Kneip 2015 und Voigt 2015.

Schweiz – gilt jedoch: Ein Großteil der gesellschaftsrelevanten und verbindlichen Normensetzung läuft über die Parlamente ab. Und auch in direktdemokratischen Entscheidungsprozessen sind parlamentarische Akteure in unterschiedlichen Rollen involviert.[268]

2.2.2. Funktionserfüllung

Inwieweit und in welcher Form erfüllen Parlamente ihre legislative Aufgabe? Die formal entscheidenden Etappen eines Gesetzgebungsverfahrens finden in der parlamentarischen Arena statt: Ein Gesetzentwurf wird ins Parlament eingebracht, er wird dort beraten und letzten Endes vom Parlament verabschiedet – oder auch nicht. Vor, während und nach der parlamentarischen Gesetzgebungstätigkeit können jedoch weitere Akteure beteiligt sein.

Zur Phase der Gesetzesinitiative: Die Initiative für ein Gesetz kann aus dem Parlament kommen: Entweder sind einzelne Abgeordnete oder Zusammenschlüsse von Abgeordneten befugt, Entwürfe einzubringen, die vom Parlament beraten werden müssen. Aber auch parlamentsexterne Instanzen können die formale Initiativrolle übernehmen. In parlamentarischen Systemen ist in der Regel auch die Regierung vorlageberechtigt. Während in den meisten präsidentiellen Systemen ebenfalls die Staatspräsidenten Gesetzgebung anstoßen können, hat im präsidentiellen System der USA die Regierung kein Initiativrecht. Die Präsidenten müssen ihre Vorlagen über bereitwillige Abgeordnete, die zu finden selten ein Problem darstellt, einbringen. Shugart und Carey hielten schon vor geraumer Zeit fest: „Most Presidents have the authority to introduce legislative proposals, but even where they do not, there is no meaningful restriction on presidential power".[269] Gibt es die Einrichtung einer „Volksinitiative", verfügt auch die Bevölkerung, genauer gesagt ein festgelegtes Quorum des Wahlvolkes, über das Recht, eine Gesetzesvorlage in die parlamentarische Beratung einzubringen (s. u.).

Zur Phase der Gesetzesberatung: Einmal ins Parlament eingebracht, durchläuft eine Gesetzesvorlage üblicherweise ein starres, festgelegtes Verfahren, das aus verschiedenen Lesungen, Verhandlungen oder Beratungen besteht. Dabei spielen bestimmte parlamentarische Gremien und Funktionsträger eine wichtige Rolle. Die Vorlage wird in der Regel nicht nur im Plenum, sondern auch in Fachausschüssen beraten. Wie dargestellt, verfügen moderne und demokratische Parlamente durchweg über solche Fachgremien, in denen sich Abgeordnete auf die diversen Materien spezialisiert haben. Die Einbindung der Ausschüsse in den legislativen Prozess kann unterschiedlich verbindlich und unterschiedlich weitreichend ausfallen – abhängig von der Beziehung zwischen Plenum und Fachgremien (s. Kapitel II). Üblich ist ein Wechselspiel zwischen Verhandlung im Plenum und Beratung in den Ausschüssen, bei dem Veränderungen an der Gesetzesvorlage vorgenommen werden können.

In den Ausschüssen kommt das Berichterstattungswesen zum Tragen: Einzelne Abgeordnete erhalten den Auftrag, sich einer eingebrachten Gesetzesvorlage anzu-

---

268 Vgl. für den Schweizer Fall Linder/Mueller 2021.
269 Shugart/Carey 1992: 139.

nehmen und dem Ausschuss sowie eventuell in einer späteren Phase dem Plenum hierüber Bericht zu erstatten. Die Ausschüsse haben ferner die Möglichkeit, über Anhörungen parlamentsexterne Expertise einzuholen. Eine eher informelle Beratung der Gesetzesvorlagen läuft in den Fraktionen, insbesondere in deren Fachgruppen ab. Die Willensbildung der Fraktionen fließt über die Ausschüsse oder unmittelbar ins Plenum ein. Im Rahmen der parlamentarischen Gesetzesberatung kann bei Bedarf auf die wissenschaftlichen Service-Einheiten der Ausschüsse, des Gesamtparlaments und der Fraktionen zurückgegriffen werden.

Zur Phase der Gesetzesverabschiedung: Nach den erforderlichen Beratungen in Ausschuss und Plenum wird die Gesetzesvorlage zur Abstimmung in der Vollversammlung gestellt. Das Votum beruht in der Regel auf den Vorarbeiten der Ausschüsse, die dem Plenum in Form einer Beschlussempfehlung vorliegen. In diese sind die Beratungsergebnisse eingearbeitet. Gegebenenfalls muss über Ergänzungen und Änderungen des ursprünglichen Entwurfs einzeln abgestimmt werden. Im Prozess der Verabschiedung gelten Quoren und Mehrheiten, die das jeweilige Parlamentsrecht festlegt.

Nach der parlamentarischen Verabschiedung wird das Gesetz üblicherweise von den jeweiligen Staatsoberhäuptern durch deren Unterschrift ausgefertigt und kann damit in Kraft treten. Staatspräsident:innen können jedoch in das Gesetzgebungsverfahren eingreifen, indem sie die Signatur unter dem Gesetz verweigern und somit dessen Ausfertigung blockieren. Oder indem sie in anderer Form ein Veto einlegen. Weitreichende und nachhaltige legislative Kompetenzen finden sich in der Regel nur bei den direkt gewählten Präsident:innen – und dies nicht einmal bei allen.

Beim präsidentiellen Veto lassen sich verschiedene Varianten unterscheiden[270]:

(1) „Package Veto": Der/die Präsident:in lehnt das Gesetz nach seiner Verabschiedung in Gänze ab. Beispielsweise sind US-amerikanische Präsidenten hierzu befugt. Die Parlamente haben – je nach Grad der Präsidentialisierung – unterschiedlich gestaffelte Möglichkeiten, den Einspruch aufzuheben.

(2) „Partial/Item Veto": Diese Art des Einspruchs erlaubt Präsidenten, spezifische Elemente einer Gesetzesvorlage mit dem Veto zu belegen; damit stehen diese nicht vor der Entscheidung, das Gesetz in Gänze ablehnen zu müssen, nur weil ihnen Details nicht gefallen. Eine solche Vetomacht ist in den lateinamerikanischen präsidentiellen Systemen zu finden. Auch hier ist ein Aufheben des Vetos durch das Parlament unter bestimmten Umständen möglich.

(3) „Pocket Veto": Präsident:innen müssen in der Regel innerhalb einer bestimmten Zeit auf ein vom Parlament verabschiedetes Gesetz reagieren – entweder mit der Ausfertigung oder mit einem Veto. Wenn Präsident:innen weder das eine noch das andere tun, können sie das Gesetzesvorhaben durch diese Form von „passive power" zum Kippen bringen. Nur wenige präsidentielle Systeme schränken ihre Staatsoberhäupter in der Möglichkeit ein, das Gesetz in ihre Tasche („pocket") zu legen.

---

270 Vgl. Palanza/Sin 2020.

Wie gesagt, können diese präsidentiellen Einsprüche vom Parlament aufgehoben werden – aber nur zum Teil und unter bestimmten Umständen. Dies macht deutlich, dass in präsidentiellen Systemen die Gesetzgebung zu einer Gemeinschaftsaufgabe der beiden direkt gewählten Staatsorgane geworden ist[271] – bei allerdings deutlicher (zumindest formaler) Dominanz der Parlamente.

Das gesamte Gesetzgebungsverfahren modifiziert und verkompliziert sich für den Fall, dass ein Parlament aus zwei Kammern besteht. Im legislativen Prozess kann der Bikameralismus unterschiedliche Konsequenzen haben – abhängig davon, ob die Kammern gleichberechtigt sind oder eine von beiden eine dominante Stellung einnimmt. Ist *eine* Kammer im Gesetzgebungsprozess vorherrschend, dann ist dies in der Regel die „Erste Kammer", die als „Volksvertretung" fungiert (terminologische Ausnahme: „Tweede Kamer" in den Niederlanden). Die Literatur unterscheidet folgende Varianten der legislativen Rolle Zweiter Kammern[272]:

(1) Gleichstellung der Zweiten Kammer: In diesem Fall sind die beiden Häuser des Parlaments von der Initiative bis zur Verabschiedung an der Gesetzgebung paritätisch beteiligt. Fallbeispiele hierfür sind die Schweiz und die USA.

(2) Ein-/Ausgrenzung je nach Gesetzgebungsmaterie: Ob und wie die Zweite Kammer eingebunden wird, kann vom Gegenstand der Gesetzgebung abhängen. Beispielsweise sind die Vetomöglichkeiten des deutschen Bundesrates auf verfassungsändernde und die Bundesländer betreffende Gesetze beschränkt; das britische House of Lords und der indische Rajya Sabha dürfen wiederum nicht an der Finanzgesetzgebung mitwirken.

(3) Aufschiebendes Veto: In Staaten wie Großbritannien oder Österreich verfügt die jeweilige Zweite Kammer über die Möglichkeit, Einspruch gegen eine Gesetzesvorlage aus der Ersten Kammer einzulegen. Dieser Einspruch kann aber unter bestimmten Bedingungen vom Ersten Haus aufgehoben werden.

(4) Mitberatung: In diesem Fall ist die legislative Macht der Zweiten Kammer minimal, denn sie kann zu vorliegenden Gesetzesvorlagen lediglich eine Empfehlung abgeben, ohne dass diese Stellungnahme Verbindlichkeit für die Erste Kammer entfaltet. Eine solche konsultative Rolle spielen u. a. die Senate in Kanada und Japan.

Für den Fall der gleichberechtigten oder weitreichenden Mitwirkungsmöglichkeit einer Zweiten Kammer müssen Regelungen gefunden werden, wie man mit eventuell auftretenden Konflikten zwischen den Häusern umgeht. Bei den Fällen, in denen nicht eine Kammer allein die ultimative Entscheidung treffen darf, sind unterschiedliche Verfahren implementiert worden:

(1) Das Navette-Verfahren („shuttle system"): Dieses Vorgehen gilt als das meistverbreitete. Die Kammer, die eine Gesetzesvorlage als Erste verabschiedet, leitet diese dem anderen Haus zu. Im Falle der Einvernehmlichkeit wird aus der Vorlage ein Gesetz. Ist die andere Kammer mit der zugeleiteten Vorlage

---

[271] Schon Montesquieu hat in seiner Gewaltenteilungstheorie eine legislative Teilrolle der Exekutive akzeptiert (Montesquieu 1965).
[272] Vgl. Riescher/Ruß 2010: 512 f.

nicht einverstanden, kann sie diese mit den entsprechenden Veränderungen wieder an die Erste Kammer zurückschicken. Das Gesetz geht wie ein „Weberschiffchen" („navette") oder wie ein „Pendelbus" („shuttle") zwischen den beiden Kammern hin und her. Damit dieses nicht endlos vonstatten geht, sind zeitliche Begrenzungen vorgesehen. Fallbeispiele für dieses Verfahren sind Italien, Frankreich und (mit Einschränkungen) die Schweiz.

(2) Der Vermittlungsausschuss („conference committee"): Zur Lösung eines Konflikts kann auch ein eigens hierfür eingerichtetes Gremium tätig werden, z. B. ein Vermittlungsausschuss. In einem solchen Ausschuss sitzen in der Regel in gleicher Anzahl Vertreter beider Häuser und versuchen auf dem Verhandlungsweg zu einer Einigung zu kommen. In den meisten Fällen tritt der Vermittlungsausschuss als ein Miniparlament auf, in dem die Mehrheitsregel greift („unicameral mini-parliament under majority rule"[273]). Es unterbreitet nach Beratung beiden Häusern einen Kompromissvorschlag. Dieses Verfahren findet in Irland, Kanada und in Deutschland Anwendung.

(3) Gemeinsame Sitzung beider Kammern („common session"): Es findet sich bei einigen Parlamenten auch das Vorgehen, dass beide Häuser zu einer vereinten Sitzung zusammenkommen, um über die Vorlage abzustimmen. Dies führt in der Regel zu einer Bevorteilung der Ersten Kammern, die in den meisten Fällen mehr Mandate als die Zweiten Kammern umfassen. „Common sessions" kommen in Australien und Brasilien zum Einsatz.

Neben diesen gängigen Verfahren existiert noch die Möglichkeit, den bikameralen Konflikt über einen Volksentscheid, Neuwahlen oder eine Intervention der Regierung zu lösen.

2.2.3. Funktionsprobleme

Auf der einen Seite gilt die Gesetzgebung als ein „Wesensmerkmal" von Parlamenten. Auf der anderen Seite wird gerade in der legislativen Aufgabe eine Reihe von Funktionsproblemen wahrgenommen. Ist von „Entparlamentarisierung" oder „Deparlamentarisierung" die Rede, dann betrifft diese Analyse primär die legislative Rolle von Volksvertretungen. Die Annahme lautet: Der formale Gesetzgeber sei nicht mehr der tatsächliche Gesetzgeber; die Entscheidungen würden andernorts getroffen. Die Parlamente seien zum Stempelkissen („rubber stamp") der Beschlüsse anderer Akteure geworden. Für diese Entwicklung werden zahlreiche Faktoren verantwortlich gemacht – zunächst aus dem innenpolitischen Umfeld[274]:

a) Dominanz der Regierung: Die Möglichkeiten der Staatspräsidenten, den Gesetzgebungsprozess zu beeinflussen, sogar zu blockieren, sind bereits angesprochen worden. Jenseits dieser – von Verfassungen durchaus gewollten – exekutiven Gegenmacht gibt es auch in parlamentarischen Systemen Tendenzen der „Exekutivierung" der Gesetzgebung. Als ein Indikator hierfür wird die Übermacht der Regierung bei der Initiierung von Gesetzen herangezogen. In der Tat: Die Exekutive verfügt faktisch über beste Chancen, Gesetzesvorlagen ein-

---

[273] Tsebelis/Money 1997: 63.
[274] Vgl. Schüttemeyer 2009.

zubringen. Sie nimmt dieses Recht verhältnismäßig häufig in Anspruch.[275] Und sie hat dabei einen strategischen Vorteil: Die Regierung kann auf die Expertise einer ausdifferenzierten und ressourcenstarken Verwaltung zurückgreifen. Zudem kann sie sich von externen Beratungsgremien unterstützen lassen.[276] Die Diagnosen von einer generellen „Exekutivierung" der Gesetzgebung erscheinen freilich als zu pauschal und überzogen: Die Dramatik der Beobachtung mildert sich ab, wenn man sich klar macht, dass zumindest in parlamentarischen Systemen eine klare Trennlinie zwischen Regierung und Mehrheitsfraktionen im Parlament ohnehin nicht zu ziehen ist.

b) Expansion des Verordnungsrechts/der exekutiven Domänen: Das Parlament ist zwar der primäre Gesetzgeber, aber Normensetzung findet wie erwähnt auch in Form des Verordnungsrechts statt. Das Parlament verzichtet in bestimmten Bereichen auf die Regelung qua Gesetz und überlässt der Exekutive die Normierung. Desgleichen kann die Verfassung der Regierung „Domänen" reservieren, also Bereiche festlegen, die der parlamentarischen Mitgestaltung entzogen sind. Dazu gehören in den meisten Staaten die Außen- und Sicherheitspolitik, die als traditionelle Felder exekutiver Steuerung wahrgenommen werden.[277] Hier können die Parlamente mitunter nur sehr eingeschränkt an der Rechtsetzung teilnehmen. Weitet sich die Anzahl dieser exekutiv-dominierten Felder und macht die Regierung intensiven Gebrauch von ihrem Verordnungsrecht, wird der parlamentarische Entscheidungskorridor merklich verkleinert. Ein Beispiel für eine solche Dynamik bietet das Regierungssystem Frankreichs, in dem sich ein weitreichendes Verordnungsregime entwickelt hat.[278] Ebenso einschlägig sind die „executive orders", mit denen US-amerikanische Präsidenten am Kongress vorbei Entscheidungen treffen.[279]

c) Politikverflechtung: In den 1970er Jahren haben Fritz W. Scharpf u. a. mit den Begriffen der „Politikverflechtung" und der „Politikverflechtungsfalle" einen weiteren Faktor identifiziert, der zur Entparlamentarisierung der Gesetzgebung beiträgt.[280] Mit Politikverflechtung sprechen die Autoren die Beobachtung an, dass in der Praxis kooperativ-föderaler Systeme die klare Trennung zwischen subnationaler und Bundesebene nicht mehr funktioniere. Vielmehr verschränkten sich die Ebenen. Die „Falle" liege zum einen darin, dass dies problemunangemessene Entscheidungen mit sich bringe. Die Entwicklung führe zum anderen zu einer Schwächung der Parlamente in der Gesetzgebung. Denn in den durch die Verflechtungen entstehenden Netzwerken seien die Parlamente nicht adäquat vertreten. Die Regierungen erwiesen sich als die eigentlichen Nutznießerinnen des kooperativen Föderalismus.

d) Herrschaft der Verbände: Organisierte Interessen nehmen an der politischen Willensbildung teil. Dies ist weder etwas Neues noch an sich Problematisches.

---

275 Vgl. Saiegh 2014: 484.
276 Vgl. für den deutschen Fall Blumenthal 2003 und Siefken 2007.
277 Vgl. Mello/Peters 2018; Peters/Wagner 2011; Raunio 2014: 543 f.; siehe hierzu auch die Beiträge im Special Issue des „British Journal of Politics and International Relations" (Band 20, Heft 1, Februar 2018).
278 Vgl. Kimmel 2008: 229-233.
279 Vgl. Belco/Rottinghaus 2017.
280 Vgl. Kropp 2010; Scharpf u.a. 1976; Scharpf 1999.

Verbände sind immer schon formal und informal an legislativen Prozessen beteiligt gewesen; formal durch ihre Beteiligung an Anhörungen oder ihre Mitwirkung in Kommissionen, informal durch die verschiedenen Ausprägungen des Lobbyings.[281] Organisierte Interessen sind unterschiedlich eng mit Parlamenten verknüpft[282]: Sind im belgischen, niederländischen und deutschen System die personellen Verbindungen zwischen Verbänden und Parlamenten sehr engmaschig, wird demgegenüber das britische Unterhaus als tendenziell autonom gegenüber organisierten Interessen wahrgenommen. Ab einem – schwer bestimmbaren – Punkt und aus einer spezifischen Perspektive heraus kann die Einbindung von organisierten Interessen ein Problem für die legislative Entscheidungsfreiheit des Parlaments werden: Dann ist die Rede von der „Herrschaft der Verbände" auf Kosten des Parlamentarismus.[283]

e) Medialisierung: Moderne Gesellschaften haben sich zu Mediendemokratien oder Mediengesellschaften entwickelt, in denen der medialen Politikvermittlung eine wachsende Bedeutung zukommt.[284] Dabei spielen neben den klassischen journalistischen mittlerweile die online-basierten, insbesondere die sozialen Medien eine relevante Rolle. Medien sind nicht nur Container, mit denen politische Akteure ihre Botschaften transportieren können. Medien sind selbst zu politischen Akteuren geworden, die Macht ausüben. Dies zeigt sich auch in der Gesetzgebung: Mediale Kommunikation nimmt Einfluss auf legislative Vorgänge und reduziert dabei die Spielräume des Parlaments, spielt jedoch nicht in jeder Phase des Politikprozesses eine gleich starke Rolle.[285] Besonders kräftig intervenieren die Medien in den Phasen der Problemartikulation und -definition, also dann, wenn ein Regelungsbedarf identifiziert wird („Agenda-Setting"). Während der innerparlamentarischen Beratung und in der Umsetzungsphase verringert sich ihr Einfluss. Aber auch in dieser Phase kann mediale Kommunikation wirken – insbesondere über soziale Medien. Mittels dieser können schlagkräftige Kampagnen organisiert werden, die Parlamente unter Druck zu setzen vermögen.[286]

f) „Mehr direkte Demokratie": Gesetze können nicht nur von Parlamenten verabschiedet werden, sondern auch das Resultat einer unmittelbaren Volksentscheidung sein. Verfahren direkter Demokratie greifen in die legislative Spielräume der Parlamente ein. Auch dann, wenn sie noch nicht zum Tragen kommen, nehmen sie Einfluss auf die parlamentarische Gesetzgebung, wie das Beispiel der Schweiz anschaulich macht.[287]

g) Richterlicher Aktivismus: Richter:innen setzen durch ihre Entscheidungen Recht; dies ist – wie geschildert – womöglich unvermeidlich. Aber ab einem gewissen Punkt kann das Unvermeidliche zu einem Problem werden, nämlich dann, wenn statt „richterlicher Zurückhaltung" („judicial self-restraint") auf-

---

281 Für den deutschen Fall vgl. Winter 2024.
282 Vgl. Binderkrantz 2014.
283 Vgl. schon Eschenburg 1963.
284 Vgl. zum Folgenden Borucki u.a. 2022.
285 Vgl. Fawzi 2022.
286 Vgl. Bruns u.a. 2017.
287 Vgl. Ladner 2013: 26.

seiten der Richterschaft legislativer „Aktivismus" zu verzeichnen ist.[288] „Aktivismus" kann einem Gericht vorgeworfen werden, wenn es seine Rechtsprechungskompetenzen nutzt, um über seine Befugnisse hinaus auf die Gesetzgebung Einfluss zu nehmen. Es ist schwierig, derartige Grenzüberschreitungen zu markieren. Hinweise können unter anderem folgende Beobachtungen geben[289]: Das Gericht regelt ein ganzes Rechtsgebiet, obgleich sich die anhängende Klage nur auf eine Einzelfrage aus diesem Feld bezieht. Oder: Das Gericht schreibt dem eigentlichen „Gesetzgeber" bis ins Detail vor, wie er geltendes Recht zu überarbeiten hat („Appellentscheidungen"). Oder: Das Gericht entscheidet nicht nur auf der Grundlage der Verfassung, sondern stellt überdies „sachkundige" Überlegungen an. Ein solcher parlamentseinengender Aktivismus von Gerichten ist – wenn vorhanden – je nach Politikfeld unterschiedlich ausgeprägt.[290] Die Veto-Macht der Gerichte unterscheidet sich von System zu System: Als starke und „aktivistische" Fälle werden in den westlichen Demokratien die obersten Gerichte in Italien, Frankreich und Deutschland eingestuft.[291]

Neben diesen innenpolitischen Faktoren sind es noch „grenzüberschreitende" Entwicklungen, die dazu führen, dass Parlamente in ihrer Gesetzgebungskompetenz eingeschränkt werden: die Prozesse der Europäisierung und der Globalisierung.

a) Europäisierung: Die Mitgliedstaaten der Europäischen Union, der vormaligen Europäischen Gemeinschaften, haben eine fundamentale Änderung ihrer politischen Systeme erlebt. Die Europäisierung schlägt sich auch, ja vor allem in der nationalen parlamentarischen Gesetzgebung nieder. Eine Reihe von Gestaltungskompetenzen ist im Laufe des Integrationsprozesses auf die Ebene der Europäischen Union übertragen worden – mit der Folge, dass die nationalen Parlamente auf diese Bereiche keinen legislativen Einfluss mehr haben.[292] Hier wird von den Instanzen der Europäischen Union Recht gesetzt, das sich neben die nationale Rechtsordnung stellt und diese auch überlagern kann. „Verordnungen" der Union bilden unmittelbar geltendes Recht. Wird EU-Recht in Form von „Richtlinien" geschaffen, dann sind die nationalen Parlamente gehalten, innerhalb einer vorgegebenen Frist das jeweilige nationale Recht anzupassen; dabei verbleiben ihnen nur geringe Spielräume. Während die Regierungen an der Rechtsetzung auf der europäischen Ebene beteiligt sind (über den Ministerrat), verfügen die nationalen Parlamente auf europäischer Ebene nicht über eine institutionelle Vertretung (s. Kapitel IV).

b) Globalisierung: Die Prozesse, die reichlich unscharf mit dem Schlagwort „Globalisierung" gekennzeichnet werden, sind in ihrem Mechanismus und ihrer Wirkung denen der Europäisierung nicht gänzlich unverwandt.[293] Auch hier werden Kompetenzen auf Organisationen verlagert, in denen nationale Parla-

---

288 Vgl. Lindquist/Cross 2009.
289 Vgl. von Beyme 1997.
290 Vgl. Hönnige 2007.
291 Vgl. Alivizatos 1995: 575; siehe auch Kneip 2008.
292 Vgl. Schüttemeyer 2009.
293 Vgl. Koch 2022; Mayer u.a. 2011; Scherrer/Kunze 2011.

mente nicht vertreten sind.[294] Auch hier werden Entscheidungen getroffen, die in die nationalen Rechtsräume hineingreifen. Ein Mitspracherecht bei der Verlagerung dieser Kompetenzen haben die Parlamente üblicherweise nur durch das Ratifikationsverfahren – wenn die jeweilige Verfassung überhaupt ein Parlamentsvotum bei der Verabschiedung internationaler Abkommen vorsieht. Einmal verlagert, sind die Entscheidungsmaterien der unmittelbaren parlamentarischen Beeinflussung entzogen. Lediglich das Budgetrecht erlaubt noch eine indirekte parlamentarische Beteiligung. Der Grad an „Globalisierung" und internationaler Kooperation hat in den vergangenen Jahrzehnten erheblich zugenommen.[295] Zugleich ist in den Gesellschaften der Widerstand gegen die Folgen der Globalisierung gewachsen. Die Rufe nach einer „De-Globalisierung" sind lauter geworden.[296] Die nationalen Parlamente befinden sich in einer paradoxen Lage. Sie werden für Entwicklungen verantwortlich gemacht, auf die sie keinen steuernden Einfluss mehr haben.

Die Kombination von innenpolitischen und außen-/europapolitischen Faktoren hat zur Intensivierung der Entparlamentarisierungsdebatte geführt, die in dem Konzept der „postparlamentarischen Demokratie"[297] mündet. Später wird noch zu diskutieren sein, ob und inwieweit sich dieser Befund mit der Wirklichkeit deckt (s. Kapitel V und VI). An dieser Stelle bleibt jedenfalls festzuhalten, dass sich der Gesetzgebungsprozess erheblich gewandelt hat – und dies auf den ersten Blick zuungunsten der nationalen Parlamente.

2.3. Kontrollfunktion

2.3.1. Funktionslogik

Kontrollieren ist über die Jahrhunderte hinweg zu einer der wichtigsten Aufgaben von Volksvertretungen geworden.[298] Doch wie findet parlamentarische Kontrolle statt und welche Rolle spielen die Mehrheit und die Opposition?[299]

Die Geschichte der parlamentarischen Kontrolle ist eine Geschichte der zunehmenden Distanzierung und Emanzipation der Volksvertretungen von der Krone und ihren Regierungen. So diente die Mutter aller modernen Parlamente, das englische „parliament", in der Frühphase der unterstützenden Beratung des Königs oder der Königin, nicht ihrer Supervision. Dies hat sich im Laufe der Parlamentarisierung geändert: Zwar taucht die Kontrollfunktion bei Walter Bagehot nicht auf, findet aber schon bei Mill prominente Erwähnung. Kontroll- und Wahlkompetenz verbinden sich: Wenn das Parlament die Regierung abwählen kann, muss es diese – so Mill – auch kontrollieren oder „überwachen" können.[300]

---

294 Eine Ausnahme stellen die Parlamentarischen Versammlungen dar, über die später noch zu sprechen sein wird.
295 Vgl. Koch 2022; Steger 2023.
296 Vgl. Schirm u.a. 2022.
297 Andersen/Burns 1996.
298 Vgl. Kreppel 2014: 86 f.
299 Vgl. grundlegend Siefken 2018.
300 Vgl. Mill 1971: 101 (s.o.).

Zwei Grundformen der Kontrolle lassen sich grob unterscheiden: Kontrolle als Kritik und Kontrolle als Mitwirkung.[301]

- *Kontrolle als kritische Überprüfung:* Diese Variante dominiert wohl das allgemeine Verständnis des Begriffs und lässt sich auf die ursprüngliche Bedeutung des Wortes zurückführen (eine von einer Originalpapyrusrolle abgetrennte „contre-rôle", mit welcher alleine die Echtheit des Dokuments überprüft werden konnte).
- *Kontrolle als Mitwirkung/Mitsteuerung:* Während die kritische Kontrolldimension den Kontrollierten einengt, ist dies bei dem Verständnis von Kontrolle als Mitwirkung nicht zwingend der Fall. Etwas zu kontrollieren meint hier, mitgestalten und „steuern" (zweite Bedeutung des englischen Begriffs „control") zu können.

Die Kontrollaufgabe des Parlaments hat durch die demokratietheoretische Etablierung der Gewaltenteilungslehre und ihre Umsetzung in frühen neuzeitlichen Demokratien (insbesondere in den Vereinigten Staaten) eine hohe Relevanz erhalten. Ein System gegenseitiger „checks" zwischen den Institutionen, zwischen den drei Gewalten, wird dabei zum Garanten dafür, dass Machtmissbrauch verhindert wird. Die gegenseitige Beobachtung der staatlichen Institutionen stabilisiert die Demokratie.

Parlamentarische Kontrolle wird in der Regel auf die Beziehung zwischen Parlament und Regierung bezogen.[302] Dabei lassen sich gemäß Winfried Steffani folgende Dimensionen unterscheiden[303]:

(1) „die Nachprüfung im Sinne *nachträglicher* Beobachtung": Das Parlament überprüft im Nachhinein (ex post), was die Regierung respektive die Verwaltung getan hat.

(2) „die Überwachung als *teilnehmende* Beobachtung des Parlaments und seiner Ausschüsse": Das Parlament überprüft fortwährend und begleitend die Tätigkeit von Regierung und Verwaltung.

(3) „Überprüfung mit Sanktionsrecht": Das Parlament übt entweder (siehe 1) im Nachhinein oder (siehe 2) begleitend Kontrolle aus und verfügt dabei über ein abschließendes Entscheidungsrecht.

(4) „Überprüfung durch Einflußnahme auf das Sanktionsrecht *Dritter*": Das Parlament greift in seiner Kontrolltätigkeit nicht auf eigene Sanktionsinstrumente zurück, sondern bedient sich der Macht weiterer Akteure, z. B. der Medien.

(5) „Überprüfung mit *eigenem* Sanktionsrecht": Das Parlament hat Sanktionsmittel in der Hand („Kompetenz zu eigener Beschlussfassung" oder „Abberufung von Regierungsmitgliedern"), mit denen es die Rechenschaftspflicht von Regierung und Verwaltung erzwingen kann.

---

301 Vgl. Patzelt 2013.
302 Vgl. zum Beispiel die Beiträge in Holtmann/Patzelt 2004.
303 Vgl. Steffani 1989: 1326 f. (Herv.i.O.).

(6) „Kontrolle des Parlaments durch die Regierung": Hier dreht sich die Beziehung um; das Parlament wird zum Kontrollierten, die Regierung zum Kontrolleur.

Die letzte Facette spielt für die weiteren Überlegungen keine Rolle. Für uns relevant hingegen sind die Konstellationen, in denen das Parlament den aktiv-kontrollierenden Part innehat. Allerdings ist die Kontrolle des Parlaments durch andere Gewalten ein durchaus bewegendes Thema in Verfassungsdebatten z. B. der in den Vereinigten Staaten gewesen.[304]

Im Weiteren also zum regierungskontrollierenden Parlament: Die denkbaren Formen parlamentarischer Kontrolle unterscheiden sich bei Steffani auf zwei (nicht trennscharfen) Dimensionen. Zunächst durch (A) die Frage, in welchem zeitlichen Verhältnis die zu kontrollierende Handlung mit der kritischen Beobachtung steht: zeitlich versetzt (ex post) oder gleichzeitig. Hier findet sich in der Literatur mit dem Begriff der „Ex-ante-Kontrolle" noch eine dritte Zeitdimension: dass Kontrolle nicht nur nachträglich oder zeitgleich ausgeübt werden kann, sondern auch im Vorfeld von Regierungshandlungen.[305] Dieses Verständnis nimmt die Möglichkeit des Parlaments in den Blick, auf die Zusammensetzung der Regierung Einfluss zu nehmen und dergestalt „mitzusteuern". Dabei lösen sich die Grenzen zur Wahlfunktion auf.

Die zweite Dimension (B) ist die Frage der Sanktionsmöglichkeit. Hier unterscheidet Winfried Steffani parlamentarische Sanktionsrechte in unmittelbare oder mittelbare respektive nicht-vorhandene. Dabei stellt sich eine grundlegende Frage: Kann es effektive Kontrolle auch ohne Sanktionspotenzial geben? Wo auch immer sie nicht über eigene, verbriefte und nachhaltige Sanktionsrechte verfügen – Parlamente als öffentlich agierende Akteure haben stets die Minimalmöglichkeit, mittels der „Öffentlichkeit" Regierungskontrolle wirksam werden zu lassen. Kontrolle ohne auch nur einen Hauch an Sanktionsmöglichkeit stößt jedenfalls ins Leere.

Die Kontrollbeziehung zwischen Parlament und Regierung, ihre Komplexität und Problematik, ist ein besonderes Thema des bereits erwähnten „principal-agent"-Ansatzes.[306] Auf der einen Seite steht der Auftraggeber, der Entscheidungen trifft: das Parlament. Die Auftragnehmerin auf der anderen Seite, die Regierung, setzt die Entscheidungen um, ist dabei jedoch mehr als nur ein ausführendes Organ, sondern ein Akteur mit eigenen Präferenzen. Die Interessen der Prinzipale und der Agenten sind nicht zwangsläufig deckungsgleich.

Eine Möglichkeit für den „Agenten Regierung", seine Eigeninteressen zur Geltung zu bringen, liegt darin, auf die Entscheidungen des „Prinzipals" Parlament Einfluss zu nehmen. Dies findet wie geschildert im Gesetzgebungsprozess statt, wenn die Regierung einen aktiven Part übernimmt. Eine weitere Strategie kann so ausse-

---

[304] Vgl. z. B. die Nr. 48 in Hamilton u.a. 1961.
[305] Vgl. Harfst/Schnapp 2003.
[306] Vgl. Lane 2009; Strøm 2000 (s. Abschnitt 3.3.1).

hen, dass die Regierung bei der Umsetzung der parlamentarischen Entscheidungen die eigenen Präferenzen einfließen lässt.

Deswegen ist die fortwährende Kontrolle des Agenten durch den Prinzipal entscheidend. Wie aber kann der Auftraggeber, das Parlament, gewährleisten, dass er umfassende Informationen über die Auftragserfüllung seines Agenten erhält? Welche Möglichkeiten der Kontrolle und der Sanktion bieten sich an? Diese Fragen werden anhand konkreter Fälle vom empirischen Zweig der „principal-agent"-Forschung aufgeworfen und beantwortet.[307]

Wer genau ist aber dieser kontrollierende Prinzipal? Zunächst ist es das Parlament in seiner Gesamtheit, das über Kontrollmöglichkeiten verfügt: Die Vollversammlung der Abgeordneten kann Beschlüsse fassen und eventuell Sanktionen verhängen. Dabei können – wie schon in der Gesetzgebung – Ausschüsse eine wichtige, vorbereitende Rolle spielen.

Aber auch der Minderheit im Parlament, der Opposition in parlamentarischen Demokratien, kommt eine wichtige Kontrollaufgabe zu. In der Literatur wird gelegentlich die Kontrolle als primäre Oppositionsaufgabe gesehen.[308] In der Tat: Die Oppositionsfraktionen stehen der funktionalen Handlungseinheit von Regierung und parlamentarischer Mehrheit gegenüber. Ein Großteil der Regierungskontrolle liegt somit in Händen der Opposition. Allerdings verfügen gerade die oppositionellen Akteure nicht über die stärksten Sanktionspotenziale, sondern sind in der Regel auf die Sanktionsmöglichkeiten Dritter angewiesen.

Eine Überprüfung der Regierungstätigkeit findet aber auch innerhalb der funktionalen Handlungseinheit statt, also durch die parlamentarische Mehrheit, die die Regierung trägt *und* kontrolliert. Die Mehrheitsfraktionen können auf die nachhaltigsten parlamentarischen Sanktionsinstrumente zurückgreifen. Sie tun dies jedoch nur in Maßen; das Ziel ihrer Kontrolltätigkeit ist in der Regel nicht der Sturz der Regierung, sondern die kooperative Form der Mitsteuerung.[309]

Ein Kontrollbegriff, der nur auf die Opposition fokussiert, greift jedenfalls zu kurz. Allemal gilt dies für die nicht-parlamentarischen Systeme, in denen eine „Handlungseinheit" zwischen Regierung und Parlamentsmehrheit gar nicht oder nur abgeschwächt existiert. Die parlamentarische Kontrollfunktion liegt in den präsidentiellen Demokratien bei den (Mehrheits- oder Minderheits-)Fraktionen oder bei der Vollversammlung der Abgeordneten. Allerdings sind die Sanktionsinstrumente stumpfer. So droht einer präsidentiellen Regierung nicht der „worst case": ihre Abwahl durchs Parlament.

Schließlich gibt es noch eine Akteursgruppe, die sowohl in parlamentarischen wie auch in präsidentiellen Systemen eine wichtige Rolle bei der Regierungskontrolle spielt: die einzelnen Abgeordneten. Das Parlamentsrecht verleiht den individuellen Mandatsträgern in der Regel ein Repertoire an Instrumenten, mit denen sie das Regierungshandeln kritisch be- und hinterfragen können. Ihre Sanktionsmöglich-

---

307 Vgl. Gilardi/Braun 2002.
308 Vgl. hierzu Patzelt 2013.
309 Vgl. Schwarzmeier 2001, 2004.

keiten fallen indes ungleich bescheidener aus. Effektiv werden sie erst, wenn sie ihre Fraktion hinter sich sammeln können.

Gegenstand der parlamentarischen Kontrolltätigkeit ist in der Regel die Regierung. Es können aber auch weitere staatliche oder nicht-staatliche Einrichtungen der parlamentarischen Überprüfung unterliegen. Dabei kommen aufgrund anderer Beziehungsqualitäten auch andere Kontrollinstrumente und Sanktionsmittel zum Einsatz als in dem doch sehr speziellen Verhältnis zwischen Regierung und Parlament.

2.3.2. Funktionserfüllung

Über welches Kontrollinstrumentarium verfügen Parlamente üblicherweise? Auf welche Sanktionsrechte können Volksvertretungen in der parlamentarischen Wirklichkeit zurückgreifen?

Zur nachträglichen, aber auch zur zeitgleichen Überprüfung von Regierungshandeln verfügen die Parlamente über ein Repertoire an „interpellativen Verfahren".[310] Was meint „interpellativ"? „Fragend"! Das Parlament stellt der Regierung Fragen und erhofft sich durch ihre Beantwortung einen Gewinn an Information oder einen sonstigen Kontrolleffekt. Dabei lassen sich unterschiedliche Frageakteure ausmachen: (1) das Gesamtparlament, wenn eine Interpellation in Form eines Plenarbeschlusses verabschiedet wird, (2) Zusammenschlüsse von Abgeordneten (insbesondere Fraktionen) oder (3) einzelne Parlamentsmitglieder. Eine Frage kann in mündlicher oder schriftlicher Form eingebracht werden, die Beantwortung kann ebenfalls je nach Regularien schriftlich oder mündlich erfolgen. Unterschiedlich ist geregelt, welche Fristen der Regierung zur Beantwortung gegeben sind und ob im Anschluss an die Antwort die Möglichkeit einer Aussprache besteht.

Einen besonderen Rahmen für interpellative Verfahren bieten Fragestunden oder Befragungen der Regierung, innerhalb derer der Regierungschef oder eine Ministerin den Abgeordneten Rede und Antwort stehen muss. Die „Prime Minister's Questions" des britischen Unterhauses gilt als Prototyp einer öffentlichkeitswirksamen parlamentarischen Fragestunde[311] – wie das britische Parlament generell als die „Wiege der Frageprozeduren" bezeichnet werden kann.[312] Auch andere parlamentarische (und präsidentielle) Systeme kennen solche „Sternstunden" parlamentarischer Kontrolle, ohne allerdings an die Bedeutung der „Prime Minister's Questions" im politischen System Großbritanniens anschließen zu können.

Die „interpellativen Verfahren" sind verbindlich in den Verfassungen, Gesetzen und/oder in den Geschäftsordnungen festgelegt. Die Regierung darf die Fragen nicht nur interessiert zur Kenntnis nehmen, sondern ist unter Sanktionsdruck (z. B. Klage vor Gericht) gehalten, auf diese zu antworten, selbst wenn es ihr aus welchen Gründen auch immer schwerfällt. Parlamente verfügen über das Privileg,

---

310 Vgl. zum Folgenden Martin/Rozenberg 2012.
311 Vgl. Hierlemann/Sieberer 2014.
312 Vgl. von Beyme 2014: 213.

Informationen seitens der Regierung einfordern zu können, und die Regierung unterliegt wiederum der Informations-, Berichts- und Auskunftspflicht. Ein besonderer Ausdruck dieser Kontrollbeziehung ist das Zitierrecht: Das Plenum oder ein Ausschuss kann in einigen Systemen die sofortige Anwesenheit eines Regierungsmitglieds einfordern.

Die Reaktion der Regierung auf die parlamentarischen Fragen kann Anlass für weitere parlamentarische Aktivitäten sein. Die Antwort dient zum einen der Klarstellung und Sachverhaltsaufklärung. Die entsprechenden Informationen können in der parlamentarischen Willensbildung weiterverwendet werden. Ein zweiter, vielleicht genauso wichtiger Effekt ist der der Dokumentation. Mit ihrer Antwort hinterlegt die Regierung ihre Position für alle Zeit nachlesbar, weil diese Antwort Teil der Parlamentaria, der dokumentierten Parlamentsvorgänge, wird. Ihre Antwort kann ihr bei Bedarf später nochmals vorgelegt oder von anderen Akteuren (z. B. Gerichten) weiterverwendet werden.

Das „schärfste Schwert parlamentarischer Kontrolle", so heißt es, sind die Untersuchungsausschüsse.[313] Über die Möglichkeit, solche Kommissionen einzurichten, verfügen viele Parlamente; ihre Aufgabe und ihre Machtstellung variieren dabei erheblich. Untersuchungsausschüsse gehören in der Regel zu den parlamentarischen Ad-hoc-Gremien; sie sind keine ständigen Einrichtungen, sondern werden in einer spezifischen Situation eingesetzt und dienen der Bearbeitung einer konkreten Fragestellung. In den meisten Ländern setzt die Einrichtung eines solchen Ausschusses einen parlamentarischen Mehrheitsbeschluss voraus. Dies gilt nicht für jedes Parlament; z. B. kann im Deutschen Bundestag eine qualifizierte Minderheit die Einrichtung eines Untersuchungsausschusses erzwingen.[314]

Ein weiteres Instrument der Kontrolle ist die Regierungsanklage vor dem jeweiligen Verfassungsgericht für den Fall, dass eine Verletzung einer Verfassungsnorm unterstellt wird. Nicht das Parlament führt in diesem Fall eine „Ex-post"-Supervision aus, sondern überantwortet die Überprüfung der Regierungstätigkeit einer dritten Instanz. In den einzelnen Staaten ist unterschiedlich geregelt, ob und wenn ja welche Teile des Parlaments klagen dürfen.[315]

Die parlamentarische Kontrolle beruht auf weiteren Möglichkeiten der Informationsgewinnung und -verarbeitung, die nicht in unmittelbarer Konfrontation zur Regierung stehen: So können die Parlamente auf eigene Expertiseressourcen zurückgreifen. Das gesamte Ausschusswesen des Parlaments (nicht nur Untersuchungsausschüsse) kann zur Informationsgewinnung eingesetzt werden. Sonstige Beratungsgremien, z. B. Enquete-Kommissionen unterstützen die Kontrolltätigkeit. Schließlich arbeiten auch die parlamentarischen Hilfsdienste auf allen Ebenen (Gesamtparlament, Fraktionen/Ausschüsse, einzelne Abgeordnete) dem Parlament in seiner Kontrollfunktion zu.

---

313 Max Weber spricht von einer „Rute", die die Exekutive zwingt, Rede und Antwort zu stehen (Weber 1971: 353, Original 1918).
314 Max Weber hatte in seiner Schrift „Parlament und Regierung im neugeordneten Deutschland" ausdrücklich auf das Problem des Mehrheitsprinzips bei der Einsetzung von Untersuchungsausschüssen hingewiesen (vgl. Engels 1991: 24-26).
315 Vgl. Hönnige 2007: 126.

Informationsgewinnung zur Kontrolle der Regierungsarbeit findet aber nicht nur in den vom Parlamentsrecht ausgehobenen Kanälen statt. Daneben gibt es eine Vielzahl informaler Wege, Informationen zu gewinnen. Mitunter sind diese effektiver als die rechtlich garantierten: z. B. unmittelbare persönliche Kontakte oder „Netzwerke" zwischen Regierungsstellen und Parlament. Jenseits des Formalen gibt es viele Interaktionen im „Halbschatten", die der öffentlichen Beobachtung nicht zugänglich und gerade deswegen besonders ergiebig sind.[316] Aus der Verhandlungstheorie weiß man, dass bestimmte Aushandlungsprozesse effizienter verlaufen, wenn die Akteure nicht unter Beobachtungsdruck stehen.

Diese informalen Kommunikationsmöglichkeiten stehen allerdings in erster Linie – allemal in parlamentarischen Systemen – den Abgeordneten der Mehrheitsfraktionen zur Verfügung, die sich in der Handlungseinheit mit der Regierung befinden. Sie gehören eher zur kooperativ-gestalterischen Variante von Kontrolle als zur kritischen Form.

Nach der Informationsgewinnung und -verarbeitung steht am Ende des Kontrollprozesses die Frage der Informationsverwertung. Unmittelbare Verwertungsoptionen, z. B. die Dokumentation des Regierungshandelns, sind bereits angesprochen worden. Was überdies mit den gewonnenen Informationen angefangen werden kann, hängt davon ab, mit welcher Motivation kontrolliert worden ist. Handelt es sich um eine Überprüfung der Regierungstätigkeit aus oppositioneller Perspektive, wird die Publikation der Ergebnisse, ihre Debatte im Parlament und in der Öffentlichkeit im Vordergrund stehen. Wurde die Überprüfung seitens des gesamten Parlaments oder der Parlamentsmehrheit vorgenommen, sind weiterreichende Konsequenzen denkbar:

(1) im konstruktiven Sinne eine effektive mitgestaltende Beteiligung der parlamentarischen Akteure im Politikprozess: Die Abgeordneten nutzen die Informationen, um eigene Positionen in die Kooperation mit der Regierung einbringen zu können.

(2) im destruktiven Sinne eine Beschädigung oder gar Auflösung der Handlungseinheit von Parlamentsmehrheit und Regierung: An einen Kontrollvorgang könnte sich – für die Regierung schlimmstenfalls – ein parlamentarisches Misstrauensvotum anschließen. Abgestuft sind Rücktrittsforderungen oder „Abmahnungen" denkbar.

Die Nutzung informaler Kontrollmöglichkeiten durch die parlamentarische Mehrheit gibt keinen Hinweis auf Beziehungsrisse zwischen Regierung und Regierungsfraktionen – ganz im Gegenteil. Hingegen macht jede Form öffentlich-formaler Überprüfung der Regierungstätigkeit durch die Parlamentsmehrheit auf eine virulente Sollbruchstelle in der parlamentarischen Regierung aufmerksam.

2.3.3. Funktionsprobleme

Eine effektive Kontrolle setzt wie erwähnt voraus, dass der „Prinzipal" Parlament hinreichende Informationen über die Tätigkeiten des „Agenten" Regierung

---

[316] Vgl. Bröchler/Grunden 2014.

gewinnt. Dem sind jedoch Grenzen gezogen und das führt zu entsprechenden Kontrollproblemen. Die Regierung verfügt als ausführendes Organ und als ausdifferenzierte komplexe Organisation über ein Reservoir an Daten. Diese können von den Parlamenten nur zum Teil abgeschöpft werden. In den bundesdeutschen Parlamentarismusdebatten der 1980er Jahre war deswegen vom „Informationsungleichgewicht" zwischen Parlament und Regierung die Rede.[317] Als Agent mit eigenen Präferenzen hat die Regierung nur ein begrenztes Interesse, ihr Informationsprivileg preiszugeben. Insofern ist das Parlament zunächst gefordert zu eruieren, welche Daten überhaupt bei der Regierung vorliegen, die von Relevanz sind und nach denen gezielt gefragt werden könnte. Die Abgeordneten stoßen – je nach Reichweite des verbrieften Akteneinsichtsrechts und der Auskunftspflicht der Regierung – auf geschützte Bereiche. Im deutschen Kontext ist hierbei vom „Kernbereich der exekutiven Eigenverantwortung" die Rede, einem „nicht ausforschbaren Initiativbereich, Beratungsbereich und Handlungsbereich".[318] Insbesondere die Kontrolle der Arbeit von Geheimdiensten, die Teil der exekutiven Gewalt sind, stellt eine Herausforderung für die parlamentarische Arbeit dar.[319]

Informationen zu gewinnen, ist die eine Sache – sie verarbeiten zu können, mindestens genauso entscheidend. Parlamente haben sich über die Jahrhunderte respektive Jahrzehnte hinweg eigene Verarbeitungskapazitäten zugelegt. In einigen Fällen, wie zum Beispiel im US-amerikanischen Kongress, handelt es sich mittlerweile um beachtliche personelle und finanzielle Ressourcen, auf die zurückgegriffen werden kann. Im Vergleich zur zigfach größeren Regierungsadministration reichen diese Anstrengungen jedoch nicht aus, um auch nur annäherungsweise eine ebenbürtige Informationsverarbeitung aufseiten der Parlamente zu gewährleisten.

Der Informationsverarbeitungsvorsprung der Regierung ist nicht nur quantitativer Natur, sondern auch qualitativer. Das Personal in den Parlamenten fluktuiert vergleichsweise stark.[320] Abgeordnete kommen in der Regel als fachliche Laien in das Parlament, müssen sich zügig in Politikfelder einarbeiten, ohne zu wissen, wie lange sie überhaupt ein Mandat ausüben können. Die Laufbahnen in Regierungsadministrationen (freilich nicht auf den parteipolitischen Positionen) sind längerfristig angelegt und erlauben sachkundige Einarbeitung, Aus- und Fortbildung. Personelle und damit fachliche Kontinuitäten stärken die Verarbeitungspotenziale der Ministerialverwaltungen. Parlamente sind hier strukturell benachteiligt.

Die parlamentarische Kontrolle wird zudem durch das Mehrheitsprinzip beschränkt. Eine Reihe von Instrumenten der Regierungskontrolle setzt einen von der Mehrheit getragenen Antrag oder Beschluss voraus. Da speziell die demokratietheoretisch wichtige „kritische Kontrolle" von der Minderheit ausgeübt wird (von den Oppositionsfraktionen oder einzelnen Abgeordneten der Opposition) ist es erheblich, inwieweit Kontrollrechte auch Minderheitsrechte sind. Deutlich wird dies beispielsweise am Instrument der Untersuchungsausschüsse: Kann auch eine parlamentarische Minderheit einen solchen beantragen, und wie steht es um

---

317 Vgl. Kevenhörster 1984; siehe auch Marschall 1998.
318 BVerfGE 67, 100.
319 Vgl. Born/Caparini 2007.
320 Vgl. Heinsohn 2014.

die Rechte der Minderheit in einem laufenden Untersuchungsverfahren? Auch Sanktionspotenziale sind ungleich verteilt. Das Recht, harte Strafen bei mangelnder Auskunftsfreudigkeit der Regierung zu verhängen, liegt in weiten Teilen bei der parlamentarischen Mehrheit; nur diese kann der Regierung das Misstrauen aussprechen, den Rücktritt einzelner Regierungsmitgliedererzwingen oder im Rahmen der Gesetzgebung „bestrafen" (zum Beispiel durch die Weigerung, Mittel zu bewilligen). Die Opposition und die einzelnen Abgeordneten sind auf die indirekten Sanktionsmöglichkeiten angewiesen, die in ihrer Wirkung ungleich schwerer kalkulierbar sind.

Eine besondere Rolle bei der indirekten Sanktion spielen die Medien. Diese können in Handlungseinheit mit der Opposition eine kritische Öffentlichkeit aufbauen. Ob dies gelingt, ist schwer vorhersehbar: Werden journalistische Medien die Kritik der Opposition aufgreifen und thematisieren? Wie werden die Medienkonsument:innen auf die veröffentlichten Informationen reagieren? Dabei können online-basierte (Eigen-)Medien und Social Media bei der Verbreitung von kritischer Information eine wichtige Rolle spielen und auf die Berichterstattung durch die journalistischen Medien Einfluss nehmen.

Kontrolle stößt schließlich auch dort an Grenzen, wo sich die Grenzen auflösen. Infolge der Politikverflechtung über die verschiedenen Ebenen hinweg verschwimmen die Verantwortlichkeiten. Transparenz nimmt ab. Damit sinken die Chancen des Parlaments, die Tätigkeit der Regierungsakteure zu überprüfen und sie gegebenenfalls zur Rechenschaft zu ziehen. Die Exekutiven werden zu erfolgreichen Mehrebenenspielern. Mit Blick auf die Verflechtung von nationaler und EU-Ebene ist die Rede von den „two-level games".[321] Welche Trümpfe setzen die Regierungen in diesem Spiel ein? Beispielsweise (1) „scape-goating" und (2) „credit blaming": Mit diesen beiden Strategien können die in der EU vertretenen Regierungsakteure ihre konkrete Verantwortlichkeit gezielt verschleiern. Entweder (1) machen sie andere Akteure für in ihren Ländern ungeliebte Entscheidungen verantwortlich (die EU-Kommission, andere Mitgliedstaaten etc.). Oder (2) sie stufen von anderen herbeigeführte Entscheidungen, die in ihren Heimatländern auf Zustimmung stoßen, als ihr Verdienst ein.

Solche „two-level games" finden nicht nur infolge der Europäisierung, sondern auch im Kielwasser der internationalen Kooperation statt. Hier ist es aufgrund der üblichen Vertraulichkeit von intergouvernementalen Beratungen gleichfalls schwierig, effektive parlamentarische Kontrolle auszuüben. Die Parlamente stehen vor der Herausforderung, relevante Informationen auf verschiedenen Ebenen und in unterschiedlichen Arenen sichten, akquirieren und bewerten zu müssen, wollen sie die Regierungsarbeit kontrollieren – eine Herkules-, wenn nicht gar eine Sisyphus-Aufgabe.

---

[321] Vgl. Putnam 1988.

2.4. Kommunikationsfunktion
2.4.1. Funktionslogik

„Man kann nicht nicht kommunizieren" – dieses berühmte Wort von Paul Watzlawick gilt auch für Parlamente. Organisationen wie die Volksvertretungen kommunizieren fortwährend nach innen und außen. Kommunikation spielt bereits bei der parlamentarischen Wahl-, Gesetzgebungs- und Kontrollfunktion eine Rolle. Wird im Weiteren die Kommunikationsfunktion als eigene Aufgabe herausgegriffen, dann mit dem Schwerpunkt auf der Vermittlungstätigkeit von Parlament und Abgeordneten, also ihrer Aufgabe als „intermediäre" Akteure.

Dabei kann wieder auf die zwei Repräsentationsdimensionen Bezug genommen werden: (1) auf die *Responsivität*, d.h. die Aufnahme von Präferenzen der Bevölkerung und ihre Artikulation in den Entscheidungsbereich hinein; (2) auf die *politische Führung*, d.h. die Vermittlung von politischen Entscheidungen und die Aufklärung über den gesellschaftlichen Interessenpluralismus. Walter Bagehot (s. o.) bezeichnet die erste Teilfunktion als „expressive function": Den Herrschenden sei zur Kenntnis zu bringen, was das Volk denke. Die zweite Teilaufgabe erinnert an Bagehots „teaching" und „informing function": Das Parlament solle der Bevölkerung vermitteln, welche Meinungen in der Gesellschaft vertreten werden.

Noch profilierter als bei Bagehot findet sich die Kommunikationsaufgabe bei John Stuart Mill. Wie geschildert sieht Mill in der öffentlichen Debatte den entscheidenden Beitrag parlamentarischer Körperschaften. Ihre Aufgabe sei es primär, Transparenz und Öffentlichkeit herzustellen, das Volk zu vertreten und über dessen Angelegenheiten zu diskutieren (s. o.).

Warum ist es aus demokratietheoretischer Perspektive so wichtig, dass das Parlament diese kommunikativen Funktionen erfüllt? Die Artikulation der Bevölkerungsinteressen in den Entscheidungsbereich hinein ist eine der ursprünglichsten Parlamentsaufgaben. In den Frühzeiten des Parlamentarismus galt es, durch das „Gespräch", das „parlamentum", die Krone über die Sichtweisen und die Lage der Untertanen zu informieren – ohne dass dies zwingend Einfluss auf die Entscheidungen des Souveräns mit sich brachte. Waren zunächst nur die Freien, später die Stände im königlichen Rat vertreten, wurden durch die Ausweitung des Wahlrechts immer mehr Teile der Bevölkerung artikulationsfähig. Das Parlament wurde zum „Forum" der Artikulation unterschiedlicher gesellschaftlicher Interessen. Und die Artikulationen wurden immer verbindlicher für die Entscheidungen der Monarchen.

„Wer reden will, muss hören."[322] Um die Interessen der Bevölkerung zu artikulieren, braucht das Parlament die Fähigkeit, parlamentsexterne Kommunikation aufzunehmen. Es muss offen sein für die Anfragen, die Bitten, die Anliegen, die ihm seitens der Repräsentierten angetragen werden. Parlamente benötigen effektive „linkages", also Verbindungskanäle, zur Bevölkerung.

---

322 Scherer 2002.

Dass das parlamentarische Handeln und Reden wiederum meinungsbildend auf die Bevölkerung zurückwirkt, ist die zweite kommunikative Facette des Parlaments. Die Volksvertretung trägt durch ihre Außenkommunikation zur Entstehung eines öffentlichen Raumes bei. Diese politische Öffentlichkeit ist gesellschaftlich wichtig. Zum einen bietet sie einen Ort, innerhalb dessen Meinungen ausgetauscht werden und sich in der Auseinandersetzung eine „öffentliche Meinung" herausbilden kann. Zum anderen trägt eine solche Form von Öffentlichkeit zur Integration der Gesellschaft bei, indem sie geteilte Räume für die gegenseitige Wahrnehmung schafft.[323]

Ist es für diese kommunikative Aufgabe notwendig, dass das Parlament repräsentativ für die Bevölkerung ist, also dass alle gesellschaftlichen Gruppen ihrer Stärke entsprechend oder überhaupt vertreten sind? Die Realität des modernen Parlamentarismus liegt davon weit entfernt: Abgeordnete sind – wie angesprochen – zumindest auf nationaler Ebene zu „Profis" geworden, die nicht nur *für* die Politik, sondern auch *von* der Politik leben. Die Fluktuation zwischen Parlament und nicht-politischen Berufsfeldern ist gering; die „Feierabendparlamentarier:innen" stellen die große Ausnahme dar. Entsprechend spiegeln die Parlamente schon längst nicht mehr die Gesellschaften wider, die sie repräsentieren sollen.

Die Forderung, die gesellschaftliche Pluralität müsse sich „eins zu eins" im Parlament wiederfinden, ist also weit von der Wirklichkeit des modernen Parlamentarismus entfernt. Die Spiegelbildlichkeit des Parlaments wäre keine hinreichende Bedingung für gute Kommunikation und Repräsentation – so Hanna Pitkin: „The fact that a man or an assembly is a very good descriptive representation does not automatically guarantee that they will be good representatives in the sense of acting for, that their activity will really be representing".[324] Eulau und Wahlke, zwei „Leuchttürme" der US-Abgeordnetenforschung, gingen soweit, denjenigen Naivität zu unterstellen, die glaubten, dass repräsentative Repräsentanten die besseren wären.[325]

Nichtsdestoweniger könnte die soziodemografische Spiegelbildlichkeit des Parlaments dazu führen, dass Entscheidungen besser kommuniziert und akzeptiert werden. Entscheidend ist dabei nicht nur, was die Abgeordneten konkret im Parlament tun, sondern auch das „Vertretenheitsgefühl" der Repräsentierten.[326]

Die kommunikative Führungsaufgabe beinhaltet schließlich nicht nur die Darstellung des gesellschaftlichen Pluralismus, sondern noch eine weitere Herausforderung: Die Vermittlung und Begründung von Entscheidungen des Parlaments oder der Regierung gegenüber der Bevölkerung. Die Rechtfertigung von Entscheidungen ist Teil der demokratischen Rechenschaftspflicht der Volksvertretung. Sie ist die Voraussetzung für die Akzeptanz und gesellschaftliche Verbindlichkeit von parlamentarischen Beschlüssen.

---

323 Vgl. Marschall/Weiß 2011.
324 Pitkin 1967: 142.
325 Vgl. Eulau/Wahlke 1978: 17.
326 Vgl. Elsässer/Schäfer 2022; Siefken/Kühne 2021.

Kurzum: Die parlamentarische Kommunikationsfunktion nimmt Einfluss auf die *Herstellung* von Politik, wenn gesellschaftliche Präferenzen in den staatlichen Entscheidungsbereich hinein vermittelt werden. Sie trägt auch zur *Darstellung* von Politik und damit zur Akzeptanz der parlamentarischen Arbeit und der Demokratie bei.[327]

2.4.2. Funktionserfüllung

Wie erfüllen Parlamente ihre kommunikativen Aufgaben? Wie schaffen sie Raum für die Artikulation von Präferenzen und Interessen der Bevölkerung? Mit welchen Instrumenten wird nach innen und außen kommuniziert und Öffentlichkeit hergestellt?

Kommunikation nach innen

Ein traditioneller und formaler Weg der „Aufnahme" gesellschaftlicher Anliegen ist das Petitionsverfahren. Das Recht der Bürger, „Eingaben" zu machen, hat eine lange Geschichte. Diese reicht bis in die römische Antike zurück. In den neuzeitlichen Monarchien hatten die Menschen die Möglichkeit, sich mit ihren Anliegen direkt an die Herrschenden zu wenden. Der Adressat solcher Eingaben ist im Laufe der Parlamentarisierung die Volksvertretung geworden. In zeitgenössischen Parlamenten lassen sich zwei Formen der Verarbeitung von Petitionen finden: Zum einen können die Petitionen durch einen eigens eingerichteten Ausschuss aufgenommen und bearbeitet werden. Zum anderen kann in Gestalt einer Ombudsperson ein/e Beauftragte/r die Anfragen aufnehmen und weiterleiten. Das Modell des „ombudsman" („Vermittler", „Fürsprecher") stammt aus dem skandinavischen Raum: In Schweden gibt es diese Institution schon seit über 200 Jahren. Die Ombudsleute verfügen üblicherweise über einen eigenen Stab sowie geregelte Möglichkeiten der Informationsgewinnung und Artikulation. Sie sind in ihrer Rechtsstellung von der parlamentarischen Mehrheit unabhängig. Einige Systeme kennen beide Formen der Bearbeitung von Beschwerden und Eingaben. So gibt es im britischen Unterhaus sowohl einen Petitionsausschuss als auch eine Ombudsperson. Gleiches gilt für das Europäische Parlament (s. u.).

Eine besondere Form der Bearbeitung kann bei den sogenannten „Massenpetitionen" angezeigt sein. Massenpetitionen sind Anliegen, die von einer sehr großen Gruppe von Personen vorgetragen werden. Ist die Verarbeitung von Massenpetitionen verbindlich und erfordert diese eine Behandlung im Parlament, nähert sich dieses Instrument einer anderen Form der Aufnahme der Präferenzen der Bevölkerung an: der Volksinitiative. In diesem direktdemokratischen Verfahren kann ein festgelegtes Quorum der Bevölkerung das Parlament zwingen, sich mit einem Antrag auseinanderzusetzen; die abschließende Entscheidung liegt aber beim Parlament. So müssen in Österreich Vorlagen, die Unterschriften von mindestens 100.000 Bürger:innen tragen, im Parlament behandelt werden. Ähnliche Regelungen gibt es in Spanien, Italien, Polen, Ungarn und weiteren Staaten.

---

327 Vgl. Sarcinelli/Tenscher 2008.

Dabei hat sich das gesamte Petitionswesen in den vergangenen Jahren weitreichend digitalisiert. Petitionen können üblicherweise jetzt online eingereicht und in vielen Fällen auch online signiert und diskutiert werden. Dabei haben die digitalen Möglichkeiten auch Auswirkungen auf die Funktionalität des Verfahrens.[328]

Jenseits des Formalen: Die nach innen gerichtete Kommunikation des Parlaments läuft größtenteils informell ab. Über die Wahlkreisarbeit nehmen die Abgeordneten Stimmungen und Präferenzen ihrer Repräsentierten auf. Alte und neue Kommunikationsformen (vom Postbrief bis Instagram) geben den Menschen Möglichkeiten, sich an ihre Abgeordneten oder an das Parlament als Ganzes zu wenden.

Die Abgeordneten nutzen die zahlreichen kommunikativen Schnittstellen zur Regierung oder zu anderen Abgeordneten, um die von ihnen wahrgenommenen Interessen der Menschen in den politischen Prozess einzubringen. Schließlich gelangen die Präferenzen der Bevölkerung noch über die „funktionale" Repräsentation ins Parlament – wenn die Interessen in ihrer organisierten Form durch Lobbying oder personelle Verflechtungen Zugang zum Parlament erhalten.[329]

Die Interessenartikulation kann aber auch öffentlich vonstattengehen. So haben die Abgeordneten selbst die Möglichkeit, in den Plenardebatten Anliegen der Bevölkerung „coram publico", also vor der Öffentlichkeit, einzubringen. Überdies verfügen Parlamente über spezielle Fenster für die Artikulation aktueller Anliegen: Hierzu können zum Beispiel bestimmte interpellative Verfahren dienen, in denen drängende Entwicklungen aufgegriffen werden und das Parlament in öffentlicher Beratung Stellung bezieht. Einige Parlamente verfügen außerdem über Formate wie „Aktuelle Stunden" („topical hours"/„urgency debates"), in denen – üblicherweise ohne sich anschließende Beschlussfassung – kurzfristig ein Thema auf die Agenda gesetzt und im Plenum diskutiert werden kann (z. B. Italien, Österreich, Schweiz). Diese Form öffentlicher Artikulation stellt einen Schnittbereich zwischen der Binnen- und Außenkommunikation von Parlamenten dar.

Kommunikation nach außen

Parlamente können auf zwei Wegen versuchen, nach außen zu kommunizieren: Indem sie sich in ihrer Arbeitsweise der Medienbeobachtung gegenüber öffnen oder indem sie offensives „Kommunikationsmanagement" betreiben.[330]

In allen demokratischen Parlamenten finden die Verhandlungen im Plenum öffentlich statt. In der Regel handelt es sich bei dieser „Öffentlichkeit" um die „Rundfunköffentlichkeit": Eine Übertragung der Plenarverhandlungen durch Ton- und Bildmedien ist – soweit recherchierbar – in demokratischen Systemen zum Standard geworden. Das britische Unterhaus hat sich noch lange gegen die Übertragung durch visuelle Medien gesperrt und erst in den 1980er Jahren seine Verhandlungen der Fernsehöffentlichkeit zugänglich gemacht.[331] Die Öffentlichkeit der

---

328 Vgl. Riehm u.a. 2014.
329 Vgl. Liebert 1995; Binderkrantz 2014.
330 Vgl. zum Folgenden Marschall 2009, 2015.
331 Vgl. Schiller 2002.

Ausschusssitzungen ist wie erwähnt nicht bei allen Parlamenten üblich. In der Mehrzahl der Länder tagen die Komitees nicht-öffentlich.[332]

Die Artikulation der Parlamente nach außen, die Darstellung ihrer Entscheidungen und ihrer sonstigen Arbeit, findet bei den meisten Parlamenten zusätzlich mithilfe eines modernen Kommunikationsmanagements statt. Parlamentarische Öffentlichkeit wird nicht nur durch die beobachtbare parlamentarische Arbeit hergestellt, sondern auch durch vielfältige Formen von „Public Relations", von Medien- und Öffentlichkeitsarbeit.[333] Parlamente produzieren eigene „Medien", mit denen sie die Ergebnisse ihrer Arbeit sowie ihre Arbeitsweise darstellen; sie stellen Print-, Video- oder Audiomaterial bereit, mit dessen Hilfe sie über ihre Arbeit Bericht erstatten. Von einigen nationalen Volksvertretungen werden auch eigene Fernsehsender betrieben (ggf. in Kooperation mit einem privaten oder öffentlich-rechtlichen Anbieter), die unmittelbar aus dem Parlament berichten („Parlamentsfernsehen").[334] Zahlreiche andere Instrumente des Kommunikationsmanagements (Tage der offenen Tür, Seminare, Ausstellungen) ergänzen das Repertoire.

Schließlich arbeiten Parlamente durchweg mit online-basierten Medien.[335] Ein Minimalangebot ist dabei die Bereitstellung einer parlamentseigenen Web-Seite; oft besteht über diese die Möglichkeit, Plenarverhandlungen im Live-Streaming zu verfolgen respektive auf ein Video-Archiv zurückzugreifen. Aber auch die sozialen Medien sind längst Teil der parlamentarischen Öffentlichkeit geworden – als ein effektiver Weg, über die eigene Arbeit zu berichten und sich unmittelbar mit den Bürger:innen zu vernetzen.[336]

2.4.3. Funktionsprobleme

Will das Parlament Öffentlichkeit aufbauen, um seiner kommunikativen Repräsentationsaufgabe gerecht zu werden, dann tut es dies nicht im luftleeren Raum. Parlamente bewegen sich – wie die anderen politischen Akteure – in „Mediengesellschaften"[337], also in Gesellschaften, in denen die traditionellen Massenmedien (Fernsehen, Hörfunk, Presse) und die Online-Medien eine wichtige Rolle bei der Herstellung und Darstellung von Politik spielen. Dass dies Auswirkungen auf den Gesetzgebungsprozess haben kann, ist bereits angesprochen worden. Generell gilt: Öffentlichkeit und speziell parlamentarische Öffentlichkeit kann nur mithilfe technischer Medien hergestellt werden.

Nun sind aber die Strukturen der Medien- und Netzöffentlichkeit nicht durchweg so, dass sie das Parlament in seiner Artikulations- und Forumsaufgabe unterstützten. Vielmehr ist die These von einem „parlamentsunfreundlichen" Strukturwan-

---

332 Vgl. von Beyme 2014: 178. Siehe Kapitel II.
333 Vgl. Marschall 2009.
334 Vgl. Mizrahi 2003.
335 Vgl. Griffith/Leston-Bandeira 2012; Joshi/Rosenfield 2013; Tenscher/Will 2010.
336 Vgl. Schwanholz u.a. 2018; Griffith/Leston-Bandeira 2012; Norton 2020.
337 Zum Begriff: Saxer 1998.

del des Mediensystems aufgestellt worden – primär mit Blick auf die klassischen journalistischen Medien.[338]

Parlamentarische Kommunikation – so die Beobachtung – wird in den journalistischen Massenmedien marginalisiert.[339] *Marginalisierung* meint, dass das Parlament in der massenmedialen Berichterstattung nicht die zentrale Stellung einnimmt, die es (zumindest formal) im politischen Prozess hat. Die Volksvertretungen stehen mit anderen politischen und nicht-politischen Akteuren in Konkurrenz um Sendeplätze in den Medien; sie können dabei nicht ohne Weiteres auf privilegierte Wahrnehmung hoffen. Bei der Frage, worüber die Massenmedien berichten, sind Kriterien leitend, die das Parlament benachteiligen; beispielsweise lassen sich Parlamente nicht in der Form „personalisiert" darstellen wie andere staatliche Organisationen, z. B. Regierungen, an deren Spitze eine prominente Person steht. In parlamentarischen Systemen schwinden ohnehin die Konturen der parlamentarischen Arena, wenn die Regierungsmitglieder zugleich Mitglieder des Parlaments sind und/oder Rederecht im Parlament genießen und somit dort als prominente Akteure auftreten. Die Handlungseinheit „Regierung und parlamentarische Mehrheit" erschwert eine Profilierung von Parlamenten – zumindest von „parlamentarischen Parlamenten".

Wenn in den Massenmedien über das Parlament berichtet wird, dann steht in der Regel das Plenargeschehen im Vordergrund. Dies kann zu einer verzerrten Wahrnehmung davon führen, was Parlamente und Abgeordnete tun.[340] Und zu einem Imageproblem: Das Parlament wirkt als Ort des parteipolitischen Streits, nicht der offenen Diskussion und sachkundigen Entscheidung.

Ob eigene Parlamentskanäle, die entweder von den Parlamenten selbst oder wie der US-amerikanische Sender C-SPAN von privaten Anbietern betrieben werden, diese Defizite heilen könnten, ist fraglich. Die entsprechenden Einschaltquoten liegen weit unter denen der führenden TV-Programme. Schließlich können auch Sender, die mehr oder weniger ausschließliche oder zumindest weitreichende Parlamentsberichterstattung leisten (wie z. B. der deutsche Sender PHOENIX), bestimmte Barrieren des Mediums Fernsehen nicht überspringen: Sie sind auf Bildmaterial angewiesen. Folglich können sie nur einen Teil des parlamentarischen Geschehens vermitteln, nämlich überwiegend den sichtbaren. Die Komplexität und Vielschichtigkeit der parlamentarischen Arbeitsprozesse und -ergebnisse bleiben unvermittelbar.

Das Aufkommen der computervermittelten Kommunikation hat die Frage nach Grenzen und Möglichkeiten parlamentarischer Kommunikation wiederbelebt. Mit dem Internet war die Hoffnung verbunden, dass parlamentarische und politische Öffentlichkeit einen neuen Ort findet, an dem ungefiltert und unmittelbar wechselseitige Kommunikation zwischen Vertretern und Vertretenen stattfinden könne.[341]

---

338 Vgl. zum Folgenden Marschall 2003.
339 Vgl. für die Berichterstattung über den Deutschen Bundestag Hierlemann/Sieberer 2014.
340 Vgl. Marschall 2015.
341 Vgl. z. B. Grossman 1995.

In der Tat sind die Parlamente nicht lange offline geblieben und haben sich – wie erwähnt – der technischen Plattform und seiner Möglichkeiten bedient. Und das auf allen Ebenen: Sowohl die einzelnen Abgeordneten als auch die Fraktionen sowie die Parlamente als Gesamtorganisationen setzen Online-Kommunikation ein. Wie aber generell das Internet einige hochgeschraubte demokratietheoretische Erwartungen nicht erfüllen konnte, so muss die Bilanz bei der parlamentarischen Öffentlichkeit ebenso ernüchternd ausfallen. In der gesamten Internet-Nutzung spielt die politische und parlamentarische Kommunikation nur eine marginale Rolle – trotz der zahlreichen Bemühungen seitens der Volksvertretungen.[342]

Aber trotz so manch enttäuschter Hoffnungen ist das Glas zugleich auch halbvoll: Das Internet bietet in der Gesamtschau (wenn auch nicht für alle gleichermaßen) eine Vielzahl von verbesserten Möglichkeiten, parlamentarische Informationen zu erhalten und mit Volksvertretungen wie Abgeordneten in Kontakt zu treten – insbesondere über Social-Media-Kanäle. Die Konturen dieser parlamentarischen Netzöffentlichkeit unterliegen einer besonderen Dynamik und sind auch durch die Corona-Pandemie nochmals gestärkt worden, als sich parlamentarische Kommunikation und Interaktion weitestgehend auf das Netz verlagert hatte.

Schließlich bleibt noch festzuhalten, dass nicht die gesamte Kommunikation des Parlaments von Medialisierungsprozessen betroffen ist: Unberührt von der Wirkung der Medien bleiben die vielfältigen unmittelbaren, informalen und nicht-sichtbaren Kanäle der Kommunikation zwischen Menschen und Parlament, z. B. das persönliche „face to face"-Gespräch.

3. Funktionale Parlamentstypologien

Nachdem nun alle vier Funktionen durchdekliniert sind: Welchen Erkenntniswert bringt eine solche Analyse parlamentarischer Aufgaben? Zunächst kann sie als Checkliste dienen, mithilfe derer die Rolle eines Parlaments in einem politischen System bestimmt werden kann. Zwar stand am Anfang des Kapitels die Warnung Loewenbergs, dass die Funktionen kein gutes Bestimmungsmerkmal für Parlamente sind. Ihre Analyse ist aber unerlässlich für die Einschätzung des Grads an „Parlamentarismus", also der jeweiligen Stellung der Parlamente in den verschiedenen politischen Systemen, und damit auch für die demokratisierende Wirkung von parlamentarischen Körperschaften.

Die Funktionsliste bietet auch die Grundlage dafür, den Wandel von Parlamentarismus über die Zeit hinweg zu erfassen – zumindest wenn dieser Wandel (auch) ein „Funktionswandel" ist. Dabei stellt sich dann im Einzelnen die Frage, welche Funktionen an Gewicht verloren, welche eventuell an Bedeutung gewonnen haben – oder ob es sich um einen generellen Funktionsverlust der Parlamente handelt (s. Kapitel VI).

Eine Auflistung von parlamentarischen Funktionen erlaubt es aber auch, Parlamente in Gruppen einzuordnen und somit ein wenig Ordnung in die Vielzahl parlamentarischer Körperschaften zu bringen. Auf der Grundlage der Funktions-

---

342 Vgl. Schliesky 2024; Vowe 2024.

analysen lassen sich Parlamente typologisieren. Voraussetzung dafür ist: Nicht alle Parlamente üben dieselben Funktionen in gleicher Stärke aus. Und dies ist in der Tat der Fall. Einige solcher Ansätze, Parlamente entlang ihrer Aufgabenschwerpunkte zu gruppieren, werden im Folgenden vorgestellt.

3.1. Parlamente vs. Legislaturen

Bis hierhin wurde zumeist der Begriff „Parlament" als Synonym für Volksvertretungen verwendet. Gelegentlich ist aber auch vom „Gesetzgeber" oder in Englisch von der „legislature" (auf Deutsch ein wenig sperrig: „Legislatur") die Rede gewesen.

Zwischen dem Begriffspaar „Parlament" und „Gesetzgeber" – respektive „parliament" und „legislature" im Angelsächsischen – wird nicht immer strikt unterschieden. Die traditionelle vergleichende Parlamentarismusforschung (oder „Legislaturenforschung"!) entscheidet sich in der Regel für eines der beiden Wörter: Jean Blondel, Michael L. Mezey und Nelson W. Polsby bevorzugen „legislatures"[343], David M. Olson spricht von „Democratic legislative institutions"[344]; die Interparlamentarische Union greift auf den Begriff „parliament" zurück.[345] Philip Norton verwendet in seinen zahlreichen Publikationen beide Begriffe.[346] Deutschsprachige vergleichende Publikationen benutzen mit Vorliebe das Wort „Parlament".[347]

Verwendet man – wie Klaus von Beyme vor geraumer Zeit – in einem deutschen Buchtitel die Bezeichnung „Gesetzgeber" für den Bundestag (ein Begriff, der eher in der Rechtswissenschaft als in der Politikwissenschaft zu Hause ist), dann drückt sich darin bereits eine provokante Forschungsfrage aus: ob der formale Gesetzgeber überhaupt noch der faktische Gesetzgeber ist.[348]

Daran wird deutlich: Hinter den beiden Begriffen Parlament und Legislatur stehen konkrete Vorstellungen darüber, was die Aufgaben von Volksvertretungen sind oder sein sollten. Die Bezeichnung „Parlament" kann dabei auf eine längere Begriffsgeschichte bauen und verweist auf die ursprüngliche Bestimmung parlamentarischer Körperschaften, nämlich den Monarchen ein Gesprächs- und Beratungsforum zu bieten. Der Begriff der „legislature" tauchte erst dann auf, als die „Parlamente" begannen, auch im Gesetzgebungsbereich Kompetenzen zu gewinnen.

Vor diesem Hintergrund finden sich Vorschläge, die beiden Begriffe sauber zu unterscheiden. Einen solchen Vorschlag unterbreitet Winfried Steffani. Er weist den Begriff der „legislature" den Körperschaften im präsidentiellen System zu, während – so Steffani – von einem „Parlament" nur in einem parlamentarischen

---

[343] Vgl. Blondel 1973; Mezey 1979; Polsby 1975.
[344] Vgl. Olson 1994.
[345] Vgl. Interparlamentarische Union 2011.
[346] „Legislatures" in Norton 1990, 1998, 2020, Norton/Olson 2007b; „parliaments" in Norton 1996, 1999a, 1999b, 2002, 2012, 2013.
[347] Vgl. Marschall 2016.
[348] Vgl. von Beyme 1997.

System die Rede sein könne. Dafür spricht, dass auch in der angelsächsischen Literatur dann von „parliament" die Rede sei, wenn über das britische Unterhaus, also einem Parlament in einem parlamentarischen System, gesprochen wird.[349]

Das typische Merkmal eines „parliament" sei, so Steffani, dass es in erster Linie Macht über die Zusammensetzung der Regierung habe – also eine besonders effektive Wahl- und Abwahlkompetenz. Eine „legislature" beziehe hingegen ihren Einfluss hauptsächlich aus der Gesetzgebungs- und Haushaltsbewilligungskompetenz. Will man beide Typen als „Parlamente" bezeichnen, schlägt Steffani die Erweiterungen „präsidentielles Parlament" für die „legislatures" und „parlamentarisches Parlament" für die „parliaments" vor.[350] Im Sinne einer funktionalen Typologie werden somit entlang der jeweiligen Aufgabenschwerpunkte aus der Gesamtmenge parlamentarischer Körperschaften zwei Untergruppen gebildet. Welche Aufgaben ein besonderes Gewicht haben, hängt letztlich davon ab, in welcher Staatsform die Körperschaften jeweils eingebaut sind.

3.2. Redeparlamente vs. Arbeitsparlamente (Winfried Steffani)

Mit dem Namen Winfried Steffani ist eine weitere wichtige funktionale Typologie verbunden: die Unterscheidung zwischen „Rede-" und „Arbeitsparlament". Auf diese Wortschöpfungen ist in der Parlamentarismusforschung immer wieder Bezug genommen worden. Steffani greift dabei die Logik der Gegenüberstellung von „parliament" und „legislature" auf, allerdings aus einer anderen Perspektive.

Wie gelangt er zu dieser Typologie? Steffani wirft als Erstes einen Blick auf die „Considerations on Representative Government" von John Stuart Mill, der – wie bereits erwähnt – die Hauptaufgabe von Parlamenten in der öffentlichen Debatte sieht. Mit John Stuart Mill ist Steffani bei seinem ersten Typus angelangt, dem Redeparlament, von dem er in einem zweiten Schritt das Arbeitsparlament abgrenzt.

(1) Redeparlamente: Die Parlamente, die Steffani so benennt, zeichneten sich dadurch aus, „eminent politisch" zu sein.[351] Was meint er damit? Ein Redeparlament erhebt nach Steffani den Anspruch, „das wichtigste Forum der öffentlichen Meinung, die offizielle Bühne aller großen, die Nation bewegenden politischen Diskussionen zu sein".[352] In solchen Parlamenten stehe das Geschehen im Plenum, in der Vollversammlung der Abgeordneten, im Mittelpunkt. Entsprechend nachrangig sei die Arbeit in den Ausschüssen. Damit aus einem Parlament ein Redeparlament werden könne, müssten folgende Bedingungen erfüllt sein: (A) Regierungschef:in und Oppositionsführer:in sind Mitglieder des Parlaments oder haben zumindest Rederecht respektive Auskunftspflicht. Denn das Redeparlament lebe davon, dass die „wichtigsten Redepartner entscheidende politische Macht repräsentieren".[353] (B) Es existiert ein öffentlicher Raum, der die Reden im Parlament nicht ins Leere laufen

---

349 Vgl. Steffani 1988: 260 f.; bereits Steffani 1979a: 92-94; vgl. auch von Beyme 2014: 139.
350 Steffani 1988: 261.
351 Vgl. Steffani 1979b: 333.
352 Steffani 1979a: 96.
353 Ebd.

lässt: „Das Redeparlament bleibt weitgehend stumm, wenn die Massenmedien ihre Vermittlungsfunktion zwischen Parlament und Öffentlichkeit nicht hinreichend wahrnehmen".[354] Insbesondere die parlamentarische Opposition solle mit den Instanzen der „öffentlichen" Meinung „zusammenspielen", damit effektive politische Kontrolle stattfinden kann. Als Prototyp eines Redeparlaments führt Steffani das britische Unterhaus an.

(2) Arbeitsparlamente: Parlamente, die in diese Kategorie fallen, haben den „Charakter einer betont politischen interessierten Spezialbürokratie".[355] Nicht die öffentliche Debatte, sondern die Sach- und Facharbeit stünden im Mittelpunkt parlamentarischer Tätigkeiten. Der Kern der Arbeit finde in den (Fach-)Ausschüssen statt; das Plenum spiele eine nachgeordnete Rolle. Der US-Kongress stellt für Steffani den Prototyp eines Arbeitsparlaments dar.

Mit der Unterscheidung zwischen Arbeits- und Redeparlament zieht Steffani funktionale Kriterien heran: Welche Aufgaben haben Parlamente primär zu erfüllen? Aufgaben, die mit Kommunikation zusammenhängen, oder Aufgaben, die mit der Gesetzgebung zu tun haben? Je nach funktionaler Ausrichtung unterscheiden sich die Arbeitsformen der Körperschaften: Wird die Kommunikationsaufgabe akzentuiert (Redeparlament), dann steht die Plenararbeit im Mittelpunkt parlamentarischen Geschehens. Wird auf die Gesetzgebungsfunktion höchstes Gewicht gelegt (Arbeitsparlament), spielt die Ausschussarbeit die zentrale Rolle. Die im Kapitel II angeführte Gegenüberstellung der Rolle parlamentarischer Ausschüsse im US-Kongress und im britischen Unterhaus veranschaulicht die unterschiedliche Bedeutung der „committees" in einem Arbeits- respektive in einem Redeparlament (vgl. Tabelle 2.2).

Steffani entwickelt – wie er selbst einräumt – „extreme Parlamentsmodelle"[356], obschon er die beiden Pole mit zwei real existierenden Parlamenten (US-Kongress, House of Commons) exemplarisch besetzen kann. Dass es aber auch Fälle zwischen den Extremen geben mag, verdeutlicht allein schon seine Einstufung des Deutschen Bundestages als „Zwischenform".[357] Somit bietet Steffanis Unterscheidung keine strenge Einteilung von Parlamenten in zwei trennscharfe Klassen. Vielmehr lassen sich parlamentarische Körperschaften auf einem Kontinuum verorten, das von den beiden „Idealtypen" Rede- und Arbeitsparlament aufgespannt wird.

3.3. „Transformative Legislatures vs. Arenas" (Nelson W. Polsby)

Nelson W. Polsby steuert in seinem viel zitierten Beitrag über „legislatures" im „Handbook of Political Science" aus dem Jahr 1975 ebenfalls einen Vorschlag zur Typologisierung von Parlamenten bei.[358] Auch er berücksichtigt dabei die Funktionen und Kompetenzen von Parlamenten. Polsby unterscheidet zwischen „transformative legislatures" und „arenas" – je nachdem wie stark die jeweilige

---

354 Ebd.
355 Ebd.: 97.
356 Ebd.
357 Ebd.: 103.
358 Vgl. Polsby 1975.

Körperschaft in ihren gesetzgeberischen Tätigkeiten von parlamentsexternen Einflüssen abhängig ist.

Transformative Parlamente zeichnen sich dadurch aus, dass sie in der Lage sind, Vorschläge (aus welcher Quelle auch immer) in Gesetze zu übertragen und dabei vergleichsweise unabhängig vorzugehen. Als Beispielsfall erwähnt Polsby den US-Kongress. Demgegenüber steht der Arena-Typ: „Arenas" fungieren als „formalized settings for the interplay of significant forces in the life of a political system".[359] Hier wirkten andere politische und gesellschaftliche Kräfte weit in die Gesetzgebungskompetenz der Parlamente hinein. Das britische Parlament ist für Polsby der Prototyp einer „arena".

Drei Faktoren tragen, so Polsby, dazu bei, ob ein Parlament mehr oder weniger transformative Kapazitäten hat – Faktoren, die nicht zuletzt auf die Rolle der Parteien innerhalb und außerhalb des Parlaments abstellen[360]:

(1) Je größer die Koalition, die von der dominanten parlamentarischen Gruppe gebildet wird, desto „transformativer" ist ein Parlament, desto unabhängiger kann es legislativ tätig sein.

(2) Je weniger zentralisiert und hierarchisiert die Führung der Parteien ist, desto unbeeinflusster arbeitet ein Parlament als Gesetzgeber.

(3) Je weniger die gesetzgeberischen Mehrheiten auf bestimmte programmatische Punkte fixiert sind, desto eher handelt es sich um ein transformatives Parlament.

Die Existenz von Ausschüssen in einem Parlament könne einen guten Hinweis auf die transformative Qualität des „Gesetzgebers" geben – allerdings keinen hinreichenden. Dazu müsse mehr über die Qualität der Ausschüsse in Erfahrung gebracht werden, z. B. ob diese autonom arbeiten können.

Die beiden extremen Prototypen spannen – wie auch bei Winfried Steffani – ein Kontinuum auf, auf dem sich die übrigen real existierenden Parlamente aufreihen lassen: „Between the pure cases of arenas and transformative legislatures there stretches a continuum".[361] Auch ansonsten sind die Ähnlichkeiten zwischen Steffanis „Arbeits-" und „Redeparlament" auf der einen sowie Polsbys „transformative legislature" und „arena" auf der anderen Seite offensichtlich – zumal beide auf dieselben Referenzfälle (US-Kongress als „Arbeitsparlament" oder „transformative legislature", House of Commons als „Redeparlament" oder „arena") Bezug nehmen.

Bei Polsby gibt es jedoch – anders als bei Steffani – die Tendenz, die legislative Aufgabe als die entscheidende wahrzunehmen: „[W]here the power actually resides that expresses itself in legislative acts".[362] In seiner Einstufung fixiert Polsby primär auf die Ausgestaltung der Gesetzgebungsfunktion und blendet damit die Macht aus, die andere Parlamentskompetenzen entfalten können, z. B. die Kon-

---

359 Ebd.: 277.
360 Ebd.: 292.
361 Ebd.: 291.
362 Ebd.: 287.

troll-, vor allem aber die Wahlfunktion – Macht, die wiederum auf die Gesetzgebungskompetenz zurückwirken kann.

3.4. „Active vs. Marginal Legislatures" (Michael L. Mezey)

Eine weitere Typologie, die auf Parlamentsfunktionen abstellt, entwickelte Michael L. Mezey 1979. Auf sie wird – vor allem in der angelsächsischen Literatur – immer wieder Bezug genommen.[363]

Mezey stellt zwei Kriterien auf, entlang derer er Parlamente einteilt. Das erste Kriterium betrifft eine parlamentarische Funktion: Über welche gesetzgeberische Macht („policy making power") verfügt das Parlament? Zur Beantwortung zieht Mezey die jeweiligen verfassungsrechtlichen Bestimmungen heran. Das zweite Kriterium setzt bei dem gesellschaftlichen „Backing" des Parlaments an: Welchen Grad an Unterstützung genießt ein Parlament? Dabei versteht Mezey unter „Unterstützung": „a set of attitudes that look to the legislature as a valued and popular political institution".[364] Auf der Grundlage entwickelt er fünf Kategorien (vgl. Tabelle 3.4) und führt für jede Kategorie (aus der Perspektive seiner Zeit!) Beispielsfälle an: 1. verwundbare Parlamente („vulnerable legislatures"), 2. marginale Parlamente („marginal legislatures"), 3. aktive Parlamente („active legislatures"), 4. reaktive Parlamente („reactive legislatures") und 5. minimale Parlamente („minimal legislatures"). Ein Kästchen bleibt leer: Parlamente, die wenig oder keinen Politikeinfluss haben und zugleich nicht auf gesellschaftliche Unterstützung bauen können. Für diesen Typ führt Mezey keine Beispiele an.[365] Mezey stellt somit eine ausdifferenzierte Typologie vor, die nicht – wie die beiden eben aufgeführten – auf zwei Extremfällen basiert, sondern zweidimensional mehrere Typen voneinander abgrenzt.

Tabelle 3.4: Parlamentstypologie nach Michael L. Mezey

Policy Making Power	Less Supported Legislatures	More Supported Legislatures
Strong	Vulnerable Legislatures (Uruguay, Chile, Italy, Weimar ...)	Active Legislatures (U.S. Congress and American State Legislatures, Costa Rica ...)
Modest	Marginal Legislatures (Thailand, Pakistan, Peru, Iran, Argentina, Guatemala ...)	Reactive Legislatures (United Kingdom, Canada, Germany, France, Austria, Ireland, Japan ...)
Little or none		Minimal Legislatures (Soviet Union, Yugoslavia, Taiwan, Ghana, Tanzania ...)

(Quelle: Mezey 1979: 36)

---

363 Vgl. Arter 2006; Russell u.a. 2016.
364 Mezey 1979: 27.
365 Siehe zur Begründung ebd.: 42 f.

Bezeichnenderweise fokussiert Mezey einerseits auf den gesetzgeberischen Einfluss der „legislatures". Hier legt er, ebenfalls unter Ausblendung der übrigen Parlamentsfunktionen, dasselbe Kriterium wie Polsby an: Welche Macht hat ein Parlament im Gesetzgebungsprozess? Andererseits wird durch das Kriterium der gesellschaftlichen Unterstützung die Perspektive durch einen „politische Kultur"-Aspekt geweitet. Kennzeichnend für diese Typologie ist somit die Kombination eines „harten" Kriteriums (der legislativen Macht) mit einem „weichen" Kriterium (der gesellschaftlichen Unterstützung). Mezey schärft jedenfalls den Blick dafür, dass die tatsächliche Rolle von Parlamenten erst dann transparent wird, wenn man neben der formalen Macht die jeweilige politische und parlamentarische Kultur in Rechnung stellt.

Mit Mezeys Typologie wird Parlamentarismus auch in nicht-demokratischen Systemen oder in „defekten Demokratien" erfasst.[366] Dies unterscheidet seine Typologie von der, die Steffani und Polsby vorgeschlagen haben. Mezey kann somit auch Fälle wie den Obersten Sowjet der ehemaligen UdSSR oder Parlamente in Transformationsstaaten berücksichtigen.

Apropos Transformationsstaaten: Mithilfe dieser Tabelle kann auch eine zeitliche Entwicklung nachgezeichnet werden, die uns später nochmals interessieren wird, nämlich wenn aus Parlamenten in nicht-demokratischen Systemen Parlamente in demokratischen Systemen werden. Würde man heute die Tabelle füllen wollen, müsste man für die verschiedenen Felder zum Teil neue Fallbeispiele suchen. Und einige von den 1979 erfassten Fällen haben mittlerweile das Kästchen gewechselt.

Zusammenfassung

- Eine Analyse der parlamentarischen Funktionen gibt Auskünfte über die Rolle von Parlamenten im jeweiligen politischen System. Parlamentsfunktionen können normativ und empirisch diskutiert werden: Welche Aufgaben sollten Parlamente erfüllen? Welche Aufgaben erfüllen Parlamente in der politischen Wirklichkeit?
- Die ersten parlamentarischen Funktionskataloge sind von John Stuart Mill und Walter Bagehot aufgestellt worden. Obwohl sie den Parlamentarismus ihrer Zeit und ihres Landes spiegeln, wird auf sie auch heute noch immer wieder Bezug genommen.
- Zeitgenössische Funktionskataloge unterscheiden sich in dem Grad ihrer Ausdifferenzierung und in den verwendeten Begrifflichkeiten. Dennoch lässt sich ein Grundmuster von vier parlamentarischen Hauptfunktionen ausmachen: Wahlfunktion, Gesetzgebungsfunktion, Kontrollfunktion und Kommunikationsfunktion. Jenseits dieser manifesten und ausdrücklichen Funktionen können noch weitere, latente und symbolische Aufgaben der Parlamente ausgemacht werden.
- Die *Wahl-/Abwahlfunktion* fragt nach der Macht des Parlaments, über die Besetzung politischer Ämter zu entscheiden respektive Personen oder Personen-

---

366 Vgl. zum Begriff „defekte Demokratie" Merkel 2010.

- gruppen ihres Amtes zu entheben. Eine wichtige Frage ist dabei, ob und wie das Parlament auf die Zusammensetzung und den Bestand der *Regierung* verbindlichen Einfluss nehmen kann.
- Die *Gesetzgebungsfunktion* gilt mitunter als „die" Aufgabe von Parlamenten. Parlamente setzen verbindliche Normen üblicherweise in einem mehrstufigen Verfahren, wobei der Gesetzgebungsprozess auch außerhalb des Parlaments gestartet werden kann. In dem parlamentarischen Verfahren spielt dann die organisatorische Meso-Ebene, insbesondere die Ausschüsse und die Fraktionen, eine wichtige Rolle, bevor ein Gesetzentwurf vom Plenum verabschiedet wird.
- Als *Kontrollfunktion* bezeichnet man die Aufgabe von Parlamenten, die Handlungen anderer politischer Akteure zu überprüfen oder mitzugestalten. Gegenstand der Kontrolle ist vor allem die Regierung (die Exekutive), die als „Agent" die Entscheidungen des „Prinzipal" Parlament ausführen soll. Das parlamentarische Kontrollinstrumentarium ist umfangreich und die Reichweite der Sanktion abhängig von der Frage, ob eine parlamentarische Mehrheit oder Minderheit davon Gebrauch machen kann.
- Die *Kommunikationsfunktion* umfasst die Aufgaben des Parlaments als Politikvermittler: Parlamente artikulieren die Interessen der Bevölkerung und bringen diese in den politischen Prozess ein. Zudem stellen sie ihre Arbeit und Entscheidungen nach außen dar. Hierzu dient die öffentliche Plenarverhandlung ebenso wie vielfältige Formen des aktiven Kommunikationsmanagements.
- In allen vier Funktionsbereichen lassen sich Entwicklungen ausmachen, die den Parlamenten bei der Erfüllung ihrer Aufgaben Grenzen ziehen. Zum Teil sind diese Probleme situativer Natur, zum Teil aber durchaus strukturell angelegt und relativieren die Macht von Parlamenten langfristig und systematisch.
- Die Aufgabenliste ermöglicht es, für jedes Parlament eine eigene Funktionsanalyse vorzunehmen und auch Veränderungen in den jeweiligen Parlamentsaufgaben über die Zeit hinweg zu erfassen. Die Heterogenität und Wandelbarkeit der parlamentarischen Kompetenzen verdeutlichen die Schwierigkeit, Parlamente alleine entlang ihrer Funktionen zu definieren.
- Auf der Grundlage der Aufgabenbeschreibung ist es möglich, funktionsbezogene Parlamentstypen zu bilden, z. B. „parliaments" vs. „legislatures", „Arbeits-" vs. „Redeparlamente", „transformative legislatures" vs. „arenas", sowie die Einstufung von Parlamenten als „minimal", „marginal", „vulnerable", „reactive" oder „active" vorzunehmen.

Auswahlliteratur

Die klassischen Funktionskataloge von Mill und Bagehot finden sich in den folgenden Publikationen: (1) John Stuart Mill: Betrachtungen über die repräsentative Demokratie, Paderborn 1971 (Original 1861), und (2) Walter Bagehot: Die englische Verfassung (Neuwied/Berlin 1971 (Original 1867). Die beiden aktuelleren Klassiker der Typologie von Parlamenten sind Michael L. Mezey: Comparative Legislatures, Durham 1979, und Nelson W. Polsby: Legislatures, in: Fred I. Greenstein./Ders. (Hrsg.), Handbook of Political Science, Bd. 5, Reading 1975, S. 257–319. Grundlegend mit den parlamentarischen Funktionen beschäftigt sich der von Werner J. Patzelt herausgegebene Band „Parlamente und ihre Funktionen. Institutionelle Mechanismen und institutionelles Lernen im Vergleich" (Wiesbaden 2003).

Links

www.ipu.org (die Interparlamentarische Union führt eine aktuelle Liste der Parlaments-Websites weltweit)

https://standinggroups.ecpr.eu/parliaments (Web-Angebot des Arbeitskreises „Parliaments" des „European Consortium for Political Research")

Wiederholungsfragen

1. Welche Parlamentsfunktionen haben für John Stuart Mill zentrale Bedeutung, welche nicht?
2. Welche parlamentarischen Funktionen führt Walter Bagehot auf und wie beschreibt er diese?
3. Was sind manifeste und was sind latente Parlamentsfunktionen (nach Werner J. Patzelt)?
4. Über welche Möglichkeiten der Abwahl einer Regierung verfügen Parlamente in parlamentarischen Demokratien?
5. Welche Faktoren werden für den Bedeutungsverlust der Parlamente in der Gesetzgebung ausgemacht?
6. Worin liegen die Unterschiede zwischen einer parlamentarischen „Ex-post"- und einer „Ex-ante"-Kontrolle?
7. Warum erschweren Europäisierung und Globalisierung die Kontrolle der Regierungen durch die Parlamente?
8. Inwieweit fördern und beeinträchtigen die Strukturen moderner Öffentlichkeit die parlamentarische Kommunikationsfunktion?
9. Was ist der Unterschied zwischen einem „parliament" und einer „legislature"?
10. Welche Funktionen sind in „Arbeitsparlamenten", welche in „Redeparlamenten" besonders ausgeprägt?
11. Welche Faktoren tragen dazu bei, dass aus einem Parlament eine „transformative legislature" im Sinne von Nelson W. Polsby wird?
12. Was kennzeichnet ein „marginales" Parlament, was ein „aktives" Parlament (im Verständnis von Michael L. Mezey)?

Kapitel IV: Parlamentarismus unterhalb und oberhalb des Nationalstaates

Der Fokus lag bislang auf dem Parlamentarismus in seiner nationalstaatlichen Ausprägung. Dieses Kapitel will den Blickwinkel auf andere Ebenen ausweiten. Parlamentarismus ist zwar tatsächlich vor allem ein Phänomen des Nationalstaates und in seiner Entwicklung und theoretischen Reflexion eng mit diesem verbunden. Aber sowohl unterhalb der nationalstaatlichen Ebene, regional und kommunal, als auch oberhalb, in transnationalen oder internationalen Organisationen, wird auf den Parlamentarismus zurückgegriffen.

1. Subnationaler Parlamentarismus

Unterhalb der nationalen Ebene liegen zunächst einmal (wenn vorhanden) die Länder, die Regionen, die über eigene Parlamente verfügen können. Noch eine Etage tiefer finden sich auf der kommunalen Ebene ebenso parlamentarische Körperschaften. Gerade diese bilden bislang bedauerlicherweise – bis auf wenige Ausnahmen – einen blinden Fleck in der Parlamentarismusforschung.

1.1. Regionalparlamente

Subnationaler Parlamentarismus setzt voraus, dass innerhalb eines Nationalstaates überhaupt regionale politische Systeme existieren. Regionalparlamentarismus geht insofern von der Existenz eines *Bundesstaates* aus. Von einem Bundesstaat spricht man dann, wenn die regionale Ebene (teil-)selbstständig Politik mitgestalten kann – bei gleichzeitiger Dominanz des Bundes. In zentralistisch organisierten Staaten spielt die subnationale Ebene nur eine marginale Rolle. Dies gilt dann auch analog für den subnationalen Parlamentarismus.[367]

1.1.1. Parlamentarische Repräsentation auf subnationaler Ebene

Die subnationalen Parlamente sind zumeist älter als ihre nationalen Pendants, wie es überhaupt Regionen oft schon vor den Nationalstaaten gegeben hat. Auf der Ebene der Einzel- oder Kleinstaaten fanden sich bereits vor der Gründung von Nationalstaaten parlamentarische Körperschaften. Diese haben sich zum Teil erhalten und existieren heute noch parallel zu den später entstandenen nationalen Volksvertretungen (zum Beispiel in den USA).

In den Regionen anderer Staaten sind nach einer Phase des nationalstaatlichen Parlamentsmonopols (wieder) Volksvertretungen eingerichtet worden – mitunter als Ausdruck einer gezielten „Föderalisierung" des politischen Systems, in der die Einzelstaaten an Kompetenz und Selbstständigkeit zurückgewinnen. Hierfür ist Großbritannien ein gutes Fallbeispiel. Im Rahmen der sogenannten „Devolution" ist allen voran Schottland, Wales und Nordirland Souveränität zurückgegeben worden. Dieser Kompetenztransfer fand seinen Ausdruck insbesondere in einer „Reparlamentarisierung" der Gebietskörperschaften.

---

367 Zum Folgenden vgl. Downs 2014; Höpcke 2014.

Frankreich ist schließlich ein Beispiel dafür, dass sich selbst in einem tendenziell zentralistischen Land auf der rudimentären subnationalen Ebene Parlamentarismus finden lässt: Auch in den französischen Regionen sind direkt gewählte Parlamente an Entscheidungsprozessen beteiligt.

Trotz oder gerade wegen der Verbreitung von subnationalen Parlamenten in föderalen und auch zentralistischen Staaten ist die Heterogenität groß: Die regionalen politischen Systeme und folglich auch die in ihnen eingebetteten parlamentarischen Institutionen sind vielgestaltig. Generell gilt: Die regionale Politikebene kann von ihrem institutionellen Design her der nationalen Ebene gleichen. In der Tat finden wir in föderalen Systemen wie den USA, der Schweiz, Österreich oder Deutschland auch subnational die Grundstruktur der drei klassischen „Gewalten" wieder: Regionale Regierungen, Parlamente und Gerichte stehen für die exekutive, legislative und judikative Gewalt. Ergänzt werden diese Organe von intermediären Organisationen wie Parteien, Medien und Interessenorganisationen, die wie auf der Bundesebene auch regional wichtige Akteure im Politikprozess sind.

Wie bereits auf der nationalen Ebene spielt Repräsentation, ob durch Parlamente oder durch Einzelpersonen, auch auf der subnationalen Ebene eine dominante Rolle. Zugleich kommen in den Regionen verstärkt direktdemokratische Verfahren zum Einsatz. In Deutschland beispielsweise sind auf der Länderebene Volksentscheide durchweg möglich; auf der Ebene des Bundes ist dies nur für sehr begrenzte Fälle vorgesehen. Auch die US-amerikanischen Bundesstaaten sind in Sachen direkter Demokratie offener als das nationale politische System der Vereinigten Staaten. In der Schweiz wiederum schlägt sich die dort hohe Bedeutung der direktdemokratischen Methode sowohl auf der nationalen als auch (und besonders ausgeprägt) auf der kantonalen Ebene nieder. Aber selbst die Schweizer Kantone können in ihrer alltäglichen Politikherstellung nicht auf die Leistungen parlamentarischer Organe verzichten.

1.1.2. Regionale Parlamente – Struktur, Funktion, Arbeitsweise

Wie sehen regionale Parlamente aus, wie arbeiten sie?[368] Auch subnationale Parlamente werden in Demokratien unmittelbar vom Staatsvolk gewählt. In der Regel gelten die gleichen Wahlprinzipien wie für die Wahl des entsprechenden nationalen Parlaments. In der konkreten Ausgestaltung sind aber Unterschiede denkbar und vorfindbar. Üblicherweise sind die regionalen Parlamente kleiner als die entsprechenden Bundesparlamente – und dies scheint im Sinne der Taagepera-Formel logisch (s. Kapitel II): Sie repräsentieren eine geringere Anzahl von Menschen. Bikamerale Strukturen sind eine Ausnahme auf der regionalen Ebene.[369]

Bei den Wahlen zu den Regionalparlamenten spielen Parteien die zentrale Rolle, wenn es darum geht, Kandidat:innen aufzustellen und Wahlkämpfe zu führen. Die Parteien der Bundesebene sind in der Regel auch auf der einzelstaatlichen Ebene

---

368 Siehe zum Stand der Forschung Downs 2014.
369 Bis Ende 1999 gab es im Freistaat Bayern neben dem Landtag noch einen Senat, der durch Volksentscheid abgeschafft worden ist (Bovermann 2003: 104).

vertreten. Allerdings nicht durchweg. Hinzu kommen Gruppierungen, die nur im jeweiligen regionalen Kontext antreten.

In ihrer Organisation und Arbeitsweise ähneln die Parlamente der subnationalen Systeme den nationalen Volksvertretungen. Als Vielpersonenkörperschaften gehen sie arbeitsteilig vor: Ausschüsse und Fraktionen organisieren das operative parlamentarische Geschäft. An der Spitze der Regionalparlamente steht ein/e Präsident:in oder „Speaker". Die Öffentlichkeit der Plenarverhandlungen ist obligatorisch. Die parlamentarischen Vorgänge sind stark formalisiert und zum Teil auch ritualisiert.

Auch was ihre Funktionen und Kompetenzen angeht, sind die regionalen „Legislaturen" den nationalen Parlamenten nicht unähnlich. So kann für Einzelstaatenparlamente die gleiche Funktionsliste durchdekliniert werden, die wir oben an die nationalen Parlamente angelegt haben[370]:

Die *Wahl der Regierung* und anderer Organe kann in die Kompetenz parlamentarischer Körperschaften auf regionaler Ebene fallen – es sei denn, die Exekutive wird alternativ, z. B. durch Direktwahl (USA) oder Ernennung (faktisch in Russland von 2004–2012) bestellt. Das Recht zur Abwahl des/der Regierungschef:in findet sich gleichfalls bei subnationalen Parlamenten, beispielsweise bei allen bundesdeutschen Landtagen. Verfügen die Parlamente über die Abwahlfunktion, werden die jeweiligen regionalen politischen Systeme – gemäß der Definition von Steffani – zu parlamentarischen Demokratien im engen Sinne.

Die *Gesetzgebungsaufgabe* stellt einen weiteren, zentralen Funktions- und Kompetenzbereich dar (bezeichnenderweise wird in den USA von den „State *Legislatures*" gesprochen). Gerade in Sachen Gesetzgebung gibt es maßgebliche Unterschiede zwischen subnationalen Parlamenten, abhängig davon, welche Rechtsetzungsautonomie die Einzelstaaten haben.

Die regionalen Parlamente üben *Kontrolle* aus: Kontrollobjekt ist, wie bereits auf der nationalen Ebene, die Exekutive – ggf. noch weitere Instanzen. In „parlamentarischen" Konstellationen differenziert sich die Kontrolle danach aus, ob sie von der Mehrheit im Parlament (welche die Regierung stützt) oder von der jeweiligen Opposition ausgeübt wird.

Schließlich haben die regionalen Vertretungskörperschaften auch *kommunikative Aufgaben* zu erfüllen. Sie greifen die Präferenzen der Bevölkerung auf und bringen sie in den politischen Prozess ein. Dies kann mittels Petitionsausschüssen, Ombudsleuten oder Volksinitiativen geschehen – so wie wir dies bereits bei den nationalen Parlamenten kennengelernt haben. Darüber hinaus vermitteln und begründen auch die regionalen Parlamente ihre Arbeit und Arbeitsergebnisse gegenüber der Bevölkerung.

In der Gesamtschau bleibt Folgendes festzuhalten: Die Aufgaben und Kompetenzen der Regionalparlamente leiten sich zum einen davon ab, ob das jeweilige regionale politische System den Charakter einer präsidentiellen oder parlamentari-

---

[370] Für die deutschen Landtage vgl. die Beiträge in Mielke/Reutter 2012.

schen Regierungsform aufweist: Ist die subnationale Regierung vom Vertrauen des Parlaments abhängig? Wird der/die regionale Regierungschef:in direkt vom Volk gewählt? All dies entscheidet über Form und Ausmaß der regierungsbezogenen Parlamentsaufgaben (Wahl und Kontrolle).

Zum anderen prägt der Grad der Föderalisierung des Systems, insbesondere der Umfang der Zuständigkeiten, die bei der einzelstaatlichen Ebene liegen, die jeweiligen parlamentarischen Funktionen. Dies betrifft insbesondere die legislativen Aufgaben. Im Rahmen einer Unitarisierung des Systems, der Verlagerung von Befugnissen von der regionalen Politikebene auf die nationale, verlieren auch die entsprechenden parlamentarischen Körperschaften an Gestaltungsmöglichkeiten. Europäisierung und Globalisierung, die für die nationalen Parlamente bereits eine Herausforderung darstellen, können auch die regionalen betreffen: immer dann, wenn Kompetenzen nach „Brüssel" oder andernorts verlagert werden sollen, die in die Zuständigkeit der subnationalen Einheiten fallen.[371] Oder immer dort, wo die Kontrolle der Regionalregierungen erschwert wird, weil sich diese im Mehrebenensystem bewegen, in dem die Verantwortlichkeiten für politische Entscheidungen verschwimmen.

Die Grenzen des subnationalen Parlamentarismus liegen insbesondere in diesen Mehrebenenstrukturen. Für den bundesdeutschen Fall ist dabei eine entparlamentarisierende Ungleichzeitigkeit ausgemacht worden. Im Zuge des Verlustes von Kompetenzen sind gerade die direkt gewählten Parlamente der Länder, weniger die Landesregierungen, zu Verlierern geworden. In der Politikverflechtung können die *Exekutiven* Kompetenzverluste durch den zunehmenden Einfluss auf die Bundesgesetzgebung oder auf die Rechtsetzung der Europäischen Union kompensieren.[372] Die Landesparlamente haben keine vergleichbaren Möglichkeiten, sodass diese zu den eigentlichen Leidtragenden im Mehrebenensystem werden.[373]

Die Politikverflechtung im Mehrebenensystem wird somit zum schwer lösbaren Problem für die subnationalen Parlamente – zumindest im kooperativen Föderalismus, in dem die nationale und regionale Ebene verbunden sind. In trennföderalen (Wettbewerbs-)Systemen hingegen, in denen die Ebenen strikt voneinander getrennt sind, kann zwar der Kompetenzbereich der regionalen Legislativen begrenzt sein. Er steht jedoch nicht in Gefahr, in der politischen Wirklichkeit von der Politik des Bundes übermannt und eingespannt zu werden. Auch sind den Landesexekutiven im Trennföderalismus Zwei-Ebenen-Spiele versperrt; Verantwortlichkeiten können nicht ohne Weiteres verwischt werden.

1.2. Kommunal-„Parlamente"

Dass „Parlamente" in der Überschrift in Anführungszeichen steht, markiert schon die zentrale Frage, die sich bei der Analyse von Gemeindevertretungen stellt: Handelt es sich hierbei überhaupt um „Parlamente"? Handelt es sich bei kommunaler Politik überhaupt um Politik im „traditionellen" Verständnis?

---

371 Vgl. hierzu Bursens/Högenauer 2018.
372 Vgl. Bovermann 2003; Dann 2012.
373 Vgl. Reutter 2014 und Abels/Högenauer 2018.

1.2.1. Kommunale Politik – „sui generis"

Die vergleichende Parlamentarismusforschung hat kommunale parlamentarische Körperschaften bislang vernachlässigt. Das hängt wohl auch mit der generellen Wahrnehmung der kommunalen Politik zusammen; diese findet in der Wissenschaft nicht immer die Beachtung, die sie verdient.[374] Die Analyse der Politik auf der kommunalen Ebene kann jedoch höchst aufschlussreich sein, da sich hier wie unter einem Brennglas politische Konflikte und ihre Lösungen verdichten. Es gilt: „all politics is local" – und nicht nur Anhänger der „grass roots"-Demokratie ahnen, dass auf der kommunalen Ebene zum einen lebensweltlich wichtige Entscheidungen fallen. Zum anderen befinden sich hier auch die Schule und Rekrutierungsquelle eines großen Teils der regionalen und nationalen politischen Elite.[375]

Allerdings wird eine vergleichende Analyse von Parlamentarismus in der Kommunalpolitik schon allein deswegen erschwert, weil hier noch viel mehr als auf den übrigen Ebenen eine Vielfalt an institutionellen Arrangements zu finden ist – abhängig von ganz unterschiedlichen Faktoren, z. B. von der Verfasstheit der kommunalen Ebene, der Größe der Gemeinden, der politischen Kultur etc. Auch ist die Rede von der *einen* Ebene nicht korrekt. So kann Kommunalpolitik auf verschiedenen Level stattfinden. Über den Gemeinden und Städten können weitere Zwischenebenen eingezogen worden sein (z. B. die „Departments" in Frankreich). Entsprechend unterscheidet die Europäische Union für ihre Mitgliedstaaten insgesamt fünf subnationale Verwaltungsebenen, die sogenannten NUTS- und LAU-Ebenen (NUTS steht für „nomenclature des unités territoriales statistiques", LAU für „local adminstrative units").

Prima vista kann auch auf der kommunalen Ebene politische Repräsentation gesichtet werden: Einzelpersonen (Bürgermeister:innen, Mayors etc.), zum Teil direkt gewählt, stehen üblicherweise unmittelbar gewählten Vielpersonenkörperschaften (Räte, Councils etc.) gegenüber oder gehen aus diesen hervor. Neben den repräsentativen Prozessen nimmt auf der kommunalen Ebene noch mehr als auf der regionalen und nationalen Ebene die direkte Demokratie eine wichtige Stellung ein: Die unmittelbare Einbindung der Menschen in die Entscheidungen über Sachfragen gestaltet sich an der politischen Basis vergleichsweise leicht. Bürgerinitiativen, Bürgerbegehren und Bürgerentscheide gehören zu den häufig genutzten politischen Beteiligungsformen. Beschlussfähige Vollversammlungen aller Bürger:innen sind – wenn überhaupt – nur auf der kommunalen Ebene realisierbar und in einer Reihe von Systemen auch vorgesehen. Die Praxis der Gemeindeversammlung findet in der antik-griechischen „Ekklesia", in der die Mitglieder der Polis zusammenkamen, und in den „town meetings" der amerikanischen Neuenglandstaaten ihre Vorbilder. In der Schweiz spielen die Bürgerversammlungen immer noch eine wichtige Rolle.[376]

---

374 Zur Entwicklung der politikwissenschaftlichen Kommunalforschung in Deutschland Bogumil/Holtkamp 2021; Frech 2022; Holtmann u.a. 2017.
375 Vgl. u.a. Gruber 2009; Reiher 2019.
376 Vgl. Ladner 2008; Vatter 2014: 436 ff.

Aber auch für die kommunale Ebene gilt: Ohne repräsentative Organisationen ist kein Staat zu machen. Die Wahl der Gemeindevertretung ist eine, ja die zentrale indirekte Beteiligungsform der Bürger:innen. Repräsentation, z. B. durch Parlamente, läuft jedoch in Städten und Gemeinden besonders ab – weil die Rahmenbedingungen besondere sind.

Auf den ersten Blick kommen einem die Strukturen zwar bekannt vor: Bürgervertretung durch in demokratischen Wahlen bestellte binnenplurale Mehrpersonenversammlungen. Also durch „Parlamente"? Das Fragezeichen steht, weil erst einmal grundlegend gefragt werden muss, ob uns auf der kommunalen Ebene überhaupt ein „politisches System" mit autonomer Entscheidungsbefugnis begegnet. Denn (demokratischer) Parlamentarismus setzt die Existenz eines solchen Systems voraus. Handelt es sich bei den Städten und Gemeinden um selbstständige politische Gebietskörperschaften oder lediglich um ausführende, exekutive Einheiten, die oberflächlich parlamentarische Züge aufweisen? Diese Frage stellt sich wegen der strikten Trennung zwischen den verschiedenen Ebenen für die US-amerikanische Kommunalpolitik anders als beispielsweise für die bundesdeutsche lokale Ebene: In Deutschland implementieren die kommunalen Gebietskörperschaften zu einem großen Teil Entscheidungen, die auf höherer Ebene gefällt worden sind. Sind die Kommunalvertretungen als Teil dieses ausführenden Systems folglich keine „Parlamente", sondern vielmehr „Verwaltungsorgane"?[377]

1.2.2. Gemeindevertretungen als „Parlamente"?

Welche Strukturen und Arbeitsweisen und welche Funktionen weisen Gemeindevertretungen auf? Vielleicht lässt sich auf diesem Weg die Frage nach der „Natur" kommunaler Politik beantworten. Zunächst zur Konstituierung: Die Gemeinderäte werden üblicherweise in unmittelbaren Wahlen von den auf der kommunalen Ebene wahlberechtigten Personen gewählt. Die Wahlsysteme auf lokaler Ebene sind vielgestaltig. Zur Wahl treten je nach Wahlsystem einzelne Kandidat:innen oder Partei-/Gruppenlisten an. Nicht unüblich sind dabei kombinierte Systeme, in denen Parteien Kandidierende aufstellen, die Wähler:innen allerdings die Möglichkeit haben, Präferenzstimmen für einzelne antretende Personen zu verteilen. Die Rolle der Parteien im Bestellungsverfahren wächst mit der Größe der Wahleinheit: In großen Städten stellen Parteien die zentralen kommunalpolitischen Akteure dar.[378]

Einmal zusammengesetzt arbeiten die kommunalen Vertretungen wie ihre einzelstaatlichen oder nationalen Pendants: Die „parlamentarische" Arbeit, die Vorbereitung der Beschlüsse, findet in Ausschüssen statt. Entscheidungen werden im Plenum gefällt, das üblicherweise in öffentlicher Sitzung tagt. In den Gemeindevertretungen insbesondere der Mittel- und Großstädte lässt sich desgleichen die Herausbildung von Fraktionen registrieren – mit den von anderen Ebenen bekannten Effekten: der Bildung von Koalitionen oder der Konfrontation von

---

377 Vgl. Wollmann 2013: 174; siehe auch Egner u.a. 2013: 83-104.
378 Vgl. Vetter/Kuhn 2013; Angenendt 2021: 21-31.

„Regierungsmehrheiten" auf der einen Seite und „Oppositionen" auf der anderen Seite.[379]

Die kommunalen Vertretungen sind in der Regel kleiner als die auf nationaler und regionaler Ebene. Damit folgen sie der Logik, dass sich die Größe der repräsentierten Gruppe *grosso modo* in dem Umfang der Vertretungskörperschaft widerspiegelt. Zwischen den kommunalen und den nationalen Abgeordneten besteht allerdings ein wichtiger Unterschied: Gemeindevertretungen setzen sich in der Regel aus „Feierabendparlamentarier:innen" zusammen. Ihre Mitglieder gehen einem nicht-parlamentarischen Hauptberuf nach. Außerdem verfügen die Mitglieder der kommunalen Räte üblicherweise nicht über Immunitäts- oder Indemnitätsrechte – allerdings über das freie Mandat.

Die Funktionen der Gemeindevertretungen sind Ausdruck der Politikkompetenz der jeweiligen lokalen Ebene. Damit hängen ihr Einflusspotenzial und ihre Aufgaben von dem spezifischen Grad an Eigenständigkeit der kommunalen politischen Systeme ab. Entlang der klassischen Parlamentsfunktionen konkretisiert sich das Funktionsprofil wie folgt[380]: Gemeindevertretungen wählen die Bürgermeister:innen oder andere Funktionsträger der kommunalen Ebene, es sei denn diese Positionen werden durch Direktwahl oder andere Formen der Ernennung bestimmt, wie dies beispielsweise in den USA der Fall ist. Kommunalparlamente nehmen teil an der Rechtsetzung und fällen innerhalb der gegebenen Spielräume Entscheidungen. Sie verwalten die kommunalen Budgets mit und beschließen über Ausgaben. Sie kontrollieren die Tätigkeiten der „Exekutive" (also der Bürgermeister und der Verwaltung) und verfügen dabei über verbriefte Auskunftsrechte. Sie stellen Foren der Diskussion und der öffentlichen Beratung von lokalen Angelegenheiten dar.

Auf kommunaler Ebene spiegeln und potenzieren sich die Probleme, die die Beziehung Parlament und Regierung („principal-agent") in den regionalen und nationalen Systemen prägen: Die kommunalen Feierabendparlamentarier:innen stehen hauptamtlichen Verwaltungsmitarbeitenden und – in größeren Gemeinden auch – Berufsbürgermeister:innen gegenüber. Dies hat Auswirkungen auf die Möglichkeit der Kontrolle und Mitgestaltung, da die kommunalen Abgeordneten als „Freizeitpolitiker:innen" nur begrenzte Kapazitäten für die Informationsbeschaffung und -verarbeitung haben. In bevölkerungsstarken Gemeinden werden den Ratsmitgliedern mitunter hauptamtliche Mitarbeitende zur Seite gestellt – allerdings ändert dies nichts Grundlegendes an dem Ungleichgewicht.

In der Gesamtschau findet sich also durchaus „Parlamentarismus" auf der kommunalen Ebene. Die gewählten Vertretungskörperschaften üben „eine genuin parlamentarische Funktion" aus.[381] Bestimmte Gemeindeverfassungen begründen sogar eine parlamentarische Regierungsform – nämlich dann, wenn die Gemeindevertretungen das zentrale Verfassungsorgan auf der kommunalen Ebene darstellen und das Gemeindeoberhaupt oder den Magistrat abwählen können („monistische" Variante). Wird der/die Bürgermeister:in wie die Gemeindevertretung direkt

---

379 Vgl. für den deutschen Fall Gehne 2012.
380 Vgl. Egner u.a. 2013: 85-96.
381 Ebd.: 478.

gewählt und fungiert diese Person als Verfassungsorgan mit eigener Kompetenz („dualistisches" Modell), kann man von der lokalen Variante eines präsidentiellen Systems sprechen.[382]

Allerdings: Die Unterschiede zwischen dem Parlamentarismus auf der nationalen, regionalen und auch europäischen Ebene einerseits und der lokalen Ebene andererseits bleiben erheblich. Im Vergleich spielen Parteien in der Kommunalpolitik eine nur geringe Rolle, Personen und Persönlichkeiten wiederum eine größere. Die Handlungsspielräume vor allem im „legislativen" Bereich sind mitunter sehr beschränkt; der Rückgriff auf direktdemokratische Instrumente vergleichsweise häufig. Dennoch bleiben die Ähnlichkeiten zwischen den parlamentarischen Körperschaften auf kommunaler und auf den anderen Ebenen frappant – allemal wenn man auf die größeren Städten blickt.

Dies alles lässt wiederum Rückschlüsse auf die Natur lokaler Politik zu. Verfügt diese zumindest über Ansätze einer Gewaltenteilung sowie über „parlierende" und mitentscheidende Parlamente, dann spricht aus der Sicht der Parlamentarismusforschung einiges dafür, die Gebietskörperschaften der kommunalen Ebene als politische Systeme und die Gemeindevertretungen als Parlamente zu begreifen und zu analysieren. Die lokalen Parlamente mögen im Sinne von Michael L. Mezey als „minimal legislatures" bezeichnet werden. Sie sind jedenfalls – allein aufgrund ihrer Wahl durch die Bürger:innen – Instanzen, die Entscheidungen auf der lokalen Ebene demokratisch unterfüttern. Nicht nur für die eigentliche Kommunalpolitik, sondern auch generell als „Schule der Demokratie" spielen Gemeindevertretungen eine relevante Rolle. Sie verdienen – insbesondere in systemvergleichender Perspektive – mehr Aufmerksamkeit seitens der Wissenschaft.

2. Transnationaler Parlamentarismus

Nicht nur unterhalb der nationalstaatlichen Ebene blühen vielfältige parlamentarische Blumen. Auch jenseits des Nationalstaates haben sich diverse Formen des Parlamentarismus herausgebildet. Dies ist vielleicht umso erstaunlicher, als dass die Prozesse der „Denationalisierung", insbesondere die Europäisierung und Globalisierung, üblicherweise für den (vermeintlichen) Untergang des Parlamentarismus mitverantwortlich gemacht werden.

Zwei parlamentarische Körperschaftsformen nimmt dieser Abschnitt in den Blick: zunächst das Europäische Parlament als ein direkt gewähltes legislatives Organ jenseits des Nationalstaates und im Anschluss sogenannte „Parlamentarische Versammlungen", d.h. internationale Vereinigungen von Abgeordneten, die mehr sind als bloße zwischenstaatliche Parlamentarierkonferenzen, sondern bereits Ansätze eines internationalen Parlamentarismus in sich tragen.

---

382 Ob eine „Präsidentialisierung" auf kommunaler Ebene (in Folge der Direktwahl von Bürgermeistern) analog der nationalen Ebene auch zu einer „Entparlamentarisierung" führt, bleibt zu beobachten (vgl. z. B. für Deutschland Gehne 2012; Wehling 2003).

2.1. Das Europäische Parlament

Das Europäische Parlament (EP) gehört wohl mit zu den spannendsten parlamentarischen Körperschaften, die es derzeit zu analysieren gibt.[383] Und dies nicht nur wegen seiner Verortung in einem einzigartigen transnationalen politischen System, innerhalb dessen alles zum Unikat wird. Das Europäische Parlament hat sich überdies in den vergangen Jahrzehnten als hochdynamische Institution erwiesen, die immer mächtiger geworden ist. So mag die Behauptung vom machtlosen EP in den 1980er Jahren noch gestimmt haben. Jedoch beginnt in diesem Zeitraum zugleich ein spektakulärer Aufstieg des Europäischen Parlaments, der seit dem nicht abgerissen ist.[384]

2.1.1. (Vor-)Geschichte

Entstanden ist das Europäische Parlament als eine Organisationsform, über die später noch zu berichten sein wird: als Parlamentarische Versammlung, in der Abgeordnete nationaler Parlamente zusammenkommen. Die Vorgeschichte seiner Entstehung schrieb die Europäische Bewegung, die sich nach dem Zweiten Weltkrieg formierte und deren Vision eines europäischen Bundesstaates auch einen Platz für ein direkt gewähltes Parlament vorsah. Jedoch ruhten die Hoffnungen der pro-europäischen Kräfte zunächst einmal auf dem 1949 gegründeten Europarat, innerhalb dessen neben einem Ministerkomitee auch eine Versammlung von Abgeordneten als zentrales Organ eingerichtet worden war (s. u.).[385]

Die proparlamentarischen Hoffnungen der Europabewegung sollten jedoch einen anderen Kanal finden. Im Mai 1950 stellte der französische Außenminister Robert Schuman seinen Plan zur Gründung einer „Europäischen Gemeinschaft für Kohle und Stahl" (EGKS) vor, der im Folgejahr umgesetzt wurde. In dieser supranationalen Gemeinschaft war neben einer „Hohen Behörde" und einem „Ministerrat" eine „Gemeinsame Versammlung" vorgesehen, die sich aus Mitgliedern der nationalen Parlamente zusammensetzen und sich gemäß dem EGKS-Vertrag einmal jährlich treffen sollte. Die generelle Idee, eine parlamentarische Dimension in diese Gemeinschaft einzubauen, war bereits im Juni 1950 aufgekommen. Der „Hohen Behörde" sollte ein kontrollierendes Pendant mit Einfluss auf die Budgetentscheidungen gegenübergestellt werden. Die „Gemeinsame Versammlung" trat erstmalig im September 1952 zusammen. Sie bestand aus 78 nationalen Abgeordneten der sechs EGKS-Gründerstaaten Belgien, Deutschland, Frankreich, Italien, Luxemburg und Niederlande.

Auch in den 1957 durch die Verträge von Rom geschaffenen zwei weiteren Gemeinschaften, der Europäischen Wirtschaftsgemeinschaft (EWG) und der Europäischen Atomgemeinschaft (EURATOM), war eine parlamentarische Dimension vorgesehen. Die Parlamentarierversammlung, die sich 1958 konstituierte, war im Weiteren für alle drei Gemeinschaften zuständig; sie umfasste 142 Mitglieder. In

---

[383] Vgl. zum Europäischen Parlament unter anderem Corbett u.a. 2024; Hix/Høyland 2011; Maurer 2012; Ripoll Servent 2017.
[384] Vgl. Dialer u.a. 2015.
[385] Vgl. Brummer 2008.

dieser Phase war das Doppelmandat Usus: Die Abgeordneten der Gemeinsamen Versammlung waren zugleich auch Mandatsträger in ihren nationalen Volksvertretungen.

Im internen Sprachgebrauch wurde für die Versammlung ab März 1958 der Begriff „Europäisches Parlament" verwendet, zunächst nur in Deutsch und Niederländisch. 1962 ist diese Bezeichnung in allen Gemeinschaftssprachen innerparlamentarisch förmlich angenommen worden. Vonseiten der Regierungen wurde sie erstmalig und offiziell 1987 in den Vertragstexten aufgegriffen – also knapp 30 Jahre nach ihrer ersten Verwendung durch die Abgeordneten.

Nicht nur an der Namensgeschichte wird deutlich: Das Europäische Parlament selbst war eine treibende Kraft im Prozess einer (mehr als rhetorischen) Parlamentarisierung. In den achtziger Jahren verstärkte sich – unter Beteiligung des EP – die Debatte um die Demokratie im politischen System der Europäischen Union und um die Stellung des Europäischen Parlaments im Entscheidungsgefüge. Durch die Einheitliche Europäische Akte (EEA), die 1987 in Kraft trat, wurde das EP gestärkt und seine Beteiligung an der Rechtsetzung ausgebaut. In Entschließungen forderte das Parlament seine gleichberechtigte Teilnahme an der Gesetzgebung. Der Vertrag von Maastricht (1992/93) erweiterte die Kompetenzen des Europäischen Parlaments im Bereich der Gesetzgebung erheblich durch Einführung des „Mitentscheidungsverfahrens". Die Verträge von Amsterdam und Nizza führten desgleichen zu einer weiteren Aufwertung der Institution. Der Vertrag von Lissabon aus dem Jahr 2009 markiert einen weiteren starken Parlamentarisierungsschub, wenige Jahre nachdem ein sogenannter „Verfassungsvertrag" gescheitert war, der dem EP mehr Kompetenzen gegeben hätte. Viele der im Verfassungsvertragsentwurf enthaltenen Ideen wurden in „Lissabon" umgesetzt.

Der Vertrag von Lissabon hat die Geschichte der „Parlamentarisierung" der EU fortgeschrieben – auch in seiner Rhetorik. Bezeichnenderweise ist das Europäische Parlament das erste der EU-Organe, das in dem durch „Lissabon" geänderten EU-Vertrag (EUV) erwähnt und beschrieben wird.[386] Unter dem Titel „Bestimmungen über die demokratischen Grundsätze" werden ausdrücklich der Grundsatz der „repräsentativen Demokratie" und die Vertretungsaufgabe des Parlaments angeführt: „Die Bürgerinnen und Bürger sind auf Unionsebene unmittelbar im Europäischen Parlament vertreten".[387] Es ist nicht mehr die Rede vom EP als der Versammlung der Vertreter der Völker – wie noch in den EG-Verträgen nach Nizza. Aus der „Völkervertretung" ist – zumindest in der Vertragsrhetorik – eine „Bürgervertretung" geworden.[388]

2.1.2. Wahlen, nationale Kontingente und Parteien

Einen, wenn nicht sogar *den* entscheidenden Meilenstein in der Geschichte des europäischen Parlamentarismus stellt die Einführung der Direktwahl des Europä-

---

[386] Zum Beispiel wird in der Verfassung der V. Französischen Republik das Parlament bezeichnenderweise erst nach dem Präsidenten und der Regierung aufgeführt.
[387] EUV, Artikel 10 Absatz 2.
[388] Vgl. Marschall 2011.

ischen Parlaments Ende der 1970er Jahre dar. Es spricht vieles dafür, dass mit dieser Weichenstellung der ausschlaggebende Impuls für den weiteren Aufstieg des EP im politischen System der Europäischen Union gegeben worden ist. Wie die Geschichte des Parlaments, so sind auch die Wahl, das Verfahren und die Rolle der Parteien bei den Wahlen sehr besonders.

Direktwahl

Bereits für die Gemeinsame Versammlung der Montanunion wurde eine weitreichende Perspektive entwickelt; sie sollte der Kern eines direkt von den Staatsvölkern gewählten Parlaments sein. Im Artikel 21 des EGKS-Vertrags wurde die Möglichkeit eingeräumt, die Mitglieder der Gemeinsamen Versammlung in allgemeiner und direkter Wahl zu bestimmen. In den Römischen Verträgen von 1957 wurde aus der Möglichkeit der Volkswahl der Abgeordneten ein Auftrag für die weitere Ausgestaltung des Gemeinschaftsrechts: Aus der Option wurde eine Obligation.

Allerdings sollte es noch eine Weile dauern, bis die ersten Parlamentswahlen stattfinden konnten, nämlich mehr als zwei Jahrzehnte. Eine Reihe von Versuchen, die Direktwahl früher einzuführen, scheiterte. So hatte das Europäische Parlament bereits 1960 einen ersten Entwurf für ein Übereinkommen zur Wahl des Europäischen Parlaments verabschiedet (Dehousse-Plan). Auch wurden in verschiedenen nationalen Parlamenten Initiativen zur Einführung der Direktwahl ergriffen, die anno 1969 in einer EP-Resolution gipfelten, in der die Parlamentarier:innen ihren Unmut über die Untätigkeit der Regierungen in dieser Angelegenheit zum Ausdruck brachten. Sogar eine Untätigkeitsklage beim Europäischen Gerichtshof (EuGH) wurde erwogen.

Schließlich, 1974, beschloss der Gipfel der Staats- und Regierungschefs der Europäischen Gemeinschaft (EG) die Einführung der Direktwahl und einigte sich u. a. auf die Gesamtzahl der EP-Abgeordneten. 1976 erließ der Ministerrat einen Rechtsakt, der unmittelbare Wahlen zum Europäischen Parlament ermöglichte.[389]

Die Wahlen zum EP wurden damals und werden bis heute in den Mitgliedstaaten der Union organisatorisch getrennt voneinander durchgeführt. Die Staatsbürger:innen eines jeden Mitgliedslands wählen ein festgelegtes Kontingent an Abgeordneten. Angestrebt war und ist ein möglichst einheitliches Wahlrecht. Verschiedene Initiativen zur Angleichung des Wahlrechts und zur Etablierung gemeinsamer Standards sind gestartet worden – allerdings ohne dass so viele Jahre nach der Einführung der Direktwahl in allen Staaten ein identisches Wahlsystem Anwendung findet.

Der Rechtsakt zur allgemeinen Wahl des EP lässt den einzelnen Mitgliedstaaten eine Reihe von Freiheiten zur Ausgestaltung des jeweiligen Verfahrens: „Vorbehaltlich der Vorschriften dieses Akts bestimmt sich das Wahlverfahren in jedem Mitgliedstaat nach den innerstaatlichen Vorschriften" (Art. 7). Weiter heißt es

---

[389] Vgl. Akt zur Einführung allgemeiner unmittelbarer Wahlen der Mitglieder des Europäischen Parlaments (Abl. L 278 vom 8.10.1976, S. 5, in der aktuellen Fassung vom 23.9.2002).

allerdings, dass diese Vorschriften nicht das Verhältniswahlsystem insgesamt infrage stellen dürfen. Ausdrücklich freigestellt ist die Entscheidung, Wahlkreise einzurichten, mit Vorzugsstimmen, mit Listen oder übertragbaren Einzelstimmen zu arbeiten sowie Obergrenzen für die Wahlkampfkosten aufzustellen.

Im Effekt hat dies zu einem „polymorphen" Wahlsystem für die Europawahlen geführt.[390] Die gemeinsame Basis ist zwar wie vorgeschrieben das Verhältniswahlrecht, das mittlerweile in allen EU-Staaten Anwendung findet. Die Unterschiede sind jedoch vielfältig: Das passive Wahlalter schlägt einen Bogen beginnend bei 18 Jahren in den meisten Staaten bis zu 25 Jahren in Italien. In einigen Mitgliedstaaten ist das Wahlgebiet in Wahlkreise unterteilt worden (beispielsweise in Belgien und Irland), in anderen bildet das gesamte nationale Territorium den Wahlkreis (Deutschland). In den meisten Mitgliedstaaten wird mit Listen gearbeitet; in einigen sind die Listen offen, in anderen wiederum geschlossen. In einer Reihe von Staaten gilt eine Sperrklausel: Parteien müssen eine Mindestzahl an Stimmen erhalten, um bei der Sitzverteilung berücksichtigt zu werden. Greift eine solche „Hürde", ist diese nicht von einheitlicher Höhe; in einigen Ländern liegt sie bei vier Prozent (z. B. Österreich, Schweden) oder fünf Prozent (z. B. Frankreich, Polen). Bei der Umsetzung der Stimmen- in Mandatsanteile finden unterschiedliche Methoden Anwendung: d'Hondt, St. Laguë, Hare-Niemeyer und andere. Jenseits des konkreten Wahlsystems sind weitere Facetten rund um die Wahl unterschiedlich geregelt: die Wahlkampffinanzierung, Wahlwerbung, Wahlprüfung etc. Die verschiedenen nationalen Regularien für die Europawahl ähneln dem jeweiligen Verfahren, das bei der Wahl der nationalen Parlamente Anwendung findet.

Dieses heterogene Wahlrecht für die Europawahlen ist gelegentlich als unübersichtlich kritisiert worden. Dieter Nohlen relativiert die Kritik.[391] Was von außen polymorph und unübersichtlich wirkt, mag aus der Perspektive des einzelnen Wahlberechtigten als einfach und vertraut erscheinen. Für die Wählenden sei es von Vorteil, dass bei den Europawahlen in ihrem Land ein Verfahren angewandt wird, das ihnen aus den nationalen Wahlen bekannt ist.

Effektiv führen die unterschiedlichen Prozeduren jedoch zu einer Abweichung vom Gleichheitsprinzip: Die Zählwerte, nicht nur die Erfolgswerte, der einzelnen Stimmen unterscheiden sich zwischen den Staaten je nachdem, welches konkrete System Anwendung findet. Folgerichtig werden im EUV zur Direktwahl des EP nur die Prinzipien „allgemein, unmittelbar, frei und geheim" als Leitbild aufgestellt – von „gleich" ist keine Rede.[392] Die anerkannte Ungleichheit im Zählwert wird durch die nationale Kontingentierung der Sitze noch weiter verstärkt.

Die Kontingente

Jedem Land wird durch die Europäischen Verträge eine Anzahl von Sitzen im EP zugesprochen. Dabei kommt es zu deutlichen Repräsentationsungleichgewichten,

---

390 Vgl. Nohlen 2023.
391 Ebd.: 451-455.
392 Vgl. EUV, Artikel 14 Absatz 3.

wie die Tabelle 4.1 veranschaulicht. Der bevölkerungsreichste Staat, Deutschland, verfügt zwar über das größte Abgeordnetenkontingent von 96 Mandaten. Dieses steht jedoch nicht in einem proportionalen Verhältnis zum Bevölkerungsanteil, den Deutschland in der EU aufweist. Auf ein deutsches MdEP (Mitglied des Europäischen Parlaments) kommen – rein rechnerisch – rund 878.729 Einwohner:innen. Ganz anders steht Malta da: Dort vertritt eine Abgeordnete gerade mal circa 90.000 Malteser:innen.

Tabelle 4.1: Kontingentgröße der EU-Mitgliedsstaaten

	Bevölkerung	Kontingentgröße	Einwohner pro Mandat	Anteil Mandate	Anteil Bevölkerung
Deutschland	84.358.000	96	878.729	13,33%	18,80%
Frankreich	68.172.000	81	841.630	11,25%	15,19%
Italien	58.997.000	76	776.276	10,56%	13,15%
Spanien	48.085.000	61	788.279	8,47%	10,72%
Polen	36.753.000	53	693.453	7,36%	8,19%
Rumänien	19.054.000	33	577.394	4,58%	4,25%
Niederlande	17.811.000	31	574.548	4,31%	3,97%
Belgien	11.742.000	22	533.727	3,06%	2,62%
Griechenland	10.413.000	21	495.857	2,92%	2,32%
Portugal	10.467.000	21	498.429	2,92%	2,33%
Ungarn	9.599.000	21	457.095	2,92%	2,14%
Tschechien	10.827.000	21	515.571	2,92%	2,41%
Schweden	10.521.000	21	501.000	2,92%	2,34%
Österreich	9.104.000	20	455.200	2,78%	2,03%
Bulgarien	6.447.000	17	379.235	2,36%	1,44%
Dänemark	5.932.000	15	395.467	2,08%	1,32%
Finnland	5.563.000	15	370.867	2,08%	1,24%
Slowakei	5.428.000	15	361.867	2,08%	1,21%
Irland	5.271.000	14	376.500	1,94%	1,17%
Kroatien	3.850.000	12	320.833	1,67%	0,86%
Litauen	2.857.000	11	259.727	1,53%	0,64%
Slowenien	2.116.000	9	235.111	1,25%	0,47%
Lettland	1.883.000	9	209.222	1,25%	0,42%
Estland	1.365.000	7	195.000	0,97%	0,30%
Zypern	921.000	6	153.500	0,83%	0,21%

	Bevölkerung	Kontingent-größe	Einwohner pro Mandat	Anteil Mandate	Anteil Bevölkerung
Luxemburg	660.000	6	110.000	0,83%	0,15%
Malta	542.000	6	90.333	0,83%	0,12%
	Summe: 448.738.000	Summe: 720	Mittelwert: 446.106		

(Quelle: eigene Darstellung; Bevölkerung: https://ec.europa.eu/eurostat, Juli 2024; Kontingentgröße: https://www.europarl.europa.eu/, Juli 2024)

Diese Mandatsverteilung verletzt evident das Prinzip der Stimmengleichheit: Die Stimme beispielsweise einer maltesischen oder einer luxemburgischen Wählerin hat einen größeren Zählwert als die Stimme einer deutschen oder französischen Wählerin. Überhaupt sind die Bevölkerungen der kleinen (insbesondere der Kleinst-)Staaten überrepräsentiert, die der großen hingegen unterrepräsentiert. Repräsentationsungleichgewichte sind zwar in jedem Wahlsystem unvermeidlich, denn Wahlkreise können nie hundertprozentig identisch bevölkerungsstark zugeschnitten werden. Aber die Abweichungen bei der Europawahl haben eine andere Dimension und würden in diesem Ausmaß bei nationalen Volksvertretungen kaum akzeptiert.

Warum kommt es zu den Repräsentationsschieflagen und warum wird es vorerst auch dabei bleiben? Die Zusammensetzung des Europäischen Parlaments ist das Ergebnis von komplizierten und verflochtenen Entscheidungsprozessen auf Regierungsebene. Sie muss in Verbindung gesehen werden mit der Frage der Stimmengewichtung im Ministerrat beim Verfahren der Qualifizierten Mehrheit.[393] Eine überproportionale Vertretung der kleinen Staaten wird bei der Kontingentzuweisung im EP bewusst in Kauf genommen. In diesen Abweichungen vom Gleichheitsgrundsatz spiegelt sich die Stellung des Europäischen Parlaments als einem Organ einer Gemeinschaft, die mehr ist als ein Staatenbund, aber weniger als ein Bundesstaat. Hier zeigt sich das Europäische Parlament noch als Völkervertretung und eben nicht als Volksvertretung, d.h. als Vertretung *eines* Staatsvolkes. Eine streng proportionale Repräsentation könnte nur in zwei Hinsichten bewerkstelligt werden: a) Das Parlament würde erheblich vergrößert, b) die Kontingente für die Kleinststaaten werden minimiert. Beide Varianten sind problematisch: Die erste könnte faktisch zur Arbeitsunfähigkeit des EP führen (von den Kosten für ein solches Parlament ganz zu schweigen). Die Konsequenz der zweiten Variante wäre, dass bei den Kleinststaaten nur die Mehrheits-/Regierungsparteien eine Chance auf Vertretung im EP hätten.

Wahlen und (europäische) Parteien

National strukturiert ist auch das Parteiensystem: Bei den Wahlen zum Europäischen Parlament treten in der Regel die jeweiligen nationalen Parteien an. Diese

---

[393] In diesem Verfahren werden die Stimmen der Vertreter im Rat der Europäischen Union entlang der Bevölkerungsgrößen gewichtet, aber ohne dabei eine perfekte Proportionalität zu erzeugen.

stellen die Kandidatenlisten auf, finanzieren und organisieren die Wahlkämpfe. Mitunter stehen in den Ländern auch Parteien zur Wahl, die ausschließlich für das Europäische Parlament antreten – in einigen Staaten sind gerade dies europafeindliche oder -skeptische Parteien.

Dass hauptsächlich vertraute nationale Parteien zur Wahl antreten, macht die Europawahlen für die Wähler:innen einerseits leichter zugänglich; sie kennen die zur Wahl antretenden Gruppierungen und wissen zumindest grob, wofür diese stehen. Andererseits kann dies dazu führen, dass in den Europawahlen verstärkt „national" gewählt wird. Nicht die europapolitische Performanz der MdEPs, sondern die jeweiligen nationalen Bilanzen der Parteien werden in der Wahl quittiert.

Dies ist Folge und Ausdruck des „second order"-Charakters der Wahlen zum Europäischen Parlament. Die Wähler stufen die EP-Wahlen als Nebenwahlen ein, die für sie weniger relevant sind. Dies führt u. a. zu einer vergleichsweise geringen Wahlbeteiligung, zur Abstrafung nationaler Regierungsparteien und zur Stärkung kleiner, mitunter extremer Parteien. Die „second order"-These ist erstmalig zur Wahl 1979 entwickelt und bestätigt worden.[394] Sie ist in Folge immer wieder aufgegriffen worden.[395]

Trotz der Überlagerung der europäischen Wahlen mit nationalen Gesichtspunkten und Parteien sind auch auf der europäischen Ebene mehr als nur Ansätze eines transnationalen Parteiensystems entstanden. Organisiert haben sich neben den Christdemokraten und Konservativen, den Sozialisten und Sozialdemokraten unter anderem auch die Grünen, die Liberalen, die Linken/Kommunisten, sowie die Rechtspopulisten.

Diese europäischen Parteien sind jedoch andersförmige Organisationen als die aus dem nationalstaatlichen Kontext bekannten: Sie nehmen keine individuellen Mitglieder, sondern nur Organisationen auf. Es handelt sich letzten Endes um Parteienverbünde.[396] Aufgrund dieser Organisationsform spielen in ihrer Willensbildung und Entscheidungsfindung die nationalen Parteien eine besonders starke Rolle, wenngleich die europäischen Parteien an Bedeutung zugenommen haben.

Die Entstehung von dem, was wir heute als „europäische Parteien" bezeichnen, bewegte sich auf einem Sonderweg. In vielen Nationalstaaten haben sich die nationalen Parteien aus einer politisch mobilisierten Bevölkerung herausgebildet. Aber auf der EG/EU-Ebene lief das anders ab; die europäischen Parteien wurden „von oben" gegründet.[397] Eine unterstützende Rolle spielten bei der „top-down"-Herausbildung der europäischen Parteien die Fraktionen im Europäischen Parlament.

Die Gründung und Existenz von transnationalen europäischen Parteien werden seitens der Europäischen Union aus demokratie-, aber vor allem auch aus integrationstheoretischer Perspektive ausdrücklich begrüßt und gefördert. So heißt es im

---

394 Vgl. Reif/Schmitt 1980.
395 Vgl. Plescia u.a. 2020.
396 Vgl. Maurer/Mittag 2023.
397 Vgl. Leinen/Schönlau 2003: 219.

Vertrag über die Europäische Union: „Politische Parteien auf europäischer Ebene tragen zur Herausbildung eines europäischen politischen Bewusstseins und zum Ausdruck des Willens der Bürgerinnen und Bürger der Union bei".[398]

Der Ministerrat, so hatte es der Vertrag von Nizza 2001 festgelegt, sollte in Einvernehmen mit dem Europäischen Parlament Bestimmungen zu den europäischen Parteien sowie zu ihrer Finanzierung verabschieden. Der Auftrag für ein europäisches Parteiengesetz ist nach langen und kontroversen Debatten 2003 erledigt worden: Damals wurde eine Verordnung über die „Regelungen für die politischen Parteien auf europäischer Ebene und ihre Finanzierung" vom Europäischen Parlament verabschiedet. Diese wurde 2014 durch eine Verordnung abgelöst, die auch Bestimmungen zu den politischen Stiftungen enthält.[399] Zunächst legt die Verordnung fest, welche Voraussetzungen eine Gruppierung erfüllen muss, damit sie eine „europäische politische Partei"[400] genannt werden darf und folglich in den Genuss einer Finanzierung aus EU-Mitteln kommen kann: Sie muss eine Rechtspersönlichkeit in dem Mitgliedstaat sein, in dem sie ihren Sitz hat. Zudem hat sie in mindestens einem Viertel der Mitgliedstaaten vertreten zu sein (entweder durch Mitglieder des Europäischen Parlaments oder in den nationalen respektive regionalen Parlamenten). Oder sie muss bei der letzten Europawahl in mindestens einem Viertel der Mitgliedstaaten wenigstens drei Prozent der abgegebenen Stimmen in jedem dieser Staaten erhalten haben. Zudem hat sie die Grundsätze der Europäischen Union zu beachten. Schließlich muss sie entweder bereits an Wahlen zum EP teilgenommen haben oder dies in Zukunft beabsichtigen.

Die Verordnung über die europäischen Parteien zielt auf den Aus- und Aufbau des Parteiensystems auf der europäischen Ebene. Die Perspektive einer finanziellen Unterstützung soll einen Anreiz bieten, neue Parteien zu gründen respektive noch voneinander getrennt operierende nationale Gruppierungen zu europäischen zu verschmelzen. Ob dieser Anreiz von oben ausreicht, um ein effektives transnationales Parteiensystem zu etablieren, bleibt zu beobachten.

2.1.3. Organisation und Arbeitsweise

Welche organisatorischen Strukturen und welche Arbeitsformen prägen das Europäische Parlament? Das EP ist – wie jedes „normale" Parlament – auf drei Ebenen organisiert: Zunächst ist es in Form der Vollversammlung eines der sieben Organe der Europäischen Union (Makro-Ebene). Dann gliedert es sich auf der Gruppenebene u. a. in Ausschüsse und Fraktionen (Meso-Ebene). Schließlich bilden die individuellen Abgeordneten das Fundament des Europäischen Parlaments (Mikro-Ebene).

---

[398] EUV, Artikel 10 Absatz 4.
[399] Verordnung (EU, Euratom) Nr. 1141/2014 des Europäischen Parlaments und des Rates vom 22. Oktober 2014 über das Statut und die Finanzierung europäischer politischer Parteien und europäischer politischer Stiftungen (Abl. L 317/1 vom 04.11.2014). Aktuelle konsolidierte Fassung vom 27.03.2019.
[400] In der ursprünglichen Verordnung war noch von „politischen Parteien auf europäischer Ebene" die Rede. Die Regierungsvertreter hatten sich zunächst noch gegen den Begriff der „europäischen politischen Partei" gestellt.

Die Vollversammlung

Die Vollversammlung aller Parlamentarier:innen „konstituiert" das Europäische Parlament. Das EP wird in den Verträgen als Organ der EU erwähnt. Es steht den anderen Organen und Agenturen der Europäischen Union als „Partner" oder „Widerpart" gegenüber.

An seiner Spitze steht die Präsidentin des Europäischen Parlaments, die das EP nach innen und außen vertritt. Diese Person wird von den Abgeordneten in freier und geheimer Wahl gewählt. Der Präsidentin zur Seite stehen 14 Stellvertreter:innen. Die Plenarversammlung kommt in der Regel in Straßburg zusammen. Aber auch in Brüssel verfügt das Parlament über einen voll funktionsfähigen Sitzungssaal, in dem sich die Abgeordneten treffen können. Das Europäische Parlament wird infrastrukturell von einer Parlamentsverwaltung unterstützt, in der die Übersetzungsdienste einen großen Anteil ausmachen.[401]

Die Arbeitsweise im Plenum entspricht größtenteils der nationaler Volksvertretungen: Die Plenarverhandlungen finden vor den Augen der Öffentlichkeit statt, Entscheidungen beruhen auf Mehrheitsvoten, parlamentarische Minderheiten haben weitreichende Möglichkeiten, die Willensbildungsprozesse mitzugestalten. Die Sprachenvielfalt im Europäischen Parlament begrenzt freilich die Spielräume für eine außenwirksame und lebendige Gestaltung der Plenardebatte. Es gibt gesicherte Oppositionsrechte im Europäischen Parlament – wenngleich nicht die aus den Nationalstaaten bekannte scharfe Gegenüberstellung von „Regierungs-" und „Oppositionsfraktionen".[402]

Die Größe der Vollversammlung hat im Laufe der Ausweitung der Europäischen Gemeinschaften/Union erheblich zugenommen. Begonnen hat die „Gemeinsame Versammlung" 1952 mit 78 Abgeordneten. Infolge der Erweiterungsrunden 1973 (Großbritannien, Irland, Dänemark), 1981 (Griechenland), 1986 (Spanien, Portugal), 1990 (ostdeutsche Bundesländer) und 1995 (Schweden, Finnland, Österreich) und durch sonstige Reformen erhöhte sich die Zahl der Mitglieder im Europäischen Parlament auf 626. Die große Osterweiterung im Jahr 2004 weitete den Umfang des Parlaments auf 732 Abgeordnete. 732 stellte auch die im Vertrag von Nizza festgelegte Obergrenze dar. Allerdings kam es infolge der Erweiterungen um Rumänien und Bulgarien (2007) zu einer Vergrößerung auf zwischenzeitlich über 780 Abgeordnete. Der Vertrag von Lissabon hat dann den Umfang des Europäischen Parlaments bis auf Weiteres auf maximal 750 (plus Präsidentin) festgelegt, wenngleich es im Rahmen von Erweiterungsprozessen (z. B. Kroatien 2013) übergangsweise zu einer Erhöhung der Anzahl der Mitglieder kommen konnte und kann.[403] Der Brexit hat 2020 wiederum zu einer effektiven Verkleinerung des Parlaments geführt – auf 705 Mitglieder. Für die Wahl 2024 ist das Parlament wiederum auf 720 MdEPs vergrößert worden.

---

[401] Vgl. Jacobs/De Feo 2023.
[402] Thierse 2015.
[403] „Ihre [die der MdEPs, St.M.] Anzahl darf 750 nicht überschreiten, zuzüglich des Präsidenten. Die Bürgerinnen und Bürger sind im Europäischen Parlament degressiv proportional, mindestens jedoch mit sechs Mitgliedern je Mitgliedstaat vertreten. Kein Mitgliedstaat erhält mehr als 96 Sitze" (EUV, Artikel 14 Absatz 2).

Entspricht die Anzahl der MdEPs der Repräsentationsformel, die Taagepera aufgestellt hat (s. Kapitel II)?[404] In der Tat hat sich das Europäische Parlament in den Erweiterungs- und Vergrößerungsrunden dem Kubikwurzelgesetz angenähert: Mit dem fixierten Maximalwert von 750 ist es nahe an den Mandatsumfang gerückt, der gemäß der Taagepera-Formel als optimaler Umfang empfohlen wäre: 766. Zu Beginn seiner Geschichte ähnelte die Parlamentsgröße noch dem typischen Umfang Zweiter Kammern, die der Vertretung von Gebietskörperschaften dienen. Die Bewegung des Europäischen Parlaments weg von der quantitativen Nähe zu Körperschaften der territorialen Vertretung hin zu dem Umfang einer typischen nationalen Ersten Kammer ist ein weiterer Hinweis auf eine „Normalisierung" des Europäischen Parlaments.

Ausschüsse und Fraktionen

Die Gruppenebene des Europäischen Parlaments ist die operativ entscheidende: Zunächst spielen – stärker als in vielen nationalen Parlamenten – die Ausschüsse eine wichtige Rolle. In ihnen werden die parlamentarischen Vorgänge im Detail behandelt (vgl. Tabelle 4.2). Eine besondere Stellung nehmen die Berichterstatter:innen ein, die zu Einzelfragen Vorlagen entwerfen und somit zu den eigentlichen Expert:innen in den Sachfragen werden. Ihrer Problemwahrnehmung und ihren Lösungsempfehlungen kommt – unbeschadet der Fraktionszugehörigkeit – ein besonderes Gewicht zu.[405]

Die parlamentarische Arbeit wird von der Ausschusstätigkeit dominiert: In der Regel trifft sich das Parlament je eine Woche im Monat zu den Plenarsitzungen in Straßburg; die übrigen drei Wochen sind für die Ausschussarbeit in Brüssel reserviert. Die damit verbundenen Umstände (Dokumententransport, Reisekosten) sind vielfach diskutiert und moniert worden. Frankreich besteht allerdings darauf, dass das Parlament seine Plenarsitzungen in der Regel in Straßburg abhält.

In der Arbeit des EP lassen sich generell Tendenzen der „Professionalisierung, Segmentierung und Technisierung" ausmachen.[406] Dies alles qualifiziert das EP als ein „Arbeitsparlament"[407] – zumal die Plenarverhandlung wegen der Sprachproblematik kaum die Chance hat, das „wichtigste Forum der öffentlichen Meinung, die offizielle Bühne aller großen, die Nation bewegenden politischen Diskussionen" zu werden – so (zur Erinnerung) Steffanis Beschreibung eines Redeparlaments.[408]

---

404 Vgl. Taagepera 1972.
405 Vgl. Costello/Thomson 2010; Schmitz 2018.
406 Vgl. Maurer 2012: 150.
407 Vgl. Wessels 2022: 160.
408 Vgl. Steffani 1979a: 96. Siehe Kapitel III.

Tabelle 4.2: Ausschüsse im Europäischen Parlament (Stand Juli 2024)

Ausschüsse für „interne Politiken"
Haushaltsausschuss
Haushaltskontrollausschuss
Ausschuss für Wirtschaft und Währung – Unterausschuss für Steuerfragen
Ausschuss für Beschäftigung und soziale Angelegenheiten
Ausschuss für Umweltfragen, öffentliche Gesundheit und Lebensmittelsicherheit – Unterausschuss für die öffentliche Gesundheit
Ausschuss für Industrie, Forschung und Energie
Ausschuss für Binnenmarkt und Verbraucherschutz
Ausschuss für Verkehr und Tourismus
Ausschuss für regionale Entwicklung
Ausschuss für Landwirtschaft und ländliche Entwicklung
Fischereiausschuss
Ausschuss für Kultur und Bildung
Rechtsausschuss
Ausschuss für bürgerliche Freiheiten, Justiz und Inneres
Ausschuss für konstitutionelle Fragen
Ausschuss für die Rechte der Frau und die Gleichstellung der Geschlechter
Petitionsausschuss
Ausschüsse für „externe Politiken"
Ausschuss für auswärtige Angelegenheiten – Unterausschuss Menschenrechte – Unterausschuss für Sicherheit und Verteidigung
Entwicklungsausschuss
Ausschuss für internationalen Handel

(Quelle: https://www.europarl.europa.eu, 26.06.2024)

Neben den Ausschüssen sind die Fraktionen zu parlamentsrelevanten Zusammenschlüssen der Abgeordneten geworden.[409] Im EP sind die Abgeordneten in diversen politischen Gruppen organisiert (vgl. Tabelle 4.3). Es ist bemerkenswert, dass sich im EP – schon lange vor den ersten Direktwahlen – Abgeordnete nicht nur in nationalen Delegationen, sondern in nationenübergreifenden politischen Gruppen zusammengeschlossen hatten: Bereits 1953 entschied die Gemeinsame Versamm-

---

409 Vgl. Ahrens u.a. 2022.

lung, die Fraktionsbildung quer zur nationalen Zugehörigkeit zu gestatten und zu fördern.

Die Möglichkeit, transnationale Zusammenschlüsse von MdEPs zu formen, ist somit frühzeitig vom Parlamentsrecht erfasst und unterstützt worden. Auch in der geltenden Geschäftsordnung finden sich entsprechende Regelungen: „Die Mitglieder können ihrer politischen Zugehörigkeit entsprechende Fraktionen bilden" (Art. 33 Abs. 1). Dabei wird Wert darauf gelegt, dass die Fraktionen tatsächlich transnational sind. Eine politische Gruppe kann nicht von Parlamentarier:innen ausschließlich *einer* Nationalität gegründet werden. Der Absatz 2 des Artikels 33 der Geschäftsordnung bestimmt: „Jeder Fraktion müssen Mitglieder angehören, die in mindestens einem Viertel der Mitgliedstaaten gewählt wurden. Zur Bildung einer Fraktion bedarf es mindestens 23 Mitglieder.".

Die Abgeordneten, die sich in solchen transnationalen Fraktionen zusammenschließen, verfügen über zahlreiche Privilegien. Deswegen haben sich im Europäischen Parlament immer wieder auch Mitglieder zusammengeschlossen, nicht weil sie ideologisch zusammengehörten, sondern um an die durch den Fraktionsstatus gewährten Vorrechte zu gelangen (sogenannte „technische Fraktionen").

Was sind dies für Vorrechte? Die Fraktionen genießen Privilegien in nahezu allen parlamentarischen Arbeitsbereichen. Beispielsweise wird das Rederecht im EP-Plenum an die Fraktionen verteilt, die wiederum konkrete Redner:innen benennen dürfen. Die Fraktionen nominieren die Ausschussmitglieder. Sie verfügen über besondere Rechte beim Einreichen von Anträgen und Vorlagen. Die Fraktionsvorsitzenden bilden zusammen mit der Präsidentin die „Konferenz der Präsidenten" (Art. 26 GO EP). Diese trifft im Vorfeld der Plenarsitzungen wichtige Entscheidungen.

Tabelle 4.3: Fraktionen im Europäischen Parlament (Stand Juli 2024)

Fraktionsname	Abkürzung
Fraktion der Europäischen Volkspartei (Christdemokraten)	EVP
Fraktion der Progressiven Allianz der Sozialdemokraten im Europäischen Parlament	S&D
Fraktion der Europäischen Konservativen und Reformer	EKR
Fraktion Renew Europe	RE
Fraktion Die Linke im Europäischen Parlament - GUE/NGL	Die Linke
Fraktion der Grünen/Freie Europäische Allianz	Die Grünen/EFA
Fraktion Patrioten für Europa	PfE
Fraktion Europa der Souveränen Nationen	ESN
Fraktionslos	NI

(Quelle: https://www.europarl.europa.eu, 22.07.2024)

Die innerparlamentarische Stellung der Fraktionen ist – ähnlich der in den nationalen Parlamenten – über die Jahrzehnte hinweg ausgebaut worden. Die Fraktionen haben immer mehr Rechte erhalten. Vor allem sind sie informell wichtiger geworden: Sie sind mittlerweile die zentralen Knotenpunkte der innerparlamentarischen Willensbildung und Entscheidungsfindung.[410]

Zugleich sind die Fraktionen im Europäischen Parlament höchst eigenwillige Gebilde. Sie bestehen aus Mitgliedern unterschiedlicher nationaler Parteien, die in der Regel einer der großen Parteifamilien angehören. Das führt dazu, dass die Fraktionen eine äußerst heterogene Mitgliedschaft umfassen.

Die EP-Fraktionen sind somit keine programmatisch konsistenten und organisatorisch stabilen Gebilde. Zu Beginn der Wahlperiode entscheidet sich die Zusammensetzung der politischen Gruppen stets aufs Neue. Und auch zwischen den Wahlterminen kommt es immer wieder zu Neuformatierungen der Fraktionsstruktur.

Außer in Fraktionen und Ausschüssen sind Abgeordnete noch in anderen Gruppierungen zusammengeschlossen, entweder entlang bestimmter Interessen oder entlang sonstiger Gemeinsamkeiten.[411] Eine besondere Rolle spielt dabei immer noch – trotz aller Transnationalisierung – die Kooperation und Koordination zwischen den Abgeordneten *einer* Nationalität, sowohl im gesamten Parlament als auch innerhalb der Fraktionen. Die Nation bleibt für die individuellen MdEPs ein wichtiger Bezugspunkt.

Die MdEPs

Das organisatorische Fundament des Europäischen Parlaments sind die einzelnen Abgeordneten. Diese sind – wie ihre Pendants in den nationalen Volksvertretungen – mehr als nur Bestandteile eines korporativen Akteurs. Sie sind selbstständige, individuelle Träger von Rechten und Pflichten.

Noch bis in die 1980er Jahre hinein hatten viele MdEPs ein Doppelmandat: Sie waren zugleich Mitglied des EP *und* eines nationalen Parlaments. In den 1980er und 1990er Jahren konnte eine deutliche Abnahme von Doppelmandaten verzeichnet werden. Dies war Ausdruck eines Prozesses der „Abnabelung" von den nationalen Parlamenten[412], hing aber auch mit der gestiegenen Arbeitsbelastung der EP-Mitglieder zusammen, die mit einem nationalen Parlamentsmandat kaum noch vereinbar war. Mit der Wahl 2004 ist die Mitgliedschaft in einer nationalen Volksvertretung mit der Zugehörigkeit zum Europäischen Parlament als unvereinbar festgelegt worden – allerdings galten für Irland und Großbritannien Übergangsfristen.[413]

---

410 Vgl. Dialer u.a. 2015.
411 Beispielsweise gibt es eine Intergroup „Children's Rights", die sich aus MdEPs unterschiedlicher Fraktionen und Nationalitäten zusammensetzt und sich mit den Rechten von Kindern beschäftigt.
412 Vgl. Maurer 2001: 104.
413 S. Art 6 Abs. 2 des Aktes zur Einführung allgemeiner unmittelbarer Wahlen der Mitglieder des Europäischen Parlaments (Abl. L 278 vom 8.10.1976, S. 6, in der Fassung vom 23.9.2002).

Die direkt gewählten Parlamentarier:innen genießen die klassischen Abgeordnetenprivilegien. Sie werden geschützt durch das Recht auf Immunität. Dieses Vorrecht kann nur durch das Parlament selbst und auch nur unter bestimmten Bedingungen aufgehoben werden (Art. 6 GO EP). Auch sprechen das Abgeordnetenstatut des Europäischen Parlaments sowie seine Geschäftsordnung den MdEPs das „freie Mandat" zu: Die Mitglieder des Europäischen Parlaments üben „ihr Mandat frei und unabhängig aus und sind weder an Aufträge noch an Weisungen gebunden" (Art. 2 GO EP). Im parlamentarischen Prozess verfügen sie über verbriefte Beteiligungschancen. Damit ähnelt die Rechtsstellung der MdEPs in ihren Grundzügen der Stellung der Mandatsträger:innen in den nationalen Parlamenten.

Sind die Abgeordneten damit auch faktisch frei? Womöglich so frei wie die nationalen Mandatsträger:innen: Für die nationalen Parlamentsmitglieder gilt – wie dargestellt –, dass sie jenseits ihrer rechtlichen Freiheit unter effektiven Zwängen stehen. Zumindest sehen sie sich „Erwartungen" anderer Akteure gegenüber. In den nationalen Parlamenten kommt den Fraktionen und dem von ihnen ausgehenden Druck eine wichtige Rolle im Abgeordnetenverhalten zu.

Die Europäischen Abgeordneten bewegen sich in einem anderen, sehr spezifischen Drucksystem. Auf sie wirken ganz unterschiedliche, zum Teil konträre Erwartungshaltungen. Sie müssen oder können sich an verschiedenen Bezugseinheiten orientieren. Bernhard Weßels hat die denkbaren Orientierungspunkte („role foci"), die für die MdEPs eine wichtige Rolle spielen, auf zwei Dimensionen abgetragen: zum einen auf der „group dimension" und zum anderen auf der „regional dimension".[414] Die Gruppendimension (1) umfasst drei Orientierungspunkte: die Wähler:innen der Partei, die Wähler:innen im Wahlkreis und interessenbezogen definierte Gruppen von Wählenden. Die territoriale oder regionale Dimension (2) gliedert sich in die Wahlkreisebene, die nationale sowie die europäische Ebene. Durch die Überlappung zweier Foki, nämlich der Wähler:innen des Wahlkreises und des Wahlkreises als territoriale Einheit, verbleiben fünf denkbare Orientierungspunkte für die Abgeordneten des Europäischen Parlaments.

In der Forschung rund um das Europäische Parlament spielt vor allem die Frage nach der „nationalen" vs. der „europäischen" Identität der MdEPs eine wichtige Rolle.[415] Verstehen sich die Abgeordneten als Vertreter ihrer Nationen? Oder sehen sie sich als Repräsentanten eines europäischen Volkes? Dass sie ihre nationale Brille ablegen und „europäisch" denken, ist eine These in der europäischen Abgeordnetenforschung, die mit dem Begriff „going native" betitelt worden ist.[416] Gemäß der „going native"-These zeichnen sich die Mitglieder des Europäischen Parlaments dadurch aus, dass sie proeuropäischer gesinnt sind als die nationalen Mandatsträger:innen. Dahinter steht die Vermutung, dass Abgeordnete im Laufe ihrer Zeit im EP europäisch sozialisiert werden. Die Befunde zu dieser These sind allerdings nicht ganz eindeutig.[417]

---

414 Vgl. Weßels 1999.
415 Vgl. u.a. Hix/Høyland 2014.
416 Vgl. Brack 2018: 15-49; Scully 2002 und 2012.
417 Vgl. Burns 2016.

Ähnlich uneindeutig sind die Ergebnisse bei der Frage, woran die Abgeordneten ihr Abstimmungsverhalten ausrichten: Vertreten die Parlamentarier:innen die Interessen ihrer Heimatnationen, ihrer Wahlkreise oder transnationale Interessen? Stimmen sie in nationalen oder in Fraktionsblöcken ab? Es kommt letzten Endes – so kann man die Forschungsergebnisse zusammenfassen – darauf an, worüber abgestimmt wird. Darüber hinaus hat die EP-Forschung einen deutlichen Trend ausgemacht: Die Abgeordneten des Europäischen Parlaments tendieren schon seit geraumer Zeit dazu, entlang der Fraktionslinien abzustimmen.[418] Auch dies kann unter dem Stichwort „Normalisierung" im Sinne der Annäherung des EP an die Arbeitsweise nationaler Parlamente verbucht werden.

2.1.4. Funktionen und Kompetenzen

Die ursprünglichen Kompetenzen der Gemeinsamen Versammlung der EGKS lagen in ihren (minimalen) Kontrollrechten der Hohen Behörde und dem Rat gegenüber. Zudem kamen der Versammlung noch rudimentäre Mitspracherechte bei Budgetfragen zu. Blickt man hingegen auf die gegenwärtigen Kompetenzen des EP, ähneln diese durchaus denen nationalstaatlicher Volksvertretungen. Zudem hat es in der Gewichtung der Funktionen signifikante Veränderungen gegeben: Standen in den ersten Jahren kontrollierende Aufgaben im Vordergrund, ist das Parlament mittlerweile weitreichend an der Herstellung des europäischen Rechts beteiligt. Gehen wir die vier parlamentarischen Funktionsbereiche im Einzelnen für das EP durch.

Wahlfunktion

Die Wahl- und Abwahlfunktion des Parlaments sagt viel über den Charakter des gesamten politischen Systems aus. Sie prägt das Verhältnis zwischen den beiden „Gewalten" Legislative und Exekutive fundamental. Auf der EU-Ebene ist aber schon die Frage, wer die Exekutive und wer die Legislative ist, nicht leicht zu beantworten. An der Gesetzgebung sind sowohl das EP als auch der Ministerrat und die Kommission beteiligt. Die Kommission führt zugleich die Beschlüsse aus, ist somit ebenso Exekutive, aber auch die nationalen Regierungen oder die jeweils zuständigen Verwaltungseinheiten auf der subnationalen Ebene sind ausführende Organe.

In diesem komplexen Geflecht hat das Europäische Parlament keinen Einfluss auf die Zusammensetzung des Ministerrats; dieses Gremium wird autonom von den Mitgliedstaaten besetzt. Auch besteht keine Möglichkeit, einzelne Mitglieder des Europäischen Rates, in dem die Staats- und Regierungschefs der Mitgliedstaaten zusammenkommen, geschweige denn das gesamte Gremium aus dem Amt zu heben.

Völlig anders sieht die Beziehung zwischen Parlament und Kommission aus. Das Parlament ist sowohl an ihrer Besetzung maßgeblich beteiligt – und zwar als

---

418 Vgl. Ringe 2010.

Veto-Spieler – wie es auch über die Möglichkeit der Abwahl der Kommission durch ein Misstrauensvotum verfügt.

Das war allerdings nicht immer so. Bis zum Maastrichter Vertrag 1992 war das Parlament nur konsultativ am Prozess der Berufung der Kommission beteiligt gewesen. „Maastricht" verschaffte dem EP das Recht, an der Ernennung der Kommission teilzuhaben. Das Parlament konnte die Kommission als Ganze annehmen oder ablehnen. Ein Votum über einzelne Kommissionsmitglieder war nicht möglich. Nichtsdestoweniger hat das Parlament beginnend 1995 die einzelnen Kommissarskandidat:innen zu Anhörungen in die Ausschüsse geladen – ein Prozedere, das (obwohl in den Verträgen nicht erwähnt) seitdem zum Standard geworden ist. Die Anhörungen werden in der Geschäftsordnung des Europäischen Parlaments erwähnt und geregelt (Art. 129 und Anlage VII GO EP).

Ein doppeltes parlamentarisches Zustimmungserfordernis für Präsident und Gesamtkommission wurde mit dem Amsterdamer Vertrag 1999 eingeführt. Damit diese Regelung mehr Sinn hat, wurde die Ernennung der Kommission mit den Parlamentswahlen verknüpft. Die Amtseinführung der Kommission findet spätestens sechs Monate nach den Wahlen zum EP statt. Damit liegt auf der Hand, dass das Ergebnis der EP-Wahlen in die Zusammensetzung der Kommission einfließen soll.

Dies mündete in die vom Vertrag von Lissabon 2009 eingeführte Neuregelung hinsichtlich der Wahl der Kommission. Nun lautet die entsprechende Regelung im Art. 17 Abs. 7 EUV: „Der Europäische Rat schlägt dem Europäischen Parlament nach entsprechenden Konsultationen mit qualifizierter Mehrheit einen Kandidaten für das Amt des Präsidenten der Kommission vor; dabei berücksichtigt er das Ergebnis der Wahlen zum Europäischen Parlament. Das Europäische Parlament wählt diesen Kandidaten mit der Mehrheit seiner Mitglieder". Die Mehrheitsverhältnisse im frisch gewählten Parlament sollten sich in der Person des Kommissionspräsidenten oder/und der Zusammensetzung der Kommission spiegeln. Nach der Wahl des Präsidenten stellt sich das gesamte Kollegium (alle vorgeschlagenen Kommissar:innen) einem Zustimmungsvotum des EP. Zuvor finden die bereits erwähnten Anhörungen der nominierten Kommissare im Parlament statt, die bereits dazu geführt haben, dass Kandidaten kurzfristig ausgewechselt werden mussten, um die Zustimmung des EP nicht zu gefährden.

Der Vertrag von Lissabon hat 2009 ausdrücklich die „Wahl" des/der Kommissionspräsident:in durch das EP eingeführt. In den vorherigen Vertragstexten war lediglich von der „Zustimmung" des Europäischen Parlaments die Rede. Mit den Änderungen und der jüngsten Vertragsrhetorik nähert sich die Wahlfunktion des Europäischen Parlaments der Wahlfunktion nationaler Parlamente in parlamentarischen Systemen an, in denen die Spitze der Exekutive vom Parlament gewählt wird. Die Möglichkeit, über die Zusammensetzung nicht nur der Exekutiv-Spitze, sondern auch des „Kabinetts" zu bestimmen, geht sogar über das Wahlrecht zahlreicher nationaler Parlamente hinaus.

Diese Entwicklung ist durch die „Erfindung" von Spitzenkandidierenden 2014 nochmals verstärkt worden. Die beiden großen europäischen Parteien (Europäische Volkspartei und Sozialdemokratische Partei Europas) hatten erstmalig Personen benannt, von denen eine im Falle eines Sieges der jeweiligen Gruppierung Kommissionspräsident werden sollte. Faktisch wurde damit dem Europäischen Rat das Nominierungsrecht entrissen. Am Ende wurde tatsächlich einer der beiden Spitzenkandidaten Präsident der Europäischen Kommission (Jean-Claude Juncker). 2019 wurde die Idee der Spitzenkandidierenden wieder aufgegriffen. Allerdings setzte sich der Europäische Rat mit der Nominierung von Ursula von der Leyen als Kommissionspräsidentin, die nicht als Spitzenkandidatin angetreten war, über das Prozedere hinweg. 2024 funktionierte die Logik wieder: Ursula von der Leyen wurde für eine zweite Amtszeit gewählt, nachdem sie zuvor als Spitzenkandidatin für die in den Wahlen erfolgreiche EVP angetreten war.

Letztendlich ist das Wahlverfahren gar nicht mal so entscheidend, wenn es darum geht, die parlamentarische Qualität von Systemen einzuschätzen. Viel wichtiger ist die Abwahlmöglichkeit. Über diese verfügt das Europäische Parlament gegenüber der Kommission schon seit langer Zeit. Das Misstrauensvotum ist älter als die Beteiligung an der Ernennung der Kommission und findet sich bereits im EGKS-Vertrag von 1951 als Recht der Gemeinsamen Versammlung gegenüber der „Hohen Behörde", der Vorgängerin der späteren Europäischen Kommission.

Heute ist gemäß Art. 17 EUV die Kommission dem Parlament gegenüber „verantwortlich". Das EP kann der Kommission das Misstrauen aussprechen; dafür bedarf es allerdings einer Zwei-Drittel-Mehrheit der abgegebenen Stimmen im EP, die zugleich mindestens die Mehrheit der Parlamentarier:innen darstellt. Zwangsläufige Folge eines erfolgreichen Misstrauensvotums ist der Rücktritt der gesamten Kommission.

Bislang hat das Parlament noch keiner Kommission formal das Misstrauen ausgesprochen, obgleich schon mehrere Anträge gestellt worden sind. Der erste Misstrauensantrag gegen die Kommission war bereits 1972 eingebracht und zurückgezogen worden, als die Kommission zusicherte, die monierten Mängel abzustellen. Am knappsten ging die Kommission „Santer" 1999 an einer Amtsenthebung vorbei. Zwar kam die erforderliche Mehrheit nicht zustande, aber die Beziehung zwischen Parlament und Kommission war in Folge so zerrüttet, dass die Kommission unter ihrem Präsidenten Jacques Santer geschlossen zurücktrat.

Ein Misstrauensvotum gegen einzelne Kommissionsmitglieder sehen die Verträge nicht vor. Dies wurde jedoch anlässlich der Krise der Kommission Santer 1999 als Defizit ausgemacht, da in diesem Fall einzelnen Kommissaren Verfehlungen zur Last gelegt worden waren. Seitdem verpflichten sich die Kommissionsmitglieder dann zurückzutreten, wenn das Parlament ihnen das Vertrauen entzieht. Damit ist das formale Misstrauensvotum gegenüber der Gesamtkommission durch ein informales gegenüber den einzelnen Mitgliedern ergänzt und das Parlament in seiner Abwahlkompetenz gestärkt worden.

Der Vollständigkeit halber: Jenseits des Einflusses auf die Zusammensetzung der Kommission kann das Parlament interne Funktionsträger (Präsidentin etc.) sowie den/die Europäischen Bürgerbeauftragte/n wählen. Das EP ist überdies an der Ernennung der Mitglieder des Europäischen Rechnungshofs beteiligt.

Gesetzgebung

Die Europäische Union produziert Recht und generiert damit eine Rechtsordnung parallel zur jeweiligen nationalstaatlichen. Das Europäische Parlament ist mittlerweile maßgeblich an der EU-Rechtsetzung beteiligt. Dabei ist die Geschichte der verschiedenen Verfahren, die für die Gesetzgebung entwickelt worden sind, eine Geschichte des steigenden Einflusses des EP auf die Rechtsetzung in der EU. Je nach Entscheidungsmaterie und Politikfeld kommen unterschiedliche Verfahren zum Einsatz:

- Information und Nichtbeteiligung: Dieses Verfahren war noch für die „Gemeinsame Versammlung" der Montanunion gängiger Standard. Die Versammlung wurde über Entscheidungsprozesse, an denen der Ministerrat federführend beteiligt war, entweder gar nicht informiert oder nur in Kenntnis gesetzt.
- Konsultation: Das Verfahren der Konsultation hat sich früh im Laufe der Rechtsetzungspraxis auf EG/EU-Ebene etabliert. Dabei gilt: Der Ministerrat kann oder muss eine Stellungnahme des Parlaments zu einem laufenden Rechtsetzungsprozess einholen. Allerdings entfaltet die Position keine Verbindlichkeit. Der Rat kann sie ohne Weiteres ignorieren.
- Kooperation: Die Einheitliche Europäische Akte von 1986 führte das Verfahren der Zusammenarbeit ein, in dem das Parlament verbindlicher als bei der Konsultation beteiligt wurde. Das EP beschäftigt sich in zwei Lesungen mit einem vorgelegten „Gemeinsamen Standpunkt" des Ministerrats. Lehnt das Parlament die Vorlage ab, kann der Ministerrat sie nur einstimmig verabschieden. Unterstützt das Parlament den Standpunkt oder schlägt lediglich Änderungen vor, reicht im Ministerrat die qualifizierte Mehrheit. Im Kooperationsverfahren kann das Parlament zwar Initiativen nicht endgültig verhindern, aber vermag die Abstimmungshürden im Ministerrat sehr hoch, ggf. zu hoch zu legen.
- Zustimmung: Die Einheitliche Europäische Akte ergänzte das Repertoire auch noch um das Zustimmungsverfahren. Dies findet in Bereichen Verwendung, die die substanzielle Verfasstheit der Gemeinschaft betreffen, u. a. beim Beitritt neuer Staaten in die Europäische Union sowie beim Abschluss von Assoziierungsabkommen. In diesem Verfahren verfügt das Parlament über eine Veto-Position. Es findet gleichwohl nur selten Anwendung.
- Mitentscheidung: Dieses Verfahren ist erst mit dem Vertrag von Maastricht 1993 eingeführt worden und gilt als großer Schritt in Richtung Parlamentarisierung des EU-Rechtsetzungsprozesses. Am Ende eines komplexen Beratungsprozesses, der drei Lesungen umfasst und der im Falle des Konflikts zwischen Rat und Parlament ein Vermittlungsverfahren vorsieht, haben sowohl das Parlament als auch der Rat „das letzte Wort". Das EP muss in jedem Fall der Vorlage zustimmen, damit sie geltendes Recht werden kann.

Der Vertrag von Lissabon hat das Mitentscheidungsverfahren in „ordentliches Gesetzgebungsverfahren" umbenannt. Damit ist klar markiert, dass zukünftig dasjenige Verfahren üblich sein soll, in dem das Parlament dem Ministerrat gegenüber gleichberechtigt ist. Die Politikfelder, die der Mitentscheidung, dem heutigen „ordentlichen Gesetzgebungsverfahren" unterliegen, haben über die Vertragsentwicklung hinweg rapide zugenommen. Zwar gibt es noch immer eine Reihe von Rechtsakten, in denen dem Parlament nur eine gering-verbindliche Beteiligung zukommt. Aber die Reichweite der parlamentsstarken Verfahren hat sich erheblich vergrößert.[419]

Der Vertrag von Amsterdam hatte ein ursprünglich informelles Verfahren eingeführt, das sich neben das ordentliche Gesetzgebungsverfahren gestellt hat und zunehmend formalisiert worden ist: die Triloge. Hierunter versteht man Treffen der drei EU-Gesetzgebungsorgane (EP, Ministerrat, Kommission), die in jeder Phase des legislativen Prozesses stattfinden können. Die in diesem Rahmen erzielten Kompromisse müssen dann noch von Rat und EP formell verabschiedet werden. In der Literatur ist von einer „Trilogisierung" der EU-Rechtsetzung die Rede: Mittlerweile findet ein Großteil der Gesetzgebung auf diesem Weg statt. In diesem Verfahren ist das Parlament als gleichberechtigter Player einbezogen – allerdings finden die Verhandlungen entgegen parlamentarischer Gepflogenheiten hinter verschlossenen Türen statt. Zudem verschieben sich in dem Verfahren, so wird kritisiert, die Gewichte zugunsten der Kommission.[420]

Bei den Haushaltsentscheidungen hat es in der Gesamtschau eine merkliche Parlamentarisierung gegeben. Bereits die Gemeinsame Versammlung hatte erste, wenngleich noch rudimentäre Kompetenzen bei der Frage, wofür die EGKS ihr Geld ausgeben durfte. Bereits Ende der sechziger Jahre und in den siebziger Jahren wurden erste Schritte zum Ausbau der Budgetkompetenzen des EP unternommen, insbesondere durch die einschlägigen Vertragsänderungen aus dem Jahr 1975.

Über lange Strecken hinweg blieben die Haushaltbefugnisse des EP jedoch begrenzt. So konnte das Europäische Parlament keine Änderungen im sogenannten „obligatorischen" (und größeren) Teil des Haushaltsplans vornehmen, also bei den Ausgaben, „die sich zwingend aus dem Vertrag oder den aufgrund des Vertrags erlassenen Rechtsakten ergeben".[421] Nichtsdestoweniger konnte das EP mit entsprechender Mehrheit eine Notbremse ziehen: „Das Europäische Parlament kann jedoch mit der Mehrheit der Stimmen seiner Mitglieder und mit zwei Dritteln der abgegebenen Stimmen aus wichtigen Gründen den Entwurf des Haushaltsplans ablehnen und die Vorlage eines neuen Entwurfs verlangen".[422] Von dieser Möglichkeit ist 1979, 1984 und 2013 Gebrauch gemacht worden.

Der Vertrag von Lissabon hat die verbliebenen Einschränkungen im Haushaltsrecht des EP aufgehoben. Seit dessen Inkrafttreten kann das Europäische Parlament gemeinsam mit dem Rat der EU über den gesamten Jahreshaushalt der Europäischen Union entscheiden und ist dabei dem Rat gleichberechtigt. Der jährliche Haushaltsentwurf wird von der Kommission erstellt, dann vom Rat der Europäischen Union ggf. geändert und an das Parlament geleitet. Das Parlament nimmt den Haushalt in erster Lesung an oder schickt ihn mit Änderungen an den Rat zurück. Wenn der Rat die Änderungen akzeptiert, dann kann der Haus-

---

419 Vgl. Dionigi/Rasmussen 2019; Hix/Høyland 2013.
420 Vgl. Kreppel/Oztas 2017; Laloux 2020; Roederer-Rynning/Greenwood 2015.
421 Art. 272 EGV, Nizza-Fassung.
422 Art. 272 Abs. 8 EGV, Nizza-Fassung.

haltsplan in Kraft treten. Wenn nicht, kommt es zu einem Vermittlungsverfahren; dessen Kompromiss müssen beide Seiten zustimmen, damit der Plan verabschiedet werden kann.

Somit lässt sich auch bei der „power of the purse" ein Prozess der „Normalisierung" des EU-Parlamentarismus beobachten: Mittlerweile verfügt das EP weitestgehend uneingeschränkt über dieses urparlamentarische Recht. In der Gesamtschau hat sich das Haushaltsrecht als ein für das Europäische Parlament wichtiger Hebel erwiesen, Einfluss auf die Politik der Europäischen Union zu nehmen.

Kontrollfunktion

Das Europäische Parlament hat erhebliche Kontrollmacht. Wem gegenüber? In erster Linie – so bereits der Ausgangspunkt der EGKS – stand und steht die Kommission (seinerzeit die „Hohe Behörde") im Fokus der parlamentarischen Kontrolltätigkeit. In zunehmendem Maß ist auch der Rat der Europäischen Union Objekt parlamentarischer Kontrolle geworden – jedoch in der Regel nur dort, wo sich der Rat zu entsprechenden Rechenschafts- und Informationstätigkeiten selbst verpflichtet hat.

Über die Vertragsentwicklung hinweg hat sich die parlamentarische Kontrollkompetenz vergrößert. So hat die Ausweitung der Zuständigkeit der EG/EU auch dazu geführt, dass das EP in neu hinzugewonnenen Bereichen Kontrolle ausüben konnte, z. B. in der Sicherheits- und Verteidigungspolitik. Parlamentarische Kontrolle kann dabei mit folgenden Instrumenten durchgeführt werden[423]:

- Anfragen (schriftlich/mündlich): Das Europäische Parlament greift auf die klassischen interpellativen Verfahren zurück. Gruppen von Abgeordneten oder einzelne MdEPs haben das Recht, Fragen an Rat und Kommission zu richten. Diese Fragen werden zum Teil mit, zum Teil ohne Aussprache im Parlamentsplenum beantwortet. Schriftliche Fragen von einzelnen Abgeordneten werden über das Parlamentspräsidium an Rat oder Kommission geleitet.
- Debatten über Ratsberichte und über die programmatischen Reden der Ratsvorsitzenden: Seit 1973 erstatten die Ratsvorsitzenden dem Europäischen Parlament regelmäßig Bericht über die Pläne oder Aktivitäten der Präsidentschaft. Im Anschluss an die Berichterstattung findet eine Plenaraussprache statt.
- Abnahme des jährlichen Kommissionsberichts: Einmal im Jahr, spätestens einen Monat vor Beginn der Sitzungsperiode des Europäischen Parlaments, legt die Kommission dem Parlament einen Gesamtbericht zur Lage der Union vor, über den im EP-Plenum debattiert wird.
- Untersuchungsrecht: Das Europäische Parlament verfügt über die traditionelle parlamentarische Enquetekompetenz und kann bei Bedarf (nicht-ständige) Untersuchungsausschüsse einsetzen. Der erste Untersuchungsausschuss wurde 1983 im Zusammenhang mit den verschwundenen Giftfässern aus Seveso eingerichtet. In ihrer Praxis ähneln diese Ausschüsse den Ad-hoc-Komitees, die in nationalen Parlamenten zur Klärung aktueller Fragen eingesetzt werden.

---

423 Vgl. hierzu insbesondere Dreischer 2004; Maurer 2023; Schmid 2013.

- Haushaltskontrolle: Die Organe der EU sind gehalten, jährlich Rechenschaft über die ihrerseits verwendeten Haushaltsmittel abzulegen („Haushaltsrechnungen"). Parallel erstellt der Europäische Rechnungshof einen Bericht über das jeweilige Haushaltsjahr. Das Parlament kann auf der Grundlage dieser Dokumente und auf Empfehlung des Ministerrats die Kommission entlasten – oder auch nicht. In diesem Verfahren spielt der Haushaltsausschuss eine zentrale Rolle.
- Klagerechte: Das Europäische Parlament kann die anderen Organe vor dem Europäischen Gerichtshof verklagen. Es beauftragt auf diesem Weg das Gericht, das Handeln von Rat oder Kommission zu überprüfen.

Kontrolle läuft ins Leere, wenn sie nicht mit Sanktionen ausgestattet ist. Das EP ist über weite Strecken auf das Sanktionspotenzial Dritter angewiesen: Die Kontrolltätigkeit des Parlaments findet in der Öffentlichkeit statt und beruht damit auf der Macht der Medien. Wenn vor dem EuGH geklagt wird, werden die Sanktionspotenziale des Gerichts aktiviert.

Unmittelbare Sanktionen stellen die erwähnten Abwahlmöglichkeiten dar; vor allem das Misstrauensvotum dient als Drohkulisse bei der Kontrolle der Europäischen Kommission. Würde die Kommission im Rahmen der Haushaltsrevision nicht entlastet, müsste auch dies gewohnheitsrechtlich zum Rücktritt der Europäischen Kommission führen.

Kommunikationsfunktion

Das EP steht – wie jedes Parlament – vor der Aufgabe, einerseits Interessen der Bevölkerung aufzugreifen und in den politischen Prozess einzuspeisen. Andererseits soll es die getroffenen Entscheidungen und die ihnen vorangegangenen Prozesse transparent machen.

Welche formalen Möglichkeiten der Aufnahme von Präferenzen aus der Bevölkerung hat das EP? Das Europäische Parlament verfügt sowohl über einen Petitionsausschuss als auch über eine Ombudsperson, die beide eine Anlaufstelle für Eingaben und Beschwerden seitens der EU-Bevölkerung bieten. Jede Person, die in einem Mitgliedstaat der Europäischen Union wohnt, kann eine Eingabe an das Europäische Parlament machen. Voraussetzung ist, dass das Thema der Petition den Kompetenzbereich der Europäischen Union betrifft. Die Ombudsperson („Europäische/r Bürgerbeauftragte/r") ist als parlamentarische Institution 1992 geschaffen worden und verfügt über weitreichende Untersuchungskompetenzen. Einmal im Jahr legt der/die Bürgerbeauftragte dem Parlament einen Tätigkeitsbericht vor.

Der Vertrag von Lissabon hat einen weiteren Artikulationskanal eröffnet: die „Europäische Bürgerinitiative". Ein Anliegen, das von mindestens einer Million Bürger:innen aus einem Viertel der Mitgliedstaaten unterstützt wird, *muss* von der Kommission in einen Rechtsetzungsprozess eingespeist werden. Allerdings ist die Effektivität dieses Instruments umstritten.[424]

---

[424] Vgl. Plottka 2023.

> **Art 11 Abs. 4 EU-Vertrag (Europäische Bürgerinitiative):**
>
> „Unionsbürgerinnen und Unionsbürger, deren Anzahl mindestens eine Million betragen und bei denen es sich um Staatsangehörige einer erheblichen Anzahl von Mitgliedstaaten handeln muss, können die Initiative ergreifen und die Europäische Kommission auffordern, im Rahmen ihrer Befugnisse geeignete Vorschläge zu Themen zu unterbreiten, zu denen es nach Ansicht jener Bürgerinnen und Bürger eines Rechtsakts der Union bedarf, um die Verträge umzusetzen."

Bei der Herstellung von Transparenz steht das Europäische Parlament vor besonderen Schwierigkeiten: der Vielsprachigkeit und der defizitären europäischen Identität und Öffentlichkeit. Das Europäische Parlament macht seine Arbeit zwar in vielen Bereichen transparent: Seine Plenarsitzungen sind medienöffentlich und online; die Dokumentation seiner Arbeit ist weitestgehend frei zugänglich. Das EP betreibt auch eine ressourcenstarke Öffentlichkeitsarbeit, die sich auf unterschiedlichen Wegen (online, Print, „Events") an die Bevölkerung richtet.

Dieses breite Angebot an parlamentarischer Außenkommunikation stößt allerdings an die Grenzen eines fragmentierten Kommunikationsraums Europa.[425] Trotz der zunehmenden Bedeutung der europäischen Politik fehlt es an einer entsprechenden europäischen Öffentlichkeit. Es mangelt an einem europäischen Mediensystem, das transnational verankert ist. Es fehlt aber vor allem – und dies ist wohl auch der eigentliche Grund für die Defizite einer transnationalen Öffentlichkeit – das interessierte Publikum, das über die Sprachbarrieren hinweg einen Kommunikationspartner für das Europäische Parlament darstellen könnte. Europäische Politik bleibt somit primär Gegenstand der nationalen Öffentlichkeiten.

Wie schon im Parlamentarismus auf den anderen Ebenen, kommt den MdEPs eine besondere Bedeutung bei der Vermittlung der Rolle und der Entscheidungen des Parlaments zu. Aber auch hier sind Grenzen gezogen: Die Europaabgeordneten vertreten – gerade in den großen Mitgliedstaaten – in der Regel deutlich mehr Personen als die jeweiligen Parlamentarier der nationalen Volksvertretungen. Auch die MdEPs stehen somit vor einer sehr schwierigen Vermittlungsaufgabe.

2.1.5. Potenziale und Grenzen eines europäischen Parlamentarismus

Was kann man aus der bisherigen Entwicklung des EP lernen und für seine Zukunft folgern? Das Europäische Parlament beweist zunächst, dass Parlamentarismus jenseits des Nationalstaates überhaupt möglich ist – und widerlegt somit alle Behauptungen, das parlamentarische Prinzip sei untrennbar und allein mit der Herausbildung der Nationalstaaten verbunden. Allerdings macht das EP auch deutlich, wo die Grenzen eines transnationalen Parlamentarismus liegen.

Diese liegen weniger in der parlamentsinternen Organisation: Die Arbeitsweise des Europäischen Parlaments hat sich zunehmend „normalisiert". Das EP arbeitet nicht grundlegend anders als nationale Parlamente. Die parteipolitischen Fraktio-

---

[425] Vgl. Benert/Pfesch 2020; Brüggemann u.a. 2009.

nen nehmen eine zentrale Stellung im Willensbildungs- und Entscheidungsprozess ein; Ausschüsse beraten die Vorlagen, die in öffentlicher Plenarsitzung verabschiedet werden. Auf der Ebene der Abgeordneten lässt sich eine wachsende Transnationalisierung ausmachen: Die Mitglieder des Europäischen Parlaments verstehen sich zunehmend als Vertreter von Interessen, die quer zu den Nationalstaaten liegen können, und handeln entsprechend. Was die Funktionen und Kompetenzen betrifft, kann sich das Europäische Parlament mittlerweile mit vielen nationalstaatlichen Parlamenten messen lassen.

Dennoch ist der transnationale Parlamentarismus in der Europäischen Union anders als der nationalstaatliche. Es fehlen ihm bestimmte Komponenten, die als Voraussetzungen für eine funktionierende parlamentarische Demokratie verstanden werden: unter anderem eine auf einem Staatsvolk („demos") basierende Öffentlichkeit sowie ein funktionierendes Parteiensystem.

„no demos" – „no public"

Von der Existenz einer europäischen Öffentlichkeit kann in der Tat nicht ohne Weiteres ausgegangen werden. Überhaupt mangelt es, folgt man entsprechenden Analysen, an einer gemeinsamen europäischen Identität.[426] Das Fehlen einer Kommunikations-, Erfahrungs- und Kulturgemeinschaft steht im Zentrum der „no-demos"-These[427]: Es existiere kein europäisches Volk, deswegen könne auch keine europäische Demokratie entstehen. Ohne Staatsvolk keine Verfassung, ohne Verfassung keine Demokratie! Eine solche Logik führt dazu, dass jeder Integrationsschritt unter dem Verdacht der Entdemokratisierung steht.

In diesem Sinne hat auch das Bundesverfassungsgericht in seinen Entscheidungen zu den Verträgen von Maastricht und Lissabon geurteilt. Die Argumentation ist klar: Voraussetzung für die Verlagerung von Kompetenzen auf die Ebene der Europäischen Union als einer „supranational organisierten" zwischenstaatlichen Gemeinschaft sei eine aus dem Volk abgeleitete Legitimation. Diese werde allerdings gegenwärtig von den nationalen Staatsvölkern über die nationalen Parlamente vermittelt – mangels eines europäischen Staatsvolkes. Deswegen sei der Kompetenzübertragung von der nationalen auf die europäische Ebene eine demokratische Grenze gezogen. Den nationalstaatlichen Volksvertretungen (hier dem Deutschen Bundestag) müssten Kompetenzen von „substantiellem Gewicht" verbleiben – so die Maastricht-Entscheidung. Jede weitere Kompetenzverlagerung sei auf ihre Demokratieverträglichkeit hin zu überprüfen.

Das Lissabon-Urteil des Bundesverfassungsgerichts 2009 (Auszüge):
1. Das Grundgesetz ermächtigt mit Art. 23 GG zur Beteiligung und Entwicklung einer als Staatenverbund konzipierten Europäischen Union. Der Begriff des Verbundes erfasst eine enge, auf Dauer angelegte Verbindung souverän bleibender Staaten, die auf vertraglicher Grundlage öffentliche Gewalt ausübt, deren Grundordnung jedoch allein der Verfügung der Mitgliedstaaten unterliegt und in

---

426 Vgl. Kielmansegg 2003, zum Konzept vgl. Leiße 2020.
427 Dieser Begriff ist von Joseph Weiler in die Debatte eingebracht worden (vgl. Weiler 1995).

der die Völker – das heißt die staatsangehörigen Bürger – der Mitgliedstaaten die Subjekte demokratischer Legitimation bleiben.
[...]
3. Die europäische Vereinigung auf der Grundlage einer Vertragsunion souveräner Staaten darf nicht so verwirklicht werden, dass in den Mitgliedstaaten kein ausreichender Raum zur politischen Gestaltung der wirtschaftlichen, kulturellen und sozialen Lebensverhältnisse mehr bleibt. Dies gilt insbesondere für Sachbereiche, die die Lebensumstände der Bürger, vor allem ihren von den Grundrechten geschützten privaten Raum der Eigenverantwortung und der persönlichen und sozialen Sicherheit prägen, sowie für solche politischen Entscheidungen, die in besonderer Weise auf kulturelle, historische und sprachliche Vorverständnisse angewiesen sind, und die sich im parteipolitisch und parlamentarisch organisierten Raum einer politischen Öffentlichkeit diskursiv entfalten.

(Quelle: www.bverfg.de/e/es20090630_2bve000208.html, 29.04.2024)

Grundlegende Annahmen des „no-demos"-Ansatzes sind hinterfragt worden, zum Beispiel die These von der fehlenden europäischen „Kommunikationsgemeinschaft" und Öffentlichkeit.[428] Öffentlichkeit – so wird eingewendet – ist nicht notwendigerweise identisch mit einem Mediensystem. Sprachbarrieren seien überwindbar (auch bei Fehlen einer *lingua franca*), wie nicht zuletzt Nationen wie die Schweiz, Indien oder Belgien unter Beweis stellen. Kulturelle Identität kann zudem nicht nur als Voraussetzung, sondern auch als Folge von Demokratie und Öffentlichkeit gesehen werden. Eine Staatenbildung setzt – so diese Argumentation – nicht unbedingt ein homogenes Staatsvolk voraus; vielmehr kann eine Staatengründung die Herausbildung eines Volkes überhaupt erst möglich machen.

Die Diskussion macht jedenfalls deutlich, dass es bei der europäischen Integration um einen sehr speziellen Prozess des „nation building" geht, falls dieser Begriff („nation") überhaupt an die EU anlegbar ist. Dem Parlament und dem Parlamentarismus kommen in diesem Prozess eine wichtige Rolle zu. Wenn Parlamentarismus auf der europäischen Ebene immer besser funktioniert und sich das Europäische Parlament seine eigenen Voraussetzungen selbst schafft, wird auch die These vom Legitimationsdefizit der Europäischen Union an Boden verlieren.

(K)ein europäischer Parteienstaat?

Die Unterschiede zum nationalen Parlamentarismus zeigen sich zudem in der spezifischen Struktur des Parteiensystems in der Europäischen Union. Erste Ansätze von „echten" europäischen Parteien, die mehr sein wollen als Dachverbände nationaler Gruppierungen, sind zu beobachten. Es bleibt abzuwarten, inwieweit die finanzielle und organisatorische Förderung der „europäischen politischen Parteien" die Entstehung eines tatsächlichen europäischen Parteiensystems befördern kann.

Skepsis bleibt angezeigt. Gegen einen integrierten europäischen Parteienstaat spricht die Ausgangssituation: die Heterogenität der bislang bestehenden europä-

---

428 Vgl. hierzu Benert/Pfesch 2020.

ischen Parteien, unter deren Logos sich nationale Gruppierungen mit höchst unterschiedlichen strategischen und programmatischen Positionen sammeln. Das europäische Parteiensystem korrespondiert überdies nicht mit dem Fraktionensystem im Europäischen Parlament. In den politischen Parteien auf europäischer Ebene sind einerseits nicht immer alle diejenigen Kräfte organisiert, die sich in den gleichlautenden Fraktionen des Parlaments zusammengeschlossen haben. Andererseits erlauben einige Parteienbünde auch die Mitgliedschaft nationaler Parteien aus Staaten, die noch nicht Teil der Europäischen Union sind – und damit ohnehin nicht in den EP-Fraktionen vertreten sein können.

Angesichts der Schwäche der parlamentsexternen Parteiorganisationen müsste den innerparlamentarischen politischen Gruppen eine vergleichsweise starke Stellung zukommen. Allerdings kämpfen auch die EP-Fraktionen mit der eben geschilderten Heterogenität und „Volatilität" ihrer Mitgliedschaft. Vieles spricht freilich dafür, dass Änderungen im Parlamentsrecht und im Wahlverfahren zur Festigung transnationaler europäischer Fraktionen und Parteien beitragen könnten.

Es fällt auf, dass bei der Entstehung des europäischen Parteien- und Fraktionensystems das traditionelle Spektrum, das sich in den Nationalstaaten herausgebildet hat, auf die supranationale Ebene übertragen worden ist: Auch dort gibt es sozial- und christdemokratische/konservative, grüne, liberale, extreme linke und rechte Parteien. Dies ist primär eine Folge davon, dass die entsprechenden nationalen Parteien die Kandidaten für die EP-Wahlen aufstellen. Diskutabel ist allerdings, ob sich auf der europäischen Ebene überhaupt die gleiche Parteienstruktur wie auf der nationalen herausbilden *sollte*. Gibt es keine eigenen europäischen „Konfliktlinien", entlang derer sich Parteien aufstellen könnten? Muss ein europäisches Parteiensystem nicht ein anderes als ein nationales sein? Wie lässt sich beispielsweise der Konflikt um die „Finalität" der EU (Bundesstaat vs. Staatenbund) ins Parteiensystem übertragen?

Vieles spricht dafür, dass eine europäische Parteiendemokratie ein anderes Gesicht als die nationale haben wird und haben sollte. Die jüngsten spektakulären Erfolge europaskeptischer Parteien bei den Wahlen zum EP können insofern auch anders gelesen werden: nicht als eine Bedrohung für das europäische Projekt, sondern als eine Stärkung der genuin europäischen Dimension des Parteiensystems der Europäischen Union und als ein Beitrag zur Europäisierung und Politisierung der Wahlen zum Europäischen Parlament.

Dynamik und „Finalität" des EU-Parlamentarismus

Der europäische Parlamentarismus ist höchst dynamisch: Diese Triebkraft war bereits in seinen Grundfesten angelegt. Allein dass die Direktwahl schon im Gründungszusammenhang der Gemeinsamen Versammlung vorgesehen war, zeigt, dass diese Versammlung mehr werden sollte als ein regelmäßig stattfindender unverbindlicher Abgeordnetentreff. Als dann die unmittelbare Wahl des EP realisiert worden war, stand der Expansion des Parlaments aus demokratietheoretischer Perspektive nichts mehr im Wege. Das Parlament hat sich über die Jahre hinweg mehr Kompetenzen „erobern" können. Es hat sich Strukturen und Aufgaben gegeben (respektive geben lassen), die von nationalstaatlichen Parlamenten her bekannt sind. Diese Dynamik ist von den Abgeordneten selbst angestoßen worden – in ihrem (Selbst-)Bewusstsein, die einzige durch unmittelbare Wahl legitimierte Instanz auf der Ebene der Europäischen Union zu sein. Zugleich haben die Regierungen als Herrinnen der europäischen Verträge (womöglich reflexhaft) auf die Parlamentarisierung zurückgegriffen, um der Kritik an dem Demokratiedefizit der Europäischen Union mit einer aus dem Nationalstaat bekannten Antwort zu begegnen.[429]

Diese Dynamik des europäischen Parlamentarismus wird mit dem Begriff der „Normalisierung" umschrieben – ein Stichwort, das in diesem Abschnitt über das Europäische Parlament mehrfach gefallen ist. Es signalisiert, dass das EP auf dem besten Weg ist, in die institutionelle Nähe eines „normalen" nationalen Parlaments zu gelangen, aber wohl nur in die Nähe. Das Europäische Parlament wird – wie das System, in das es eingebettet ist – stets ein besonderes sein.

Die „Finalität" der Europäischen Union ist offen und somit auch die Rolle des EP: Wird die Europäische Union Züge eines parlamentarischen, eines semi-präsidentiellen oder präsidentiellen Typs annehmen? Die zunehmende Verkopplung von Parlament und Kommission, insbesondere die Möglichkeit der Abwahl der Kommission durch das EP, spricht für die Etablierung einer „parlamentarischen" Regierungsform. Dennoch, die Kommission ist keine Regierung und keine klassische Exekutive. Der Vertrag von Lissabon hat die Exekutive zudem noch weiter ausdifferenziert: Seit 2009 gibt es nicht nur einen Präsidenten der Kommission, sondern auch einen Präsidenten des Europäischen Rates. Dies könnte als Tendenz zur Präsidentialisierung des Systems und ggf. zur Entstehung einer präsidentiellen Demokratie verstanden werden. Ein anderer Zugang zu einem präsidentiellen System wäre durch die gelegentlich vorgeschlagene Direktwahl des Kommissionspräsidenten geöffnet.[430]

Hinsichtlich der Struktur des Parlamentarismus auf der Ebene der EU wird noch eine weitere Option diskutiert: die Entstehung einer bikameralen Struktur mit dem EP als Erster Kammer und dem Ministerrat als Zweiter Kammer, ggf. erweitert um eine dritte Kammer, in der die nationalen Parlamente vertreten wären.[431] Also ein „Trikameralismus", mit zwei „Zweiten Kammern".[432]

Bei den Diskussionen über die Zukunft des europäischen Parlamentarismus scheinen jedenfalls die traditionellen Konzepte und Begriffe der vergleichenden Politikwissenschaft und Parlamentarismusforschung an ihre Grenzen zu stoßen. Der Parlamentarismus auf der europäischen Ebene wird stets ein spannender Sonder- und Einzelfall bleiben – es sei denn, das Europäische Parlament erhält Gesellschaft aus der Institutionengruppe, die im Folgenden im Blickpunkt stehen wird.

---

429 Vgl. Goetze/Rittberger 2010.
430 Vgl. Decker/Sonnicksen 2009; Sonnicksen 2014.
431 Vgl. Fischer 2014.
432 Cooper 2015.

2.2. Parlamentarische Versammlungen

Wie beschrieben, hat das Europäische Parlament als „Gemeinsame Versammlung" begonnen: Die Abgeordneten sind lange Zeit nicht gewählt, sondern von den nationalen Parlamenten entsandt worden. Nun gibt es in der internationalen Politik auch heute noch Parlamentarische Versammlungen, die sich aus Abgeordneten verschiedener nationaler Parlamente zusammensetzen.[433] Diese haben somit (noch) nicht den Status eines direkt gewählten transnationalen Parlaments.

Genau genommen sprengen sie damit die eingangs entwickelte Definition von „Parlament" und „Parlamentarismus" – zumindest dort, wo die Begriffsbestimmung die direkte Wahl der Institution beinhaltet. Jedoch gleichen die Parlamentarischen Versammlungen – wie wir sehen werden – in ihrer Arbeitsweise frappant den traditionellen Parlamenten. Außerdem können sie unter bestimmten Umständen Vorläufer für eine direkt gewählte parlamentarische Körperschaft darstellen (s. Europäisches Parlament). Somit gibt es gute Gründe, Parlamentarische Versammlungen näher zu betrachten. Sie sind nicht nur aufschlussreiche Institutionen für die Parlamentarismusforschung. Ihre Analyse kann darüber hinaus einen Beitrag zur Debatte um die „global democracy" leisten – also zur Frage, wie angesichts der zunehmenden Verknüpfung nationaler Gesellschaften Demokratie gesichert werden kann.[434]

Parlamentarische Versammlungen (PV) existieren zum einen als unabhängige Organisationen. Sie sind von Abgeordneten gegründet worden, um bestimmte Zielsetzungen (Förderung regionaler Kooperation, Verbreitung parlamentarischer Demokratie etc.) zu verfolgen. Zum anderen können sie ordentliche Organe von internationalen Regierungsorganisationen sein.

Die Unterscheidung zwischen autonomen und organisationsangebundenen Parlamentarischen Versammlungen ist nicht ganz trennscharf: Gibt es doch Parlamentarische Versammlungen, die zwar nicht formales Organ einer internationalen Organisation sind, sich in ihrer Arbeit dennoch an einer solchen anlehnen. Ein Beispiel hierfür ist die NATO-Parlamentarische Versammlung. Sie ist als eine von der Nordatlantischen Vertragsgemeinschaft („North Atlantic Treaty Organization") unabhängige Organisation gegründet worden und findet keine Erwähnung in den Rechtstexten der NATO. Tatsächlich kooperiert sie aber ausschließlich und sehr eng mit den Organen der Nordatlantischen Gemeinschaft und trägt diese faktische Anbindung an die Vertragsorganisation sogar im Namen. Die Interparlamentarische Union (IPU) wiederum, eine Versammlung von Parlamentarier:innen weltweit, ist ebenso ein formal unabhängiger Verein. Zugleich versucht sie sich aber als parlamentarische Dimension der Vereinten Nationen (UN) zu etablieren.

Von besonderem Interesse sind für die Parlamentarismus- und Demokratiediskussion solche Versammlungen, die dicht und bestenfalls formal an internationale Vertragsgemeinschaften angekoppelt oder in diese integriert sind. Denn mit Blick auf solche Körperschaften kann gefragt werden, ob und wie Parlamentarische

---
[433] Vgl. zum Folgenden u.a. Kissling 2011; Kraft-Kasack 2008; Marschall 2005; Schimmelfennig u.a. 2020.
[434] Vgl. Archibugi u.a. 2011; Dingwerth u.a. 2011; Marschall 2014: 88-99.

Versammlungen die Entscheidungsfindung *in* internationalen Organisationen parlamentarisieren und demokratisieren können.

2.2.1. Entstehung und Verbreitung

Die älteste Parlamentarische Versammlung stellt die bereits erwähnte Interparlamentarische Union dar, die 1888 ins Leben gerufen worden ist und im Folgejahr in Paris zu ihrer ersten Tagung zusammenkam. Gegründet wurde sie als ein privatrechtlicher Zusammenschluss von nationalen Abgeordneten, die sich die Entwicklung einer internationalen Schiedsgerichtsbarkeit zum Ziel gesetzt hatten. Mittlerweile ist sie zu einem Forum geworden, die der weltweiten Verbreitung von Demokratie und Parlamentarismus dient. Die IPU will Kontaktstelle und Dialogplatz für Abgeordnete unterschiedlicher Nationalitäten sein. Sie hat ihre Mitgliedschaft über die Jahre erheblich ausgeweitet; im Jahr 2023 entsandten 180 nationale parlamentarische Körperschaften Abgeordnete in die IPU. In den vergangenen Jahrzehnten wurde der Kontakt zu den Vereinten Nationen ausgebaut und verstetigt. In verschiedenen Deklarationen empfiehlt sie sich selbst als zukünftiger parlamentarischer Arm der UN.

Wenngleich die erste PV schon Ende des 19. Jahrhunderts entstanden ist, setzte die eigentliche Gründungswelle Parlamentarischer Versammlungen wesentlich später ein, nämlich unmittelbar nach dem Zweiten Weltkrieg. Dabei hatte die Einrichtung der Versammlung des Europarats 1949 eine „Fanal"-Wirkung. Erstmals war mit ihr eine Parlamentarierversammlung förmlich in eine internationale Regierungsorganisation eingebunden worden. Bis dato war die zwischenstaatliche Kooperation ein Monopol der Exekutivvertreter gewesen. Die „Parlamentarische Versammlung" des Europarats fungiert – auch heute noch – neben dem Ministerkomitee als eines der beiden Hauptorgane der Vertragsgemeinschaft.[435]

Wie kam es zu dieser ersten Parlamentarisierung der internationalen Beziehungen nach dem Zweiten Weltkrieg? Die Versammlung des Europarats ist in einer Phase entstanden, in der der Europarat von vielen als Kern eines europäischen Bundesstaates wahrgenommen wurde. Deswegen hatten seine Gründer eine vergleichsweise starke parlamentarische Komponente in seinen Strukturen angelegt. Die parlamentarische Dimension blieb auch dann noch erhalten, als die Hoffnungen der europäischen „Föderalisten", die einen „Bundesstaat Europa" anstrebten, auf die europäische Integration rund um die Europäischen Gemeinschaften umgelenkt wurden.[436]

Diese quasi-parlamentarische Struktur des Europarats nahmen sich nachfolgende internationale Organisationen zum Vorbild. So wurde nach 1948 eine Reihe von Vertragsgemeinschaften mit Parlamentarischen Versammlungen ausgestattet (auch die Europäische Gemeinschaft für Kohle und Stahl). Zum Teil sind Versammlungen als ordentliche Organe im Gründungsakt der Organisationen geschaffen, zum Teil erst nachträglich eingerichtet worden. Auch die Europarat-Versammlung selbst unterstützte mitunter aktiv und erfolgreich die Parlamentarisierung interna-

---

435 Vgl. Furtak 2015; Ohliger 2019.
436 Vgl. Marschall 2005: 191-197.

tionaler Organisationen (z. B. der Organisation für Sicherheit und Zusammenarbeit in Europa/OSZE).

In der weiteren Verbreitung Parlamentarischer Versammlungen lassen sich konjunkturelle Bewegungen ausmachen: Nach der ersten Hochphase unmittelbar nach dem Zweiten Weltkrieg gab es in den neunziger Jahren des 20. Jahrhunderts eine weitere Welle an Neugründungen. Die vermehrte Einrichtung von PV in diesem Zeitfenster geht Hand in Hand mit einem markanten Globalisierungsschub.[437]

Das vorläufige Ergebnis: Derzeit sind über 50 Parlamentarische Versammlungen aktiv. Und zwar weltweit: Die Etablierung von Parlamentarischen Versammlungen hat sich nicht auf den europäischen Kontinent beschränkt, obgleich hier mit der Interparlamentarischen Union und der Europarat-Versammlung die Wiege dieser Institutionenform steht. In allen Teilen der Welt werden Prozesse regionaler Zusammenarbeit mittlerweile parlamentarisch unterfüttert. Eine Auswahl von Namen der existierenden Versammlungen macht die globale Dimension plastisch: das „Panafrikanische Parlament", das „Anden-Parlament" und die „Asiatisch-Pazifische Parlamentarier-Union".

Die vielen Parlamentarischen Versammlungen unterscheiden sich in ihrer Zusammensetzung, ihren Strukturen und Funktionen. Trotz aller Unterschiedlichkeit lassen sich dennoch Gemeinsamkeiten ausmachen, die im Folgenden skizziert werden sollen.

2.2.2. Zusammensetzung

Parlamentarische Versammlungen sind von ihrer Erscheinungsform her Vielpersonenkörperschaften. Das unterscheidet sie von den traditionellen Gremien internationaler Politik (mit Ausnahmen z. B. der Generalversammlung der Vereinten Nationen). Ihr Umfang variiert beträchtlich: Ihre Mitgliederstärke reicht von 49 Mitgliedern im Benelux-Parlament bis hin zu über 1.300 Abgeordneten, die beispielsweise bei den „Parlamentarians for Global Action" organisiert sind. Die Mitglieder der Parlamentarischen Versammlungen werden in der Regel von den nationalen Parlamenten entsandt. Sie haben somit ein Doppelmandat inne: Sie sind Abgeordnete in ihren Heimatparlamenten und zugleich Mitglieder einer Parlamentarischen Versammlung.

Was die Zusammensetzung der jeweiligen nationalen Kontingente angeht, die in die PV geschickt werden, wird üblicherweise die adäquate proportionale Berücksichtigung der in den nationalen Parlamenten vertretenen Parteien ausdrücklich eingefordert. Das heißt, nicht nur die parlamentarische Regierungsmehrheit, sondern auch die Opposition soll angemessen in der Delegation vertreten sein. Dies ist Standard bei allen europabasierten Organisationen und bei vielen anderen auch. Einige Versammlungen verlangen darüber hinaus noch eine hinreichende Vertretung weiblicher Abgeordneter.[438]

---
[437] Vgl. Benedikter 2021.
[438] Vgl. Marschall 2005.

Je nach Versammlung unterschiedlich geregelt ist die Festlegung der Kontingentgrößen, über deren Zusammensetzung die entsendenden Parlamente bestimmen können. Zwei Modelle lassen sich dabei unterscheiden: zum einen Versammlungen, in denen jedes Land unbeschadet seiner Bevölkerungsstärke mit gleichvielen Personen vertreten ist, zum anderen Versammlungen mit proportionaler Vertretung. Im zweiten Fall hängt die Stärke der nationalen Kontingente von der Bevölkerungsgröße des jeweiligen Landes ab – ohne dass dabei durchweg streng proportional vorgegangen wird.

2.2.3. Organisation und Arbeitsweise[439]

Die Parlamentarischen Versammlungen sind weit mehr als nur sporadische Abgeordnetentreffen. Sie sind institutionalisiert: PV verfügen üblicherweise über geschäftsführende Steuerungsorgane und ein (kleines) Sekretariat. Ihre Arbeit und Struktur beruhen in der Regel auf einer ausführlichen Satzung oder einer Geschäftsordnung.

Parlamentarische Versammlungen gliedern sich wie andere Repräsentativ- und Vielpersonenkörperschaften über drei Ebenen: Plenum, Gruppen und individuelle Parlamentarier. Alle Abgeordneten und Delegationen bilden zusammen das Plenum, die Vollversammlung. Dieses ist in der Regel das beschlussfassende Organ. An der Spitze steht zumeist ein/e gewählte/r Vorsitzende/r. Die Parlamentarischen Versammlungen kommen selten mehr als zweimal im Jahr zu ihren Plenarsitzungen zusammen. Die Verhandlungen im Plenum und zum Teil auch in den Ausschüssen finden öffentlich statt. Entscheidungen werden mit Mehrheit gefällt. Minderheiten haben zugleich geschützte Möglichkeiten, den Willensbildungsprozess mitzugestalten.

Die Stützen der operativen Arbeit bilden die Delegationen, die transnationalen Fraktionen und die Ausschüsse der Parlamentarischen Versammlungen. Den Ausschüssen der PV kommt eine wichtige Rolle zu, gerade weil das Plenum nur so selten tagt. Ausschusssitzungen werden nicht nur im Rahmen der Plenarperioden, sondern auch zwischen diesen abgehalten. In den Ausschüssen werden die Entscheidungen der Vollversammlungen vorbereitet. Neben den Fachausschüssen spielen geschäftsführende Gremien eine wichtige Rolle in der Vorbereitung der Plenartagungen und der Koordination der Versammlungstätigkeit zwischen den eher seltenen Zusammenkünften aller Abgeordneten.

Aufschlussreich sind noch zwei weitere Gruppenformen, vor allem wenn man ihre jeweilige Bedeutung vergleicht. Da die Abgeordneten über nationale Kontingente in die Versammlungen entsandt werden, spielen zunächst einmal die Delegationen eine wichtige Rolle. Dies findet in den Geschäftsordnungen und in der Praxis der Versammlungen seinen Niederschlag: Die Delegationen werden ausdrücklich erwähnt und haben verbriefte Privilegien, wenn es beispielsweise um die Besetzung von Ausschusspositionen oder um Möglichkeiten der Einbringung von Anträgen geht.

---

439 Vgl. zum Folgenden Kuper/Jun 1997; Marschall 2005.

Instruktiv ist allerdings, dass sich in einigen Parlamentarischen Versammlungen neben den Delegationen eine Fraktionsstruktur und -kultur herausgebildet haben. Dies ist sehr ausgeprägt in der Versammlung des Europarats der Fall[440]: Dort haben sich die Abgeordneten bereits in den ersten Jahren nach der PV-Gründung in politischen Gruppen quer zu den Delegationen zusammengeschlossen. Dabei wird – wie auch bei anderen Versammlungen – das aus den Nationalstaaten bekannte Parteienspektrum (Sozialisten/Sozialdemokratie, Christdemokratie/Konservative, Liberale, ggf. Grüne, ggf. kommunistische und rechte Gruppen) übertragen. In einigen Versammlungen haben die Fraktionen mittlerweile auch formal wichtige Aufgaben übernommen: Dazu gehören Personalangelegenheiten wie das Aufstellen von Kandidaten für versammlungsinterne Positionen (z. B. Vorsitzendenposten), aber auch Kompetenzen, mit denen sie die Sacharbeit und Entscheidungen beeinflussen können. Jenseits der Fraktionen schließen sich Abgeordnete noch in mehr oder weniger institutionalisierten Gruppen zusammen. So sind in einigen PV die weiblichen Abgeordneten organisiert (z. B. in der OSZE-Versammlung).

Was lässt sich über die Mitglieder der PV sagen? Die Parlamentarier:innen der Versammlungen sind – wie erwähnt – zugleich Abgeordnete in ihren nationalen Parlamenten. Dieses Doppelmandat hat unterschiedliche Effekte: Zum einen führt es dazu, dass die Mitgliedschaft in einer Parlamentarischen Versammlung zur „Nebensache" wird. Priorität hat das nationale Parlamentsmandat. Zum anderen entsteht eine komplexe Mehrebenendynamik: Die Abgeordneten bewegen sich zwischen der nationalen und der internationalen Ebene, können Informationen auf der einen Ebene gewinnen und ggf. auf der anderen verwerten.

Obgleich von nationalen Parlamenten entsandt, sind die Abgeordneten mehr als nur Delegierte in den PV. In diversen Parlamentarischen Versammlungen ähnelt die Rechtsstellung der Mitglieder der Rolle von Abgeordneten, wie sie aus den nationalen Volksvertretungen vertraut ist. Immunitäts- und Indemnitätsrechte werden von einigen PV garantiert. Diverse Versammlungen erkennen ausdrücklich die Unabhängigkeit der Abgeordneten von Weisungen, also das „freie Mandat", an.

Auf der Mikro-Ebene der PV-Mitglieder findet sich folglich eine eigentümliche Mischung aus „delegate" und „trustee". Die Abgeordneten werden entsandt und nicht direkt gewählt, sind aber in ihrem konkreten Entscheidungsverhalten frei – ganz im Unterschied zu den Regierungsvertretern in den Ministerräten oder -komitees internationaler Organisationen.

2.2.4. Funktionen und Kompetenzen

„Beratend" – dieses Attribut, das einige Parlamentarische Versammlungen im Namen tragen, signalisiert deutlich die primäre Bestimmung dieser Körperschaften und die Grenzen ihres Einflusses. „Legislative" Kompetenzen, eine verbindliche und mitentscheidende Rolle im Beschlussfassungsprozess der Organisationen – darüber verfügt keine der erfassten Parlamentarischen Versammlungen. Die Parlamentarischen Versammlungen müssen oder können zwar zu Rate gezogen wer-

---

440 Vgl. Ohliger 2019; Schieder 2000.

den respektive auch Initiativen ergreifen. Ihre Stellungnahmen und Anregungen entfalten jedoch keine Verbindlichkeit. Auch auf Haushaltsfragen ihrer Referenzorganisationen können sie zumeist keinen Einfluss nehmen. Uwe Jun und Ernst Kuper kommen bereits Mitte der 1990er Jahre zu der – immer noch korrekten – nüchternen Diagnose: „Die transnationalen parlamentarischen Versammlungen sind in ihrer Mehrheit weiterhin mehr Gesprächsforen denn Mitgestalter in der internationalen Politik".[441]

Diesen „Gesprächsforen" verbleiben als Hauptaufgaben Kontrolle und Kommunikation. Kontrolle findet gegenüber externen Akteuren, insbesondere Regierungen, sowie intern, gegenüber den Organen der jeweiligen Vertragsgemeinschaft statt. Dabei finden klassische Kontrollinstrumente Anwendung: interpellative Verfahren und öffentliche Debatten. Jedoch verfügen die Versammlungen aufgrund ihrer schwachen innerorganisatorischen Stellung kaum über unmittelbare Sanktionsmöglichkeiten. Das eigentliche Sanktionspotenzial liegt im parlamentarischen „two-level game": Die Abgeordneten können über ihre Heimatparlamente Druck auf die Regierungsakteure ausüben.

Parlamentarische Versammlungen sind in der Lage, durch ihre Arbeit auch (ungefragt) Impulse zu geben. Sie können Themen auf die Agenda setzen oder auf Missstände aufmerksam machen; so geht ein bedeutsamer Teil der Entscheidungen des Europarats auf Initiativen ihrer „Parlamentarischen Versammlung" zurück, die deswegen schon einmal als „Ideenlabor" oder „Motor" der Vertragsgemeinschaft bezeichnet worden ist.[442]

Womöglich liegen die eigentlichen Bestimmungen der Parlamentarischen Versammlungen weit von den klassischen Parlamentsfunktionen entfernt. So sehen Christoph Lotter und Ernst Kuper die Aufgaben Parlamentarischer Versammlungen vor allem in folgenden Bereichen[443]:

- Information der Abgeordneten und interparlamentarische Kommunikation,
- Meinungsbildung und Einflussnahme in der internationalen Organisation und im Mitgliedstaat,
- Beiträge zur Denationalisierung, zum Abbau von Feindbildern und zur Völkerverständigung.

Der letzte Punkt signalisiert deutlich, dass Parlamentarische Versammlungen spezifische Leistungen erbringen können, die sich alleine aus ihrer Verortung im zwischenstaatlichen Bereich ergeben.

2.2.5. Bilanz und Perspektiven

Der Organisationstyp „Parlamentarische Versammlung" hat sich seit dem Ende des Zweiten Weltkriegs rapide verbreitet. Ein Abschwellen der Gründungswelle ist noch nicht in Sicht. Auch gibt es eine anhaltende Debatte über die Ergänzung der UN-Strukturen um eine Parlamentarische Versammlung. Die bestehende

---
441 Jun/Kuper 1997: 349.
442 Vgl. Stegen 2000: 80.
443 Vgl. Kuper 1991, 1997; Lotter 1997.

Generalversammlung, die gelegentlich als „Parlament der Vereinten Nationen" bezeichnet wird, ist in ihrer jetzigen Form ein Plenum von Regierungsvertretern. Als Vision steht die Einrichtung einer zweiten UN-Versammlung im Raum: Diese solle zunächst wie eine PV aus nationalen Abgeordneten zusammengesetzt sein. In einer späteren Phase könnte sich hieraus ein direkt gewähltes UN-Parlament entwickeln.[444] Auch für die Welthandelsorganisation (WTO) ist die Einrichtung einer ständigen Abgeordnetenversammlung innerhalb der Vertragsstrukturen angedacht worden.[445] Mit der *Parliamentary Conference on the WTO* sind die Interparlamentarische Union und das Europäische Parlament mit Unterstützung der WTO erste Schritte in diese Richtung gegangen.

Die nicht enden wollende Verbreitung Parlamentarischer Versammlungen spiegelt zum einen die Expansion und Vertiefung regionaler Kooperation weltweit. Die Existenz von PV auf der zwischenstaatlichen Ebene signalisiert zum anderen: Parlamente und Parlamentarismus können auch jenseits des Nationalstaates und jenseits der Europäischen Union zu einem Faktor werden.

Dort vermögen sie eine wichtige Rolle zu spielen. Beispielsweise können Parlamentarische Versammlungen die Aufgabe der Völkerverständigung besser erfüllen als Treffen von Exekutivvertretungen. Die Handlungsspielräume von Abgeordneten mit ihrem „freiem Mandat" sind weiter gesteckt als die von Regierungsmitgliedern oder Diplomat:innen. Abgeordnete treten ihrem Selbstverständnis nach als Individuen auf, nicht als Sprachrohre der Administrationen – allemal wenn sie die jeweilige Opposition repräsentieren. Abgeordnete sind zudem in der Regel besser mit den jeweiligen Zivilgesellschaften (Vereinen und Verbänden) vernetzt. PV können somit zu globalen Akteuren werden.

Aber handelt es sich bei diesen Körperschaften überhaupt um Parlamente? Die Defizite sind klar: Noch mehr als das Europäische Parlament müssen diese Vertretungskörperschaften mit mangelhaften Voraussetzungen kämpfen. Es fehlt das außerparlamentarische Parteiensystem, es fehlen die Strukturen einer Öffentlichkeit, es fehlt das „Volk", das es zu vertreten gilt.

Man könnte somit einwenden, dass die Parlamentarischen Versammlungen mit Parlamenten und Parlamentarismus kaum etwas zu tun haben. Sie sind ohnehin nicht direkt gewählt und verfügen auch nicht über die typischen Kompetenzen. Allerdings ist daran zu erinnern, dass auch das Europäische Parlament als nicht direkt gewählte Parlamentarische Versammlung mit eingeschränkten Aufgaben begonnen und sich mittlerweile zu einem machtvollen direkt gewählten Parlament entwickelt hat. Und das EP scheint erste Nachfolgerinnen zu bekommen: So ist beispielsweise das „Panafrikanische Parlament" – freilich seit geraumer Zeit – auf dem Weg, zu einer direkt gewählten transnationalen Körperschaft zu werden.[446]

---

444 Das Netzwerk UNPA („Campaign for the Establishment of a United Nations Parliamentary Assembly") setzt sich für die Parlamentarisierung der Vereinten Nationen ein. Siehe auch die Vorschläge von Archibugi u.a. 2011; Leinen/Bummel 2017; Marchetti 2008.
445 Vgl. Steger/Shpilkovskaya 2009.
446 Vgl. die Homepage des Panafrikanischen Parlaments unter https://pap.au.int/en (31.07.2024). Vgl. auch Nwebo/Fombad 2022.

Aber auch wenn die Mehrzahl der bestehenden Parlamentarischen Versammlungen nie auch nur in die Nähe einer Direktwahl kommen wird: Die PV sind als robuste Institutionengruppe bereits jetzt relevante Körperschaften mit zahlreichen klassischen „parlamentarischen" Facetten und Wirkungen. Sie transportieren das Prinzip des Parlamentarismus in den Bereich der internationalen Politik – und mit ihm parlamentarische Elemente wie Transparenz, Verantwortlichkeit und Repräsentation. Parlamentarische Versammlungen können auch auf die Stellung der nationalen Parlamente Einfluss nehmen und diese insbesondere im Politikfeld der internationalen Beziehungen stärken. Sie wirken somit an einer Parlamentarisierung nationaler Politik mit, wenngleich nur über Bande. Beides, ihre Wirkungen auf den nationalen Parlamentarismus, aber auch ihre Rolle im internationalen Bereich, verdient weitere Aufmerksamkeit.

Zusammenfassung

- Parlamentarismus als Organisationsform findet sich nicht nur auf der nationalen Ebene, sondern sowohl unterhalb als auch oberhalb des Nationalstaates.
- In föderalen demokratischen Systemen existieren auch auf der Ebene der Einzelstaaten unmittelbar gewählte Parlamente. Diese Vertretungskörperschaften wirken ihren nationalstaatlichen Pendants vergleichbar an der Politikgestaltung in den regionalen Systemen mit. Ihre Kompetenzen hängen von der Zuständigkeit und Autonomie der einzelstaatlichen Ebene ab.
- Auf der „Graswurzelebene" der Politik, in Städten und Gemeinden, finden sich desgleichen direkt gewählte Parlamente, die an der lokalen Entscheidungsfindung beteiligt sind. Ihre Spielräume leiten sich von den Freiräumen ab, die der Kommunalpolitik in dem jeweiligen politischen System gewährt werden.
- Der Parlamentarismus unterhalb des Nationalstaates ist geprägt von einer anderen Rolle politischer Parteien und politischer Persönlichkeiten sowie von dem spezifischen (verschachtelten) Politikprozess, der Ausdruck des jeweiligen (föderalen) Staatsaufbaus ist.
- Oberhalb des Nationalstaates stellt das Europäische Parlament den Sonderfall eines einflussreichen und unmittelbar gewählten transnationalen Parlaments dar. Die Einführung der Direktwahl und die Ausweitung der Kompetenzen des EP haben zu einer Parlamentarisierung des politischen Systems der Europäischen Union geführt.
- Das Europäische Parlament hat sich über die Jahrzehnte hinweg „normalisiert", d.h. sich den Strukturen und den Arbeitsweisen der nationalen Parlamente angeglichen. Dennoch ist und bleibt es geprägt von dem ungewöhnlichen System, in das es eingebettet ist.
- Zeitparallel haben sich auf der internationalen Ebene zahlreiche Parlamentarische Versammlungen etabliert, in denen Abgeordnete nationaler Parlamente innerhalb eines institutionalisierten Rahmens regelmäßig zusammenkommen. Obwohl nicht direkt gewählt, weisen die Parlamentarischen Versammlungen in ihrer Organisation und Arbeitsweise Züge auf, die auch typisch für nationalstaatliche Parlamente sind.

- Als robuste Institutionenform stärken Parlamentarische Versammlungen die Rolle der nationalen Parlamente und des Parlamentarismus in den internationalen Beziehungen. Sie leisten einen Beitrag zur Demokratisierung internationaler Politik.
- Parlamentarismus oberhalb des Nationalstaates findet unter besonderen Rahmenbedingungen statt. Es fehlen die klassischen parlamentarischen Voraussetzungen: die Existenz eines funktionierenden Parteiensystems, eine transnationale Öffentlichkeit sowie eine gemeinsame Identität der Repräsentierten.

Auswahlliteratur

Mit dem Parlamentarismus unterhalb der nationalstaatlichen Ebene beschäftigt sich in vergleichender Perspektive Franziska Höpcke in ihrem Werk „Funktionsmuster und -profile: Subnationalstaatliche Parlamente im Vergleich" (Baden-Baden 2014). Für den kommunalen Parlamentarismus liegt für Deutschland eine umfassende Studie vor: „Das deutsche Gemeinderatsmitglied. Problemsichten – Einstellungen – Rollenverständnis" (von Björn Egner/Max-Christopher Krapp/Hubert Heinelt, Wiesbaden 2013). Zum Europäischen Parlament seien zwei englischsprachige Einführungen empfohlen: „The European Parliament" von Richard Corbett, Francis Jacobs, Darren Neville und Pavel Černoch (10. Aufl., London 2024), und "The European Parliament" von Ariadna Ripoll Servent (London 2017). Ein deutschsprachiges Standardwerk zum EP ist das Handbuch zum Europäischen Parlament (von Doris Dialer/Andreas Maurer/Margarethe Richter, Baden-Baden 2015). Mit dem globalen Parlamentarismus setzen sich Jo Leinen und Andreas Bummel in „Das demokratische Weltparlament. Eine kosmopolitische Vision" normativ und perspektivisch auseinander (Bonn 2017). Aus der Perspektive der Internationalen Beziehungen nehmen Frank Schimmelfennig und Kolleg:innen internationale Parlamente in den Blick (The Rise of International Parliaments. Strategic Legitimation in International Organizations, Oxford 2020). Abschließend noch der Hinweis auf ein Produkt aus der eigenen Werkstatt: Stefan Marschall: Transnationale Repräsentation in Parlamentarischen Versammlungen. Möglichkeiten und Grenzen von Demokratie und Parlamentarismus jenseits des Nationalstaates (Baden-Baden 2005).

Links

www.europarl.eu (Web-Angebot des Europäischen Parlaments)
https://pace.coe.int (Web-Angebot der Beratenden Versammlung des Europarats)
https://eur-lex.europa.eu (Website mit den europäischen Verträgen inklusive dem Vertrag von Lissabon)

Wiederholungsfragen

1. Welche Struktur- und Funktionsbesonderheiten zeichnen die Parlamente auf der regionalen Ebene aus?
2. Wie wirkt der kooperative Föderalismus auf die Rolle der regionalen Parlamente?
3. Sind kommunale Gemeindeversammlungen überhaupt „Parlamente"? Wenn ja oder nein, warum?
4. Unter welchen Bedingungen kann man von einer „Präsidentialisierung" der Kommunalpolitik sprechen?
5. Was waren die wichtigsten Etappen in der Entwicklung des Europäischen Parlaments?
6. Worin unterscheidet sich das Europäische Parlament von nationalen Volksvertretungen?
7. Inwiefern ist das Gleichheitsprinzip bei der Wahl des Europäischen Parlaments nur bedingt umgesetzt?
8. Wie lässt sich die Beziehung zwischen dem Europäischen Parlament und der Europäischen Kommission beschreiben?
9. Welche traditionellen Voraussetzungen für Parlamentarismus sind in der Europäischen Union noch nicht hinreichend vorhanden? Ist dies ein Problem für den europäischen Parlamentarismus?
10. Inwiefern sind die Parlamentarischen Versammlungen mehr als nur sporadische Abgeordnetentreffen?
11. Welche Merkmale der Parlamentarischen Versammlungen erinnern an den nationalstaatlichen Parlamentarismus?

Kapitel V: Parlamentarismuskritik

Die Kritik am Parlamentarismus ist so alt wie der Parlamentarismus selbst. Diese Feststellung Klaus von Beymes[447] mag auf der einen Seite für die Anhänger des parlamentarischen Systems eine beruhigende Ansage sein. Augenscheinlich hat der Parlamentarismus die fortwährende Kritik gut überlebt. Auf der anderen Seite macht dies deutlich, dass trotz seiner gegenwärtigen grundlegenden Anerkennung der Parlamentarismus nicht als naturgegeben akzeptiert wird, sondern auch zum Gegenstand der kritischen Betrachtung werden kann. Einige Dimensionen der sehr vielfältigen Parlamentarismuskritik wird dieses Kapitel ansprechen. Die Argumente können nur angerissen werden; es lohnt sich – wie stets – das Studium der Originaltexte.

Wie kann man die äußerst facettenreiche Kritik am Parlamentarismus systematisieren? Hartmut Wasser machte vor geraumer Zeit in seiner „Analyse und Dokumentation" der deutschen Parlamentarismuskritik vom Kaiserreich bis zur Bundesrepublik Deutschland einen Vorschlag.[448] Er unterscheidet „systemkonforme" oder „systemimmanente" Ausprägungen von einer „links-radikalen" oder „rechts-extremen" Parlamentarismuskritik. Schließlich grenzt er von diesen Varianten noch die „konservative" Kritik am Parlamentarismus ab.

Die „systemkonforme" Kritik wird von Personen geäußert, die – so Wasser – „im Institut des Parlamentarismus ein Modell politischer Ordnung sehen, dessen Vorzüge seine Nachteile übertreffen".[449] Diese Ansätze befürworten die Weiterexistenz des Parlamentarismus – allerdings in reformierter Weise. Kritikstränge wiederum, die nicht systemimmanent sind (radikale oder extreme Ansätze), lehnen das parlamentarische Prinzip fundamental ab und stellen ihm alternative Systemformen gegenüber.

Wilhelm Hofmann und Gisela Riescher schlagen eine gröbere Einteilung vor.[450] Sie unterscheiden die Kritik „von links" und die Kritik „von rechts". Ihre „Kronzeugen" von links sind Karl Marx, das Rätemodell, die „Kammer der Arbeit"[451], von rechts sind es Oswald Spengler, Othmar Spann sowie Carl Schmitt. Als dritten Weg der Auseinandersetzung führen sie noch die Rubrik „Parlamentarismus ohne Parlament" ein, unter der sie die Positionen von Jürgen Habermas verbuchen: Dieser Ansatz steht für eine prinzipielle Bejahung der Form diskursiver Entscheidungsfindung – allerdings bei gleichzeitiger Infragestellung der parlamentarischen Institution.

Die Frage der Systematik wird uns am Ende des Abschnitts nochmals interessieren. Zunächst sollen wichtige traditionelle Kritikstränge skizziert werden, bevor dann aktuellere parlamentarismuskritische Debatten in den Blick genommen wer-

---

447 Vgl. von Beyme 1998: 21.
448 Vgl. Wasser 1974.
449 Ebd.: 14.
450 Vgl. Hofmann/Riescher 1999: 140.
451 Bei der „Kammer der Arbeit" handelt es sich um ein Konzept, das Anfang des vergangenen Jahrhunderts in der Sozialdemokratie diskutiert wurde. Das Parlament sollte durch eine zweite Kammer ergänzt werden, in der Arbeitnehmerinteressen vertreten werden.

den. Die Positionen unterscheiden sich in ihren Ausgangspunkten, der Reichweite der Kritik und in ihrer „Systemkonformität". Und trotz aller Unterschiedlichkeit: In der Parlamentarismuskritik tauchen – wie wir sehen werden – immer wieder ähnliche Argumentationsmuster auf.

Aber die kritischen Perspektiven sind auch zeitgebunden: Die Parlamentarismuskritik richtet sich üblicherweise gegen die Praxis des parlamentarischen Prinzips, welche das kritische Auge jeweils gerade erblickt. Damit wird die Kritik schnell „historisch". So ist der Parlamentarismus der Weimarer Republik, gegen den sich ein Carl Schmitt wendet, ein anderer als der Parlamentarismus der Bundesrepublik Deutschland oder innerhalb der Europäischen Union, gegen den sich die zeitgenössische Kritik richtet.

Die Kritik spiegelt aber nicht nur den aktuellen Entwicklungsstand des Parlamentarismus wider, sondern auch die jeweils vorherrschende politische Kultur. Deutlich wird dies bei einem Blick auf die verschiedenen parlamentarismuskritischen Diskurse in der Bundesrepublik. Diese wurden in den 1960er und 1970er Jahren im Kielwasser der Studierendenunruhen anders geführt als heute. Somit sagen Inhalt und Form der Kritik am parlamentarischen Prinzip nicht nur etwas über die vermeintlichen aktuellen Schwachstellen des Parlamentarismus. Sie geben auch Auskunft über die Zeit, in der die kritischen Überlegungen entstanden sind.

1. Traditionelle Parlamentarismuskritik – von rechts und links

Aus der breiten Palette der traditionellen Parlamentskritik[452] seien drei deutsche Autoren herausgegriffen, die aufgrund ihrer Wahrnehmung, aber insbesondere aufgrund ihrer inhaltlichen Tiefe hoch aufschlussreich sind: Carl Schmitt, Johannes Agnoli und Jürgen Habermas. Das Aufschlussreiche an den kritischen Ansätzen gerade dieser Autoren ist, dass sie mit nahezu diametral ausgerichteten Menschenbildern, Politik- und Demokratievorstellungen zu einer parlamentarismuskritischen Haltung kommen. Ihre Überlegungen sind überdies hochprominent: Wenn über Parlamentarismuskritik gesprochen wird, dann ist immer wieder die Rede von Schmitt und Habermas, ein wenig seltener von Agnoli.[453]

1.1. Kritik von rechts: Carl Schmitt

Wenige der parlamentarismuskritischen Autoren haben so viel Aufmerksamkeit erhalten wie Carl Schmitt (1888–1985). Ohnehin bietet der streitbare und umstrittene Verfassungsjurist als Person auch heute noch einen Fixpunkt für historische Kontroversen.

Jenseits seiner zeitgeschichtlich diskutablen Rolle hat Schmitt mit seinen argumentationsgewaltigen und ausdifferenzierten Analysen wichtige Diskussionen angestoßen. Seine Untersuchung und Kritik des Parlamentarismus gehören jedenfalls zu den Ankerpunkten des Parlamentarismusdiskurses. Die Schmitt'sche Kritik taucht

---

452 Vgl. von Beyme 2014: 122-133; Hofmann/Riescher 1999: 140-165; Recker/Schulz 2018.
453 Bezeichnenderweise liegen alleine zwei Bücher vor, die den identischen Titel „Die Parlamentarismuskritik bei Carl Schmitt und Jürgen Habermas" tragen (vgl. Becker 2003; Schüle 1998).

in seinem Werk an verschiedenen Stellen auf, unter anderem in der „Verfassungslehre", aber insbesondere und komprimiert in seiner Schrift „Die geistesgeschichtliche Lage des heutigen Parlamentarismus", die 1923 in erster Auflage erschienen ist.[454]

Wie geht Carl Schmitt argumentativ vor? Auf zwei Weisen: Im ersten Schritt setzt er den Parlamentarismus in Beziehung zu dessen eigenem „Wesensgehalt". Kann der Parlamentarismus das erfüllen, was seine Befürworter von ihm, ja was der Parlamentarismus selbst von sich erwartet? Im zweiten Schritt misst Schmitt den Parlamentarismus kritisch an seinen Vorstellungen von Demokratie und Politik.

Wenn Schmitt versucht die Wesensbestandteile des Parlamentarismus zu identifizieren, wird er nicht nur zu seinem Kritiker, sondern auch zum (Mit-)Theoretiker. Er skizziert mit Verweis auf den Liberalismus[455] den für ihn idealtypischen Parlamentarismus und benennt dessen konstituierende Strukturprinzipien, „Öffentlichkeit" und „Diskussion". Beides konzentriert in einem legendären Zitat: „Das Wesentliche des Parlaments ist also öffentliches Verhandeln von Argument und Gegenargument, öffentliche Debatte und öffentliche Diskussion, Parlamentieren, wobei zunächst noch nicht an Demokratie gedacht zu werden braucht".[456] Parlamentarismus stelle einen vernunftgeprägten „Prozess der Auseinandersetzung von Gegensätzen und Meinungen dar, aus dem sich der richtige staatliche Wille als Resultat ergibt".[457]

Carl Schmitt stellt allerdings eindringlich (und verneinend) die Frage, ob die real existierenden Parlamente dieser ursprünglichen Bestimmung überhaupt nachkommen, respektive nachkommen könnten. Dabei zweifelt er zunächst an, dass die Abgeordneten dem Anspruch gerecht werden, „Träger der Vernunftbruchstücke" zu sein: Sie seien faktisch doch nur noch Agenten ihrer Parteien. Politische Entscheidungen werden – so Schmitts Diagnose – nicht mehr im Parlament getroffen, sondern in informellen Parteizirkeln verabredet respektive von den dominanten Interessenverbänden gefällt: „Engere und engste Ausschüsse von Parteien oder von Parteikonstellationen beschließen hinter verschlossenen Türen, und was die Vertreter großkapitalistischer Interessenverbände im engsten Komitee abmachen, ist für das tägliche Leben und Schicksal von Millionen Menschen vielleicht noch wichtiger als jene politischen Entscheidungen".[458] „Öffentlichkeit" im Sinne von Transparenz werde nicht mehr gewährleistet. Auch die freie „Diskussion" fände im Parlament kaum noch Platz; vielmehr begegneten sich die Fraktionen im Plenum mit ihren vorgefestigten Positionen.

Schmitts idealtypische Volksvertretung besteht hingegen nicht aus Parteivertretern, sondern aus Honoratioren. Von diesem Ideal des Honoratiorenparlaments hätten sich moderne Parlamente weit entfernt: Das real existierende Parlament sei degeneriert und habe „seine bisherige Grundlage und seinen Sinn" verloren.[459]

---

454 Vgl. Schmitt 1926, 1928.
455 Vgl. Lenk 1996.
456 Schmitt 1926: 43.
457 Ebd.: 43.
458 Ebd.: 62.
459 Ebd.: 63.

Carl Schmitt entwickelt somit eine Verfallstheorie des Parlamentarismus; diese Organisationsform habe sich von ihrer ursprünglichen Begründung entfernt. Insbesondere die Dominanz der Parteien entfremde die parlamentarische Demokratie von sich selbst.

Das entscheidende Problem der Arbeitsweise von Parlamenten sieht Schmitt in der „Ewigkeit" parlamentarischer Diskussion bei gleichzeitigem Verzicht auf ein Ergebnis. An dieser Stelle kollidiert das „Wesen" des Parlamentarismus (wenn man Parlamentarismus als prozess- und nicht ergebnisorientierte Diskussion begreift) mit Schmitts Verständnis von Demokratie und Politik, das auf dem Konzept des „Dezisionismus" beruht. Der Dezisionismus beurteilt die Güte politischer Instrumente und Strukturen vor allem anhand ihrer Fähigkeit, zu einer zügigen Entscheidung zu kommen. Mit einem solchen Effizienz- und Output-Kriterium beißt Schmitt beim Parlamentarismus, so wie er ihn wahrnimmt, auf Granit.

In vielen Hinsichten ähnelt Schmitts Parlamentarismuskritik der Rousseau'schen Infragestellung der gewaltenteiligen repräsentativen Demokratie. Und Schmitt bezieht sich auf den Vater der „volonté générale", des Allgemeinwillens, an mehreren Stellen in seinem Werk. Schmitts Verständnis von „Demokratie" beruht auf dem „wahren Willen des Volkes", der – ganz im Gegensatz zu den Thesen des (Neo-)Pluralismus – auch von einer elitären Minderheit vertreten und durchgesetzt werden kann.[460] Wie Rousseau problematisiert Schmitt die Dominanz der gesellschaftlichen Gruppierungen, die die Herausbildung eines staatlichen Gesamtwillens erschweren, wenn nicht sogar blockieren. Die „Freund-Feind"-Konstellation, für Schmitt der Kern des Politischen, drehe sich im Parlamentarismus von außen nach innen. Die kämpferische Auseinandersetzung in den Parlamenten entzweie den Staat und liefere ihn seinen äußeren Feinden aus.

Zur Kritik an der Kritik: Kern der Schmitt'schen Argumentation ist die Identifikation von bestimmten Strukturprinzipien, die er als „konstituierend" für den Parlamentarismus begreift. Mit den Konzepten „Öffentlichkeit" und „Diskussion" greift Schmitt ohne Zweifel wichtige Merkmale von Parlamenten und ihrer Arbeitsweise auf. Er schließt damit an die Idee vom „government by discussion" an. Sein ausdrücklicher Referenzautor ist neben John Stuart Mill der französische Historiker und Politiker François Guizot und seine „Histoire des origines du gouvernement représentatif en Europe" aus dem Jahr 1851. Guizot, dessen Schriften mit dem politischen Engagement ihres Verfassers eng verbunden waren, kann jedoch nicht als *der* zentrale Parlamentarismustheoretiker bezeichnet werden.

Das von Schmitt vorgetragene Verständnis von Parlamentarismus und Parlamenten als „Diskussionsmaschine" (Walter Bagehot) ist nur *eine* Wahrnehmung von vielen. Die Entwicklung der Praxis und Theorie von Parlamentarismus hat aber gerade die Aufgabe der „Gesetzgebung" zur wichtigen zusätzlichen Funktion parlamentarischer Körperschaften gemacht. So sind aus den „parliaments" auch oder vor allem „legislatures" geworden, aus den „Redeparlamenten" wurden „Arbeitsparlamente" – bzw. die Redeparlamente wurden zumindest „arbeitsparlamentari-

---

460 Ebd.: 36. Vgl. hierzu auch Fraenkel 1991: 307-315.

scher". Parlamente sind entscheidungsfähiger, als Schmitt dies wahrgenommen hat.

Dass sich Parlamente von ihren „wesenhaften" Strukturprinzipien entfernt haben, mag als „Verfall" wahrgenommen werden. Aber gerade dieser „Verfall", analytischer ausgedrückt: der „Wandel", ist der Garant dafür, dass Parlamente arbeits- und entscheidungsfähig geworden respektive geblieben sind.

Schmitt greift in der Vorbemerkung zur zweiten Auflage seines Buches das Argument vom parlamentarischen Funktionswandel auf, um zu kontern.[461] Zwar könne „dieselbe Institution verschiedenen praktischen Zwecken dienen und deshalb verschiedene praktische Rechtfertigungen erfahren".[462] Allerdings sei es nicht statthaft, einer Institution „nachträglich beliebige andere Prinzipien" unterzuschieben, denn Institutionen folgten stets einer spezifischen wesentlichen Idee.[463] Für Schmitt ist das parlamentarische Moment der „öffentlichen Diskussion" derart substanziell, dass der Verlust dieser Facette nicht durch andere Funktionen aufgefangen werden könne. Diese Sichtweise ist allerdings – wie dargestellt und wie es später nochmals erörtert wird – diskussionswürdig.

1.2. Kritik von linksaußen: Johannes Agnoli

Theorie und Praxis des Parlamentarismus sind in die Zange genommen worden. Nicht nur auf der rechten Seite des Spektrums findet sich in Carl Schmitt ein Protagonist, der Breitseiten auf den Parlamentarismus abgeschossen hat. Auch von links geriet und gerät Parlamentarismus unter Feuer. In den 1960er und 1970er Jahren verdichtete sich u. a. in der Bundesrepublik Deutschland die Kritik am herrschenden System, an der Wirtschaftsform und den politischen Institutionen. Auch der Parlamentarismus und das Parlament gerieten in den Fokus der Auseinandersetzung.

Als einen Protagonisten der Debatte sei Johannes Agnoli (1925–2003) angeführt, der sich ausdrücklich und ausführlich mit der Rolle des Parlaments und des Parlamentarismus im politischen Herrschaftssystem auseinandergesetzt hat. Seine Überlegungen zum Parlament, komprimiert in der kleinen Schrift „Die Transformation der Demokratie" aus dem Jahr 1967 zu finden, wurden im Weiteren immer wieder von den linken Bewegungen in den Folgejahrzehnten aufgegriffen.[464]

Mittlerweile hat dieses Werk, wie viele „Versuche" dieser Zeit, an Gewicht in der Debatte verloren. Nichtsdestoweniger hat dieser Kritikansatz eine wichtige Rolle in der Geschichte der Parlamentarismustheorie und -forschung gespielt und spiegelte sich als Kontrapunkt in so manch parlamentsfreundlichem Werk der damaligen Zeit wider.[465] In den zeitgenössischen postdemokratischen Diskursen

---

461 Er bezieht sich dabei auf einen Aufsatz von Richard Thoma im Archiv für Sozialwissenschaften aus dem Jahr 1925 (Bd. 53, S. 212 ff.).
462 Schmitt 1926: 7.
463 Ebd.: 7 f.
464 Vgl. Agnoli 1967. Vgl. zur Rezeption Oberreuter 2004; siehe auch Wasser 1974.
465 Zum Beispiel widmet sich Michael Hereth in einer Schrift mit dem Titel „Parlamentsreform" ausführlich der Parlamentskritik Agnolis (Hereth 1971).

finden sich wieder unüberhörbar Anklänge an die Debatte der 1960er und 1970er Jahre.

Agnoli macht durch seinen Titel „Transformation der Demokratie" seine Fragestellung klar: Ihm geht es um den Wandel der demokratischen Regierungsform, um eine Transformation, die er beschreibt und in ihren Folgen kritisiert. In diesem Transformationsprozess spiele das Parlament eine problematische Rolle. Das Parlament sei ein Instrument geworden, das von den herrschenden gesellschaftlichen Akteuren genutzt werde, um ihre Interessen durchzusetzen und das bestehende System zu stabilisieren. „Demokratie" sei zur Farce geworden, Parlamentarismus zur „Illusion eines offenen Wettbewerbs".[466]

Für Agnoli ist die Gesellschaft nur in ihrer Klassenstruktur begreifbar und der Staat eine Ableitung dieser sozialen Basis. Er diagnostiziert die Herrschaft der gesellschaftlichen Oberschichten über eine „unterprivilegierte Mehrheit", genauer: über die „betriebsdiszipliniert-unmündigen Arbeiter".[467] Dieser gesellschaftliche Konflikt mit seiner Sprengkraft werde jedoch durch die Institutionen der parlamentarischen Demokratie verdeckt oder „befriedet" – zum Wohle der „Produktion" und der herrschenden „kapitalistischen" Elite.

Der gesellschaftliche Antagonismus werde in dem vermeintlichen Pluralismus der Parteien aufgehoben. Das Parteiensystem reflektiere aber in Wirklichkeit nicht mehr die unterschiedlichen gesellschaftlichen Kräfte; vielmehr seien die Parteien zu „staatspolitischen Vereinigungen" verkommen.[468]

Das Parlament sei wie die übrigen staatlichen Einrichtungen ein „Steuerungsmittel" und Instrument der „Befriedungspolitik"[469] der herrschenden Klasse geworden. Von ihrer republikanischen Idee her sollten Parlamente – so die Wahrnehmung Agnolis – „in der Absicht zunächst plebejischer, sodann proletarischer Parteien einem anderen Zweck dienen", als von den „großbürgerlichen" Gründern des Verfassungsstaates gedacht.[470] Parlamente seien als „Werkzeug des Fortschritts" entstanden. In ihnen sollte sich die „durch Volksvertretung verwirklichte Volksfreiheit" ausdrücken.[471]

Davon habe sich der real existierende Parlamentarismus jedoch weit entfernt: In seiner modernen Variante diene das „parlamentarische Spiel" der Kaschierung der realen Konflikte, weil „der ganze politische Kampf gesellschaftlicher Kräfte auf die parlamentarische Auseinandersetzung und auf den Kampf der Parlamentsparteien untereinander zurückgeführt wird".[472] Die gesellschaftliche Opposition (auch die linke) werde „parlamentarisiert" und damit „domestiziert".[473] Nur für den Fall, dass in Parlamenten „fundamentale Gegenbewegungen" vertreten seien,

---

466   Agnoli 1967: 37.
467   Ebd.: 13.
468   Ebd.: 33.
469   Ebd.: 23.
470   Ebd.: 25.
471   Ebd.: 55 f.
472   Ebd.: 28.
473   Ebd.: 80.

ließe sich die Instrumentalisierung der parlamentarischen Demokratie einschränken, wenngleich nicht verhindern.

Im Rahmen dieser Entwicklung habe das Parlament seinen Wesenszug der „Identität von Vertretung und Herrschaft" verloren. Die „Volksvertretung" sei zu einer „Versammlung von Vertretern geworden [...], die die imperativen Geschäftsrichtlinien ihrer Auftraggeber befolgen".[474] Aus den Treuhändern seien Delegierte geworden. Dem Volk trete das Parlament als ein „Transmissionsriemen der Entscheidungen politischer Oligarchien" gegenüber; Beschlüsse würden nur rhetorisch legitimiert.[475] Schließlich komme noch hinzu, dass das Parlament im politischen System marginalisiert worden sei: Gegenüber der Exekutive seien die Parlamente „bis zur Bedeutungslosigkeit herabgesunken".[476]

Will man diesen Kritikansatz kritisieren, steht man vor einer grundsätzlichen Problematik. Die grundlegende Gesellschaftsanalyse – das Konzept der Klassengesellschaft in seiner simplen Form – stand und steht derart vor Fragezeichen, dass alle Überlegungen, die auf diesem Konzept beruhen, schwierig sind. Bei Vernachlässigung dieser gesellschaftlichen Grundannahmen wirken indes einige Beobachtungen (z. B. die Marginalisierung der Parlamente) hochaktuell und an die laufenden Diskurse anschlussfähig.

Agnoli stellt die These auf, dass sich der Parlamentarismus von seinem institutionellen Potenzial und seiner ursprünglichen Bestimmung („Werkzeug des Fortschritts") verabschiedet hat. Diese Verfallsthese relativiert die Radikalität der Kritik: Das demokratische und demokratisierende Potenzial von Parlamenten wird durchaus anerkannt. Parlamentarismus als Idee wird nicht verteufelt. Seine konkrete *Ausformung* sei das Problem. Instruktiv ist auch, dass bei Agnoli Parlamentarismus- und Parteienkritik Hand in Hand gehen. Darauf ist später nochmals zurückzukommen.

1.3. Kritik von mitte-links: Jürgen Habermas

Mit Jürgen Habermas (*1929) haben wir einen Autor vor uns, der gleichermaßen dem „linken" Spektrum zugerechnet wird, wenngleich er im Laufe seines Schaffens einige seiner vormaligen Positionen geräumt hat. Habermas' Analysen stehen in der Kontinuität der „kritischen Theorie" der Frankfurter Schule, gehen aber sicherlich darüber hinaus. Jedenfalls gehört Habermas ohne Zweifel zu den einflussreichsten deutschen Philosophen mit weltweiter Ausstrahlung. Wegen der Bedeutung seiner frühen Werke für die kritische Parlamentarismustheorie wird Habermas zur traditionellen Parlamentarismuskritik gerechnet.

Dabei kann man sich zunächst auf seine Habilitationsschrift „Strukturwandel der Öffentlichkeit" von 1961 beziehen.[477] Hier bezieht er Positionen, die in eine Kritik des Parlamentarismus münden. Dass eine Reihe seiner Thesen später von

---

[474] Ebd.: 57.
[475] Ebd.: 68.
[476] Ebd.: 59.
[477] Vgl. Habermas 1990 (18. Auflage 2023).

Habermas selbst relativiert worden ist, macht die Lektüre des ausführlichen Vorwortes zur dritten Auflage deutlich, die der Autor 1990 publiziert hat.

Dreh- und Angelpunkt seines Gesellschafts- und Politikmodells sind das Konzept der „Öffentlichkeit", genauer: der bürgerlichen Öffentlichkeit, und ihr struktureller Wandel über die Zeit hinweg. Ausgangspunkt ist die bürgerliche Öffentlichkeit im 18./19. Jahrhundert, die sich in den Clubs und Salons herausgebildet hatte. Diese Form von Öffentlichkeit hebe sich Habermas zufolge von der höfischen „repräsentativen Öffentlichkeit" ab, die in der Feudalgesellschaft noch bis in den Absolutismus hinein vorherrschte. In der bürgerlichen Öffentlichkeit werde diskutiert, in der höfischen repräsentiert.

Die bürgerliche Öffentlichkeit – so Habermas – war keine rein private Angelegenheit. Sie war die Basis eines *politischen* Raumes, in dem sich die vielfältigen Diskussionen in eine politische Willensbildung übersetzten. Die Diskussionen hatten den Charakter von rationalen Diskursen: Argumente wurden ergebnisoffen ausgetauscht, ihre jeweilige Überzeugungskraft war entscheidend.

Welche Rolle spielte in dieser Öffentlichkeit das Parlament? Eine wichtige! Aus dem Ständeparlament war – so Habermas – ein repräsentatives Organ der öffentlichen Meinung und Diskussion geworden. Das Prinzip der rationalen Gesetzgebung etablierte sich. Und das Prinzip der Öffentlichkeit parlamentarischer Debatte: „Die Publizität der Parlamentsverhandlungen sichert der öffentlichen Meinung ihren Einfluss, sichert den Zusammenhang zwischen Abgeordneten und Wählern als Teilen ein und desselben Publikums".[478]

Der von Habermas thematisierte „Strukturwandel" dieser demokratischen und parlamentarischen Öffentlichkeit setzte ein, als sich Politik, Wirtschaft und Gesellschaft maßgeblich veränderten. Der Wandel des liberalen Staates zum sozialen Rechtsstaat, die Etablierung der Massendemokratie, die Entstehung des „modernen Großbetriebs" (also der Arbeitswelt des 20. Jahrhunderts) – kurzum: grundlegende Modernisierungsprozesse – veränderten auch die Öffentlichkeit.

Mit der Modernisierung und dem Strukturwandel sei das Ende des politischen Räsonnements eingeläutet worden. Das Publikum ging zum „Kulturkonsum" über; zugleich – so Habermas – sei die „Presse" (also die Medien) entpolitisiert und kommerzialisiert worden. Der Charakter der Öffentlichkeit wandelte sich: Öffentlichkeit erzeugte nicht mehr einen kritischen Diskurs, sondern Massenloyalität. Die unpolitische und manipulierte öffentliche Meinung zeige sich dabei am deutlichsten bei den Wahlen.

Was bedeutet diese Entwicklung für das Parlament? Es sei ein Machtzuwachs aufseiten der staatlichen Verwaltung, der gesellschaftlichen Interessenverbände sowie der Parteien festzustellen – bei gleichzeitigem Funktionsverlust des Parlaments: „Im Maße einer wechselseitigen Durchdringung von Staat und Gesellschaft verliert die Öffentlichkeit, und mit ihr die als Staatsorgan etablierte Öffentlichkeit, das Parlament, gewisse Vermittlungsfunktionen".[479]

---
[478] Ebd.: 96 f.
[479] Ebd.: 216.

Partikularinteressen dominierten den politischen Prozess und vermachteten den öffentlichen Raum; Parteien seien zu Massenorganisationen geworden, die mittels modernster Propagandatechniken versuchten die Wahrnehmungen der Menschen zu manipulieren. Die Übermacht der Parteien manifestiere sich in der gewandelten Stellung der Abgeordneten, die mittlerweile nur noch ein imperatives Parteimandat ausübten. Das „freie Mandat" sei eine Farce geworden: Das Parlament degeneriere – so Habermas – zu einer Versammlung von Parteiagenten, die andernorts gefällte Entscheidungen absegneten.[480] Es diene der schauspielerischen Legitimation von Beschlüssen Dritter. Die Parlamentsverhandlungen würden in „Szene gesetzt".[481] Deliberation (also der Austausch von Argumenten) spiele tatsächlich keine Rolle mehr.

Einen simplen Ausweg aus dieser Entwicklung kann Habermas nicht skizzieren. Er spricht von den „autochthonen", den nicht-vermachteten Kommunikationsräumen, die sich in der Gesellschaft als Gegenöffentlichkeit herausbilden müssten. Das Parlament jedenfalls habe nicht die Kapazitäten, Ort einer Restauration der politischen Öffentlichkeit zu sein.[482]

Die Kritik an der Habermas'schen Kritik muss dort ansetzen, wo einige seiner Vorstellungen der historisch-gesellschaftlichen Wirklichkeit nicht entsprechen.[483] Dies trifft vor allem auf die fragwürdige Idealisierung der frühen „bürgerlichen Öffentlichkeit" einerseits und die übermäßige Problematisierung der zeitgenössischen Form der Öffentlichkeit andererseits zu. In diesen Punkten hat Habermas in seinem Vorwort zur dritten Auflage seines Buches durchaus eingelenkt.

Auch das Bild vom historischen und aktuellen Parlamentarismus entspricht nur in Grenzen der Wirklichkeit. Vergleicht man die Parlamente des 19. Jahrhunderts mit den heutigen, vor allem im Bereich der Gesetzgebung – lässt sich dann wirklich die These von einem Machtverlust von Parlamenten aufrechterhalten? Wohl kaum. So muss man Habermas ein „mangelnde[s] Verständnis für die funktionale Wandlung des Parlamentarismus" attestieren.[484]

Aber ist Habermas überhaupt ein Parlamentarismuskritiker oder nicht primär ein Gesellschaftskritiker? Beides ist nicht voneinander zu trennen: Die Öffentlichkeitstheorie Habermas' ist dort eine Parlamentarismustheorie, wo parlamentarische Körperschaften von Habermas als institutionelle Ableitung der gesamtgesellschaftlichen Diskussionskultur begriffen werden. Habermas lehnt Parlamentarismus nicht per se ab – nur dann, wenn er Instrument und Ausdruck einer entdemokratisierten Gesellschaft ist.

---

[480] Ebd.: 224.
[481] Ebd.: 225.
[482] In seinem später erschienenen rechtsphilosophischen Werk „Faktizität und Geltung" (1992) greift Habermas diese parlamentskritischen Überlegungen auf und problematisiert die Rolle des Parlaments, des Gesetzgebers, auf der Folie seiner Diskurstheorie. Dem Parlament als dem zentralen Recht setzenden Organ der repräsentativen Demokratie komme eine wichtige kommunikative und damit legitimierende Aufgabe zu.
[483] Vgl. Jäger 1973.
[484] Vgl. Becker 2003: 121.

1.4. Zwischenbilanz: rechts vs. links

In einem Zwischenschritt sollen nochmals die Unterschiede und Ähnlichkeiten der bislang dargestellten Ansätze der traditionellen Parlamentarismuskritik herausgearbeitet werden. Mit Ernst Jandls Kunstwörtern gefragt: Was ist „lechts" und „rinks" an den kritischen Positionen? Wo liegen die Gegensätze, wo die Verwandtschaften?

Zunächst zu den Unterschieden: In ihrem Buch zur Parlamentarismustheorie stellen Wilhelm Hofmann und Gisela Riescher die Standpunkte der linken und rechten Parlamentarismuskritik auf verschiedenen Dimensionen gegenüber (vgl. Tabelle 5.1). Die Gegenüberstellung ist schematisch und berücksichtigt nur begrenzt, inwieweit „linke" und „rechte" Argumentationen jeweils untereinander variieren.

Tabelle 5.1: Gegenpositionen der Parlamentarismuskritik

	Politische Linke	Politische Rechte
Parlamentarismus und Demokratie	zu wenig Demokratie	zu viel Demokratie
Liberalismus	historisch überwundene Vorstufe der eigenen Position	Verfallserscheinung
Organisation	Deliberation als Ideologie	mechanistisch-seelenloser Formalismus
Politik	wird als Funktion des Klassenkampfes verdeckt	wird als Funktion prärationalen Lebens verdeckt
Herrschaft	Instrument der bürgerlichen Klassenherrschaft, Gegenkonzept: Herrschaftsfreiheit bzw. Diktatur des Proletariats	Herrschaft der Mittelmäßigkeit/Unfähigkeit, Gegenkonzept: Herrschaft des genialen Führers

(Quelle: Hofmann/Riescher 1999: 140)

Im Detail: Während die politische Linke moniert, dass im Parlamentarismus „zu wenig Demokratie" praktiziert werde, diagnostiziert die politische Rechte „zu viel Demokratie" – genauer gesagt: ein Zuviel an liberaler Demokratie. Die politische Rechte lehnt den „Demokratie"-Begriff nicht ab, interpretiert ihn aber anders. Die Idee des Liberalismus wird aus beiden Perspektiven als unzeitgemäß wahrgenommen: von der politischen Linken als historischer Zwischenstopp auf dem Weg zu einem „angemessenen" Gesellschaftsverständnis; von der politischen Rechten als eine Ideologie, die dem Untergang geweiht ist. Die Parlaments*organisation* wird in der Wahrnehmung von links primär mit der „Deliberation" verknüpft. Die politische Rechte moniert hingegen den Formalismus parlamentarischer Organisation mit seinen starren Prozeduren.

Wie verhält sich der Parlamentarismus zum „Wesen der Politik", so wie es von links und rechts verstanden wird? Das Parlament kaschiere den gesellschaftlichen Klassenkampf – so die politische Linke. Der Parlamentarismus – so wiederum die politische Rechte – übersehe, dass Politik mehr sei als vernunftgeprägtes Handeln.

1. Traditionelle Parlamentarismuskritik – von rechts und links

Hinter dem Parlamentarismus steht aus linker Perspektive die Herrschaft der bürgerlichen Klasse im Kapitalismus, aus dem rechten Blickwinkel die Herrschaft des Mittelmaßes. Entsprechend leiten sich zwei diametrale Alternativkonzepte ab: die Freiheit von Herrschaft (oder die Herrschaft des Proletariats) auf der linken Seite und die Führerherrschaft auf der rechten.

Kurzum: Die Kritik von rechts und links arbeitet mit unterschiedlichen Menschenbildern, mit unterschiedlichen Vorstellungen von Gesellschaft, Demokratie und guter Herrschaft. Die beiden Perspektiven weichen nicht zuletzt in den Alternativen ab, die sie dem Parlamentarismus gegenüberstellen.

Die drei angeführten Autoren Schmitt, Agnoli und Habermas passen nicht in jeder Hinsicht in dieses Schema. Aber der Kern der Unterscheidung lässt sich auch bei ihnen finden. Zugleich kann man bei den drei Kritikern – trotz ihrer unterschiedlichen Perspektive – analoge Argumentationsstränge und -strategien ausmachen. Alle drei sehen einen deutlichen Gegensatz zwischen der liberalen Parlamentarismustheorie mit ihren „Versprechungen" auf der einen Seite („Werkzeug des Fortschritts" bei Agnoli, „Öffentlichkeit und Diskussion" bei Schmitt) und der Wirklichkeit des Parlamentarismus ihrer Zeit auf der anderen Seite. Alle drei versuchen die ursprüngliche Idee des Parlamentarismus zu identifizieren, um dann festzustellen, dass die gegenwärtige Ausprägung parlamentarischer Organisation und Demokratie dieser Idee nicht (mehr) gerecht wird.

Ihr Vorgehen, den aktuellen realen Parlamentarismus an idealtypischen und ursprünglichen Standards zu messen, ist jedoch heikel. Gibt es bei Institutionen, die sich über Jahrhunderte entwickelt haben, überhaupt so etwas wie eine statische institutionelle Idee? Und welche Idee des Parlamentarismus ist eigentlich die „ursprüngliche"? Diejenige, die hinter der Einrichtung des „King in Parliament" im frühen Mittelalter stand? Oder diejenige, die die Parlamentarismustheorie im 19. Jahrhundert entworfen hat? Oder eine noch spätere?

Bemerkenswert ist jedenfalls, dass alle drei Autoren den Parlamentarismus als solchen nicht verdammen, sondern lediglich seine konkreten Manifestationen. Am ehesten lehnt noch Schmitt den Parlamentarismus auch als Prinzip ab, während sich bei Agnoli, vor allem aber bei Habermas durchaus anerkennende Worte für das Potenzial parlamentarischer Körperschaften finden lassen.

Gemeinsam ist den drei Argumentationen überdies, dass sie (mitunter bedauernd) einen erheblichen Machtverlust der Parlamente diagnostizieren. Parlamente seien Instanzen mit der Aufgabe geworden, andernorts von partikularen oder „herrschenden" Interessen gefällte Entscheidungen abzusegnen und mit Legitimation zu versehen. Hier taucht sowohl bei Schmitt, aber auch modifiziert bei Agnoli und Habermas die Rousseau'sche Ablehnung von organisierten gesellschaftlichen Teilinteressen auf.[485] Das Parlament werde zum Opfer der Machtzunahme parlamentsexterner Gruppen, insbesondere der Parteien. Dem existierenden Parteiensystem wird die Fähigkeit abgesprochen, die Gesellschaft respektive das „Gemeinwohl" hinreichend zu vertreten. Damit war ein langfristig wirkendes Thema

---

485 Überhaupt lassen sich Parallelen zwischen Habermas und Schmitt feststellen (vgl. Becker 2003).

gesetzt: Die Parteienkritik ist bis heute noch mit der Kritik am Parlamentarismus verbunden (s. u.).

Kurzum: Die traditionelle Kritik diagnostiziert einen „Verfall" des Parlamentarismus. Kritisiert wird nicht die parlamentarische Idee, sondern die parlamentarische Wirklichkeit – was diese Art von Kritik auf den zweiten Blick weniger fundamental erscheinen lässt als auf den ersten.

2. Zeitgenössische Kritikstränge

Nach der Darstellung der klassischen Parlamentarismuskritik sollen im Weiteren einige jüngere Kritikstränge im Mittelpunkt stehen: zunächst ein Ansatz aus den 1990er Jahren, der sehr nachhaltig die Debatten um die Stellung von Parlamenten geprägt und ein einschlägiges Schlagwort geliefert hat: „Postparlamentarismus". Anschließend wird die Entparlamentarisierungsdebatte, die uns bei der Gesetzgebungsfunktion begegnet ist, wieder aufgegriffen und in den Kontext der Parlamentarismuskritik gestellt. Diese Diskussionsstränge werden dann mit der These von der „Postdemokratie" verknüpft, die Anfang der 2000er Wellen geschlagen hat. Abschließend steht noch die Parteienkritik als ein Zweig der Parlamentarismuskritik im Mittelpunkt – ein kritischer Ansatz, der auf die Parteien zielt, aber dabei auch die Parlamente trifft.

2.1. „Postparlamentarische Demokratie" (Svein S. Andersen / Tom R. Burns)

Bereits auf den ersten Seiten dieses Buches ist das Schlagwort von der „postparlamentarischen" Demokratie gefallen, das in den 1990er Jahren die Runde machte und auf vielfältige Resonanz gestoßen ist.[486] Nun soll ein genauer Blick auf die Quelle der Debatte geworfen werden, also auf den Aufsatz, der diese wirkungsmächtige und umstrittene These aufgestellt hat. Es handelt sich dabei um einen Beitrag der Politikwissenschaftler Svein S. Andersen und Tom R. Burns, den sie für den 1996 erschienenen Sammelband „The European Union: How Democratic Is It?" verfasst haben.[487] Der Beitrag trägt den Titel „The European Union and the Erosion of Parliamentary Democracy: A Study of Post-Parliamentary Governance". Dreh- und Angelpunkt ihrer Überlegungen ist die Frage nach der Rolle von Parlamenten in den westlichen Demokratien und in der Europäischen Union. Die Autoren greifen Debatten auf, die seinerzeit rund um den Parlamentarismus und die Demokratie in der Europäischen Union kursierten.

Andersen und Burns machen zwei Entwicklungen für die Etablierung einer neuen Form von Demokratie verantwortlich: (1) die zunehmende Bedeutung von privaten und halbprivaten Akteuren im politischen Prozess; (2) die Entstehung zahlreicher neuer, außerparlamentarischer und nicht-staatlicher Formen der Steuerung. So entwickele sich – zumindest in den westlichen Staaten – ein „System postparlamentarischen Regierens" („system of post-parliamentary governance"),

---

[486] Der Begriff „post-parliamentary" taucht bereits Ende der 1970er Jahre in einem Buch über das britische Regierungssystem auf: Richardson/Jordan 1979.
[487] Vgl. Andersen/Burns 1996.

eine Herrschaft „of organisations, by organisations and for organisations".[488] In den neuen „governance"-Strukturen spielten Interessengruppen und Expert:innen eine entscheidende Rolle. Informale Netzwerke seien maßgeblich an der Herstellung politischer Entscheidungen beteiligt.

Die Autoren machen diese Beobachtung nicht nur für die westlichen Demokratien, sondern auch für die Europäische Union. Sie identifizieren in der EU-Politikherstellung einflussreiche Netzwerke privatrechtlicher Akteure. Die Gesetzgebung in der Europäischen Union sei geprägt von einem starken Einfluss der Interessengruppen bei gleichzeitig schwacher Stellung des Europäischen Parlaments. Das sei symptomatisch: Im Modus des modernen Regierens würden Parlamente – sei es auf der nationalstaatlichen oder europäischen Ebene – an den Rand gedrängt.

Warum können Parlamente in modernen Gesellschaften die notwendigen Steuerungsleistungen nicht mehr erbringen? Hier kommen die Autoren zu ihrer zentralen Parlamentskritik: „Western societies have become highly differentiated and far too complex for a parliament or its government to monitor, acquire sufficient knowledge and competence, and to deliberate on".[489] Parlamente seien nicht mehr in der Lage, die Komplexität der Gesellschaften zu erfassen und zu managen. Das Problem liege nicht zuletzt beim parlamentarischen Personal: Abgeordnete seien nicht hinreichend qualifiziert und spezialisiert („insufficiently specialised to focus on each of many issues which must be dealt with in a modern society"[490]). Zudem stießen Parlamente gerade da an ihre „Grenzen", wo sich diese zwischen den Staaten auflösen. Parlamentarische Repräsentation orientierte sich an abgegrenzten territorialen Strukturen. In Folge der Globalisierung und Europäisierung fielen diese „definierenden" Grenzen weg. Die Autoren sprechen von der „ineffectiveness of the territorial, parliamentary system".[491] Neue Formen von „governance" seien auch in entgrenzten Räumen effektiver und flexibler als die klassische repräsentative Demokratie.

Trotzdem existieren Parlamente weiterhin und werden als wichtige Institutionen wahrgenommen. Dies führt – so Andersen und Burns – zu einer ambivalenten Situation: Das Parlament bleibe auch für solche politischen Entwicklungen verantwortlich, auf die es keinen Einfluss mehr hat. „The institutions of representative democracy and its leaders retain a high degree of responsibility – at least in the public mythology – but their practical authority – their possibilities of monitoring and governing – are minimal".[492]

Die beiden postparlamentarischen Autoren glauben nicht, dass man auf Parlamente völlig verzichten könne. Auch im „governance"-System fielen ihnen Aufgaben zu. Zum einen die Integration durch Symbolik: Parlamente leisteten durch ihre ritualisierte Arbeit einen Beitrag zum Zusammenhalt der politischen Gemeinschaften. Zum anderen hätten sie die Aufgabe, sich mit umfassenden und langfristigen

---

[488] Hier wandeln die Autoren die berühmte Lincoln-Formel für Demokratie („of the people, by the people, for the people") für ihre Zwecke um (vgl. Marschall 2014).
[489] Andersen/Burns 1996: 229.
[490] Ebd.: 242.
[491] Ebd.: 239.
[492] Ebd.: 238.

Fragen auseinanderzusetzen: „There is a clear and present need for a societal ‚authority' or representative, such as parliament, to address global, long-term societal problems".[493]

Parlamentarismus wird somit von Andersen und Burns nicht als Instrument einer undemokratischen Parteien- oder Verbändeherrschaft verstanden, die den Willen des Volkes oder den einer benachteiligten Klasse unterdrückt. Verbände und organisierte Interessen sind für sie nicht das Problem, sondern die Lösung. Die „Herrschaft der Verbände" wird zum präferierten Modell. In der Theorie des „postparlamentarischen" Zeitalters findet sich ein Plädoyer für etwas, was andernorts als „assoziative Demokratie" bezeichnet worden ist[494] – die Idee, dass sich Gesellschaften über ihre Vereinigungen (organisierten Interessen) besser selbst repräsentieren und organisieren könnten.

Der postparlamentarische Kritikstrang legt ein Kriterium an, das sich in der eben dargestellten traditionellen Parlamentarismuskritik so nicht finden lässt (höchstens noch im Dezisionismus eines Carl Schmitt): die Entscheidungseffizienz und -effektivität, d.h. die (mangelnde) Fähigkeit des Parlaments zur gesellschaftlichen Problembearbeitung und Steuerung. In den Mittelpunkt dieser Argumentation wird somit die Frage nach dem „output" des politischen Systems gestellt: Ist der Parlamentarismus in der Lage, die gegenwärtigen Probleme in unseren ausdifferenzierten und entgrenzten Gesellschaften zu lösen oder nicht? In der Antwort des „Postparlamentarismus" steckt gleichermaßen eine Verfallsthese: Das Parlament sei *nicht mehr* in der Lage, eine angemessene Problembearbeitung zu gewährleisten. Die gesellschaftlichen Rahmenbedingungen hätten sich dergestalt gewandelt, dass Parlamente überfordert seien. Das heißt aber im Umkehrschluss, dass Parlamentarismus in weniger komplexen Systemen durchaus effektiv und effizient sein müsste.

Das hier angelegte Kriterium der Wirksamkeit ist durchaus normativ: Die Autoren stellen Effektivität und demokratische Legitimität in einen engen Zusammenhang. Sie stufen die Legitimität von „governance" höher ein als die Legitimität des formalen Prozesses: Gute „Governance" habe vergleichsweise gute Entscheidungen („for the people") und eine angemessene Repräsentation der Betroffenen durch die Interessengruppen zur Folge.

Die Autoren räumen allerdings durchaus (Legitimations-)Defizite im „governance"-System ein: Sie sprechen die Frage der unterschiedlich ausgeprägten Konflikt- und Organisationsfähigkeit gesellschaftlicher Interessen an und damit die systematische Benachteiligung bestimmter sozialer Gruppen. Zudem könnte eine assoziative Demokratie die Fragmentierung des „policy"-Prozesses und „piecemeal engineering" mit sich bringen, also eine inkonsistente und kleinteilige Entscheidungsproduktion.

Es ist aufschlussreich, dass die beiden Autoren auf die Existenz von Parlamenten nicht gänzlich verzichten wollen. So ganz „post" ist das parlamentarische Zeital-

---

[493] Ebd.: 249.
[494] Vgl. Cohen/Rogers 1994; siehe auch Eising 2001; Hirst 1994; Westall 2011.

ter somit auch bei Andersen und Burns nicht. Die These des Aufsatztitels, der mitunter intensiver als ihre komplexen Überlegungen wahrgenommen worden ist, muss damit relativiert werden.[495] Behauptet wird nicht das Ende, sondern der Wandel des Parlamentarismus angesichts neuer Rahmenbedingungen.

Dabei wird der „governance"-Ansatz nicht nur an nationalstaatliche Systeme angelegt. Gleichermaßen ist die Europäische Union, wie angesprochen, auf dieser Folie analysiert worden – mit den entsprechenden Folgerungen den Parlamentarismus in der EU. Schließlich hat sich das „governance"-Konzept auch generell in der internationalen Politik etabliert. „Governance without government" – mit dieser Formel haben James N. Rosenau und Ernst-Otto Czempiel bereits Anfang der 1990er Jahre der Vorstellung eine Absage erteilt, dass die klassisch-formalen Repräsentationsstrukturen auf der transnationalen oder internationalen Ebene eine gewichtige Rolle spielen (sollten).[496] Auch dort habe sich ein System von Netzwerken etabliert, in denen „government", also die traditionellen Akteure nationalstaatlicher Politik inklusive der Parlamente, von neuen, nicht-staatlichen Akteuren verdrängt worden seien. Dass diese These in ihrer extremen Version nicht stimmt, wird später noch unter dem Schlagwort „neo-parlamentarische Perspektiven" zu diskutieren sein (siehe Kapitel VI).

2.2. Postparlamentarismus und Entparlamentarisierung

Eng verknüpft mit der Debatte um die „postparlamentarische" Epoche der Demokratie sind die Ent- oder Deparlamentarisierungsdiskurse, die in den vergangenen Jahrzehnten verstärkt Raum gegriffen haben – obgleich die These vom Niedergang der Parlamente alles andere als neu oder außergewöhnlich ist.[497] Immer wieder findet sich diese These sowohl in der Wissenschaft als auch in der Publizistik. Sie wird aber ebenso von den Parlamenten selbst aufgegriffen. Ihre Kernaussage, die sich in Ansätzen schon in der traditionellen Parlamentarismuskritik finden lässt, lautet: Die Parlamente verlieren zunehmend an Kompetenzen und an Macht. In dieser Debatte spielt die bereits erwähnte „rubber stamp"-These eine zentrale Rolle: Parlamente seien zu „Stempelkissen" andernorts gefällter Entscheidungen geworden. Sie setzten ihren formalen und offiziellen „Stempel" unter Beschlüsse, an deren Entstehen sie jedoch nicht mehr beteiligt seien (s. den Abschnitt zur Gesetzgebungsfunktion in Kapitel III). Diese Schwächung betreffe jedoch nicht nur die legislative Funktion von Parlamenten, sondern in gleichem Maße ihre Fähigkeit zur Kontrolle und zur Kommunikation. Auch hier fände Entparlamentarisierung statt.

Dabei werden unterschiedliche Entwicklungen für die Entmachtung der Parlamente verantwortlich gemacht. Neben den soeben angesprochenen „governance"-Faktoren, also der zunehmenden Informalisierung politischer Prozesse und der wachsenden Bedeutung privater Akteure, werden noch weitere Entwicklungen

---

[495] Auch in der bundesdeutschen Politikwissenschaft ist die Diskussion über den „Postparlamentarismus" geführt worden (vgl. Benz 1998; Schüttemeyer 2006: 208 f., 2022).
[496] Vgl. Rosenau/Czempiel 1992. Vgl. zur „global governance"-Debatte Becker u.a. 2007; Behrens 2005, 2010; Willke 2006; Zürn 2018.
[497] Vgl. Bryce 1971 (Original 1921).

als entparlamentarisierend eingestuft.[498] Zum Beispiel, dass Politik in „Mehrebenensystemen" stattfindet, auf kommunaler, regionaler, nationaler, europäischer und internationaler Ebene, und dass die politischen Level miteinander verflochten sind. Hierunter litten die Parlamente stärker als die Exekutiven. Überhaupt werden die starken Regierungen, ebenso wie andere Veto-Spieler (z. B. Verfassungsgerichte) für die Entmachtung der Parlamente mitverantwortlich gemacht. Desgleichen werden die Strukturen der Mediendemokratie, wie bereits dargestellt, als parlamentsschwächend wahrgenommen. Alles in allem ist die Entparlamentarisierungsdebatte geprägt von der Annahme, dass Parlamente zunehmend in Handlungs- und Verhandlungszwänge geraten sind: Ihre Spielräume, die parlamentarische Autonomie und Souveränität hätten sich verkleinert.

In den vergangenen Jahren hat eine weitere Entwicklung zur Belebung der Entparlamentarisierungsdiskurse geführt. Das was als das Zeitalter „multipler Krisen" bezeichnet worden ist, hat die Frage aufgeworfen, wie krisenfest und krisenresistent der Parlamentarismus ist und ob Parlamente in Ausnahmesituationen ihre Macht noch ausüben können. Diese Herausforderung der Parlamentsmacht ist zum einen an der Wirtschafts- und Finanzkrise festgemacht worden.[499] Zum anderen bot die Corona-Pandemie neue Erkenntnisse über die Krisenresistenz von Parlamenten. So steht die Beobachtung im Raum, dass parlamentarische Körperschaften zu den vulnerablen Institutionen gehören – immer dann, wenn schnelle Entscheidungen erforderlich sind und insbesondere, wenn die parlamentarischen Arbeitsfähigkeit nicht mehr aufrecht erhalten werden kann.[500]

Handelt es sich bei diesen traditionellen und aktuellen Entparlamentarisierungsdiagnosen überhaupt um „Parlamentarismuskritik"? Wie lassen sich solche Thesen von der sonstigen Kritik abgrenzen? Im Gegensatz zum „postparlamentarischen" Ansatz (aber auch zur traditionellen Kritik) wird die (situativ) schwindende Bedeutung des Parlaments als eine Entwicklung gesehen, die ein problematisches Vakuum erzeuge. Es werden keine alternativen (oder gar besseren) Modelle empfohlen, die den Parlamentarismus ersetzen könnten – was bei Andersen und Burns noch die „governance"-Akteure und -Strukturen waren oder bei Carl Schmitt die Herrschaft eines Führers. Letzten Endes werden im Entparlamentarisierungsansatz weder das Parlament noch der Parlamentarismus kritisiert, sondern machtpolitische Entwicklungen in den zeitgenössischen Demokratien, die zu einer Schwächung der Parlamente geführt haben. Die entsprechend abgeleiteten Empfehlungen sind restaurativ: Dem Parlament sei wieder die Bedeutung zurückzugeben, die ihm demokratietheoretisch zustehe. Die strategische Antwort auf die Entparlamentarisierung wäre die Reparlamentarisierung.

2.3. Postparlamentarismus und Postdemokratie

In den 2000er Jahre hat eine zweite „Post"-Debatte die politische Wissenschaft und Öffentlichkeit beschäftigt: die Debatte um die „Postdemokratie". Auch diese

---
498   Vgl. Schüttemeyer 2009, 2022; Kirchhof 2004.
499   Vgl. Schwanholz 2015.
500   Vgl. Marschall 2020.

lässt sich in Bezug zur These vom postparlamentarischen Zeitalter setzen – nicht nur (aber auch), weil beide mit „post" beginnen.

Colin Crouch, ein britischer Sozialwissenschaftler, hat 2004 ein Buch mit dem Titel „Post-democracy" veröffentlicht. Dieses Buch, sein (nicht ganz origineller[501]) Titel und seine Thesen haben eine heftige Debatte über den Zustand der (vermeintlich) konsolidierten Demokratien ausgelöst und dabei offenkundig den Nerv der Zeit getroffen.

Crouch behauptet, dass die westlichen „Demokratien" zwar noch eine demokratische Hülle hätten, aber keine demokratische Substanz mehr. Die Mechanismen der Demokratie funktionierten zwar noch oberflächlich; faktisch nehme im politischen System der Einfluss privilegierter Eliten, insbesondere aus der Wirtschaft, zu. „Während die demokratischen Institutionen formal weiterhin vollkommen intakt sind [...], entwickeln sich politische Verfahren und die Regierungen zunehmend in eine Richtung zurück, die typisch war für vordemokratische Zeiten".[502] Diese Rückentwicklung werde kaschiert mit von professionellen PR-Experten inszenierten Demokratie-Spektakeln, zum Beispiel anlässlich von Wahlen. Abgeschreckt von diesen Inszenierungen zögen sich die Menschen aus den Institutionen der Demokratie zurück.

Die Thesen von Crouch sind intensiv diskutiert worden. Sie fielen auf fruchtbaren Boden. Crouchs Konzept „Postdemokratie" fängt das auf, was als diffuses Unbehagen an der Demokratie schon seit geraumer Zeit beschrieben werden kann: eine politische Vertrauenskrise innerhalb liberaler Demokratien, die sich unter anderem in der politischen Entfremdung und Apathie von Teilen der Bürgerschaft zeigt.[503]

Was haben Crouchs Überlegungen mit Parlamentarismuskritik zu tun? Parlamentarismus ist für Crouch einer der entkernten Mechanismen der liberalen Demokratie. Zwar beschäftigt er sich nicht ausdrücklich mit der Rolle parlamentarischer Körperschaften in Demokratien und erwähnt Parlamente nur am Rande – diese Nichtbeschäftigung ist jedoch bereits Ausdruck seiner Wahrnehmung des Parlamentarismus als Teil einer Fassadendemokratie. Dort, wo er in seiner Kritik ausdrücklich auf den Wahlkampf oder auf die Parteien zielt, trifft er letzten Endes auch das parlamentarische System in seinem Kern. Die Parlamentarismuskritik Crouchs vermischt sich mit der Diagnose vom substanziellen Wandel der liberalen Demokratie und ihren Unzulänglichkeiten. Der vermeintliche Niedergang des Modells der repräsentativen Demokratie markiert zugleich auch das Ende des Parlamentarismus.

Die gedankliche Nähe Crouchs zu den bereits dargestellten Überlegungen Agnolis und zum neomarxistischen Denken generell ist offensichtlich. Crouch beschäftigt sich ausdrücklich mit dem „Niedergang der traditionellen Klasse der (Indus-

---

501 Der Begriff der „Postdemokratie" findet sich auch schon bei Jacques Rancière und Sheldon Wolin (vgl. Buchstein/Nullmeier 2006).
502 Crouch 2013: 13.
503 Vgl. Jörke 2006; Roßteutscher/Schäfer 2016.

trie-)Arbeiter".[504] In seiner gesamten Diagnose lassen sich viele Punkte finden, die ideologisch überspitzt, empirisch fragwürdig und alles andere als neu sind.[505] So sind vielleicht weniger seine eigentlichen Argumente das Spannende, sondern vielmehr die Reaktionen hierauf und die Anschlussfähigkeit an postparlamentarische, aber auch parteienkritische Diskurse. Ebenso wie der Entparlamentarisierungsansatz thematisiert Crouch eine Entmachtung der Parlamente. Die Gewinner des parlamentarischen Machtverlustes sind für ihn vor allem die wirtschaftlichen Eliten, die Verlierer die sich nicht mehr beteiligenden Menschen und die liberale Demokratie.

2.4. Parlamentarismuskritik als Parteienkritik

Zur Standardeinrichtung der modernen parlamentarisch-liberalen Demokratie gehören die Parteien. Insofern ist die Kritik an der Parteiendemokratie oder dem Parteienstaat von der Kritik am liberalen Demokratiemodell und seinem Parlamentarismus letzten Endes nicht zu trennen. So wird bereits in der klassischen Parlamentarismuskritik eines Carl Schmitt den Parteien der Vorwurf gemacht, den Parlamentarismus von seinen Wurzeln entfernt zu haben. Ähnliche parteienkritische Aussagen mit Ausstrahlung auf den Parlamentarismus lassen sich auch in anderen, historischen und aktuellen Debatten finden.

Die Kritik an den Parteien kann als ständiger historischer Begleiter der Parteiendemokratie identifiziert werden.[506] Ressentiments gegen Parteien sind in der Ideengeschichte immer wieder aufgetaucht, beispielsweise in Form der Ablehnung von Parteien bei Jean-Jacques Rousseau oder der Skepsis gegenüber „Parteiungen", wie sie sich bei den Autoren der Federalist Papers finden lässt.

Die Parteienkritik hat sich frühzeitig und eng mit der Kritik an dem verbunden, was der italienische Elitentheoretiker Gaetano Mosca (1858–1941) als „politische Klasse" bezeichnet hat.[507] In der zeitgenössischen Parteienkritik wird dieser politischen Klasse vorgeworfen, alleine das Ziel zu verfolgen, an der Macht zu bleiben und sich selbst zu begünstigen. Die politische Klasse sei Motor und Nutznießerin des Parteienstaates. Die „Staatsparteien" sorgten für die Verteilung von Ressourcen innerhalb eines geschlossenen Elitenzirkels.[508] Hier lassen sich Linien zur vielzitierten (aber umstrittenen) Kartell-Parteien-These von Richard S. Katz und Peter Mair ziehen.[509] Die beiden Autoren stellten die Behauptung auf, dass die etablierten Parteien einen Zusammenschluss von scheinbaren Konkurrenten gebildet hätten, in dem staatliche Ressourcen untereinander aufgeteilt würden; dieses System werde gegenüber neuen Akteuren abgeriegelt.

Dieser Machtzuwachs der (etablierten) Parteien wird in Spannung mit ihrer schwächer werdenden gesellschaftlichen Verankerung gesehen. In der Tat verlieren

---

504 Crouch 2013: 13.
505 Vgl. Buchstein/Nullmeier 2006.
506 Vgl. Gabriel/Holtmann 2010.
507 Vgl. Mosca 1950 (Original 1896).
508 Vgl. für den deutschen Fall von Arnim 2002: 34; vgl. auch von Arnim 2017.
509 Vgl. Katz/Mair 1995. Siehe zur Diskussion über die These: Helms 2001 und Enroth/Hagevi 2018.

die Parteien in den westlichen Demokratien dramatisch an Mitgliedern.[510] Ihr Linkage-Potenzial, also ihre Fähigkeit, die Bevölkerung und die politischen Eliten miteinander zu verknüpfen, schwindet. Zugleich hat die Machtstellung der Parteien in parlamentarischen Systemen jedoch kaum Einschränkung erfahren.

Diese machtvollen, aber legitimationsschwachen Organisationen prägen die parlamentarische Arbeit in einer Art und Weise, die stark kritisiert worden ist – und immer noch wird.[511] Der zentrale Vorwurf richtet sich gegen die Durchdringung von Parlamenten durch die Parteien und den dadurch ausgelösten Wandel parlamentarischer Repräsentation.

Die übermächtige Stellung der Parteien verändere den Parlamentarismus und die Rolle der Abgeordneten – diese seien nicht mehr länger freie Vertreter des ganzen Volkes, sondern würden zu Agenten ihrer Parteien. Diese These findet sich bereits prominent in der traditionellen Parlamentarismuskritik (s. o.). Anfang der 1980er Jahre spielte sie auch im Rahmen der Verfassungs- und Parlamentsreformdebatten in Deutschland eine besondere Rolle.[512] Diese Diskussionen mündeten in einer Reihe von praxisbezogenen Initiativen, durch Parlamentsreformen die Unabhängigkeit der Parlamentarier zu stärken. Schließlich: Auch populistische Parteien und Bewegungen verbinden ihre elitenkritische Haltung mit einer rigiden Ablehnung des „Parteienstaates".

Ein weiteres Mal wendet sich die Kritik weniger gegen den Parlamentarismus als Prinzip, sondern gegen ein Strukturmerkmal moderner parlamentarischer Demokratien: die Rolle der Parteien. Das Parteienregime habe – so die These – den Parlamentarismus in negativer Weise verändert. Vor allem das freie Mandat sei davon betroffen.

Dieser Kritik ist eine „realistische Parlamentarismustheorie" gegenübergestellt worden.[513] Diese profiliert zunächst die zwei antagonistischen Grundpositionen der Parlamentarismustheorie, die klassisch-liberale Position auf der einen Seite und eine „realistische" auf der anderen (vgl. Tabelle 5.2).

Die klassisch-liberale Parlamentarismustheorie geht von der zentralen Stellung des individuellen Abgeordneten in der parlamentsinternen Willensbildung aus und orientiert sich am frühparlamentarischen Ideal des Honoratiorenparlaments. Die realistische Position der Parlamentarismustheorie setzt hingegen bei den parlamentarischen Gruppen und ihrer Rolle in zeitgenössischen Parlamenten an; „realistischerweise" werden Parlamente nicht als Zusammenschlüsse von individuellen unabhängigen Abgeordneten verstanden, sondern als gruppengeprägte Organisationen.

---

510 Vgl. van Biezen u.a. 2012; Wiesendahl u.a. 2018.
511 Vgl. Invernizzi-Accetti 2017; Morlok u.a. 2018; Poguntke/Hofmeister 2024.
512 Hamm-Brücher 1990.
513 Vgl. Schütt-Wetschky 1992; siehe auch Schütt-Wetschky 1991, 1994.

Tabelle 5.2: Hauptpositionen der Parlamentarismustheorie

Aspekt oder Kriterium der Analyse	Klassisch-liberale Position	Realistische Position
Struktur des politischen Prozesses	individuale Struktur	Gruppenstruktur
Auftreten der Akteure gegenüber der Öffentlichkeit	als Einzelne	in politischen Gruppen (Führung und Geschlossenheit nach außen)
Willensbildung	„von unten nach oben"	Konkurrenz „oben" um die Zustimmung einer Mehrheit „unten"
Politisch-institutioneller Aspekt	Träger des politischen Prozesses sind Staats- bzw. Verfassungsorgane: Parlament („Legislative") und Regierung	Träger des politischen Prozesses sind politische Gruppen: Regierungsmehrheit und Opposition (unbeschadet der rechtlichen Befugnisse der Organe Parlament und Regierung)
Abschließende politische Entscheidung	im Plenum/öffentlich	vor der Plenardebatte, gruppenintern („hinter verschlossenen Türen")
Art der Verhandlung im Plenum	Beratung, orientiert an „truth and justice" (Mill)	politischer Kampf, „Schlagabtausch"
Anwesenheit im Plenum	grundsätzlich alle Abgeordneten	Vertreter der politischen Gruppen: Sprecher, Geschäftsführer, Experten
Art des Repräsentierens	Einzelrepräsentation	Gruppenrepräsentation (unbeschadet der rechtlichen Befugnisse der Abgeordneten als Einzelne)
Art der Wahl	Persönlichkeitswahl (Konkurrenz Einzelner)	Gruppenwahl (Konkurrenz politischer Gruppen)

(Quelle: Schütt-Wetschky 1992: 99)

Die unterschiedlichen Ausgangspunkte finden ihren Niederschlag in den Verästelungen der beiden Positionen: bei der Frage, wer im Plenum anwesend ist oder wie das Parlament nach außen auftritt, und im Wahlverfahren. Der individuelle oder Gruppenfokus entscheidet, welche Rolle dem Plenum zugewiesen wird. Schließlich steht die traditionelle Gewaltenteilung in der klassisch-liberalen Theorie (Parlament vs. Regierung) der Gewaltenverschränkung in der realistischen Theorie (Regierungsmehrheit vs. Opposition) gegenüber.

„Klassisch-liberal" vs. „realistisch"? Wer Parlamente „realistisch" betrachten und nicht einer wirklichkeitsfernen idealisierten Vorstellung anhängen möchte, kommt nicht an der Erkenntnis vorbei, dass Parteien und Fraktionen unabdingbar für die parlamentarische Organisation geworden sind. Dies ist ein in Parlamenten weltweit beobachtbares Phänomen.[514]

Kurzum: Die normativen Vorstellungen müssten den empirischen Entwicklungen angepasst werden. Gruppenparlamentarismus ist eine Realität; die Parteien sind

---

514 Vgl. Olson 1994: 50; Schüttemeyer 2022.

unverzichtbare Akteure in repräsentativen Systemen. Vorschläge, die zu einer Schwächung der Rolle der Parteien führen, sollten daraufhin überprüft werden, ob sie letzten Endes nicht auch zu einer Schwächung des modernen Parlamentarismus beitragen.

3. Alt vs. jung in der Gesamtschau

Zu Beginn des Kapitels ist Hartmut Wassers Unterscheidung zwischen systemimmanenter und radikaler Kritik eingeführt worden. Die skizzierten traditionellen Positionen, insbesondere die von Schmitt und von Agnoli, sind in ihren Grundfesten radikal, weil sie dem parlamentarischen ein „besseres" Modell gegenüberstellen. Sie sind ideologisch, weil sie ein alternatives Menschen- und Gesellschaftsbild entwickeln.

Aber wie lassen sich auf dieser Folie die jüngeren Debatten um den Parlamentarismus verstehen? Gerade die postparlamentarische Position sperrt sich einer eindeutigen Einordnung. Parlamente sind dieser Argumentation zufolge weder gute noch schlechte Institutionen per se; sie sind einfach nicht mehr zeitgemäß. Es wird nicht mit Verve gegen den Parlamentarismus argumentiert, sondern nüchtern festgestellt, dass die Epoche des Parlaments vorbei zu sein scheint. In ihrer Konsequenz ist diese These aber nicht weniger radikal als die traditionelle Parlamentarismuskritik – wenngleich selbst im postparlamentarischen Ansatz Parlamente nicht völlig obsolet werden.

Die These von der Postdemokratie, die das Ende des liberalen repräsentativen Systems unterstellt, geht gleichermaßen an die Wurzeln des Parlamentarismus, indem sie das grundlegende Demokratiemodell infrage stellt. Sie hat überdies deutliche ideologische Bezüge zum neomarxistischen Denken (und damit auch zur Kritik Agnolis), wenngleich sie keine ausdrückliche Alternative zum Parlamentarismus entwickelt.

Der „Entparlamentarisierungs"-Diskurs ist wiederum offensichtlich systemimmanent: In ihm wird der Niedergang der Parlamente problematisiert; als konsequente Lösung bietet sich an, Parlamente wieder mächtig zu machen. Ein alternatives Modell wird weder vorgeschlagen noch angedacht. In den „Entparlamentarisierungs"-Debatten taucht bereits in Ansätzen die Parteienkritik auf. Und nicht nur da: Die Kritik an Parteien – als Baustein der Parlamentarismuskritik – hat Tradition.

Den alten und jungen Kritikansätzen gemeinsam ist eine Idealisierung eines Frühparlamentarismus, den es so nicht gegeben hat. Im vermeintlich goldenen Zeitalter des alt-liberalen Parlamentarismus mit seinen „freien Abgeordneten" habe das Parlament noch einen Platz an der Sonne gehabt. Dieser Idealtyp wird der Realität des modernen Fraktionen- und Arbeitsparlaments gegenübergestellt.

Der postparlamentarische Ansatz argumentiert ähnlich, aber mit anderem Ergebnis: Er beklagt, dass die zeitgenössischen Arbeitsparlamente nicht in der Lage seien, ihre Arbeit zu leisten. Deswegen wird die Renaissance von Redeparlamenten empfohlen, die ihre legislative Gestaltungsmacht an andere Akteure (Expert:innen und Assoziationen) abgeben sollen.

In der Gesamtschau ziehen sich rote Fäden durch die Kritikgeschichte – bis in unsere Tage hinein. Parlamentarismuskritik ist jedenfalls nicht Vergangenheit: Klaus von Beyme hielt vor wenigen Jahren zwar fest: „Die großen Debatten über den ‚Parlamentarismus schlechthin' sind zu Ende".[515] Aber zeitgenössische Kritik, sei sie gegen die Parteien oder gegen die Leistungsfähigkeit der Parlamente gerichtet, kann im Effekt gleichermaßen radikal und antiparlamentarisch ausfallen wie die traditionelle.

Zusammenfassung

- Die Kritik am Parlamentarismus und an Parlamenten reicht weit in die Geschichte zurück. Unterschiedliche „Härtegrade" sind auszumachen: von systemimmanenten Reformansätzen bis hin zur fundamentalen Ablehnung der parlamentarischen Organisationsform. Die Kritik richtet sich in erster Linie gegen die jeweils aktuelle Praxis des Parlamentarismus.
- Besondere Beachtung haben in der deutschen Debatte und zum Teil darüber hinaus die kritischen Analysen von Carl Schmitt und Jürgen Habermas gefunden. Für einen weiteren wichtigen Kritikstrang aus den 1960er und 1970er Jahren steht Johannes Agnoli.
- Carl Schmitts Parlamentarismuskritik macht sich an der von ihm als „Wesenseigenschaft" eingestuften Facette von Parlamenten fest: der Fähigkeit zur öffentlichen Diskussion. Er kritisiert, dass Parlamente dieses Wesensmerkmal verloren hätten. Überdies sieht er in der mangelnden Entscheidungsfähigkeit von Parlamenten ein Defizit dieser Organisationsform.
- Johannes Agnoli argumentiert neomarxistisch: Der Parlamentarismus wird als ein Instrument der herrschenden kapitalistischen Klasse begriffen. Der zentrale gesellschaftliche Konflikt zwischen der arbeitenden Klasse und den „Eigentümern der Produktionsmittel" werde durch den Parlamentarismus als Pseudoauseinandersetzung zwischen nur scheinbar gegensätzlichen Gruppen verschleiert.
- Jürgen Habermas' Parlamentskritik kreist um den Begriff der Öffentlichkeit: Die bürgerliche Öffentlichkeit habe sich strukturell gewandelt und sei zu einer vermachteten geworden. Dies spiegele sich in der Rolle des Parlaments: Auch die Volksvertretung sei vermachtet und zu einem Spielzeug der herrschenden Parteieliten verkommen.
- Jüngere parlamentarismuskritische Ansätze greifen mitunter die kritischen Vorlagen der traditionellen Kritik auf, allerdings mit anderen Schwerpunkten und Folgerungen.
- Die Kritik, die sich hinter dem Begriff vom „postparlamentarischen" Zeitalter sammelt, besagt, dass die Parlamente in komplexen und vielschichtigen Gesellschaften ihre Problemlösungskapazitäten verloren hätten. Eine effektivere

---

515 Von Beyme 2014: 133.

und effizientere Interessenrepräsentation und Politikherstellung könne von Expert:innen und Verbänden gewährleistet werden.
- Die Entparlamentarisierungsdiskurse drehen sich um die Behauptung, dass Parlamente ihre ursprüngliche Rolle im politischen System verloren hätten und die tatsächlichen Entscheidungsprozesse an ihnen vorbeiliefen. Diese unterstellte Entwicklung wird demokratietheoretisch problematisiert und eine „Reparlamentarisierung" befürwortet.
- In der Postdemokratiedebatte werden Parlamente als Teil der liberalen demokratischen Institutionen verstanden, die zwar noch formal funktionierten, jedoch ihre eigentliche Bestimmung verloren hätten. Hinter der institutionellen Fassade einer „Postdemokratie" würden – so die These – die Fäden von politischen und insbesondere wirtschaftlichen Eliten gezogen.
- Die parteienkritische Parlamentarismuskritik beanstandet die zentrale Rolle der Parteien im politischen System und in den Parlamenten. Dieser Ansatz beruht auf einem alt-liberalen Verständnis des Parlamentarismus und steht einer realistischen Parlamentarismustheorie gegenüber, die von der Wirklichkeit des modernen Gruppenparlamentarismus ausgeht.
- In der Parlamentarismuskritik lassen sich diverse langfristige Linien ausmachen. So argumentieren kritische Ansätze immer wieder mit dem Verfall des Parlamentarismus: Die Idee sei zwar gut, die Wirklichkeit der Institution habe sich aber zum Schlechten gewendet. Auch finden sich in der Parlamentarismuskritik als wiederkehrendes Motiv die Kritik an der Übermacht der Parteien sowie die Beobachtung, dass Parlamente immer machtloser werden.

Auswahlliteratur

Mit der Parlamentarismuskritik aus der Vogelperspektive setzen sich zwei Studien auseinander: zum einen das Überblickswerk von Wilhelm Hofmann und Gisela Riescher mit dem Titel „Einführung in die Parlamentarismustheorie" (Darmstadt 1999) und zum anderen die vergleichend angelegte Studie „Parlamentarismuskritik und Antiparlamentarismus in Europa" (hrsg. von Marie-Luise Recker/Andreas Schulz, Düsseldorf 2018). Trotz seines Alters sei auf den Überblicksband zur deutschen Parlamentarismuskritik von Hartmut Wasser verwiesen: Parlamentarismuskritik vom Kaiserreich zur Bundesrepublik. Analyse und Dokumentation, Stuttgart/Bad Cannstatt 1974. Mit der (historischen) Parlamentarismuskritik setzt sich auch das Standardwerk von Klaus von Beyme auseinander: Die parlamentarische Demokratie. Entstehung und Funktionsweise 1789–1999, 4. Aufl., Wiesbaden 2014.

Kapitel V: Parlamentarismuskritik

Wiederholungsfragen

1. Welche Formen der Parlamentarismuskritik lassen sich unterscheiden?
2. Woran macht Carl Schmitt seine Kritik am Parlamentarismus fest?
3. Welches Gesellschaftsverständnis steht hinter der Kritik von Johannes Agnoli?
4. Wie verbindet Jürgen Habermas die Parlamentarismuskritik mit seinen Analysen zur politischen Öffentlichkeit?
5. Wo liegen die Unterschiede und Ähnlichkeiten in der Kritik von rechts und links?
6. Warum sind Parlamente gemäß der „postparlamentarischen" Demokratietheorie (Andersen/Burns) nicht mehr in der Lage, die gesellschaftlichen Probleme zu lösen?
7. Wie verbindet sich die Debatte um die Postdemokratie mit der Debatte um den Postparlamentarismus?
8. Welchen gemeinsamen Kern haben die Entparlamentarisierungsdiskurse?
9. Warum lässt sich die „Parteienkritik" nicht klar von der „Parlamentarismuskritik" trennen?
10. Wie unterscheidet sich die alt-liberale von der Gruppen-Theorie des Parlamentarismus?
11. Warum ist die zeitgenössische Parlamentarismuskritik im Ergebnis mitunter ähnlich radikal wie die fundamentale Kritik bei Schmitt oder Agnoli?

Kapitel VI: Neo-parlamentarische Perspektiven

„Neo-parlamentarisch": Mit dieser Wortschöpfung soll eine Gegenposition zum Abgesang auf den Parlamentarismus bezogen werden, ohne allerdings die kritischen Positionen wegzuwischen. „Neo-parlamentarisch" – das bedeutet, dass nicht ein Ende des Parlamentarismus zu verkünden ist, wie es der „postparlamentarische" Ansatz zumindest prima vista tut. „Neo-parlamentarisch" bedeutet aber auch, dass nicht alles beim Alten bleibt oder bleiben kann.

Parlamente und Parlamentarismus – dies sind traditionsreiche und zugleich flexible Phänomene, denen es gelungen ist, sich im Laufe ihrer jahrhundertelangen Geschichte den wechselnden Rahmenbedingungen anzupassen. Dass die Geschichte des Parlamentarismus weiter fortgeschrieben wird, dafür gibt es in der politischen Wirklichkeit deutliche Anzeichen. Zunächst soll der Blick auf die innenpolitische Rolle von Parlamenten in konsolidierten Demokratien geworfen werden. Ist die These von deren Machtverlust zutreffend oder doch überzogen? Im zweiten Schritt wird der Blick auf sich konsolidierende Demokratien und auf nicht-demokratische Systeme gelenkt. Welche Rolle spielen Parlamente in demokratischen Transformationsprozessen? Welche Potenziale weisen Parlamente in nicht-demokratischen Staaten auf? Dann sollen in Anknüpfung an das Kapitel IV die Entwicklungstendenzen im Parlamentarismus jenseits des Nationalstaates skizziert werden. Schließlich und abschließend diskutiert das Kapitel – soweit vorhanden – denkbare Alternativen zum Parlamentarismus.

1. „Does parliament matter?" – Yes (but how?)

„Macht das Parlament einen Unterschied?" – Diese Frage stellte Philip Norton mit Blick auf das britische House of Commons und kam (Mitte der 1990er Jahre) zu einer positiven Antwort.[516] Nun ist es das eine zu fragen, ob Parlamente überhaupt einen (wenn auch kleinen) Unterschied machen. Das andere ist zu schauen, ob das Parlament *die* zentrale Instanz im politischen System ist. Aber Norton meint natürlich, wenn er die „Does it matter"-Frage stellt und bejaht, dass das Parlament nicht nur irgendeinen, sondern einen gewichtigen Unterschied macht. Welche Hinweise gibt es für die These, dass Parlamente im innenpolitischen Machtprozess nicht ausschließlich verloren haben, sondern weiterhin (wenn auch in veränderter Form) zentrale Akteure bleiben? Welche Möglichkeit haben Parlamente, Machtressourcen zu erhalten bzw. wieder oder neu zu gewinnen?

1.1. Parlamente als Netzwerkakteure

Die zeitgenössische, aber auch die traditionelle Parlamentarismuskritik stellen die Effektivität und Effizienz parlamentarischer Arbeit infrage. Der formalisierte Parlamentarismus werde den flexiblen gesellschaftlichen Verhandlungsstrukturen nicht gerecht und sehe in Folge alt aus.

---

[516] Vgl. Norton 1993.

Nun ist aber eine solche Sichtweise parlamentarischer Arbeit oberflächlich. In der Tat: Ein großer Teil der parlamentarischen Arbeit ist stark formalisiert. Dies ist und bleibt kennzeichnend für Parlamente. Von der starken Formalisierung sind vor allem die Plenarsitzungen geprägt, aber auch die Gremienarbeit folgt strengen und ausdifferenzierten Regeln. Dennoch: Parlamente sind Häuser mit einer Vielzahl von großen und kleinen Zimmern, in denen jenseits formaler Bahnen auch Prozesse des „bargaining" und des „negotiating" stattfinden können und müssen (s. Kapitel II). Die Ausschüsse bieten informellere Bedingungen als das Plenum; in den sonstigen Arenen unterhalb der Ausschussebene ist gar noch mehr Raum für nicht-formalisierte Kommunikation.

Die parlamentarischen Arbeitsprozesse sind auch nach außen hin offener und vernetzter, als es so manche Parlamentskritik glauben lassen will. Gesellschaftliche, wirtschaftliche und staatliche Akteure nutzen die vielfältigen Möglichkeiten, ihre Positionen in den parlamentarischen Prozess einzuspeisen. Auf jeder parlamentarischen Ebene finden sich Anknüpfungspunkte:

- auf der Mikro-Ebene die einzelnen Parlamentarier:innen (vor allem wenn die Abgeordneten selbst einer außerparlamentarischen Organisation nahestehen),
- auf der Meso-Ebene die Fraktionen und Ausschüsse (beispielsweise im Rahmen von Anhörungen oder wenn auf anderem Weg externe Expertise eingeholt wird),
- auf der Makro-Ebene das Plenum (beispielsweise wenn auch außerparlamentarische Akteure über ein Rederecht in der Vollversammlung verfügen).

Es gibt in der personellen Zusammensetzung und in den Arbeitsstrukturen zahlreiche Verknüpfungsstellen zwischen dem parlamentarischen und dem (zivil-)gesellschaftlichen Bereich.[517] Parlamente stehen somit nicht außerhalb von Netzwerken, sondern können diese selbst aktiv schaffen oder zumindest an ihnen partizipieren.[518] Parlamente werden nicht mit den fertigen Entscheidungen externer Netzwerke konfrontiert und nicken diese nur noch ab. Parlamentsakteure sind vielmehr an den Aushandlungsprozessen beteiligt, die zum Teil jenseits der parlamentarischen Arena stattfinden: Beispielsweise sind in den berühmten „iron triangles" der US-amerikanischen Politik auch parlamentarische Akteure vertreten.[519] Desgleichen lässt sich in Deutschland, das stärker als die USA mit der Entparlamentarisierungsthese konfrontiert ist, eine Einbindung von Akteuren aus dem Parlament in politikrelevante Entscheidungszirkel ausmachen.[520]

In parlamentarischen Regierungssystemen stellen insbesondere die – vermeintlich entparlamentarisierenden – Parteien eine Klammer zwischen den verschiedenen politischen Akteuren dar. In den führenden Parteigremien ist nicht nur die Regierungsspitze, sondern sind auch die „Spitzenabgeordneten" vertreten – allemal

---

517 Vgl. Binderkrantz 2014.
518 Für den britischen Fall Russell u.a. 2016.
519 Vgl. Gizzi u.a. 2008: 215 ff.
520 Sabine Kropp hat am Beispiel der bundesdeutschen Wohnungspolitik nachgewiesen, dass in den einschlägigen Gremien neben den Repräsentanten der Exekutive auch beispielsweise Funktionsträger der Fraktionen mitwirkten und Einfluss ausüben konnten (vgl. Kropp 2002).

in Großbritannien, wo Fraktions- und Parteivorsitz üblicherweise in einer Hand liegen. Die parlamentarischen Eliten gehören somit zum „inner circle" informeller Netzwerke.[521] Wenn in parlamentarischen Demokratien Vertreter:innen des Parlaments derart eingebunden werden, dann kommen diese freilich zumeist aus den Fraktionen, die die Regierung unterstützen.

1.2. Entparlamentarisierung als undifferenzierter Pauschalbefund

Die These, der parlamentarische Prozess sei nur eine Art Stempelkissen, auf dem die von außen eingebrachten Gesetzesvorschläge lediglich „abgesegnet" werden, geht an der parlamentarischen Realität vorbei. Die Gesetzgebungs-„Maschine" Parlament winkt in der Regel die eingebrachten Vorlagen nicht durch, sondern diese werden innerhalb des mehrstufigen Beratungsprozesses einer Überarbeitung unterzogen. In den wenigsten Fällen kommt ein Gesetz *eins zu eins* so aus dem Parlament heraus, wie es dort als Entwurf hineingelangt ist. Diese Beobachtung gilt nicht nur für das „Arbeitsparlament" Congress im präsidialen System der Vereinigten Staaten, sondern auch für „parlamentarische Parlamente" wie den Deutschen Bundestag[522] oder das britische Parlament.[523] Schließlich gestalten die Abgeordneten – ob in parlamentarischen oder präsidentiellen Systemen – traditionellerweise durch ihre Budgetkompetenz tatkräftig mit.

Überhaupt scheint ein differenzierter Blick angezeigt, was die Rolle von Parlamenten bei der Herstellung von Politik betrifft. Zunächst einmal politikfeldspezifisch: So lassen sich beispielsweise die Kompetenzen nationaler Parlamente im Bereich der Sicherheitspolitik nicht über einen Kamm scheren; es tut sich eine große Spanne auf zwischen Parlamenten, die über nur geringe „war powers" verfügen, und Parlamenten, die sicherheitspolitisch starke Veto-Spieler sind.[524] Auch kann hier nicht pauschal von einer Entparlamentarisierung gesprochen werden.[525] Zwar haben einige Parlamente (z. B. das ungarische) in diesem Entscheidungsfeld an Kompetenzen verloren, andere – wie das britische und das französische Parlament – konnten jedoch Boden gutmachen.

Unterhalb dieser politikfeldbezogenen Perspektive könnte noch weiter eingezoomt werden: auf die einzelnen Entscheidungen. So kann ein Parlament abhängig von den Rahmenbedingungen eines konkreten Beschlussverfahrens differenziert stark intervenieren, d.h. vorhandene Machtpotenziale nicht anwenden, den vorgegebenen Rahmen ausschöpfen oder diesen sprengen. Der pauschalen und vorschnellen These von einer Entparlamentarisierung politischer Entscheidungsprozesse können und müssen empirische Fallstudien gegenübergestellt werden, die die jeweilige politikfeld- und entscheidungsspezifische Macht von Parlamenten in den Blick nehmen.

---

521 Vgl. für Deutschland und Österreich Rudzio 2005.
522 In den Ausschussberatungen des Deutschen Bundestages werden rund zwei Drittel der Gesetzentwürfe abgeändert (vgl. Ismayr 2012: 241).
523 Vgl. Russell u.a. 2016.
524 Vgl. Dieterich u.a. 2015; Mello/Peters 2018; Wagner/Peters 2012.
525 Vgl. Raunio 2014; Raunio/Wagner 2017.

1.3. Funktionswandel von Parlamenten

Einen gemeinsamen Nenner in verschiedenen Varianten der Parlamentarismuskritik stellt die Verfallsdiagnose dar: Die Parlamente hätten ihre ursprüngliche gesellschaftliche und politische Stellung verloren. Der Verfall an parlamentarischer Kompetenz und Funktion wird insbesondere bei der Gesetzgebung ausgemacht. Der „Gesetzgeber" sei tatsächlich nicht mehr länger der „Gesetzgeber".[526]

Wie gerade dargestellt, kann über die Entmachtung der Parlamente im Gesetzgebungsprozess durchaus gestritten werden. Aber auch wenn es so wäre, dass eine Verlagerung der legislativen Kompetenzen weg von den Volksvertretungen festzustellen wäre – dies hieße nicht, dass die Parlamente funktionslos würden, sondern eventuell nur einem Funktionswandel unterlägen. An die Stelle vormaliger müssten neue Aufgaben rücken, geht man davon aus, dass Institutionen ohne Zweck keine Überlebenschance haben. Die Resilienz der Parlamente spricht deutlich für eine stabile Funktionalität dieser Organisationsform.

In welche Richtung könnte ein solcher Wandel der Parlamentsaufgaben verlaufen? Welche Funktionen werden vermutlich stärker in den Mittelpunkt parlamentarischer Arbeit rücken? Es spricht einiges dafür, dass die Parlamente insbesondere im Bereich der kommunikativen und kontrollierenden Aufgaben zugelegt haben oder noch weiter zulegen werden. Wo die Beteiligung an der Produktion von Gesetzen schwindet, müsste kompensatorisch die Möglichkeit zur Supervision der Politikherstellung steigen.[527] Die Kontrollkompetenz, die Fähigkeit zur Überprüfung der Tätigkeit Dritter, kann Verluste bei der eigenen aktiven Mitwirkungsmöglichkeit auffangen. Dabei wird die Kontrolle nicht zuletzt von den individuellen Abgeordneten ausgeführt, die sich in eine spezifische Materie eingearbeitet haben und versuchen das Handeln der externen (Regierungs-)Akteure sachkundig zu überprüfen – entweder als Einzelkämpfende oder (wie zumeist) mit Rückendeckung der Fraktion.

Neben die Kontrollaufgabe treten neue Herausforderungen und Chancen bei der parlamentarischen Vermittlungsfunktion: Der politische Prozess ist komplexer und vielschichtiger geworden. Entwicklungen wie Europäisierung, Globalisierung, Technisierung oder gesellschaftliche Ausdifferenzierung führen dazu, dass die Verantwortlichkeiten verschwimmen, die Transparenz des politischen Prozesses abnimmt und vieles für einen Großteil der Menschen nicht mehr nachvollziehbar ist. Krisen vertiefen ein fundamentales Gefühl der Verunsicherung.

Angesichts der zunehmenden Unübersichtlichkeit der Politik kann das Parlament mit seinen ritualisierten und symbolischen Traditionen einen gesellschaftlichen Anker bieten. Parlamente leisten einen Beitrag zur Orientierung im Dickicht der Politik und steuern letzten Endes zur Legitimation von Politikprozessen und ihren Ergebnissen bei.

---

526 Vgl. schon von Beyme 1997.
527 In dieser kompensatorischen Verschiebung zwischen den Funktionsbereichen sieht Reutter auch für die deutschen Landtage die Chance, einen Machtverlust aufzufangen (vgl. Reutter 2014).

Dabei sind ein weiteres Mal die Leistungen insbesondere derjenigen relevant, deren Aufgabe die Politikvermittlung vor Ort ist: die Abgeordneten, die in unmittelbarem Kontakt mit den Politikbetroffenen stehen, die mit ihnen qua Wahlkreis und Mandat verbunden sind. Hier liegt das eigentliche kommunikative Potenzial von Parlamenten: in der Bestimmung der einzelnen Abgeordneten, vor die Menschen zu treten, um diesen Politikergebnisse zu kommunizieren. Die Abgeordneten werden damit primär zu „Politikvermittlern".[528] Es sind folglich die individuellen Mandatsträger, die einen parlamentarischen Funktionswandel hin zu kontrollierenden und kommunikativen Aufgaben mitzutragen haben.

Übrigens: Auch die Herausgeber des großen *Handbook of Legislative Studies* kommen mit Blick auf den Gesamtbefund ihres Werkes zu dem Ergebnis: „Legislatures Matter"[529] – ebenso wie Philip Norton, der in seiner Antwort auf die „Does parliament matter"-Frage zur Erkenntnis gelangt, dass für den britischen Fall das gilt, was generell gesagt werden kann: Die legislativen Kompetenzen mögen abgenommen haben, andere parlamentarische Funktionen bleiben aber unersetzbar, z. B. die Aufgabe des Parlaments als „essential forum for the expression of different views in society".[530]

Dieser Funktionswandel könnte in der Gesamtbilanz dazu führen, dass das Parlament – mit den Begriffen von Walter Bagehot – seine symbolisch-würdevollen („dignified") Komponenten stärken wird, ohne damit zwingend ineffizient zu werden. So auch die Einschätzung von Klaus von Beyme: „Symbolische Politik ist seit Bagehots ‚dignified parts' als wichtig anerkannt worden und es läßt sich in vielen Fällen nicht von den ‚effizienten Teilen' des Entscheidungszentrums abtrennen".[531]

Ob dieser Funktionswandel wie ein Nullsummenspiel zu einer Stabilisierung parlamentarischer Macht auf gleichem Niveau führen kann, muss an dieser Stelle offenbleiben. Der aus parlamentarisch-demokratischer Sicht „worst case" wäre es, wenn Parlamente lediglich der Legitimation eines Systems dienten, ohne darüber hinaus noch eine effektive Rolle zu spielen – also wenn sie überhaupt nicht mehr zu den „efficient parts", sondern *ausschließlich* zu den „dignified parts" der Politik gehörten. Eine derartige Diagnose mag auf den Scheinparlamentarismus in Systemen wie der DDR oder in anderen nicht-demokratischen Regimen zutreffen. Von einer solchen, im Sinne von Michael L. Mezey, „minimalen" Rolle sind die Parlamente in den konsolidierten Demokratien aber sicherlich noch weit entfernt. Schließlich: Es gibt genügend Beispiele dafür, dass Parlamente auch heute noch an Kompetenzen gewinnen können und zwar in allen Funktionsdimensionen (z. B. das Europäische Parlament).

---

[528] Vgl. Herzog 1993: 27; Marschall/Weiß 2011.
[529] Martin u.a. 2014: 3-5.
[530] Norton 1993: 208.
[531] Von Beyme 2014: 428.

Kapitel VI: Neo-parlamentarische Perspektiven

1.4. Parlamentsreform – eine Chance für die Parlamente

Parlamente sind nicht zur Untätigkeit verdammte Zeugen ihres eigenen Schicksals, sondern haben viele Möglichkeiten, auf dieses Einfluss zu nehmen. Parlamente können an den Stellschrauben, die ihre Rolle bestimmen, selbst drehen.[532]

Die Stellung einer parlamentarischen Körperschaft wird in erster Linie durch die Vorgaben des Parlamentsrechts bestimmt, welches zu einem Großteil von den Parlamenten selbst verändert werden kann (vgl. Kapitel II). Für die verfassungsrechtlichen Grundlagen gilt dies freilich nur mit Einschränkungen. Die Hürden für Verfassungsänderungen liegen üblicherweise hoch. In einigen Staaten sind Volksabstimmungen bei Verfassungsänderungen vorgesehen, oder andere Instanzen wie zum Beispiel die Staatspräsident:innen haben ein entscheidendes Mitspracherecht.

Die Bestimmungen über ihre *operative* Arbeit, die auch die Beziehung zu weiteren Akteuren regeln, können jedoch von Parlamenten autonom verändert werden. Dies gilt allemal für das Geschäftsordnungsrecht, das typischerweise in der alleinigen Verfügungsgewalt der Abgeordneten liegt. Es ist aber auch denkbar und üblich, dass das Parlamentsrecht informal geändert wird, gerade in den Teilen, die nicht schriftlich fixiert sind und deren Umgestaltung folglich auch nicht der „Schriftform" bedarf („Recht durch Übung").

Die Fähigkeit und der Wille zur Reform der eigenen Arbeitsweise sind von Parlament zu Parlament unterschiedlich ausgeprägt. So unterscheiden sich die entsprechenden Reformgeschichten.[533]

Ein besonderer historischer Fall ist der britische Parlamentarismus: Der Aufstieg des Unterhauses ist als jahrhundertelanger stetiger Lernprozess zu verstehen, in dem sich das englische und dann britische Parlament mehr und mehr Kompetenzen erstritten haben. Der US-amerikanische Kongress ist bereits durch die Verfassung als starke Institution etabliert worden und hat in den weit über zweihundert Jahren seiner Existenz eine Reihe von organisatorischen Veränderungen durchlebt. Dabei hat es seine Stellung trotz Tendenzen der Präsidentialisierung mindestens bewahren können.[534] Der Deutsche Bundestag kann in seiner vergleichsweise kurzen Geschichte auf eine lange Chronologie kleinschrittiger Reformen zurückblicken, gleichwohl nicht auf große institutionelle Sprünge.[535]

Auch das Europäische Parlament hat Einfluss auf „sein" Parlamentsrecht genommen und den geschilderten spektakulären Aufstieg bewältigt. Dabei war es konfliktbereit und hat nicht immer zuerst das Einvernehmen mit den anderen EU-Organen gesucht. Änderungen wurden oft erst im Nachhinein durch die eingeübte Praxis oder durch die nachträgliche offizielle Anerkennung seitens anderer Instanzen konsolidiert.

Der Fall EP macht aber auch auf eine Rahmenbedingung für Reformen aufmerksam: Finden die Parlamentsreformen in einem präsidentiellen Design oder in

---

532 Vgl. Marschall 2021; Sieberer u.a. 2011.
533 Vgl. Sieberer/Müller 2015.
534 Vgl. Hübner/Münch 2013: 146-155.
535 Vgl. Feldkamp 2011: 1369-1374; Marschall 1999a; Schindler 1999 II: 2849-2885.

einem parlamentarischen statt? In parlamentarischen Systemen kann die Verknüpfung von Parlamentsmehrheit und Regierung einer Parlamentarisierung durch Parlamentsreform entgegenstehen. In solchen „parlamentarischen Parlamenten" bedarf es besonderer Umstände, dass eine Reform zur Stärkung der Rolle der Volksvertretung (insbesondere wenn sie auf Kosten der Regierung geht) mehrheitlich getragen wird: Die Abgeordneten müssen über ein entsprechendes parlamentarisches Selbstbewusstsein verfügen – oder erkennen, dass sie nach den nächsten Wahlen als Opposition von den gesteigerten parlamentarischen Rechten profitieren könnten.

In Systemen wie der EU oder in (semi-)präsidentiellen Konstellationen stehen sich Parlament und exekutive Akteure gegenüber. Umso leichter ist es, parlamentarische Mehrheiten für die Änderung von Verfahren zu organisieren. Schwieriger mag es dann wiederum sein, den eventuellen Widerstand einer ggf. machtvollen Exekutive zu überwinden.

Die großen Systemreformen sind das eine, die kleinen „Reförmchen" das andere und typische Vorgehen in konsolidierten Demokratien. Parlamentsreformen finden in den etablierten demokratischen Systemen üblicherweise kleinschrittig statt – es sei denn, eine krisenhafte Situation erfordert außergewöhnliche Maßnahmen, wie dies beispielsweise des Öfteren in Italien der Fall gewesen ist.

Entsprechend konnte auch während der Corona-Pandemie beobachtet werden, dass und wie Parlamente auf eine solche für sie prekäre Situation reagieren konnten. Beispielsweise wurden von zahlreichen Parlamenten die Verfahren angepasst (Stichwort: digitale Transformation), sodass man in der Lage war, auf die Notstandssituation spontan und flexibel mit Maßnahmen zu reagieren, die mitunter ad-hoc waren, aber mitunter auch langfristige Spuren hinterlassen haben.[536]

Beim Blick auf die großen und kleinen Parlamentsreformen – diesseits und jenseits von Krisen – lässt sich jedenfalls feststellen: Parlamente sind durchaus „lernende Institutionen".[537] Sie haben ihre internen Strukturen und Arbeitsweisen den sich wandelnden Anforderungen seitens ihrer Umwelt immer wieder angepasst.[538] Der Lernprozess zeigt sich insbesondere in der Verwendung des „trial and error"-Prinzips bei Parlamentsreformen, wenn also neue Verfahren unverbindlich und zeitlich befristet ausgetestet werden, um ihre Wirksamkeit zu prüfen.

Allerdings ist die parlamentarische Lernfähigkeit nicht uneingeschränkt: Die Grenzen des institutionellen Lernens sind dort gezogen, wo der Binnenpluralismus und Machtkonflikte im Parlament ein gemeinsames „Erkennen" erschweren – ein Problem, mit dem monolithische Organisationen nicht zu kämpfen haben. Das „Lernen" in Parlamenten findet unter pluralistischen und machtpolitischen Bedingungen statt – mit womöglich unterschiedlichen und zum Teil widersprüchlichen Schlussfolgerungen.

---

536 Florack u.a. 2021; Hildebrand 2020; Marschall 2020; Merkel 2020; Siefken u.a. 2021.
537 Vgl. Marschall 1999a; Thaysen 1972. Zum Begriff und den Dimensionen des Lernens vgl. Bandelow 2005: 41-43; Demuth 2009.
538 Vgl. Sieberer u.a. 2016.

Es bedarf somit besonderer Randbedingungen, damit ein Reformbedarf in Reformaktivitäten mündet. Die womöglich wichtigste Voraussetzung ist dabei das Bewusstsein der Abgeordneten, als direkt gewählte Mitglieder der Volksvertretung eine besondere Verantwortung und Stellung im politischen System zu verdienen.

2. Parlamente in Transformationsstaaten und nicht-demokratischen Systemen

Welche Rolle spielt Parlamentarismus in Systemen, die sich im Prozess der Demokratisierung befinden und/oder noch weit von demokratischen Standards entfernt sind? Antworten auf diese Frage können zusätzliche Einblicke in die Potenziale von Parlamenten eröffnen.

In einem ersten Schritt soll Parlamentarismusforschung referiert werden, die die Rolle der Volksvertretungen beim Systemwechsel hin zu einer Demokratie skizziert. Direkt daran anknüpfend wird diskutiert, ob das Bauelement Parlamentarismus eine Garantie für eine stabile Demokratie darstellt (oder nicht) und hierfür eine klassische Kontroverse in der vergleichenden Politikwissenschaft aufgegriffen. Schließlich sollen Parlamente im Mittelpunkt stehen, die in autokratischen Systemen zu Hause sind. Welche Rolle können Parlamente in Nicht-Demokratien spielen?

2.1. Parlamentarismus in Transformationsstaaten

Eine Gruppe von Systemen hat in der vergleichenden Parlamentarismusforschung besondere Beachtung gefunden: Transformations- oder Transitionsstaaten – also Staaten, die sich im Übergang von einem nicht-demokratischen/autokratischen zu einem demokratischen Zustand befinden. Welche Bedeutung kommt Parlamenten bei diesen Übergängen zu?

Werfen wir hierzu einen Blick auf Beispiele aus der „dritten Welle" demokratischer Transformation in den achtziger und neunziger Jahren des vergangenen Jahrhunderts[539]: auf Parlamente der sich seinerzeit im Systemwechsel befindlichen mittel- und osteuropäischen Staaten (MOE).[540]

In dieser Gruppe finden sich einige aufschlussreiche Fälle: beispielsweise das *ungarische* Parlament.[541] Hier hatte sich bereits in den 1980er Jahren (Stichwort: „Reformparlament" von 1985) eine parlamentarische Kultur (kontroverse Debatten, Fraktionen) entwickelt, die mit den Nährboden für das Ende des sozialistischen Regimes in Ungarn bereitete. Impuls für den parlamentarischen Kulturwandel war eine Änderung des Wahlmodus: die Einführung einer obligatorischen Zweier-Kandidatur in den Wahlkreisen. Dies führte – gewiss nicht in dieser Form beabsich-

---

539 Samuel Huntington unterscheidet drei Wellen der Demokratisierung. Die erste Welle war die Phase von 1828 bis 1926 mit der Demokratisierung der USA u.a. Die zweite Welle rollte von 1943 bis 1962 (Ende des Zweiten Weltkriegs, Entkolonialisierung). Die dritte Welle hat Ende der 1970er Jahre in Südeuropa begonnen und sich in den 1980ern in Europa, Lateinamerika und Ostasien fortgesetzt (vgl. Huntington 1993).
540 Vgl. Norton/Olson 1996a und Kraatz/von Steinsdorff 2002. Siehe auch zur Rolle der Parlamente in den Konsolidierungsprozessen Mittel- und Osteuropas Norton/Olson 2007a. Zur Thematik „Systemwechsel" generell u.v.a. Merkel 2010.
541 Vgl. Machos 2002.

tigt – zu einem faktischen Machtverlust der Parteibürokratie. Aufgrund dieser vorgeschalteten parlamentarischen Transformation fiel die spätere Demokratisierung für das gesamte politische System weniger dramatisch aus als in anderen Staaten.[542]

Die Demokratisierung *Polens* wiederum hatte zwar primär gesellschaftliche Wurzeln, die ihre organisatorische Heimat in der Gewerkschaftsbewegung „Solidarność" fand. Aber auch der Sejm, das polnische Parlament, leistete einen Beitrag zur Transformation des Systems.[543] Als Reaktion auf die außerparlamentarische Oppositionsbewegung begannen die Abgeordneten, ihre Rechte selbstbewusster wahrzunehmen, und banden Vertreter von „Solidarność" in die legislativen Prozesse ein. Nach der Zwischenphase des Kriegsrechts blieb das Parlament ein Forum, das die Demokratisierungsprozesse am „Runden Tisch" konstruktiv unterstützte.

In *Bulgarien* wird das Parlament nicht nur als Transformationsbegleiter eingeschätzt. Die Nationalversammlung gilt als die Stätte der Geburt der bulgarischen Demokratie und als die Schlüsselinstitution für die Etablierung demokratischer Spielregeln:

> „Having been more or less a rubber-stamp parliament for decades, the National Assembly in Bulgaria became after 1989 both the main area of the dramatic birth of Bulgarian democracy and the key agency in the elaboration, adoption and application of the rules of the democratic game".[544]

In Bulgarien wurde die Entscheidung über das Ende der kommunistischen Parteiherrschaft von einem Parlament gefällt, das selbst vollständig aus Mitgliedern der kommunistischen Partei bestand – ein „historisches Paradox".[545]

In der Gesamtschau dieser Fälle scheint der Befund zunächst eindeutig: So stellt David Olson für die MOE-Transformation fest, dass Parlamente als Motoren des Demokratisierungsprozesses gewirkt hätten.[546] Das heißt jedoch nicht, dass die Parlamente in allen Fällen die alleinigen Antriebskräfte für einen Systemwechsel gewesen sind. Aber es lässt sich festhalten, dass eine Reihe von Volksvertretungen den Prozess des Übergangs von autokratischen zu demokratischen Regimen in den achtziger und neunziger Jahren des vergangenen Jahrhunderts mindestens förderlich begleitet hat.

Es finden sich allerdings auch Fälle, in denen das Parlament keinen Beitrag zum Regimewechsel geleistet hat: zum Beispiel für den rumänischen Transitionsprozess.[547] Eine ähnliche Beobachtung liegt auch für den russischen Fall vor.[548] In

---

542 Vgl. Ágh 1996: 16 f.
543 Vgl. Matthes 2002; Simon 1996.
544 Kanev 2002: 159.
545 Karasimeonov 2001: 42.
546 Vgl. Olson 2002: 17.
547 Vgl. Roth/de Nève 2002: 185.
548 Vgl. von Steinsdorff 2002: 267 f. Siehe auch Bos u.a. 2003.

einer Analyse des weißrussischen Falls erhält der dortige Oberste Sowjet sogar den unrühmlichen Titel eines „Reformverzögerers".[549]

Der Befund ist also doch nicht ganz eindeutig: Parlamente sind nicht per se und unter allen Umständen Triebwerke einer Demokratisierung. Die Analyse des Systemwechsels in anderen, den südeuropäischen Staaten (Spanien, Griechenland etc.) bringt Ulrike Liebert zur folgenden eher skeptischen Aussage: „Parliament may occupy a central position during transition, and in particular in the establishment of a new democratic regime, but this is not necessarily the case, and empirically even improbable".[550]

Es müssen bestimmte Bedingungen erfüllt sein, damit Parlamente zu tragenden Akteuren eines Regimewechsels werden. Relevant ist, inwiefern Volksvertretungen in das autokratische Herrschaftssystem eingebunden waren. Relevant ist weiterhin, ob sich in den Volksvertretungen eine Kultur des parlamentarischen Selbstbewusstseins anderen Instanzen gegenüber herausgebildet hat. Zusammengefasst sind es die Rolle im alten Regime und die spezifische parlamentarische Kultur, die die Unterschiede erklären können.[551]

In jüngerer Zeit stellt sich die Frage nach der Transformation wieder neu, allerdings in die andere Richtung. Die Beobachtung von einem Rückgang der Demokratie steht im Raum, die Diagnose einer „democratic regression".[552] Welche Rolle spielen Parlamente und parlamentarische Demokratie dabei? Zumindest fällt auf, dass sich einige der Systeme der demokratischen Transformation Ende des vergangenen Jahrhunderts mittlerweile – trotz parlamentarischer Strukturen – wieder von der Demokratie wegbewegen. Hier wird zu analysieren sein, ob die Parlamente diesen Prozess mitgetragen oder vielleicht doch zumindest gebremst haben. Dies führt unmittelbar zur Frage nach der Rolle von Parlamenten bei der Stabilisierung von Demokratien.

2.2. Parlamentarismus als Stabilisator von Demokratien?

Wäre die Entscheidung für die rein präsidentielle Regierungsform für einige Demokratien letzten Endes besser? Die Befunde der vergleichenden Parlamentarismusforschung zur Rolle der Parlamente in der Phase der „Konsolidierung" sind hier klarer als die Aussagen zur Phase des „Regimewechsels". Die Analysen zu den mittel- und osteuropäischen Fällen, aber auch die Studien über die südeuropäische Demokratisierungswelle sehen in den Parlamenten *die* maßgeblichen Akteure bei der *Stabilisierung* demokratischer Strukturen.[553]

Hat ein demokratisches System mit einem starken Parlament also mehr Chancen, langfristig robust zu sein? Ist eine Demokratie mit einem mächtigen Präsidenten hingegen instabil? Um diese Frage dreht sich eine Debatte in der Politikwissenschaft, in der die Vorzüge und Nachteile parlamentarischer Demokratien dem

---

549 Lorenz 2002: 295.
550 Liebert 1990: 14.
551 Vgl. Norton/Olson 1996b: 231 f.
552 8
553 Vgl. Liebert/Cotta 1990.

Präsidentialismus gegenübergestellt werden – genauer gesagt: den „Gefahren des Präsidentialismus". Angestoßen wurde diese Debatte vor geraumer Zeit insbesondere von Juan Linz.

In einem Beitrag im *Journal of Democracy* mit dem bezeichnenden Titel „The Perils of Presidentialism" („Die Gefahren des Präsidentialismus") plädierte Juan Linz engagiert für die parlamentarische Regierungsform, weil nur diese die Stabilität von Demokratien garantiere.[554] Nachdem es Kritik an seinen Überlegungen gegeben hatte, verteidigte Linz seine Thesen ein weiteres Mal im *Journal of Democracy* mit dem nun positiv gewendeten Titel: „The Virtues of Parliamentarism" („Die Tugenden des Parlamentarismus").[555] Linz These und die von ihm angestoßene Diskussion reichen bis in unsere Zeit hinein.[556]

Mit welcher Argumentation untermauert Linz seine Position? Er geht erst einmal von folgender – zeitgebundender – Beobachtung aus: „Indeed, the vast majority of the stable democracies in the world today are parliamentary regimes, where executive power is generated by legislative majorities and depends on such majorities for survival".[557] Dass die meisten stabilen Demokratien eine Parlamentsverantwortlichkeit der Regierung vorsehen, sei kein Zufall. Vielmehr liege damit ein erster Hinweis dafür vor, dass parlamentarische Demokratien zur Stabilität von Regimen führen. Dies gelte insbesondere dann, wenn es innerhalb der Gesellschaften tiefe politische Konfliktlinien gebe und die Anzahl der Parteien hoch sei.

Wie kann dies plausibel gemacht werden? Was sind die „perils", die Gefahren präsidentieller Regime, worin bestehen die Vorzüge parlamentarischer? Zunächst macht Linz ein schwerwiegendes Repräsentationsdefizit in präsidentiellen Systemen aus, das eine Quelle von Konflikten bieten könne: Die Wahlen zur Staats- und Regierungsspitze in präsidentiellen Systemen laufen nach dem Prinzip „the winner takes it all" ab. Die Präsident:innen kommt aufgrund eines Mehrheitsvotums ins Amt – unbeschadet, wie knapp dieses ausfällt. Dies könne bei sich gleichstark gegenüberstehenden Parteilagern zur Vertiefung von bestehenden Konflikten führen.

Im parlamentarischen System ist ein Großteil von Parteien und gesellschaftlichen Gruppen im Parlament vertreten, die dann miteinander tragfähige Regierungs*koalitionen* bilden können. Die gesellschaftliche Basis der Regierungsmacht ist somit breiter (Minderheitsregierungen ausgenommen). Parlamentarische Systeme fördern folglich das, was in der Politikwissenschaft „consociational democracy" oder „consensus democracy" genannt wird.[558]

Ein Nachteil der präsidialen Herrschaft seien – so Linz – überdies die unflexiblen Amtszeiten. Es sei vergleichsweise schwer, Präsident:innen des Amtes zu entheben, wenn sich die politischen Mehrheiten verändern. Leicht sei es hingegen, eine/n

---

554 Vgl. Linz 1990a: 1.
555 Linz 1990b. Eine weitere Publikation, ein Sammelband, den Linz zusammen mit Arturo Valenzuela herausgegeben hat, variiert das Thema in „The Failure of Presidential Democracy" (Linz/Valenzuela 1994).
556 Vgl. beispielsweise Boese u.a. 2023.
557 Linz 1990a: 51.
558 Vgl. Lijphart 2012.

auf parlamentarische Mehrheiten angewiesene/n Regierungschef:in loszuwerden. Auch innerhalb der Regierung konzentriere sich in präsidialen Strukturen alles auf die Präsident:innen – und das sei, so Linz, gar nicht gut: Die Mitglieder eines präsidentiellen Kabinetts seien weniger unabhängig („independent-minded") als die Minister:innen in einem parlamentarischen System. Es fehle an Gegengewichten innerhalb der Exekutive. Aufgrund der Machtfülle der Präsident:innen über einen kaum verkürzbaren Zeitraum hinweg drohe im Extremfall das Kippen des präsidentiellen Systems in Richtung Autokratie.

Präsidentielle Systeme litten zudem unter einem potenziell dramatischen Konflikt: der Konkurrenz zwischen Präsident:in und Parlament. Mit den Worten von Linz: „No democratic principle exists to resolve disputes between the executive and the legislature about which of the two actually represents the will of the people".[559] Die Sollbruchstellen zwischen den beiden direkt gewählten Organen können möglicherweise durch Verhandlungen friedlich gekittet werden. Wenn dies indes nicht gelänge, drohten die Konflikte ihre Lösung „auf der Straße" zu suchen, d.h. in revolutionären Unruhen.

Schließlich demontiert Linz noch ein Argument, das seiner These eigentlich zuwiderläuft: Präsidiale Regierungen gelten gerade deswegen als stabiler, weil sie im Gegensatz zu parlamentarischen nicht von Koalitions- und Kabinettskrisen gebeutelt werden können. Gerade weil die Demontage der Exekutivspitze in parlamentarischen Systemen leicht ist, könne dies zu häufigen Regierungswechseln führen.

Linz hält dagegen, dass in parlamentarischen Demokratien durch Regierungswechsel kleine Krisen effektiv gelöst werden können. Größere systemische Krisen würden dadurch vermieden. Eine Ministerpräsidentin, die korrupt oder höchst unpopulär geworden sei, könne abgesetzt werden, ohne dass das gesamte System ins Wanken gerät. „What in a parliamentary system would be a government crisis can become a full-blown regime crisis in a presidential system".[560] In präsidentiellen Systemen sei im Falle einer Amtsenthebung die Nachfolgeregelung schwierig. Trete der/die Vizepräsident:in in die Fußstapfen, verfüge diese/r in der Regel über weitaus weniger Legitimation als der zurückgetretene Amtsinhaber.

Mit seiner Argumentation verteidigt Juan Linz das parlamentarische Regierungssystem, aber auch die Parlamente als Institutionen. Denn diese erbringen, so der Autor, eine hochwertige Repräsentationsleistung; sie verfügen über die Fähigkeit, Krisen zu vermeiden oder konstruktiv zu bewältigen. Allerdings gibt Linz keine Gewähr: „No one can guarantee that parliamentary systems will never experience grave crisis or even breakdown".[561] Ebenso gibt er mit Verweis auf die USA keine Garantie dafür, dass ein präsidentielles System auf jeden Fall instabil sein müs-

---

559 Linz 1990a: 63.
560 Ebd.: 65.
561 Ebd.: 69.

se.⁵⁶² Es komme deswegen darauf an, wie die Systeme institutionell ausgestaltet und in welche gesellschaftlichen sowie politischen Kulturen sie eingebettet sind.⁵⁶³

Trotz der Plausibilität und empirischer Bestätigung: Die These von den „Perils of Presidentialism" und den „Virtues of Parliamentarism" war und ist umstritten.⁵⁶⁴ Sie wurde mitunter dadurch infrage gestellt, dass immer wieder Fälle ausgemacht werden konnten, in denen die Logik nicht funktioniert hat. Der These von der Instabilität präsidentieller Systeme kann überdies die Beobachtung entgegengehalten werden, dass gerade in heiklen Phasen (z. B. in den ersten Jahren eines demokratischen Transformationsprozesses) die Präsenz einer starken Präsidentenpersönlichkeit zur Stabilität einer jungen Demokratie beitragen könne.⁵⁶⁵

Wenngleich die Debatte nicht so recht zu einem Ergebnis gekommen ist, bleibt aus neo-parlamentarischer Perspektive folgendes Fazit: Die These von der Instabilität parlamentarischer Demokratien, die jahrelang die Wahrnehmung dieser Systemform bestimmt hat, kann mit guten Gründen gekontert werden. Parlamente und parlamentarische Systeme weisen Facetten auf, die stabilisierend auf die Demokratie wirken können. Zwar gewährleisten Parlament und Parlamentarismus nicht ohne Weiteres die Beständigkeit von Demokratie. Sie geben aber, wenn noch weitere günstige Faktoren hinzukommen, begründete Hoffnung auf eine demokratische Zukunft des jeweiligen Landes.

2.3. „Parlamentarismus" in nicht-demokratischen Systemen

Dass Parlamente in Transformationsstaaten, also in sich demokratisierenden Systemen, eine wichtige Rolle spielen können – wie weit auch immer diese Rolle reichen mag –, scheint einigermaßen gesichert. Aber wie steht es mit den Parlamenten in *stabilen nicht-demokratischen* Systemen?

Wir haben bereits zu Beginn festgehalten, dass parlamentarische Körperschaften nicht nur in demokratisch verfassten Staaten zu finden sind. Auch Systeme, die demokratischen Standards nicht gerecht werden, beherbergen „Parlamente". Diese Körperschaften werden in der Regel nicht im Rahmen von freien, geheimen, gleichen, allgemeinen und direkten Wahlen zusammengesetzt. Oder falls doch, spielen diese Parlamente im politischen Prozess nur eine minimale Rolle.

Sind Parlamente in solchen Systemen überhaupt mehr als eine „demokratische Fassade" undemokratischer Herrschaft?⁵⁶⁶ Zumindest scheinen auch autokratische Regime auf die parlamentarische Organisationsform nicht so ganz verzichten zu wollen. Das kann – muss aber nicht – Konsequenzen haben. Werfen wir zunächst einen kurzen Blick auf ein Fallbeispiel, um im Anschluss generelle Beobachtungen zur Rolle von „autoritären Parlamenten" zu diskutieren.

---

562 Ebd. Auf dieses Beispiel würde er heute ggf. nicht mehr verweisen wollen.
563 Linz' Position wurde im Weiteren unter anderem von Scott Mainwaring empirisch unterstützt. Mainwaring stellte im Jahre 1991 eine Liste von 32 Staaten auf, die auf mindestens 25 Jahre Demokratie zurückblicken konnten. Von diesen Staaten hatten 23 ein parlamentarisches System, also nahezu drei Viertel (vgl. Mainwaring 1993).
564 Vgl. von Beyme 2014: 36 f.; Cheibub 2007; Merkel 2010: 116 f.
565 Vgl. Ismayr 2010: 23.
566 Vgl. Brunner 1998.

Ein gut erforschter Fall eines Parlaments in einem nicht-demokratischen Regime ist die Volkskammer der DDR.[567] Jenseits der Frage, welche Rolle diese Körperschaft in den Umbrüchen Ende der 1980er Jahre spielte, wandte sich die Forschung auch ihren Leistungen *während* der Laufzeit der Deutschen Demokratischen Republik zu. Prima vista fällt die Bilanz eher ernüchternd aus: Die Volkskammer hat es nicht geschafft, Parlamentarismus mit seinen demokratischen und demokratisierenden Effekten in das System einzubringen. Sie scheiterte an der Übermacht der Sozialistischen Einheitspartei (SED): „Die sozialistische Volkskammer der DDR besaß nur minimale Parlamentskompetenzen, weil sie – wie von der sozialistischen Verfassung gewollt – von Beginn an Instrument der herrschenden SED war".[568]

In der negativen Gesamtbilanz tauchen gleichwohl auch kleine Lichtblicke auf, die Roland Schirmer zu dem Resümee veranlassen, dass durch das Engagement der Abgeordneten und der Mitarbeitenden die Volkskammer durchaus begrenzte Aufgaben in der politischen Kommunikation, Gesetzgebung und Kontrolle hat ausüben können – allerdings auf informellem und nicht-öffentlichem Wege, als „stummes Parlament": „Dergestalt trug sie ein wenig dazu bei, die Schwächen des Systems auszutarieren".[569]

Werner J. Patzelt kommt zu dem Schluss, dass das durchaus vorhandene Potenzial der Volkskammer nicht ausgeschöpft worden sei – obgleich die Abgeordneten „in inakzeptabel engen Grenzen" einiges Gute haben bewirken können.[570] Die Potenziale brachen sich ihren Weg, als das einengende Regime wegfiel: „Die Volkskammer war über Nacht ihrer Bevormundung ledig, ein Zentrum der politischen Diskussion und zunehmend auch der Entscheidung geworden".[571] Im weiteren Verlauf wurde die Volkskammer zu einem Motor des Systemwechsels und der demokratischen Konsolidierung bis zum Beitritt der „DDR-Länder" zum Gebiet der Bundesrepublik Deutschland.

Was lässt sich jenseits dieses konkreten Fallbeispiels über das Potenzial „autoritärer Parlamente" sagen? Paul Schuler und Edmund J. Malesky ziehen in ihrem Beitrag über „Authoritarian Legislatures" im *Handbook of Legislative Studies* eine Zwischenbilanz zur Erforschung von Parlamenten und Versammlungen in nicht-demokratischen Systemen. Zwar liegen mittlerweile zahlreiche theoretische Ansätze und empirische Analysen vor. Dennoch sind viele Fragen offen. Vor allem die zentrale: „Why would a dictatorship submit to an assembly?"[572] Hierfür gibt es in der Literatur mehrere Antworten[573]: (1) weil damit die Legitimation des Systems gestärkt wird, (2) weil die Versammlung der Diktatur als Informationsquelle für Stimmungen in der Bevölkerung dienen kann, (3) weil mithilfe der parlamentarischen Körperschaft die oppositionellen Kräfte, die moderaten von den radika-

---

567 Vgl. Patzelt/Schirmer 2002.
568 Schirmer 2002: 177.
569 Ebd.: 177. Vgl. auch Tüffers 2016.
570 Patzelt 2002: 297; vgl. Tüffers 2016.
571 Oberreuter 2002: 85.
572 Schuler/Malesky 2014: 689.
573 Ebd.: 680-685.

len, gespalten werden können, (4) weil so die Opposition integriert werden kann („cooptation"), (5) weil damit gesellschaftliche Eliten in die Politikherstellung eingebunden werden können („power-sharing"). Nach ihrer Gründung können sich parlamentarische Körperschaften jedoch von diesen ursprünglichen Ideen wegbewegen und dabei auch eine demokratisierende Wirkung entfalten – zumindest die Härte der Diktatur abschwächen.

Was bedeutet dies alles für das neo-parlamentarische Argument? Parlamente können auch in Staaten, die nicht-demokratischen Standards entsprechen, wirken – und zwar demokratisierend. Parlamentarische Körperschaften sind jedoch nicht zwangsläufig Orte demokratischer Revolution und Evolution. Es gibt reichlich Beispielsfälle aus der Geschichte oder Gegenwart, in denen Parlamente ein nicht-demokratisches System gestützt haben respektive stützen – oder zumindest nicht stören.[574] Parlamente bieten jedoch ein Bereitschaftspotenzial für den Fall, dass sich Systeme zu öffnen beginnen, auch dann wenn der Impuls hierfür nicht unbedingt aus dem Parlament heraus kommen muss.

Deswegen sollte die vergleichende Parlamentarismusforschung (aber auch politisch Verantwortliche) auf Parlamente in nicht-demokratischen Systemen frühzeitig blicken. Dann kann eine wegbereitende Rolle der Volksvertretungen in Systemwechselprozessen beizeiten erkannt und analysiert sowie gegebenenfalls unterstützt werden.

3. „Parlamentarische Demokratie" jenseits des Nationalstaates

Eine Perspektive für den Parlamentarismus gibt es nicht nur im nationalstaatlichen Kontext, sondern darüber hinaus auf der Ebene der internationalen und transnationalen Politik. Die „Hoffnungsträger" sind bereits ausführlich angesprochen worden: das Europäische Parlament und Parlamentarische Versammlungen internationaler Organisationen. An dieser Stelle sollen die Forschungsbefunde in die Debatte um das „Ende des Parlamentarismus" eingeordnet werden. Zunächst muss aber noch die These von der Entmachtung der nationalen Parlamente infolge der Europäisierung relativiert, besser: differenziert werden.

3.1. Nationale Parlamente in der Europäischen Union – zum Verlieren verdammt?

Über eine (vermeintliche) Entparlamentarisierung im Kielwasser der europäischen Integration ist bereits ausgiebig gesprochen worden. Im Raum steht die kraftvolle These, dass insbesondere die nationalen Parlamente zu den Verlierern des europäischen Einigungsprozesses gehören. Hierfür gibt es tatsächlich gewichtige Hinweise: Eine Reihe von legislativen Kompetenzen ist auf die Ebene der Europäischen Union verlagert worden; im Sinne eines Nullsummenspiels haben die nationalen Gesetzgeber an Entscheidungsmacht verloren.

Allerdings muss dieser Befund relativiert werden. Mittlerweile liegen zahlreiche Analysen über die Europäisierung des nationalen Parlamentarismus vor.[575] Die-

---

574 Ebd.
575 Siehe hierzu u.a. Auel/Christiansen 2015; Blomhasen/Olsen 2014; Buzogany/Stuchlik 2012; Raunio 2009.

sen zufolge haben die nationalen Volksvertretungen ganz unterschiedlich auf die Kompetenzverlagerung nach „Brüssel" reagiert. Typologisierung und Differenzierung sind angesagt.

Ein Sammelband über nationale Parlamente in der EU, der Anfang der 2000er Jahre erschienen ist, trug noch den bezeichnenden Titel „Losers or Latecomers?" – Verlierer oder Nachzügler.[576] Die in dem Band dargestellten Fälle illustrieren freilich, wie breit die organisatorischen und strategischen Antworten der Parlamente auf die Europäisierung bereits damals streuten. In ihrem resümierenden Beitrag veränderten die beiden Herausgeber Andreas Maurer und Wolfgang Wessels ihre Eingangsfrage und formulieren nun: „From Slow Adapters to National Players?", von langsamen „Anpassern" zu „nationalen Spielern/Akteuren".[577] Von „losers" ist keine Rede mehr.

Seit dieser Veröffentlichung hat es eine Reihe von Verbundprojekten und von Publikationen gegeben, die sich intensiv der Rolle der nationalen Parlamente in der Europäischen Union angenommen haben, entweder in vergleichender Perspektive oder als Fallstudien.[578] Dabei sind „good practices" ausgemacht und unterschiedliche Reaktionstypen identifiziert worden. Auch bei der Frage, wie man die Macht der nationalen Parlamente misst, hat sich die Debatte weiterentwickelt.[579] Mittlerweile ist man abgekommen von einer rein formalistischen, alleine auf die Gesetzgebung fokussierenden Analyse der Rolle nationaler Parlamente. Es werden verstärkt informale Möglichkeiten der Beteiligung, aber auch die Kontroll- und Kommunikationsfähigkeiten der Parlamente der Mitgliedstaaten im Rahmen der EU-Rechtsetzung in den Blick genommen.

Aber nicht nur in der *Wahrnehmung* der Rolle nationaler Parlamente in der Europäischen Union hat es einen Wandel gegeben. Auch die „Verfassung" der EU hat sich geändert. So hat der Vertrag von Lissabon – zumindest auf den ersten Blick – die nationalen Parlamente im EU-Politikprozess gestärkt. Diese neue Rolle der Volksvertretungen der Mitgliedstaaten ist unter anderem im Vertrag der Europäischen Union im Kapitel „Bestimmungen über die demokratischen Grundsätze" verankert. Beispielsweise können nun die nationalen Parlamente vor dem Europäischen Gerichtshof klagen. Zudem hat der Vertrag von Lissabon einen „Frühwarnmechanismus" etabliert, der es den nationalen Parlamenten erlaubt, EU-Rechtsetzung zu verzögern oder gar zu verhindern, wenn sie vermuten, dass diese gegen das Subsidiaritätsprinzip verstößt[580]: Wendet sich mindestens ein Drittel der nationalen Parlamente gegen einen konkreten Rechtsetzungsvorschlag, muss die Europäische Kommission die Vorlage überprüfen. Wendet sich mehr als die Hälfte der Parlamente gegen den Entwurf, kann dieser zu Fall gebracht werden. Zwar ist dieses Verfahren kritisiert worden, weil es die Hürden sehr hoch

---

576 Maurer/Wessels 2001a.
577 Maurer/Wessels 2001b.
578 Vgl. Winzen 2022; siehe auch die Arbeiten des Forschungsnetzwerks Pademia (www.pademia.eu, 31.07.2024).
579 Vgl. Auel u.a. 2015.
580 Vgl. Kiiver 2012. Das Subsidiaritätsprinzip besagt, dass die Europäische Union nur dann Recht setzen soll, wenn das entsprechende Problem nicht besser auf der nationalen Ebene gelöst werden kann.

legt. Dennoch: In besonders kritischen Situationen ist den nationalen Parlamenten damit eine Reißleine oder Notbremse in die Hand gegeben worden. Sie sind zu unmittelbaren Mitspielern, unter Umständen sogar zu Veto-Spielern in der EU-Gesetzgebung geworden.[581]

Dies alles will nicht sagen, dass die nationalen Parlamente in ihrem Wirkungskreis nicht unter der Europäisierung litten. Aber ein differenzierender Blick ist angezeigt: Es sind nationale Parlamente mit hoher EU-Fähigkeit von denen zu unterscheiden, die dem Vorgang der Kompetenzverlagerung scheinbar ohnmächtig zuschauen. Aufschlussreich ist insofern die Frage, unter welchen spezifischen Bedingungen die Parlamente die Europäisierung abfedern können und wollen. Darüber hinaus ist es instruktiv, den europäischen Politikprozess genau unter die Lupe zu nehmen und die Einflusspotenziale der nationalen Parlamente phasen- und themenabhängig zu tarieren – in all ihrer Dynamik: Eine weitere Stärkung der Parlamente der Mitgliedstaaten im politischen Prozess der Europäischen Union ist hochwahrscheinlich. Last but not least: Es gilt, bei der Frage nach der integrationsbedingten Entparlamentarisierung im Sinne eines „ganzheitlich" parlamentarischen Ansatzes auch immer das Europäische Parlament mitzuberücksichtigen.

3.2. Das Europäische Parlament – ein Sonderfall?

Die gängige These von der Entparlamentarisierung infolge der europäischen Integration setzt bei den nationalen Parlamenten an, macht aber dort nicht halt. Oft wird im selben Atemzug beklagt, dass es im politischen System der Europäischen Union kein wirklich machtvolles parlamentarisches Organ gebe, das den Machtverlust der nationalen Parlamente auffangen könnte. Zwar existiere mit dem EP eine parlamentarische Körperschaft im Organgefüge der Europäischen Union; diese sei aber vergleichsweise schwach. Jedoch: Das Lamento vom machtlosen Europäischen Parlament stimmt schon lange nicht mehr mit der politischen Wirklichkeit überein (s. Kapitel IV).

Die Geschichte des EP ist vielmehr das, was man eine „Erfolgs-Story" nennen könnte: Das Europäische Parlament startete als randständiges Organ einer supranationalen Gemeinschaft. Nicht unmittelbar gewählt, zusammengesetzt aus nationalen Parlamentariern, hat es – durchaus selbstbewusst – seine Arbeit begonnen, wenngleich mit minimalen Kompetenzen. Mit in die Wiege gelegt wurde ihm allerdings die Perspektive einer unmittelbaren Wahl seiner Mitglieder. Die erste Direktwahl der Parlamentarierinnen und Parlamentarier 1979 stellte einen Impuls für das EP dar, innerhalb des Systems der EU mehr Macht und Kompetenz zu beanspruchen. Hierzu bedurfte es der Bereitschaft der Regierungen, durch entsprechende Vertragsänderungen eine Parlamentarisierung der EU rechtlich zu verankern. Diese Bereitschaft konnte im Laufe der Vertragsentwicklung immer wieder hergestellt oder erzwungen werden – zum Teil mithilfe des Drucks, dem die Regierungsvertreter aus ihren nationalen Parlamenten ausgesetzt waren, zum Teil als Reaktion der Regierungen auf das beklagte Demokratiedefizit, zum Teil durch ein selbstbewusstes „An-sich-Reißen" von Kompetenzen durch das Euro-

---

581 Vgl. Gattermann/Hefftler 2015.

päische Parlament. Oft ist diese Selbstermächtigung des Parlaments von den Regierungsvertretern nachträglich akzeptiert und formalisiert worden.

So kommt es, dass das EP mittlerweile zu einem zentralen Organ im europäischen Entscheidungsgeflecht geworden ist. Der Befund vom schwachen Europäischen Parlament mag wie gesagt noch vor einigen Jahrzehnten berechtigt gewesen sein. Mittlerweile ist daraus eine krasse Fehldiagnose geworden. In Sachen Macht kann sich das EP durchaus mit den nationalen Parlamenten messen.

Trotz aller „Normalisierung" und Angleichung wird das Europäische Parlament – dies ist angesprochen worden – auf lange Zeit hin noch ein besonderer Fall bleiben. Das Besondere zeigt sich dabei weniger in den Strukturen und Arbeitsweisen. Hier ähnelt das EP seinen nationalen Verwandten. Die Unterschiede zeigen sich vielmehr im Wahlverfahren, in der Repräsentationsrolle der individuellen Abgeordneten und in den besonderen Funktionen, die das Europäische Parlament ausübt.

Jenseits aller Einzigartigkeit des Europäischen Parlaments bleibt festzuhalten: Auf der europäischen Ebene findet (transnationaler) Parlamentarismus statt und zwar in zunehmendem Maße. Vielleicht wird sich das EP in einigen Jahren dabei in Gesellschaft befinden, wenn in anderen Regionen aus der Gruppe der Parlamentarischen Versammlungen direkt gewählte Parlamente erwachsen sein werden.

3.3. Parlamentarische Versammlungen – transnationaler Parlamentarismus in den Startlöchern?

Dass das EP als parlamentarische Körperschaft jenseits des Nationalstaates nicht alleine dasteht, dafür sorgen die Parlamentarischen Versammlungen bereits jetzt schon. Die Verbreitung dieser Organisationsform, die effektiv erst nach dem Zweiten Weltkrieg begann, ist spektakulär: Parlamentarische Versammlungen finden sich mittlerweile zahlreich und weltweit. Sie haben sich überraschenderweise sogar in Regionen etabliert, in denen Parlamentarismus und Demokratie nach westlichem Modell bislang kaum Wurzeln geschlagen haben.

Wenngleich diese Organisationen noch weit davon entfernt sind, in einem Atemzug mit den nationalen Parlamenten oder auch dem Europäischen Parlament genannt werden zu können – sie machen doch auf ein besonderes Potenzial aufmerksam: Wegen ihrer unmittelbaren demokratischen Legitimation in den Heimatsystemen begreifen sich die individuellen Mitglieder der Versammlungen auch in den PV als Parlamentarier und nicht als Delegierte. Sie importieren in die internationalen Versammlungen ihr Selbstverständnis als nationale Mandatsträger:innen, zum Teil importieren sie auch die Arbeitsstrukturen, die sie aus den nationalen parlamentarischen Kontexten kennen.[582]

Die parlamentarischen Elemente in den PV zeigen Perspektiven auf für eine weitere Parlamentarisierung internationaler Kooperation – und damit auch für deren Demokratisierung. Dies tut not: Denn die Frage nach der Demokratie jenseits des

---

582 Vgl. Marschall 2005.

Nationalstaates ist in den vergangenen Jahren verstärkt aufgeworfen worden und wartet bislang noch auf eine abschließende Beantwortung – falls diese überhaupt jemals geleistet werden kann.

Welchen Beitrag zur „global democracy" könnte diese parlamentarische Organisationsform leisten?[583] PV schaffen mehr Transparenz; sie bringen Licht in Entscheidungsprozesse, in denen die Exekutiven zuvor ungestört und unbeobachtet agieren konnten. Sie steigern die Rechenschaftspflicht der Regierungen gegenüber ihren nationalen Gesellschaften. Sie tragen zur Vertretung auch nationaler (parlamentarischer) Oppositionen auf der Ebene internationaler Politik bei. So ermöglichen sie die Organisation und Artikulation von (Minderheiten-)Interessen über nationale Grenzen hinweg. Sie bieten Knotenpunkte zur Vernetzung staatlicher und (zivil-)gesellschaftlicher Akteure. Sie stärken die Rolle nationaler Parlamente in den internationalen Beziehungen, indem sie das Handeln der Exekutiven in internationalen Organisationen besser beobachtbar machen.

Diese in Parlamentarischen Versammlungen angelegten Potenziale sind vom Europäischen Parlament, das in seinen Kinderjahren ebenfalls „nur" eine PV war, weitreichend realisiert worden. Aber auch andere Parlamentarische Versammlungen, beispielsweise die der Afrikanischen Union („Pan-African Parliament"), scheinen sich auf diesen Pfad zu begeben. In einigen PV wird – ganz ähnlich wie seinerzeit bei der „Gemeinsamen Versammlung der Europäischen Gemeinschaft für Kohle und Stahl" (wie das EP zunächst hieß) – eine Direktwahl ihrer Mitglieder angedacht.

Dass Parlamentarische Versammlungen eine Zukunft haben, zeigen die Diskussionen über die Ausstattung weiterer internationaler Organisationen mit solchen Organen (UN, WTO, s. Kapitel IV). Bei der Neugründung internationaler Vertragsgemeinschaften scheint die Miteinrichtung einer Parlamentarischen Versammlung mittlerweile zu einem Standard geworden zu sein. Es ist begründungspflichtig geworden, wenn auf eine solche Institution verzichtet wird. All diese Potenziale und Entwicklungen sind gute Gründe, Parlamentarische Versammlungen aus parlamentarismus- und demokratietheoretischer Perspektive weiterhin im Blick zu behalten. Nicht zuletzt deswegen, da über die Versammlungen auch die Rolle der nationalen Parlamente und Abgeordneten in ihren Heimatsystemen gestärkt werden kann – was uns zum Stichwort „Parlamentsverflechtung" bringt.

3.4. „Parlamentsverflechtung"

Viel ist über das Mehrebenensystem oder die Politikverflechtung und ihre entparlamentarisierende Wirkung gesagt worden. Eine angemessene neo-parlamentarische Reaktion muss bei dem Phänomen der Mehrschichtigkeit und der komplexen Verschränkung des politischen Prozesses ansetzen. Eine adäquate Antwort auf die Verflechtung der Politik ist eine Verflechtung der Parlamente über die Ebenen hinweg. Dabei sind im Sinne der klassischen Politikverflechtungstheorie zwei Strategien denkbar[584]:

---

583 Vgl. ebd.; siehe Kapitel IV in diesem Band.
584 Vgl. Marschall 2004: 328.

a) Horizontale Verflechtung: Parlamente können ihre Tätigkeiten mit anderen Parlamenten derselben Ebene koordinieren. Dies erlaubt ein gemeinschaftliches (und damit machtvolleres) Auftreten gegenüber Dritten, z. B. der Regionalparlamente den Bundesorganen gegenüber.

b) Vertikale Verflechtung: Parlamentarische Körperschaften können über die Ebenen hinweg kooperieren. Kommunale, regionale, nationale, supra- und internationale „Parlamente" können – in unterschiedlichen Konstellationen – zusammenarbeiten und dabei gemeinsame Ziele identifizieren.

Beide Formen der Kooperation setzen voraus, dass sich die Parlamente nicht in einem Nullsummenspiel wähnen. Kompetenzgewinne des einen Parlaments sind nicht zwangsläufige Machtverluste des anderen. Diese Wahrnehmung scheint gelegentlich zwischen den nationalen Volksvertretungen und dem Europäischen Parlament zu dominieren.[585] Sie greift aber zu kurz, da sie die parlamentsstärkenden Potenziale einer Kooperation insgesamt unterschätzt.

Eine solche Verflechtung parlamentarischer Körperschaften findet in Ansätzen längst statt – sowohl horizontal als auch vertikal. Die Landes- oder Staatenparlamente in föderalen Systemen pflegen bereits die Zusammenarbeit; in den USA dient hierzu beispielsweise die „National Conference of State Legislatures".[586]

Auch die Parlamentarischen Versammlungen stellen Einrichtungen horizontaler „Parlamentsverflechtung" dar: In ihnen kommen Abgeordnete aus verschiedenen Parlamenten der nationalen Ebene zusammen, um im Bereich der internationalen Politik zum (gemeinschaftlichen) Akteur zu werden. Die Parlamente versuchen sich in einem traditionell parlamentsschwachen Feld, der Außen-, Sicherheits- und Verteidigungspolitik, gemeinsam neu und besser aufzustellen.

Schließlich gibt es noch eine nicht mehr ganz junge Variante der horizontalen und vertikalen Parlamentsverflechtung innerhalb der Europäischen Union, in Form der COSAC („Conférence des Organes Parlementaires Spécialisés dans les Affaires de l'Union des Parlements de l'Union Européenne").[587] Gegründet wurde die COSAC 1989 in Madrid. Sie ist 1997 durch ein Protokoll zum Vertrag von Amsterdam (Inkrafttreten 1999) offiziell anerkannt worden.[588] Die COSAC setzt sich zusammen aus jeweils maximal sechs Mitgliedern der EU-Ausschüsse der nationalen EU-Parlamente sowie sechs Mitgliedern des Europäischen Parlaments. Die Konferenz kommt halbjährlich zusammen (bei Bedarf öfter), um die parlamentarische Arbeit zu koordinieren.

Der Ruf nach Parlamentsverflechtung im „Mehrebenenparlamentarismus"[589] bedeutet somit: Die Parlamente müssen sich durch verstärkte Kommunikation und

---

585 Vgl. Börzel 2000.
586 Vgl. die Web-Seite www.ncsl.org (25.04.2018).
587 Vgl. Krekelberg 2001; Pöhle 1998; Schindler 1999: 3618-3623. Siehe auch Lupo/Fasone 2018.
588 Im „Protokoll über die Rolle der nationalen Parlamente in der Europäischen Union" des Lissabonner Vertrags von 2009 wird die COSAC ebenfalls ausdrücklich erwähnt.
589 Andreas Maurer führt diesen Begriff ein, der mit dem der „Parlamentsverflechtung" verwandt zu sein scheint (vgl. Maurer 2009, 2012; siehe auch Abels/Eppler 2011; Abels 2015; Carstensen 2020). Allerdings beschreibt das Konzept keine Strategie der Reparlamentarisierung. Es bezeichnet vielmehr den Umstand, dass die europäischen Verträge eine „Verknüpfung der beiden Parlamentsebenen" (Maurer 2012: 21)

Kooperation untereinander auf die Verflechtungen insbesondere der exekutiven Politik einstellen. Sie stärken damit ihre Kontrollfunktion und helfen Transparenz in das Dickicht der Mehrebenenpolitik zu bringen. Sie gewinnen neue Informationsmöglichkeiten und können dies in ihre legislative Tätigkeit einbringen. Damit werden sie selbst zu Akteuren (und nicht nur zu passiven Beobachtern) im Zwei- oder Mehrebenenspiel.

4. Parlamentarismus: Erfolg mangels Alternative?

Die dargestellten Entwicklungen zeigen, dass trotz der vielfachen und substanziellen Kritik am Parlamentarismus immer wieder auf der nationalstaatlichen Ebene, aber auch darunter und darüber, auf diese Organisationsform zurückgegriffen wird. Warum ist das so? Die naheliegende Antwort lautet: Parlamentarismus ist „das" traditionelle und etablierte Instrument demokratischer Willensbildung in modernen Gesellschaften. Der Parlamentarismus kann (1) auf eine lange und weitreichende Eignungsprüfung und (2) auf eine grundlegende Anerkennung rekurrieren.

(1) Zum einen ist der Parlamentarismus erprobt. Jahrhundertelang ist an seinen Ausformungen gearbeitet und sind konkrete institutionelle Facetten getestet worden. „Trial and error" – dieses Prinzip prägt die Geschichte der Volksvertretungen. Dank der Vielzahl an institutionellen Varianten in den verschiedensten Systemen zu unterschiedlichsten historischen Zeiten verfügen die Theorie und Praxis des Parlamentarismus über eine reichhaltige Zahl an Referenzfällen. Diese können heute beim „constitutional engineering", d.h. in verfassungsgebenden Prozessen, Orientierung geben: entweder als Vorbild und Prototyp oder als abschreckendes Beispiel.

(2) Zum anderen genießt der Parlamentarismus als Instrument zur Legitimierung von Herrschaft große Anerkennung. Demokratisierung wird oft – nahezu reflexartig – mit Parlamentarisierung gleichgesetzt. Die gängige Forderung nach einer stärkeren Rolle des Parlaments findet in Umfragen breite Zustimmung, beispielsweise auf der Ebene der Europäischen Union. Dort erhält das Europäische Parlament die höchsten Vertrauenswerte von allen Institutionen.[590] Aber nicht nur in den Bevölkerungen, sondern auch bei den Eliten spielt der Parlamentarismus eine anerkannte Rolle – insbesondere wenn es darum geht, sich über eine institutionelle Reform Gedanken zu machen. Warum sonst fällt bei der Demokratisierung der EU, aber auch anderer internationaler Organisationen der Blick immer wieder auf die Parlamente, respektive: wird dorthin gelenkt?

Die Attraktivität und die Stärke des Parlamentarismus liegen womöglich in seinen schwachen Alternativen. Zwar werden andere Verfahren und Institutionen der demokratischen Willensbildung und Entscheidungsfindung immer wieder ins Spiel

---

vorsehen: Sowohl die nationalen Parlamente als auch das Europäische Parlament sollen zur demokratischen Legitimation der EU-Politik und zum Abbau des Demokratiedefizits beitragen. Ben Crum und John E. Fossum sprechen von einem „Multilevel Parliamentary Field" und nutzen dieses Konzept, um Parlamentarismus im Mehrebenensytem zu analysieren (vgl. Crum/Fossum 2009).
590 Vgl. Europäische Kommission 2015: 62–64.

gebracht. Sie haben sich allerdings nicht anstelle des Parlamentarismus etablieren können.

Beispielsweise ist immer wieder mit unterschiedlichen Bezeichnungen das Modell einer „assoziativen Demokratie" eingebracht worden, das eine weitreichende Selbstregulation der (Zivil-)Gesellschaft vorschlägt.[591] In dieser Demokratievariante – wie sie auch bei Andersen und Burns in ihrer Theorie postparlamentarischer Demokratie vertreten wird (s. Kapitel V) – ersetzt die sachbezogene Problemlösung durch politikbetroffene gesellschaftliche Gruppen die Auseinandersetzung und Politikformulierung im Parlament. „Ersetzt"? Auch in diesen Theorien wird eingeräumt, dass man auf Parlamente aufgrund ihrer spezifischen legitimatorischen Kraft nicht ganz verzichten kann. Diese Unersetzlichkeit findet sich auch in den Diskussionen über die demokratisierende Rolle von Nichtregierungsorganisationen (Non-Governmental Organizations, NGOs) wieder. Eine Zeitlang wurden diese insbesondere im Bereich der internationalen Politik als Parlaments- oder Parteisurrogate wahrgenommen. Mittlerweile werden die Potenziale von NGOs nüchterner und realistischer eingeschätzt.[592]

Eng verbunden mit der assoziativen Demokratie sind Konzepte deliberativer Demokratie: Aufbauend auf Habermas' Diskurstheorie strebt das deliberative Demokratiemodell eine offene Beteiligung der Bürger:innen in Diskursen über politische Themen an. In der rational abwägenden Auseinandersetzung der Argumente soll sich das vernünftigste durchsetzen.[593] Aber auch die deliberative Demokratie wird lediglich als eine Ergänzung zur parlamentarischen diskutiert. Und Parlamente selbst werden als bedeutsame und unverzichtbare Akteure des gesamtgesellschaftlichen Diskurses wahrgenommen, als „strong publics", die nicht nur diskutieren, sondern auch entscheiden müssen.[594]

Eine weitere Alternativrolle zum Parlamentarismus spielt schließlich die direkte Demokratie. Die Verfahren unmittelbarer Entscheidung durch die Bürger:innen werden allerdings auch von ihren heftigsten Befürwortern nicht als grundständige Alternative zum Parlamentarismus in modernen Flächendemokratien wahrgenommen. Dass die Einwände, welche gegen die direkte Demokratie auf nationaler Ebene sprechen, jenseits des Nationalstaates nochmals besonders stark wiegen, liegt auf der Hand. So wird auch auf der Ebene der Europäischen Union nicht über den Ersatz parlamentarisch-repräsentativer Verfahren, sondern über ihre Erweiterung diskutiert. Entsprechend hat der Vertrag von Lissabon „lediglich" eine Bürgerinitiative eingeführt, in der eine ausreichende Anzahl von Unterzeichnern einen Gesetzgebungsprozess anstoßen kann; die abschließende Entscheidung verbleibt bei den Repräsentationsorganen. Noch nicht einmal auf der kommunalen Ebene, dort also wo direkte Demokratie am leichtesten zu organisieren wäre, will und kann man ganz auf parlamentarische Körperschaften verzichten.

---

591 Vgl. Cohen/Rogers 1994; Klein/Olk 2014.
592 Vgl. Take 2012.
593 Vgl. Habermas 1988.
594 Fraser 1992.

Andere Modelle der Repräsentation mit einem umfassenden demokratischen Anspruch haben sich wiederum überlebt. Dies gilt beispielsweise für die „Rätedemokratie", das Rätesystem, das historisch im Rahmen der Pariser Kommune 1871 realisiert worden war, sich aber schon bald als nicht praxistauglich erwies. Die sozialistischen Pseudo-Räterepubliken des 20. Jahrhunderts, z. B. die „Sowjetunion" („sowjet" = „Rat"), bieten ohnehin keinen Orientierungspunkt für die Frage nach demokratischer Repräsentation.

Kurz gesagt: Der Parlamentarismus mit seinen elementaren Bausteinen (Wahlen, Parteien) scheint als Blaupause für die moderne Demokratie alternativlos geworden zu sein.

Zusammenfassung

- Der skeptische Befund vom postparlamentarischen Zeitalter und der Abgesang auf den Parlamentarismus können mit einer Gegenposition konfrontiert werden: mit der These von einem „neo-parlamentarischen" Zeitalter, in dem Parlamente weiterhin eine wichtige Rolle spielen werden, allerdings eine gewandelte.
- Parlamente sind mehr als nur „konkurrenzdemokratische" Foren, auf denen sich zwei oder mehrere antagonistische Gruppierungen in (Schau-)Kämpfen gegenüberstehen. Vielmehr bieten sie eine Vielzahl von Räumen und Gelegenheiten für „konsensdemokratische Prozesse", also für das Aushandeln von Kompromissen. Zudem bilden Parlamente durch ihre organisatorische Offenheit zahlreiche Knotenpunkte zwischen der Gesellschaft und den staatlichen Organen.
- Die Parlamentarismuskritik unterschätzt mitunter die Potenziale der Parlamente. Parlamente machen einen Unterschied und sind immer noch Orte, an denen Politik auch hergestellt und nicht nur dargestellt wird.
- Der beklagte Funktionsverlust der Parlamente kann als Funktionswandel verstanden werden. In der Tat scheinen Parlamente ihre Aufgaben neu sortieren zu müssen. Vor allem der Bereich der Gesetzgebung hat sich gewandelt – nicht durchweg zugunsten des Parlaments. Kompensatorisch gewinnen vor allem die kontrollierenden und kommunikativen Aufgaben der Parlamente an Relevanz.
- Parlamente können den Funktionswandel aktiv mitgestalten, indem sie ihre Arbeitsweise und ihre Beziehung zu anderen politischen Akteuren neu definieren. Sie tun dies mittels Parlamentsreformen. In parlamentarischen Systemen findet die „Parlamentarisierung" ihre Grenzen in der Handlungseinheit Regierung und Parlamentsmehrheit, in präsidentiellen in der eventuellen Übermacht der Präsidenten.
- Die Rolle von Volksvertretungen in demokratischen Transformationsprozessen gibt einen deutlichen Hinweis auf die Relevanz von Parlamenten. Die Entwicklungen in einer Reihe von Ländern wären ohne den Beitrag der parlamentarischen Institutionen anders und undemokratischer verlaufen.
- In der vergleichenden Politikwissenschaft wird mit Vehemenz die These vertreten, dass die parlamentarische Regierungsform der präsidentiellen überlegen sei. Parlamente könnten bessere Repräsentations- und Integrationsleistungen

erbringen als einzelne gewählte Präsidenten. Sie führen zu mehr Stabilität demokratischer oder sich demokratisierender Systeme. Wenngleich die These umstritten und Gegenposition bezogen worden ist: Dieses Argument kontert die verbreitete Wahrnehmung, dass Parlamentarismus zwangsläufig mit Regierungsinstabilität verbunden sei.

- Offen ist, inwieweit Parlamente in nicht-demokratischen Systemen einen demokratischen und demokratisierenden Beitrag leisten können. Als unmittelbar legitimierte Organe haben Parlamente zumindest das Potenzial inne, Motoren gesellschaftlicher und politischer Modernisierung zu sein respektive zu werden.
- Die europäische Integration verändert den Parlamentarismus. Die nationalen Parlamente sind von den Europäisierungsprozessen nicht gleichmäßig betroffen und nicht zwangsläufige Verlierer. Sie haben – in unterschiedlichem Ausmaß – Wege gefunden, Machtverluste infolge der Verlagerung von legislativen Kompetenzen auf die europäische Ebene zu kompensieren.
- Der Parlamentarismus jenseits des Nationalstaates zeigt Perspektiven für die Organisationsform Parlament auf. Das Europäische Parlament und die Parlamentarischen Versammlungen veranschaulichen, dass Parlamentarismus in trans- oder internationalen Politikarenen stattfinden kann – wenn auch mit verändertem Gesicht und unter anderen Voraussetzungen.
- Kooperieren parlamentarische Körperschaften auf einer Ebene oder über Ebenen hinweg miteinander, dann betreiben sie aktiv „Parlamentsverflechtung". Mit dieser Strategie können die Volksvertretungen einer entparlamentarisierenden Politikverflechtung begegnen.
- Angesichts der stabilen Beliebtheit des Parlamentarismus stellt sich die Frage, welche alternativen Formen demokratischer Legitimation überhaupt an seine Stelle treten könnten. Demokratie in Flächenstaaten scheint auf Parlamente nicht gänzlich verzichten zu können. Eine *Ergänzung* des parlamentarischen Modells durch andere Elemente (z. B. Selbstregulierung der Gesellschaft, deliberative und direktdemokratische Verfahren/Bürgerräte) ist allerdings durchaus denkbar und wird bereits praktiziert.

Auswahlliteratur

Die sich verändernde Rolle von Parlamenten generell nimmt folgende Publikation in den Blick: Heinrich Oberreuter: Macht und Ohnmacht der Parlamente (2015). Mit speziell der Stellung nationaler Parlamente in der Europäischen Union beschäftigen sich die Beiträge in „The Palgrave Handbook of National Parliaments and the European Union" (hrsg. von Claudia Hefftler/Christine Neuhold/Olivier Rozenberg/Julie Smith, Houndmills, Basingstoke/New York 2015). Die Bedeutung von Parlamenten in Transformationsprozessen thematisieren am Beispiel der Systemtransformation Ende der 1990er Jahre Susanne Kraatz und Silvia Steinsdorff in ihrem Werk „Parlamente und Systemtransformation im postsozialistischen Europa" (Opladen 2002).

Wiederholungsfragen

1. Warum können Parlamente auch als Arenen der Verhandlungsdemokratie verstanden werden?
2. „Do parliaments matter"? Wovon hängt dies ab?
3. Wie verschieben sich im „Funktionswandel" der Parlamente die Gewichte zwischen den einzelnen parlamentarischen Kompetenzen und Aufgaben?
4. Über welche Gestaltungsmöglichkeiten verfügen Parlamente im Rahmen von Parlamentsreformen und wo liegen die Grenzen?
5. Worin bestehen nach Juan Linz die Gefahren präsidentieller Systeme und die Vorteile der parlamentarischen?
6. Welche Rolle können Parlamente in Regimewechselvorgängen spielen?
7. Welche Potenziale weisen Parlamente in nicht-demokratischen Systemen auf?
8. Wie können die nationalen Parlamente auf den Prozess der Europäisierung angemessen reagieren?
9. Was bedeutet „Parlamentsverflechtung"? Welche Formen kann diese annehmen?
10. Welche Alternativen zum Parlamentarismus werden wie diskutiert?
11. Warum wird zur Legitimation von Politik immer wieder auf den Parlamentarismus zurückgegriffen?

Schluss: Kein Ende des Parlamentarismus

Parlamente und Parlamentarismus gehören zu den besterforschten sozialen Phänomenen. Auf Erträge dieser einschlägigen Forschung konnte in den vergangenen Kapiteln zurückgegriffen werden. So sollte ein Bild davon entstanden sein, wie vielseitig der Parlamentarismus ist, welche Wurzeln und welche Verzweigungen er hat. Vor allem aber: welche Dynamik er entfalten kann. Der Parlamentarismus hat sich rapide gewandelt. Auf diesen Wandel und neue Entwicklungen zu reagieren, ist eine Herausforderung für die Parlamentarismusforschung. Somit bleibt der Parlamentarismus ein ergiebiges Untersuchungsfeld, das immer wieder aufs Neue beackert werden kann und muss. Einige „Brachflächen" sind in den Kapiteln markiert worden: z. B. die kommunalen Vertretungskörperschaften, Parlamente in nicht-demokratischen Systemen oder parlamentarische Körperschaften jenseits des Nationalstaates.

Wohin bewegt sich die Dynamik der Parlamente? Weg von den Wurzeln, so sagt ein großer Strang der erwähnten Parlamentarismuskritik: Parlamente seien nicht mehr das, was sie einmal waren – einerseits. Andererseits wird Parlamenten vorgehalten, dass sie aus der Zeit fallen, statisch und veränderungsresistent sind, dass Parlamente den Entwicklungen hinterherhinken.

Der Eindruck des Unzeitgemäßen prägt in der Tat die Wahrnehmung parlamentarischer Verfahren. Dies mag Strategie sein, wenn das Rituelle beispielsweise eines britischen Parlamentarismus identitätsstiftend sein soll. Dies mag aber zum Risiko werden, wenn die Problemlösungsfähigkeit des Parlaments infrage gestellt wird und Parlamentarismus als Organisationsform vergangener Epochen erscheint.

Deswegen ist die Reform des Parlamentarismus, seine Neuerfindung auf allen Ebenen eine immer wieder relevante Herausforderung. Wandel ist also nicht das Problem, sondern die Lösung. Hierzu passt ein wunderschönes Paradox, das der französische Publizist Alphonse Karr 1898 formuliert hat: „Plus ça change, plus c'est la même chose" – je mehr es sich ändert, desto mehr ist es dieselbe Sache. Je mehr sich der Parlamentarismus wandelt, desto eher bleibt er erhalten.

Die Dynamik und der Wandel sollten Anlass sein, bestehende Vorstellungen rund um den Parlamentsbegriff zu überdenken: Parlamente sind nicht nur nationalstaatliche Körperschaften. Das waren sie noch nie, schaut man sich die jahrhundertelange Geschichte des Parlamentarismus auf der regionalen und kommunalen Ebene an. Die Parlamentarismusforschung hat sich aber verstärkt mit den nationalstaatlichen „Volksvertretungen" auseinandergesetzt. Jetzt muss sie den Blick auf neue Formen parlamentarischer „Bürger-" oder „Menschenvertretung" richten, die den Nationalstaat überwinden. Alte Konzepte müssen überprüft und Systematiken revidiert werden.

Das bedeutet, dass die anfangs vorgeschlagene Definition von Parlament und Parlamentarismus von der Wirklichkeit infrage gestellt wird. Beispielsweise passt das Europäische Parlament nicht in die enge Definition eines „demokratischen Parlaments" (weil nicht alle Wahlrechtsprinzipien von ihm erfüllt werden). Ist es deswegen ein „undemokratisches" Parlament? Oder: Die Parlamentarischen Versammlungen entsprechen nicht dem eingangs erläuterten Verständnis von „Parlament", da sie nicht direkt gewählt werden. Sollte man sie deswegen nicht in den Blick nehmen, wenn über Parlamentarismus gesprochen wird?

Ein offenes Verständnis von Parlament und Parlamentarismus ist angezeigt, das die Weiterentwicklung der Organisationsform berücksichtigt – das aber auch die Umbrüche in der Politik generell ins Auge fasst. Ansonsten begeht man den Fehler einer unzeitgemäßen Parlamentarismustheorie, die an Modellen festhält, welche in der aktuellen Wirklichkeit aber nicht mehr vorgefunden werden *können*.

Dieses Argument führt zur paradoxen Beobachtung zurück, die die Fragestellung der Einleitung war: „Erfolgsmodell ohne Zukunft". Wie passt der Abgesang auf den Parlamentarismus mit dessen stabiler Existenz und zunehmender Verbreitung zusammen? Warum scheint man – wie der Blick auf ihre Ausdehnung diesseits und jenseits des Nationalstaates verdeutlicht – trotz aller Kritik auf Parlamente und Parlamentarismus angewiesen zu sein?

In komplexen Gesellschaften kann Demokratie nicht ohne parlamentarische Körperschaften organisiert werden. Parlamente verbinden öffentliche Diskussion mit verbindlicher Entscheidungsfindung. Sie entfalten – einmal eingerichtet – Effekte, auf die demokratisches Regieren nicht verzichten kann. Sie schaffen Transparenz, sie vermitteln zwischen Regierenden und Regierten, sie geben Minderheiten eine Vertretung. Kurzum: Sie erbringen wichtige Repräsentations- und Integrationsleistungen.

Kein anderes Instrument vermag das Vertretungspotenzial direkt gewählter, rechenschaftspflichtiger und responsiver Versammlungen zu ersetzen – durchaus aber ergänzen. Elemente der assoziativen, deliberativen oder der direkten Demokratie können den Parlamentarismus gerade dort erweitern und damit stabilisieren, wo Bruchstellen sichtbar geworden sind: dort, wo die parlamentarische Problemlösungskapazität oder die Akzeptanz von Parlamenten seitens der Bevölkerung in Frage steht. Die Anhänger des Parlamentarismus sollten offen sein für Modifikationen und Ergänzungen ihres Modells auch durch nicht-parlamentarische Formen der Willensbildung und Entscheidungsfindung. Diese Offenheit gilt auch für die Frage, inwieweit die Digitalisierung von Kommunikation und Öffentlichkeit von den Parlamenten als Chance begriffen werden kann.

Der skizzierte Siegeszug des Parlamentarismus bedeutet gewiss nicht das „Ende der Geschichte", wie es schon einmal vorschnell Anfang der 1990er Jahre für das Modell der liberalen Demokratie verkündet worden ist.[595] Die liberale Demokratie ist mittlerweile von vielen Seiten in Frage gestellt worden – und mit ihr auch der demokratische Parlamentarismus. So stellt der grassierende Populismus in Europa und weltweit eine veritable Bedrohung der liberalen Demokratie mit ihren Institutionen dar, zu denen nicht zuletzt die Parlamente gehören. Und diese Kräfte greifen an, mitunter indem sie über die Parlamente versuchen, das liberale Demokratiemodell zu konterkarieren. Um nicht von innen ausgehöhlt zu werden,

---

595 Vgl. Fukuyama 1992.

bedarf es eines „wehrhaften Parlamentarismus" als Teil einer streitbaren Demokratie.

Generell werden Parlamente (noch) als unverzichtbar gesehen. Unverzichtbar zu sein, weil eine wirkliche Alternative fehlt – dies ist jedoch keine beruhigende Ansage für den Parlamentarismus. Seine inhaltliche Ausgestaltung und Modernisierung bleiben deswegen essenziell. Gerade weil die Technik der Herrschaftslegitimation durch Parlamente so bewährt ist und gerade weil auf sie mitunter unreflektiert zurückgegriffen wird, ist eine kritische Begleitung und Analyse immer dort angezeigt, wo Parlamente etabliert sind. Zu schauen ist, ob der real existierende Parlamentarismus den an ihn gestellten demokratischen Erwartungen überhaupt gerecht werden kann. Oder wird der Parlamentsbegriff oberflächlich verwendet, um Demokratie vorzutäuschen, wo keine ist? Dann ist es eine Frage der Zeit, bis tragfähige Alternativen entweder entwickelt werden müssen oder von selbst aufkommen.

Es bleibt dabei: Institutionen, ob parlamentarische oder nicht-parlamentarische, können Voraussetzungen für demokratische Prozesse schaffen – sie garantieren jedoch keine Demokratie. Es liegt nicht zuletzt an den handelnden Personen in Politik und Gesellschaft, ob aus demokratischen Institutionen Demokratie wird.

Literaturverzeichnis

Abels, Gabriele, 2015: Mehrebenenparlamentarismus – ein zukunftsfähiges Modell zur Verschränkung parlamentarischer Funktionen im EU-Mehrebenensystem?, in: Franzius, Claudio/Mayer, Franz/Neyer, Jürgen (Hrsg.), Modelle des Parlamentarismus im 21. Jahrhundert, S. 161–186.
Abels, Gabriele/Eppler, Annegret, 2011 (Hrsg.): Auf dem Weg zum Mehrebenenparlamentarismus? Funktionen von Parlamenten im politischen System der EU, Baden-Baden (Nomos).
Abels, Gabriele/Hogenauer Anna-Lena, 2018 (Hrsg.): Regional Parliaments. Effective Actors in EU-Policy-Making?, Abingdon/Oxon/London (Routledge).
Achterberg, Norbert, 1971: Grundzüge des Parlamentsrechts, München (Beck).
Ágh, Atilla, 1996: Democratic Parliamentarism in Hungary: The First Parliament (1990-94) and the Entry of the Second Parliament, in: Olson, David M./Norton, Philip (Hrsg.), The New Parliaments of Central and Eastern Europe, London (Frank Cass), S. 16–39.
Agnoli, Johannes, 1967: Die Transformation der Demokratie, in: Ders./Brückner, Peter (Hrsg.), Die Transformation der Demokratie, Berlin (Voltaire), S. 3–87.
Ahrens, Petra/Elomäki, Anna/Kantola, Johanna, 2022: Introduction: European Parliament´s Political Groups in Turbulent Times, Houndmills/Basingstoke/New York (Palgrave Macmillan).
Alemann, Ulrich von, 1973: Parteiensysteme und Parlamentarismus. Eine Einführung und Kritik von Parlamentarismustheorien, Düsseldorf (Bertelsmann Universitätsverlag).
Alemann, Ulrich von, 1994: Das Volk als dumpfe Masse. Die Thesen des Parteienkritikers Hans Herbert von Arnim erinnern an die Demokratieverachtung der 20er und 30er Jahre, in: Die Woche vom 18. August.
Alemann, Ulrich von, 2015a: Parlamentarismus, in: Nohlen, Dieter/Grotz, Florian (Hrsg.), Kleines Lexikon der Politik, 6. Aufl., München (Beck), S. 441–445.
Alemann, Ulrich von, 2015b: Repräsentation, in: Nohlen, Dieter/Grotz, Florian (Hrsg.), Kleines Lexikon der Politik, 6. Aufl., München (Beck), S. 559–572.
Alemann, Ulrich von, 2018: Das Parteiensystem der Bundesrepublik Deutschland, 5. Aufl., Opladen (Leske + Budrich).
Alivizatos, Nicos C., 1995: Judges as Veto Players, in: Döring, Herbert (Hrsg.), Parliaments and Majority Rule in Western Europe, Frankfurt a.M. (Campus), S. 566–589.
Andersen, Svein S./Eliassen, Kjell A., 1996 (Hrsg.): The European Union: How Democratic Is It?, Beverly Hills/London (Sage).
Andersen, Svein S./Burns, Tom R., 1996: The European Union and the Erosion of Parliamentary Democracy. A Study of Post-Parliamentary Governance, in: Andersen, Svein S./Eliassen, Kjell A. (Hrsg.), The European Union: How Democratic Is It?, Beverly Hills/London (Sage), S. 227–251.
Andeweg, Rudy B., 2014: Roles in Legislatures, in: Martin, Shane/Saalfeld, Thomas/Strøm, Kaare W. (Hrsg.), The Oxford Handbook of Legislative Studies, Oxford (Oxford University Press), S. 267–285.
Andrews, Josephine T., 2014: Legislatures in Central and Eastern Europe, in: Martin, Shane/Saalfeld, Thomas/Strøm, Kaare W. (Hrsg.), The Oxford Handbook of Legislative Studies, Oxford (Oxford University Press), S. 647–675.
Angenendt, Michael, 2021: Politik abseits der Parteien. Wählergemeinschaften in Deutschland, Wiesbaden (Springer VS).
Apel, Hans, 1969: Aufgaben der Parlamentsreform, in: Das Parlament vom 30. August.
Archibugi, Daniele/Koenig-Archibugi, Mathias/Marchetti, Raffaele, 2011 (Hrsg.): Global Democracy. Normative and Empirical Perspectives, Cambridge (Cambridge University Press).
Arnim, Hans Herbert von, 2002: Vom schönen Schein der Demokratie. Politik ohne Verantwortung – am Volk vorbei, München (Knaur).

Literaturverzeichnis

Arnim, Hans Herbert von, 2017: Die Hebel der Macht und wer sie bedient. Parteienherrschaft statt Volkssouveränität, München (Heyne).

Arter, David, 2006: Conclusion. Questioning the ‚Mezey Question': An Interrogatory Framework for the Comparative Study of Legislatures, in: The Journal of Legislative Studies, 12. Jg., S. 462-482.

Auel, Katrin/Christiansen, Thomas, 2015 (Hrsg.): After Lisbon: National Parliaments in the European Union, Special Issue *West European Politics*, 38. Jg., Heft 2.

Auel, Katrin/Rozenberg, Olivier/Tacea, Angela, 2015: Fighting Back? And, If So, How? Measuring Parliamentary Strength and Activity in EU Affairs, in: Hefftler, Claudia/Neuhold, Christine/Rozenberg, Olivier/Smith, Julie (Hrsg.), The Palgrave Handbook of National Parliaments and the European Union, Houndmills, Basingstoke/New York (Palgrave Macmillan), S. 60–93.

Austermann, Philipp, 2020: Der Weimarer Reichstag. Die schleichende Ausschaltung. Entmachtung und Zerstörung eines Parlaments, Köln (Böhlau)

Bach, Standley, 1999: The Office of Speaker in Comparative Perspective, in: The Journal of Legislative Studies, 5. Jg., S. 209-254.

Bächtiger, André, 2014: Debate and Deliberation in Legislatures, in: Martin, Shane/Saalfeld, Thomas/Strøm, Kaare W. (Hrsg.), The Oxford Handbook of Legislative Studies, Oxford (Oxford University Press), S. 145-166.

Bächtiger, Andre/Dryzek, John S./Mansbridge, Jane/Warren, Mark, 2018 (Hrsg.): The Oxford Handbook of Deliberative Democracy, Oxford (Oxford University Press).

Bagehot, Walter, 1971: Die englische Verfassung (Original 1867). Herausgegeben und eingeleitet von Klaus Steifthau, Neuwied/Berlin (Luchterhand).

Balinski, Michel L./Young, H. Peyton, 1982: Fair Representation. Meeting the Ideal of One Man, One Vote, New Haven/London (Yale University Press).

Bandelow, Nils C., 2005: Kollektives Lernen durch Vetospieler? Konzepte britischer und deutscher Kernexekutiven zur Europäischen Verfassungs- und Währungspolitik, Baden-Baden (Nomos).

Becker, Hartmuth, 2003: Die Parlamentarismuskritik bei Carl Schmitt und Jürgen Habermas, 2. Aufl., Berlin (Duncker & Humblot).

Becker, Maren/John, Stefanie/Schirm, Stefan A., 2007: Globalisierung und Global Governance, Paderborn (Wilhelm Fink/UTB).

Becker, Peter/Lippert, Barbara, 2018 (Hrsg.): Handbuch Europäische Union, Wiesbaden (Springer VS).

Behrens, Maria, 2005 (Hrsg.): Globalisierung als politische Herausforderung. Global Governance zwischen Utopie und Realität, Wiesbaden (VS Verlag für Sozialwissenschaften).

Behrens, Maria, 2010: Global Governance, in: Benz, Arthur (Hrsg.), Governance – Regieren in komplexen Regelsystemen, 2. Aufl., Wiesbaden (VS Verlag für Sozialwissenschaften), S. 93–110.

Benedikter, Roland, 2021: Re-Globalisierung. Überlegungen zu einem Epochenbegriff für die Gegenwart, in: Zeitschrift für Außen- und Sicherheitspolitik, 14. Jg., Heft 4, S. 455-478.

Benoît, Cyril/Rozenberg, Olivier, 2020 (Hrsg.): Handbook of Parliamentary Studies, Cheltenham/Northampton (Edward Elgar).

Benz, Arthur, 1998: Postparlamentarische Demokratie?, in: Greven, Michael Th. (Hrsg.), Demokratie – eine Kultur des Westens?, Wiesbaden (VS Verlag für Sozialwissenschaften).

Beisheim, Marianne/Dreher, Sabine/Walter, Gregor/Zangl, Bernhard/Zürn, Michael, 1999: Im Zeitalter der Globalisierung? Thesen und Daten zur gesellschaftlichen und politischen Denationalisierung, Baden-Baden (Nomos).

Belco, Michelle/Rottinghaus, Brandon, 2017: The Dual Executive Unilateral Orders in a Separated and Shared Power System, Stanford (Stanford University Press).

Benert, Vivien/Pfetsch, Barbara, 2020: Europäische Öffentlichkeit unter dem Einfluss von Digitalisierung und Politisierung, in: Borucki, Isabelle/Kleinen-von Königslöw, Katharina/Marschall, Stefan/Zerback, Thomas (Hrsg.), Handbuch Politische Kommunikation, Wiesbaden (Springer VS), S. 363-379.

Benz, Arthur/Broschek, Jörg, 2013: Federal Dynamics: Continuity, Change, and the Varieties of Federalism, Oxford (Oxford University Press).

Best, Heinrich/Vogel, Lars, 2014: The Sociology of Legislators and Legislatures. Socialization, Recruitment, and Representation, in: Martin, Shane/Saalfeld, Thomas/Strøm, Kaare W. (Hrsg.), The Oxford Handbook of Legislative Studies, Oxford (Oxford University Press), S. 57–81.

Beyme, Klaus von, 1974: Die Funktionen des Bundesrates. Ein Vergleich mit Zweikammersystemen im Ausland, in: Deutscher Bundesrat (Hrsg.), Der Bundesrat als Verfassungsorgan und politische Kraft. Beiträge zum fünfundzwanzigjährigen Bestehen des Bundesrates der Bundesrepublik Deutschland, Rheinbreitbach (NDV), S. 365–393.

Beyme, Klaus von, 1994: Systemwechsel in Osteuropa, Frankfurt a.M. (Suhrkamp).

Beyme, Klaus von, 1997: Der Gesetzgeber. Der Bundestag als Entscheidungszentrum, Opladen (Westdeutscher Verlag).

Beyme, Klaus von, 1998: Niedergang der Parlamente. Internationale Politik und nationale Entscheidungsfindung, in: Internationale Politik, 53. Jg., S. 21–30.

Beyme, Klaus von, 2014: Die parlamentarische Demokratie. Entstehung und Funktionsweise 1789–1999, 4. Aufl., Wiesbaden (Springer VS).

Beyme, Klaus von/Weßler, Hartmut, 1998: Politische Kommunikation als Entscheidungskommunikation, in: Jarren, Otfried/Sarcinelli, Ulrich/Saxer, Ulrich (Hrsg.), Politische Kommunikation in der demokratischen Gesellschaft. Ein Handbuch, Opladen/Wiesbaden (Westdeutscher Verlag), S. 312–323.

Biefang, Andreas, 2004: Integration und Repräsentation. Zur Stellung des Reichstags in der politischen Kultur der konstitutionellen Monarchie 1871–1888, in: Recker, Marie-Luise (Hrsg.), Parlamentarismus in Europa. Deutschland, England und Frankreich im Vergleich, München (Oldenbourg), S. 1–16.

Biefang, Andreas/Geppert, Dominik/Recker, Marie-Luise/Wirsching, Andreas, 2022 (Hrsg.): Parlamentarismus in Deutschland von 1815 bis zur Gegenwart – Historische Perspektiven auf die repräsentative Demokratie, Düsseldorf (Droste).

Binderkrantz, Anne S., 2014: Legislatures, Lobbying and Interest Groups, in: Martin, Shane/Saalfeld, Thomas/Strøm, Kaare W. (Hrsg.), The Oxford Handbook of Legislative Studies, Oxford (Oxford University Press), S. 526–542.

Blom-Hansen, Jens/Olsen, Ingvild, 2014: National Parliamentary Control of EU Policy: The Challenge of Supranational Institutional Development, in: The Journal of Legislative Studies, 20. Jg., S. 125–143.

Blondel, Jean, 1973: Comparative Legislatures, Englewood Cliffs (Prentice-Hall).

Blumenthal, Julia von, 2003: Auswanderung aus den Verfassungsinstitutionen. Kommissionen und Konsensrunden, in: Aus Politik und Zeitgeschichte, Bd. 43, S. 9–15.

Boese, Vanessa A./Edgell, Amanda B./Hellmeier, Sebastian/Maerz, Seraphne F./Lindberg, Staffan I., 2023: How Democracies Prevail: Democratic Resilience as a Two-Stage Process, in: Lührmann, Anna/Merkel, Wolfgang (Hrsg.), Resilience of Democracy, Abingdon/Oxon/London (Routledge), S. 17-39.

Boldt, Hans, 1978: Parlament, parlamentarische Regierung, Parlamentarismus, in: Brunner, Otto/Conze, Werner/Koselleck, Reinhart (Hrsg.), Geschichtliche Grundbegriffe. Historisches Lexikon zur politisch-sozialen Sprache in Deutschland, Bd. 4, Stuttgart (Klett-Cotta), S. 649–676.

Bogumil, Jörg/Holtkamp, Lars, 2013: Kommunalpolitik und Kommunalverwaltung. Eine praxisorientierte Einführung, Bonn (Bundeszentrale für politische Bildung).

Literaturverzeichnis

Bogumil, Jörg/Holtkamp, Lars, 2021: Kommunalpolitik, in: Andersen, Uwe/Bogumil, Jörg/Marschall, Stefan/Woyke, Wichard (Hrsg.), Handwörterbuch des politischen Systems der Bundesrepublik Deutschland, Wiesbaden (Springer VS), S. 442-450.

Borchert, Jens, 2003: Die Professionalisierung der Politik. Zur Notwendigkeit eines Ärgernisses, Frankfurt a.M. (Campus).

Borchert, Jens/Stolz, Klaus, 2003: Die Bekämpfung der Unsicherheit: Politikerkarrieren und Karrierepolitik in der Bundesrepublik Deutschland, in: Politische Vierteljahresschrift, 44. Jg., S. 148–173.

Born, Hans/Caparini, Marina, 2007 (Hrsg.): Democratic Control of Intelligence Services: Containing Rogue Elephants, Aldershot/Burlington (Ashgate).

Borucki, Isabelle/Kleinen-von Königslöw, Katharina/Marschall, Stefan/Zerback, Thomas, 2022 (Hrsg.): Handbuch politische Kommunikation, Wiesbaden (Springer VS).

Börzel, Tanja A., 2000: Europäisierung und innerstaatlicher Wandel. Zentralisierung und Entparlamentarisierung?, in: Politische Vierteljahresschrift, 41. Jg., S. 225–250.

Bos, Ellen/Mommsen, Margareta/Steinsdorff, Silvia von, 2003 (Hrsg.): Das russische Parlament. Schule der Demokratie?, Opladen (Leske + Budrich).

Bovens, Mark/Goodin, Robert/Schillemans, Thomas, 2014 (Hrsg.): The Oxford Handbook of Public Accountability, Oxford (Oxford University Press).

Bovermann, Rainer, 2003: Die Landesparlamente – Machtverlust, Funktionswandel und Reform, in: Breit, Gotthard/Massing, Peter (Hrsg.), Parlamentarismus in der Bundesrepublik Deutschland. Eine Einführung, Schwalbach i.Ts. (Wochenschau-Verlag), S. 101–134.

Brack, Nathalie, 2018: Opposing Europe in the European Parliament. Rebels and Radicals in the Chamber, London (Palgrave Macmillan).

Breier, Karl-Heinz/Gantschow, Alexander, 2003: Das Volumen der Freiheit. Zur symbolischen Dimension der Reichstagskuppel, in: Breit, Gotthard/Massing, Peter (Hrsg.), Parlamentarismus in der Bundesrepublik Deutschland. Eine Einführung, Schwalbach i. Ts. (Wochenschau-Verlag), S. 153–158.

Brettschneider, Frank, 1995: Öffentliche Meinung und Politik. Eine empirische Studie zur Responsivität des Deutschen Bundestages, Opladen (Westdeutscher Verlag).

Brichzin, Jenni, 2016: Politische Arbeit in Parlamenten. Eine ethnografische Studie zur kulturellen Produktion im politischen Feld, Baden-Baden (Nomos).

Brichzin, Jenni/Krichewsky, Damien/Ringel, Leopold/Schank, Jan, 2018 (Hrsg.): Soziologie der Parlamente. Neue Wege der politischen Institutionenforschung, Wiesbaden (Springer VS).

Bröchler, Stephan/Grunden, Timo, 2014: Informelle Politik. Konzepte, Akteure und Prozesse, Wiesbaden (Springer Fachmedien).

Brüggemann, Michael/Hepp, Andreas/Kleinen-von Königslöw, Katharina/Wessler, Hartmut, 2009: Transnationale Öffentlichkeit in Europa: Forschungsstand und Perspektiven, in: Publizistik, 54. Jg., S. 391–414.

Brummer, Klaus, 2008: Der Europarat. Eine Einführung. Wiesbaden (VS Verlag für Sozialwissenschaften).

Brunner, Georg, 1998: Parlamentarismus, in: Nohlen, Dieter (Hrsg.), Wörterbuch Staat und Politik, Bonn (Bundeszentrale für politische Bildung), S. 498–503.

Bruns, Axel/Enli, Gunn/Skogerbo, Eli/Larsson, Anders Olof/Christensen, Christian, 2017 (Hrsg.): The Routledge Companion to Social Media and Politics, Abingdon/Oxon/New York (Routledge).

Bryce, James, 1971: The Decline of Legislatures (Original 1921), in: Loewenberg, Gerhard (Hrsg.), Modern Parliaments. Change or Decline?, Chicago/New York (Aldine-Atherton), S. 21–140.

Buchstein, Hubertus/Nullmeier, Frank, 2006: Die Postdemokratie-Debatte, in: Forschungsjournal Neue Soziale Bewegungen, 19. Jg., S. 16–22.

Bukow, Sebastian/Höhne, Benjamin, 2013: Parteienfamilien und Parteienverbünde – Euro-parteien als Institutionalisierung von Parteienfamilien in der Europäischen Union, in: Niedermayer, Oskar (Hrsg.), Handbuch Parteienforschung, Wiesbaden (Springer VS), S. 819–846.

Burns, Charlotte, 2016: The European Parliament, in: Cini, Michelle/Pérez-Solórzano Borragán, Nieves (Hrsg.), European Union Politics, 5. Aufl., Oxford (Oxford University Press), S. 155-166.

Bursens, Peter/Högenauer, Anna-Lena, 2018: Regional Parliaments in the EU Multilevel Parliamentary System, Abingdon/Oxon/London (Routledge).

Büscher, Klemens, 2009: Das politische System Moldovas, in: Ismayr, Wolfgang (Hrsg.), Die politischen Systeme Osteuropas, 3. Aufl., Opladen (Leske + Budrich), S. 515–552.

Buzogány, Aronund/Stuchlik, Andrej, 2012: Subsidiarität und Mitsprache. Nationale Parlamente nach Lissabon, in: Zeitschrift für Parlamentsfragen, 43. Jg., S. 340–361.

Carstensen, Franziska, 2020: Mehrebenenparlamentarismus? Das Beziehungsgeflecht deutscher Landesparlamente, in: Zeitschrift für Parlamentsfragen, 51. Jg., S. 534-553.

Cheibub, José A., 2007: Presidentialism, Parliamentarism, and Democracy, Cambridge (Cambridge University Press).

Christensen, Mette Buskjær, 2015: The Danish Folketing and EU Affairs: Is the Danish Model of Parliamentary Scrutiny Still Best Practice?, in: Hefftler, Claudia/Neuhold, Christine/Rozenberg, Olivier/Smith, Julie (Hrsg.), The Palgrave Handbook of National Parliaments and the European Union, Houndmills, Basingstoke/New York (Palgrave Macmillan), S. 275–289.

Christiansen, Thomas/Griglio, Elena/Lupo, Nicola, 2023 (Hrsg.): The Routledge Handbook of Parliamentary Administrations, Abingdon/Oxon/New York (Routledge).

Coakley, John, 2014: The Strange Revival of Bicameralism, in: The Journal of Legislative Studies, 20. Jg., S. 542–572.

Corbett, Richard/Jacobs, Francis/Neville, Darren/Černoch, Pavel, 2024: The European Parliament, 10. Aufl., New York (John Harper Publishing).

Cohen, Joshua/Rogers, Joel, 1994: Solidarity, Democracy, Association, in: Streeck, Wolfgang (Hrsg.), Staat und Verbände, PVS Sonderheft 25, Opladen (Westdeutscher Verlag), S. 136-159.

Conrad, Maximilian/Knaut, Annette/Böttger, Katrin, 2016 (Hrsg.): Bridging the Gap? Opportunities and Constraints of the European Citizens' Initiative, Baden-Baden (Nomos).

Cooper, Ian, 2012: A 'Virtual Third Chamber' for the European Union? National Parliaments after the Treaty of Lisbon, in: West European Politics, 35. Jg., S. 441–465.

Cooper, Ian, 2015: Bicameral or Tricameral? National Parliaments and Representative Democracy in the European Union, in: Bellamy, Richard/Kröger, Sandra (Hrsg.), Representation and Democracy in the EU: Does One Come at the Expense of the Other?, Abingdon/Oxon/London (Routledge), S. 55-70.

Copeland, Gary W./Patterson, Samuel C., 1994 (Hrsg.): Parliaments in the Modern World. Changing Institutions, Ann Arbor (University of Michigan Press).

Corbett, Richard/Jacobs, Francis/Neville, Darren, 2016: The European Parliament, 9. Aufl., London (John Harper Publishing).

Costello, Rory/Thomson, Robert, 2010: The Policy Impact of Leadership in Committees: Rapporteurs' Influence on the European Parliament's Opinions, in: European Union Politics, 11. Jg., S. 219–240.

Crès, Hervé, 2020: The Economic Approach to Assembly Decisions, in: Benoit, Cyril/Rozenberg, Olivier (Hrsg.), Handbook of Parliamentary Studies, Cheltenham/Northampton (Edward Elgar), S. 305-330.

Crouch, Colin, 2013: Postdemokratie, Frankfurt a.M. (Suhrkamp).

Crum, Ben/Fossum, John E., 2009: The Multilevel Parliamentary Field: a Framework for Theorizing Representative Democracy in the EU, in: European Political Science Review, Jg. 1, Heft 2, S. 249-271.

Literaturverzeichnis

Dahl, Robert A., 2006: A Preface to Democratic Theory (Original 1956), Chicago/London (The University of Chicago Press).

Dahrendorf, Ralf, 1964: Amba und die Amerikaner. Bemerkungen zur These der Universalität von Herrschaft, in: Europäisches Archiv für Soziologie, 5. Jg., S. 83–98.

Damgaard, Erik, 1995: How Parties Control Committee Members, in: Döring, Herbert (Hrsg.), Parliaments and Majority Rule in Western Europe, Frankfurt a.M. (Campus), S. 308–325.

Dann, Philipp, 2012: Parlamente im Exekutivföderalismus. Eine Studie zum Verhältnis von föderaler und parlamentarischer Demokratie in der Europäischen Union, 2. Aufl., Berlin u.a. (Springer VS).

Decker, Frank, 2006: Direktwahl des Premierministers. Das Scheitern des präsidentiell-parlamentarischen Systems in Israel, in: Zeitschrift für Politik, 53. Jg., S. 272-299.

Decker, Frank, 2020: Regierungswahl als Geheimsache? Zur Aktualität einer alten Debatte, in: Aus Politik und Zeitgeschichte, 70. Jg., S. 41-46.

Decker, Frank/Sonnicksen, Jared, 2009: Parlamentarisch oder präsidentiell? Die Europäische Union auf der Suche nach der geeigneten Regierungsform, in: Decker, Frank/Höreth, Marcus (Hrsg.), Die Verfassung Europas, Wiesbaden (VS Verlag für Sozialwissenschaften), S. 128–164.

Demmler, Wolfgang, 1994: Der Abgeordnete im Parlament der Fraktionen, Berlin (Duncker & Humblot).

Demuth, Christian, 2009: Der Bundestag als lernende Institution, Baden-Baden (Nomos).

De Santo, Alessia/Le Maux, Benoît, 2023: On the Optimal Size of Legislatures: An Illustrated Literature Review, in: European Journal of Political Economy, 77. Jg.

Deutscher Bundestag, 1996: Materialien zur Verfassungsdiskussion und zur Grundgesetzänderung in Folge der deutschen Einheit, Zur Sache 2/96, 3 Bd., Bonn (Deutscher Bundestag).

De Wilde, Pieter, 2012: Why the Early Warning Mechanism Does Not Alleviate the Democratic Deficit, OPAL Online Paper Nr. 6/2012.

De Winter, Lieven, 1995: The Role of Parliament in Government Formation and Resignation, in: Döring, Herbert (Hrsg.), Parliaments and Majority Rule in Western Europe, Frankfurt a.M. (Campus), S. 115–151.

Dialer, Doris/Maurer, Andreas/Richter, Magarethe, 2015: Handbuch zum Europäischen Parlament, Baden-Baden (Nomos).

Diamond, Larry, 2020: Democratic Regression in Comparative Perspective: Scope, Methods, and Causes, in: Democratization, 28. Jg., S. 22-42.

Dieterich, Sandra/Hummel, Hartwig/Marschall, Stefan, 2015: Bringing Democracy Back in: The Democratic Peace, Parliamentary War Powers and European Participation in the 2003 Iraq War, in: Cooperation and Conflict, 50. Jg., S. 87–106.

Dingwerth, Klaus/Blauberger, Michael/Schneider, Christian, 2011: Postnationale Demokratie: Eine Einführung am Beispiel der EU, WTO und UNO, Wiesbaden (VS Verlag für Sozialwissenschaften).

Disch, Lisa, 2011: Toward a Mobilization Conception of Democratic Representation, in: American Political Science Review, 105. Jg., S. 100–114.

Disch, Lisa/Sande, Mathijs van de/Urbinati, Nadia, 2019 (Hrsg.): The Constructivist Turn in Political Representation, Edinburgh (Edinburgh University Press).

Doeker, Günther/Wirth, Malcolm, 1982: Das politische System Großbritanniens, Berlin (Wissenschaftlicher Autoren-Verlag).

Döring, Herbert, 1995a (Hrsg.): Parliaments and Majority Rule in Western Europe, Frankfurt a.M. (Campus).

Döring, Herbert, 1995b: Die Sitzordnung des Parlaments als Ausdruck unterschiedlicher Leitprinzipien von Demokratie, in: Dörner, Andreas/Vogt, Ludgera (Hrsg.), Sprache des Parlaments und Semiotik der Demokratie, Berlin (de Gruyter), S. 278–289.

Dörner, Andreas, 2000: Der Bundestag im Reichstag. Zur Inszenierung einer politischen Institution in der „Berliner Republik", in: Zeitschrift für Parlamentsfragen, 31. Jg., S. 237-246.

Dionigi Kluger, Maja/Rasmussen, Anne, 2019: The Ordinary Legislative Procedure, in: Oxford Research Encyclopedia of Politics, Oxford (Oxford University Press), S. 1-22.

Downs, William, 2014: Sub-National Legislatures, in: Martin, Shane/Saalfeld, Thomas/Strøm, Kaare W. (Hrsg.), The Oxford Handbook of Legislative Studies, Oxford (Oxford University Press), S. 609-627.

Dreischer, Stephan, 2004: Das Europäische Parlament – ein machtvoller oder machtloser Kontrolleur, in: Holtmann, Everhard/Patzelt, Werner J. (Hrsg.), Kampf der Gewalten? Parlamentarische Regierungskontrolle – gouvernementale Parlamentskontrolle. Theorie und Empirie, Opladen (Leske + Budrich), S. 149-171.

Duverger, Maurice, 1959: Die politischen Parteien, Tübingen (Mohr).

Duverger, Maurice, 1978: Echec au Roi, Paris (Albin Michel).

Duverger, Maurice, 1980: A New Political System Model: Semi-Presidential Government, in: European Journal of Political Research, 8. Jg., S. 165-187.

Duverger, Maurice, 1985: Le système politique français, Paris (Presses Universitaires De France).

Edinger, Michael/Patzelt, Werner J., 2011 (Hrsg.): Politik als Beruf, PVS Sonderheft 44, Wiesbaden (Verlag für Sozialwissenschaften).

Egner, Björn/Krapp, Max-Christopher/Heinelt, Hubert, 2013: Das deutsche Gemeinderatsmitglied. Problemsichten – Einstellungen – Rollenverständnis, Wiesbaden (Springer VS).

Eisele, Olga/Kinski, Lucy, 2014: Kommunikatives Schweigen? Zur Kontrollfunktion nationaler Parlamente in EU-Angelegenheiten, Berlin (Frank & Timme), S. 113-132.

Eising, Rainer, 2001: Assoziative Demokratie in der Europäischen Union?, in: Zimmer, Annette/Weßels, Bernhard (Hrsg.), Verbände und Demokratie in Deutschland, Opladen (Leske + Budrich), S. 293-329.

Elsässer, Lea/Schäfer, Armin, 2021: Repräsentation und Responsivität, in: Korte, Karl-Rudolf/Florack, Martin (Hrsg.), Handbuch Regierungsforschung, Wiesbaden (Springer VS), S. 1-11.

Elsässer, Lea/Schäfer, Armin, 2022: (N)one of us? The Case for Descriptive Representation of the Contemporary Working Class, in: West European Politics, 45. Jg., S. 1361-1384.

Elster, Jon, 1991: Arguing and Bargaining in the Federal Convention and the Assemblée Constituante, Working Paper Nr. 4, Chicago (Center for the Study of Constitutionalism in Eastern Europe).

Emmer, Martin/Vowe, Gerhard/Wolling, Jens, 2011: Bürger Online. Die Entwicklung der politischen Online-Kommunikation in Deutschland, Konstanz (UVK).

Engel-Lang, Gladys/Lang, Kurt, 1984: Politics and Television Re-Viewed, Beverly Hills u.a. (Sage).

Engels, Dieter, 1991: Parlamentarische Untersuchungsausschüsse. Grundlagen und Praxis im Deutschen Bundestag, 2. Aufl., Heidelberg (Decker & Müller).

Enroth, Henrik/Hagevi, Magnus, 2018 (Hrsg.): Cartelisation, Convergence or Increasing Similarities? Lessons from Parties in Parliament, Colchester (ECPR Press).

Erdmann, Heinrich, 1988: Neopluralismus und institutionelle Gewaltenteilung. Ernst Fraenkels pluralistische Parteienstaatstheorie als Theorie parlamentarisch-pluralistischer Demokratie, Opladen (Leske + Budrich).

Eschenburg, Theodor, 1963: Herrschaft der Verbände?, Stuttgart (DVA).

Eulau, Heinz/Wahlke, John C., 1978 (Hrsg.): The Politics of Representation. Continuities in Theory and Research, Beverly Hills/London (Sage).

Eulau, Heinz/Wahlke, John C./Buchanan, William/Ferguson, Leroy C., 1959: The Role of the Representative: Some Empirical Observations on the Theory of Edmund Burke, in: American Political Science Review, 53. Jg., S. 742-756.

Literaturverzeichnis

Europäische Kommission, 2015: Standard Eurobarometer 83, Tables of Results (http://ec.europa.eu/public_opinion/archives/eb/eb83/eb83_anx_en.pdf, 12.02.2016).

Faas, Thorsten, 2003: To Defect or Not to Defect? National, Institutional and Party Group Pressures on MEPs and Their Consequences for Party Group Cohesion in the European Parliament, in: European Journal of Political Research, 42. Jg., S. 841–866.

Fasone, Cristina/Lupo, Nicola, 2015: Transparency vs. Informality in Legislative Committees. Comparing the US House of Representatives, the Italian Chamber of Deputies and the European Parliament, in: The Journal of Legislative Studies, Jg. 21, S. 342-359.

Falk, Richard/Strauss, Andrew, 2001: Toward Global Parliament, in: Foreign Affairs, 80. Jg., S. 212–220.

Fawzi, Nayla, 2022: Die Bedeutung der Medien im Policy Prozess, in: Borucki, Isabelle/Kleinen-von Königslöw, Katharina/Marschall, Stefan/Zerback, Thomas (Hrsg.), Handbuch politische Kommunikation, Wiesbaden (Springer VS), S. 237-250.

Fenno, Richard F., 1978: Home-Style: House Members in Their Districts, Boston (Little & Brown).

Feldkamp, Michael F., 2011: Datenhandbuch zur Geschichte des Deutschen Bundestages 1990 bis 2010, Baden-Baden (Nomos).

Fetscher, Iring, 1960: Rousseaus politische Philosophie. Zur Geschichte des demokratischen Freiheitsbegriffs, Neuwied (Luchterhand).

Fiorina, Morris P., 1977: Congress: Keystone of the Washington Establishment, New Haven (Yale University Press).

Fischer, Joschka, 2014: Scheitert Europa?, Köln (Kiepenheuer & Witsch).

Fixemer, Maria, 2001: Die Assemblée nationale – eine ‚zeitlose Institution'?, in: Patzelt, Werner J. (Hrsg.), Parlamente und ihre Symbolik. Programm und Beispiele institutioneller Analyse, Wiesbaden (Westdeutscher Verlag), S. 94–135.

Florack, Martin/Korte, Karl-Rudolf/Schwanholz, Julia, 2021 (Hrsg.): Coronakratie: Demokratisches Regieren in Ausnahmezeiten, Frankfurt a.M. (Campus Verlag).

Fraenkel, Ernst, 1991: Deutschland und die westlichen Demokratien, 3. Aufl., Frankfurt a.M. (Suhrkamp).

Fraser, Nancy, 1992: Rethinking the Public Sphere. A Contribution to a Critique of Actually Existing Democracy, in: Calhoun, Craig (Hrsg.), Habermas and the Public Sphere, Cambridge, Mass. (MIT press), S. 109–142.

Frech, Siegfried, 2022: Kommunalpolitik. Politik vor Ort, 2. Aufl., Stuttgart (Kohlhammer).

Friesenhahn, Ernst, 1958: Parlament und Regierung im modernen Staat, in: Veröffentlichungen der Vereinigung der Deutschen Staatsrechtslehrer, Heft 16, S. 9–73.

Fukuyama, Francis, 1992: The End of History and the Last Man, New York (Free Press).

Furtak, Florian T., 2015: Europarat, in: Ders. (Hrsg.), Internationale Organisationen. Staatliche und nichtstaatliche Organisationen in der Weltpolitik, Wiesbaden (Springer VS), S. 243–269.

Gabriel, Oscar W./Holtmann, Everhard, 1996: Kommunale Demokratie, in: Westphalen, Raban Graf von (Hrsg.), Parlamentslehre. Das parlamentarische Regierungssystem im technischen Zeitalter, München/Wien (Oldenbourg), S. 471–488.

Gabriel, Oscar W./Holtmann, Everhard, 2010: Der Parteienstaat – ein immerwährendes demokratisches Ärgernis? Ideologiekritische und empirische Anmerkungen zu einer aktuellen Debatte, in: Zeitschrift für Politik, 57. Jg., S. 307–328.

Garritzmann, Julian L., 2017: How Much Power Do Oppositions Have? Comparing the Opportunity Structures of Parliamentary Oppositions in 21 Democracies, in: The Journal of Legislative Studies, 23. Jg., S. 1–30.

Gattermann, Katjana/Hefftler, Claudia, 2015: Beyond Institutional Capacity: Political Motivation and Parliamentary Behaviour in the Early Warning System, in: West European Politics, 38. Jg., S. 305-334.

Gehne, David, 2012: Bürgermeister: Führungskraft zwischen Bürgerschaft, Rat und Verwaltung, Stuttgart (Boorberg).

Gilardi, Fabrizio/Braun, Dietmar, 2002: Delegation aus Sicht der Prinzipal-Agent-Theorie. Ein Literaturbericht, in: Politische Vierteljahresschrift, 42. Jg., S. 414–446.
Ginsberg, Benjamin, 2016: Presidential Government, Yale (Yale University Press).
Gizzi, Michael C./Gladstone-Sovell, Tracey/Wilkerson, William R., 2008: The Web of Democracy: An Introduction to American Politics, 2. Aufl., Belmont, CA (Thomson/Wadsworth).
Goetze, Stefan/Rittberger, Berthold, 2010: A Matter of Habit? The Sociological Foundations of Empowering the European Parliament, in: Comparative European Politics, 8. Jg., S. 37–54.
Goguel, François, 1971: Geschichte und Gegenwartsproblematik des französischen Parlamentarismus, in: Kluxen, Kurt (Hrsg.), Parlamentarismus, Köln/Berlin (Kiepenheuer & Witsch), S. 161–187.
Göhler, Gerhard, 1994: Politische Institutionen und ihr Kontext. Begriffliche und konzeptionelle Überlegungen zur Theorie politischer Institutionen, in: Ders. (Hrsg.), Die Eigenart der Institutionen. Zum Profil politischer Institutionentheorie, Baden-Baden (Nomos), S. 19–46.
Griffith, Jeffrey/Leston-Bandeira, Christina, 2012: How Are Parliaments Using New Media to Engage with Citizens?, in: The Journal of Legislative Studies, 18. Jg., S. 496–513.
Green, Matthew N., 2010: The Speaker of the House: A Study of Leadership, Yale (Yale University Press).
Grossman, Lawrence K., 1995: The Electronic Republic. Reshaping Democracy in the Information Age, New York (Penguin).
Grotz, Florian/Schroeder, Wolfgang, 2021: Das politische System der Bundesrepublik Deutschland. Eine Einführung, Wiesbaden (Springer VS).
Gruber, Andreas K., 2009: Der Weg nach ganz oben: Karriereverläufe deutscher Spitzenpolitiker, Wiesbaden (VS Verlag für Sozialwissenschaften).
Haas, Christoph M., 2010: Zweite Kammer erster Klasse: der US-Senat, in: Riescher, Gisela/Ruß, Sabine/Ders. (Hrsg.), Zweite Kammern, München (Oldenbourg), S. 25–59.
Habermas, Jürgen, 1988: Theorie des kommunikativen Handelns, 2 Bd., Frankfurt a.M. (Suhrkamp).
Habermas, Jürgen, 1992: Faktizität und Geltung: Beiträge zur Diskurstheorie des Rechts und des demokratischen Rechtsstaats, Frankfurt a.M. (Suhrkamp).
Habermas, Jürgen, 1990: Strukturwandel der Öffentlichkeit, 3. Aufl., Frankfurt a.M. (Suhrkamp, 18. Auflage 2023).
Hamilton, Alexander/Madison, James/Jay, John, 1961: The Federalist Papers, New York (New American Library of World Literature).
Hamm-Brücher, Hildegard, 1990: Der freie Volksvertreter – eine Legende? Erfahrungen mit parlamentarischer Macht und Ohnmacht, München (Piper).
Harfst, Philipp/Schnapp, Kai-Uwe, 2003: Instrumente parlamentarischer Kontrolle der Exekutive in westlichen Demokratien, WZB-Discussion-Paper, Berlin (WZB).
Hartmann, Jürgen, 1985: Verbände in der westlichen Industriegesellschaft. Ein international vergleichendes Handbuch, Frankfurt a.M. (Campus).
Hefftler, Claudia/Neuhold, Christine/Rozenberg, Olivier/Smith, Julie, 2015 (Hrsg.): The Palgrave Handbook of National Parliaments and the European Union, Houndmills, Basingstoke/New York (Palgrave Macmillan).
Heiberger, Raphael H./Koss, Christian, 2018: Computerlinguistische Textanalyse und Debatten im Parlament. Themen und Trends im Deutschen Bundestag seit 1990, in: Brichzin, Jenni/Krichewsky, Damien/Ringel, Leopold/Schank, Jan (Hrsg.), Soziologie der Parlamente. Neue Wege der politischen Institutionenforschung, Wiesbaden (Springer VS), S. 391–418.
Heinemann-Grüder, Andreas, 2018: Föderalismus in Russland, Berlin (Berlin Verlag Arno Spitz)

Literaturverzeichnis

Heinsohn, Till, 2014: Mitgliederfluktuation in den Parlamenten der deutschen Bundesländer, Berlin (LIT).
Heinze, Rolf G., 2002: Die Berliner Räterepublik. Viel Rat – wenig Tat?, Wiesbaden (Westdeutscher Verlag).
Held, David, 1995: Democracy and the Global Order. From the Modern State to Cosmopolitan Governance, Stanford (Stanford University Press).
Heller, William B./Branduse, Diana M., 2014: The Politics of Bicameralism, in: Martin, Shane/Saalfeld, Thomas/Strøm, Kaare W. (Hrsg.), The Oxford Handbook of Legislative Studies, Oxford (Oxford University Press), S. 332–351.
Helms, Ludger (Hrsg.), 1999a: Parteien und Fraktionen. Ein internationaler Vergleich, Opladen (Leske + Budrich).
Helms, Ludger, 1999b: Einleitung: Parteien und Fraktionen in westlichen Demokratien, in: Ders. (Hrsg.), Parteien und Fraktionen. Ein internationaler Vergleich, Opladen (Leske + Budrich), S. 7–38.
Helms, Ludger, 1999c: Präsident und Kongreß in der legislativen Arena. Wandlungstendenzen amerikanischer Gewaltenteilung am Ende des 20. Jahrhunderts, in: Zeitschrift für Parlamentsfragen, 30. Jg., S. 841–864.
Helms, Ludger, 2001: Die „Kartellpartei"-These und ihre Kritiker, in: Politische Vierteljahresschrift, 42. Jg., S. 698–708.
Helms, Ludger, 2002: Politische Opposition, Opladen (Leske + Budrich).
Helms. Ludger, 2013: Parliamentary Opposition in Old and New Democracies, Abingdon/Oxon/New York (Routledge).
Hereth, Michael, 1971: Die Reform des Deutschen Bundestages, Opladen (Leske).
Herzog, Dietrich, 1993: Der Funktionswandel des Parlaments in der sozialstaatlichen Demokratie, in: Ders./Rebenstorf, Hilke/Weßels, Bernhard (Hrsg.), Parlament und Gesellschaft. Eine Funktionsanalyse der repräsentativen Demokratie, Opladen (Westdeutscher Verlag), S. 13–52.
Hierlemann, Dominik/Sieberer, Ulrich, 2014: Sichtbare Demokratie. Debatten und Fragestunden im Deutschen Bundestag, Gütersloh (Bertelsmann Stiftung).
Hildebrand, Daniel, 2020: Aushöhlung des Parlamentarismus durch die Corona-Pandemie? Ein Zwischenruf zur Lage in Deutschland und Großbritannien, in: Zeitschrift für Parlamentsfragen, 51. Jg., S. 474-482.
Hirst, Paul, 1994: Associative Democracy: New Forms of Economic and Social Governance, Oxford (Polity Press).
Hix, Simon/Kreppel, Amie, 2002: From „Grand Coalition" to Left-Right Confrontation: Explaining the Shifting Structure of Party Competition in the European Parliament, London (Manuskript).
Hix, Simon/Høyland, Bjørn, 2011: The Political System of the European Union, 3. Aufl., Houndmills, Basingstoke/New York (Palgrave Macmillan).
Hix, Simon/Høyland, Bjørn, 2013: Empowerment of the European Parliament, in: Annual Review of Political Science, 16. Jg., S. 171–189.
Hobbes, Thomas, 1996: Leviathan or the Matter, Form, and Power of a Commonwealth Ecclesiastical and Civil (Original 1651), mit einer Einführung und hrsg. von Hermann Klenner, Hamburg (Meiner).
Hofmann, Wilhelm/Riescher, Gisela, 1999: Einführung in die Parlamentarismustheorie, Darmstadt (Wissenschaftliche Buchgesellschaft).
Holtmann, Everhard/Patzelt, Werner J., 2004 (Hrsg.): Kampf der Gewalten? Parlamentarische Regierungskontrolle – gouvernementale Parlamentskontrolle. Theorie und Empirie, Opladen (Leske + Budrich).
Holtmann, Everhard/Rademacher, Christian/Reiser, Marion, 2017: Kommunalpolitik. Eine Einführung, Wiesbaden (Springer VS).

Holzinger, Katharina, 2009: Vom ungeliebten Störenfried zum akzeptierten Paradigma? Zum Stand der (Neuen) Politischen Ökonomie in Deutschland, in: Politische Vierteljahresschrift, 50. Jg., S. 539–576.

Hönnige, Christoph, 2007: Verfassungsgericht, Regierung und Opposition, Wiesbaden (VS Verlag für Sozialwissenschaften).

Höpcke, Franziska, 2014: Funktionsmuster und -profile: Subnationalstaatliche Parlamente im Vergleich, Baden-Baden (Nomos).

Hübner, Emil/Oberreuter, Heinrich, 1977: Parlament und Regierung. Ein Vergleich dreier Regierungssysteme, München (Ehrenwirth).

Hübner, Emil/Münch, Ursula, 2013: Das politische System der USA. Eine Einführung, 7. Aufl., München (Beck).

Huntington, Samuel P., 1993: The Third Wave. Democratization in the Late Twentieth Century, Norman u.a. (University of Oklahoma Press).

Interparlamentarische Union, 2011: World Directory of Parliaments, Genf (Interparlamentarische Union).

Invernizzi-Accetti, Carlo/Wolkenstein, Fabio, 2017: The Crisis of Party Democracy, Cognitive Mobilization, and the Case for Making Parties More Deliberative, in: American Political Science Review, 111. Jg., S. 97-109.

Ihalainen, Pasi/Ilie, Cornelia/Palonen, Kari, 2018 (Hrsg.): Parliament and Parliamentarism: A Comparative History of a European Concept, New York (Berghahn Books).

Ismayr, Wolfgang, 2009 (Hrsg.): Die politischen Systeme Westeuropas, 4. Aufl., Wiesbaden (VS Verlag für Sozialwissenschaften).

Ismayr, Wolfgang, 2010 (Hrsg.): Die politischen Systeme Osteuropas, 3. Aufl., Wiesbaden (VS Verlag für Sozialwissenschaften).

Ismayr, Wolfgang, 2012: Der Deutsche Bundestag, 3. Aufl., Wiesbaden (Springer VS).

Jaag, Tobias, 1976: Die Zweite Kammer im Bundesstaat. Funktion und Stellung des schweizerischen Ständerats, des deutschen Bundesrates und des amerikanischen Senats, Zürich (Dissertationsdruck).

Jacobs, Francis/De Feo, Alfredo 2023: European Parliament´s Administration, in: Christiansen, Thomas/Griglio, Elena/Lupo, Nicola (Hrsg.), The Routledge Handbook of Parliamentary Administrations, Abingdon/Oxon/New York (Routledge), S. 725-737.

Jäger, Wolfgang, 1973: Öffentlichkeit und Parlamentarismus – eine Kritik an Jürgen Habermas, Stuttgart u.a. (Kohlhammer).

Jarren, Otfried/Donges, Patrick/Weßler, Hartmut, 1996: Medien und politischer Prozeß. Eine Einleitung, in: Jarren, Otfried/Schatz, Heribert/Weßler, Hartmut (Hrsg.), Medien und politischer Prozeß. Politische Öffentlichkeit und massemediale Politikvermittlung im Wandel, Opladen (Westdeutscher Verlag), S. 9–37.

Jenny, Marcelo/Müller, Wolfgang C., 1995: Presidents of Parliament: Neutral Chairmen or Assets of the Majority?, in: Döring, Herbert (Hrsg.), Parliaments and Majority Rule in Western Europe, Frankfurt a.M. (Campus), S. 326–364.

Jesse, Eckhard, 1986: Die Demokratie der Bundesrepublik Deutschland. Eine Einführung in das politische System, 7. Aufl., Berlin (Colloquium).

Jesse, Eckhard, 1994: Wahlsysteme und Wahlrecht, in: Gabriel, Oscar W./Brettschneider, Frank (Hrsg.), Die EU-Staaten im Vergleich. Strukturen, Prozesse, Politikinhalte, Bonn (Bundeszentrale für politische Bildung), S. 174–193.

Jones, Clyve, 2012 (Hrsg.): A Short History of Parliament - England, Great Britain, The United Kingdom, Ireland and Scotland, Woodbridge (Boydell & Brewer).

Jörke, Dirk, 2006: Warum „Postdemokratie"?, in: Forschungsjournal Neue Soziale Bewegungen, 19. Jg., Heft 4, S. 38–46.

Joshi, Devin/Rosenfield, Erica, 2013: MP Transparency, Communication Links and Social Media: A Comparative Assessment of 184 Parliamentary Websites, in: The Journal of Legislative Studies, 19. Jg., S. 526–545.

Jun, Uwe/Kuper, Ernst, 1997: Funktion und Wirksamkeit von transnationalen parlamentarischen Versammlungen bei der Lösung internationaler Konflikte, in: Kuper, Ernst/Jun, Uwe (Hrsg.), Nationales Interesse und integrative Politik in transnationalen parlamentarischen Versammlungen, Opladen (Leske + Budrich), S. 341–367.

Kabis-Kechrid, Laura Lale, 2017: Die Transformation der Türkei zum Ein-Mann-Staat. Der Entwurf zur Verfassungsreform bedroht Demokratie, Rechtsstaatlichkeit und Pluralismus, in: Deutsche Gesellschaft für Auswärtige Politik/DGAP kompakt, Heft 3.

Kaeding, Michael/Switek, Niko, 2015 (Hrsg.): Die Europawahl 2014. Spitzenkandidaten, Protestparteien, Nichtwähler, Wiesbaden (Springer VS).

Kaiser, Karl, 1969: Transnationale Politik. Zu einer Theorie der multinationalen Politik, in: Politische Vierteljahresschrift, 10. Jg., S. 80–109.

Kanev, Dobrin, 2002: Parliament in Democratic Transition and Consolidation – The Bulgarian Case, in: Kraatz, Susanne/Steinsdorff, Silvia von (Hrsg.), Parlamente und Systemtransformation im postsozialistischen Europa, Opladen (Leske + Budrich), S. 159–182.

Karasimeonov, Georgi, 2001: The Legislature in Post-Communist Bulgaria, in: Olson, David M./Norton, Philip (Hrsg.), The New Parliaments of Central and Eastern Europe, London (Frank Cass), S. 40–59.

Karpen, Ulrich, 1999 (Hrsg.): Role and Function of the Second Chamber. Proceedings of the Third Congress of the European Association of Legislation (EAL), Baden-Baden (Nomos).

Katz, Richard S./Mair, Peter, 1995: Changing Models of Party Organization and Party Democracy. The Emergence of the Cartel Party, in: Party Politics, 1. Jg., S. 5–28.

Kelsen, Hans, 1926: Das Problem des Parlamentarismus, Wien/Leipzig (Braumüller).

Kempf, Udo, 2017: Das politische System Frankreichs, 5. Aufl., Wiesbaden (VS Verlag für Sozialwissenschaften).

Kevenhörster, Paul, 1984: Politik im elektronischen Zeitalter. Politische Wirkungen der Informationstechnik, Baden-Baden (Nomos).

Kielmansegg, Peter Graf, 2003: Demokratie und Partizipation, in: Jachtenfuchs, Markus/Kohler-Koch, Beate (Hrsg.), Europäische Integration, 2. Aufl., Opladen (Leske + Budrich), S. 49–84.

Kiewiet, D. Roderick/McCubbins, Matthew, 1991: The Logic of Delegation: Congressional Parties and the Appropriations Process, Chicago (University of Chicago Press).

Kiiver, Philipp, 2012: The Early Warning System for the Principle of Subsidiarity: Constitutional Theory and Empirical Reality, Abingdon/Oxon/New York (Routledge).

Kilian, Jörg, 1996: Das alte Lied vom Reden und Handeln. Zur Rezeption parlamentarischer Kommunikationsprozesse in der parlamentarisch-demokratischen Öffentlichkeit der Bundesrepublik, in: Zeitschrift für Parlamentsfragen, 27. Jg., S. 503–518.

Kimmel, Adolf, 2004: Die Nationalversammlung in der V. Republik: Ein endlich akzeptiertes Stiefkind?, in: Recker, Marie-Luise (Hrsg.), Parlamentarismus in Europa, Deutschland, England und Frankreich im Vergleich, München (Oldenbourg), S. 121–137.

Kimmel, Adolf, 2008: Gesetzgebung im politischen System Frankreichs, in: Ismayr, Wolfgang (Hrsg.), Gesetzgebung in Westeuropa. EU-Staaten und Europäische Union, Wiesbaden (VS Verlag für Sozialwissenschaften), S. 229–270.

Kimmel, Adolf, 2015: Das französische Parlament: vom „rationalisierten Parlamentarismus" zum „neuen Parlament"?, in: Oberreuter, Heinrich (Hrsg.), Macht und Ohnmacht der Parlamente, Baden-Baden (Nomos), S. 155-176.

Kirchhof, Paul, 2004: Entparlamentarisierung der Demokratie?, in: Kaiser, André/Zittel, Thomas (Hrsg.), Demokratietheorie und Demokratieentwicklung. Festschrift für Peter Graf Kielmansegg, Wiesbaden (VS Verlag für Sozialwissenschaften), S. 359–376.

Kissling, Claudia, 2011: The Legal and Political Status of International Parliamentary Institutions, Berlin (Committee for a Democratic U.N.).

Kittel, Manfred, 2004: Stärker als die „décadance"? Republikanische Tradition und parlamentarisches System in Frankreich zwischen den Weltkriegen, in: Recker, Marie-Luise

(Hrsg.), Parlamentarismus in Europa. Deutschland, England und Frankreich im Vergleich, München (Oldenbourg), S. 97–119.

Klein, Ansgar/Olk, Thomas, 2014: Transsektorale Vernetzung und assoziative Demokratie. Erfahrungen des Bundesnetzwerks Bürgerschaftliches Engagement (BBE), in: Zimmer, Annette E./Simsa, Ruth (Hrsg.), Forschung zu Zivilgesellschaft, NPOs und Engagement, Wiesbaden (Springer VS), S. 431–448.

Klein, Hans H., 1987: Aufgaben des Bundestages, in: Isensee, Josef/Kirchhof, Paul (Hrsg.), Handbuch des Staatsrechts der Bundesrepublik Deutschland, Bd. 2, Heidelberg (Müller), S. 341–366.

Kley, Andreas, 2020 (Hrsg.): Verfassungsgeschichte der Neuzeit. Großbritannien, die USA, Frankreich und die Schweiz, 4. Aufl., Bern (Stämpfli Verlag).

Kluxen, Kurt, 1971a (Hrsg.): Parlamentarismus, Köln/Berlin (Kiepenheuer & Witsch).

Kluxen, Kurt, 1971b: Einführung, in: Ders. (Hrsg.), Parlamentarismus, Köln/Berlin (Kiepenheuer & Witsch), S. 17–26.

Kluxen, Kurt, 1971c: Die Umformung des parlamentarischen Regierungssystems in Großbritannien beim Übergang zur Massendemokratie, in: Ders. (Hrsg.), Parlamentarismus, Köln/Berlin (Kiepenheuer & Witsch), S. 112–137.

Kneip, Sascha, 2008, Verfassungsgerichtsbarkeit im Vergleich, in: Gabriel, Oscar W./Kropp, Sabine (Hrsg.), Die EU-Staaten im Vergleich, Wiesbaden (VS Verlag für Sozialwissenschaften), 631-655.

Kneip, Sascha, 2015: Konfliktlagen des Bundesverfassungsgerichts mit den Regierungen Schröder und Merkel, 1998–2013, in: van Ooyen, Robert C./Möllers, Martin H. W. (Hrsg.), Handbuch Bundesverfassungsgericht im politischen System, Wiesbaden (Springer VS).

Koch-Baumgarten, Sigrid/Voltmer, Katrin, 2009: Policy matters – Medien im politischen Entscheidungsprozess in unterschiedlichen Politikfeldern, in: Marcinkowski, Frank/Pfetsch, Barbara (Hrsg.), Politik in der Mediendemokratie, PVS Sonderheft 42, Wiesbaden (VS Verlag für Sozialwissenschaften), S. 299–319.

Koch, Eckart, 2022: Globalisierung: Wirtschaft und Politik. Chancen – Risiken – Antworten, 3. Aufl., Wiesbaden (Springer Gabler).

Kolb, Eberhard/Schumann, Dirk, 2022: Die Weimarer Republik, 9. Aufl., München (Oldenbourg).

Kost, Andreas/Wehling, Hans-Georg, 2010 (Hrsg.): Kommunalpolitik in den deutschen Ländern, 2. Aufl., Wiesbaden (VS Verlag für Sozialwissenschaften).

Koß, Michael, 2021: Legislative Democracy in the Bundestag After Reunification, in: German Politics, 32. Jg., Heft 1, S. 107–126.

Kraatz, Susanne/Steinsdorff, Silvia von, 2002 (Hrsg.): Parlamente und Systemtransformation im postsozialistischen Europa, Opladen (Leske + Budrich).

Kraft-Kasack, Christiane, 2008: Transnational Parliamentary Assemblies: A Remedy for the Democratic Deficit of International Governance?, in: West European Politics, 31. Jg., S. 534–557.

Krekelberg, Astrid, 2001: The Reticent Acknowledgement of National Parliaments in the European Treaties: A Documentation, in: Maurer, Andreas/Wessels, Wolfgang (Hrsg.), National Parliaments on Their Ways to Europe: Losers or Latecomers?, Baden-Baden (Nomos), S. 477–489.

Kreppel, Amie, 2014: Typologies and Classifications, in: Martin, Shane/Saalfeld, Thomas/Strøm, Kaare W. (Hrsg.), The Oxford Handbook of Legislative Studies, Oxford (Oxford University Press), S. 82–100.

Kreppel, Amie/Oztas, Buket, 2017: Leading the Band or Just Playing the Tune? Reassessing the Agenda-setting Powers of the European Commission, in: Comparative Political Studies, 50. Jg., S. 1118-1150.

Kreuzer, Marcus, 2004: Und sie parlamentarisierte sich doch: Die Verfassungsordnung des Kaiserreichs in vergleichender Perspektive, in: Recker, Marie-Luise (Hrsg.), Parlamentarismus in Europa. Deutschland, England und Frankreich im Vergleich, München (Oldenbourg), S. 16–40.

Kropp, Sabine, 2002: Exekutive Steuerung und informale Parlamentsbeteiligung in der Wohnungspolitik, in: Zeitschrift für Parlamentsfragen, 33. Jg., S. 421–452.

Kropp, Sabine, 2008b: Regieren in Parlamentarismus und Parteiendemokratie: Informale Institutionen als Handlungsressource für Regierung und Parlament, in: Jann, Werner/König, Klaus (Hrsg.), Regieren zu Beginn des 21. Jahrhunderts, Tübingen (Mohr Siebeck), S. 49–86.

Kropp, Sabine, 2010: Kooperativer Föderalismus und Politikverflechtung, Wiesbaden (VS Verlag für Sozialwissenschaften).

Kuper, Ernst, 1991: Transnationale Versammlung und nationales Parlament. Einige Überlegungen zur Funktion und Leistung des Parlamentarismus in den internationalen Beziehungen, in: Zeitschrift für Parlamentsfragen, 22. Jg., S. 620–638.

Kuper, Ernst, 1997: Nationalinteresse und integrative Politik in transnationalen parlamentarischen Versammlungen des euro-atlantischen Bereichs, in: Ders./Jun, Uwe (Hrsg.), Nationales Interesse und integrative Politik in transnationalen parlamentarischen Versammlungen, Opladen (Leske + Budrich), S. 1–20.

Kuper, Ernst/Jun, Uwe, 1997 (Hrsg.): Nationales Interesse und integrative Politik in transnationalen parlamentarischen Versammlungen, Opladen (Leske + Budrich).

Ladner, Andreas, 2008: Die Schweizer Gemeinden im Wandel: Politische Institutionen und lokale Politik, Cahier de l'IDHEAP Nr. 238.

Ladner, Andreas, 2013: Der Schweizer Staat, politisches System und Aufgabenerbringung, in: Ders./Chappelet, Jean-Loup/Emery, Yves/Knoepfel, Peter/Mader, Luzius/Soguel, Nils/Varone, Frédéric (Hrsg.), Handbuch der öffentlichen Verwaltung in der Schweiz, Zürich (NZZ libro), S. 23–46.

Lane, Jan-Erik, 2009: Political Representation from the Principal-Agent Perspective, in: Representation, 45. Jg., S. 369–378.

Laloux, Thomas, 2020: Informal Negotiations in EU Legislative Decision-making: A Systematic Review and Research Agenda, in: European Political Science, 19. Jg., S. 443-460.

Leibholz, Gerhard, 1960: Das Wesen der Repräsentation und der Gestaltwandel der Demokratie im 20. Jahrhundert (Original 1929), 2. Aufl., Berlin (de Gruyter).

Leinen, Jo/Bummel, Andreas, 2017: Das demokratische Weltparlament. Eine kosmopolitische Vision, Bonn (Dietz).

Leinen, Jo/Schönlau, Justus, 2003: Auf dem Weg zur europäischen Demokratie. Politische Parteien auf EU-Ebene: Neueste Entwicklungen, in: Integration, 26. Jg., S. 218–227.

Leiße, Olaf, 2020: Europäische Identität und öffentliche Meinung, in: Becker, Peter/Lippert, Barbara (Hrsg.), Handbuch Europäische Union, Wiesbaden (Springer VS), S. 217-234.

Lenk, Kurt, 1996: Parlamentarismuskritik im Zeichen politischer Theologie. Carl Schmitts „Sakralisierung" der Demokratie zum totalen Staat, in: Aus Politik und Zeitgeschichte, Bd. 51, S. 15–22.

Lenz, Aloys/Johne, Roland, 2000: Die Landtage vor der Herausforderung Europa. Anpassung der parlamentarischen Infrastruktur als Grundlage institutioneller Europafähigkeit, in: Aus Politik und Zeitgeschichte, B 6, S. 20–29.

Levitsky, Steven/Ziblatt, Daniel, 2018: How Democracies Die, New York (Crown).

Liebert, Ulrike, 1990: Parliament as a Central Site in Democratic Consolidation: A Preliminary Exploration, in: Dies./Cotta, Maurizio (Hrsg.), Parliament and Democratic Consolidation in Southern Europe: Greece, Italy, Portugal, Spain and Turkey, London/New York (Pinter), S. 3–30.

Liebert, Ulrike, 1995: Parliamentary Lobby Regimes, in: Döring, Herbert (Hrsg.), Parliaments and Majority Rule in Western Europe, Frankfurt a.M. (Campus), S. 407–447.

Liebert, Ulrike/Cotta, Maurizio, 1990 (Hrsg.): Parliament and Democratic Consolidation in Southern Europe: Greece, Italy, Portugal, Spain and Turkey, London/New York (Pinter).

Lijphart, Arend, 2012: Patterns of Democracy. Government Forms and Performances in Thirty-Six Countries, 2. Aufl., New Haven/London (Yale University Press).
Linck, Joachim, 1992: Die Parlamentsöffentlichkeit, in: Zeitschrift für Parlamentsfragen, 23. Jg., S. 643–708.
Linder, Wolf//Z'graggen, Heidi, 2004: Professionalisierung der Parlamente im internationalen Vergleich. Studie im Auftrag der Parlamentsdienste, Bern (Institut für Politikwissenschaft).
Linder, Wolf/Mueller, Sean, 2021: Swiss Democracy. Possible Solutions to Conflict in Multicultural Societies, 4. Aufl., London (Palgrave Macmillan).
Lindquist, Stefanie/Cross, Frank, 2009: Measuring Judicial Activism, Oxford (Oxford University Press).
Linz, Juan J., 1990a: The Perils of Presidentialism, in: Journal of Democracy, 1. Jg., S. 51–59.
Linz, Juan J., 1990b: The Virtues of Parliamentarism, in: Journal of Democracy, 1. Jg., S. 84–91.
Linz, Juan J./Valenzuela, Arturo, 1994 (Hrsg.): The Failure of Presidential Democracy. Bd. 1: Comparative Perspectives, Baltimore (Johns Hopkins University Press).
Lipset, Seymour Martin/Rokkan, Stein, 1967: Party Systems and Voter Alignments: Cross-National Perpectives, New York (The Free Press).
Locke, John, 1978: Über die Regierung. The Second Treatise of Government (Original 1690), Stuttgart (Reclam).
Loewenberg, Gerhard, 1969: Parlamentarismus im politischen System der Bundesrepublik Deutschland, Tübingen (Wunderlich).
Loewenberg, Gerhard, 1971: The Role of Parliaments in Modern Political Systems, in: Ders. (Hrsg.), Modern Parliaments. Change or Decline?, Chicago/New York (Aldine-Atherton), S. 1–20.
Loewenstein, Karl, 1964: Der britische Parlamentarismus. Entstehung und Gestalt, Reinbek b.H. (Rowohlt).
Loewenstein, Karl, 1967: Das parlamentarische Gesetzgebungsverfahren I: Die allgemeinen Gesetze, in: Staatsrecht und Staatspraxis von Grossbritannien. Enzyklopädie der Rechts- und Staatswissenschaft, Berlin/Heidelberg (Springer VS), S. 316-345.
Lohmar, Ulrich, 1975: Das Hohe Haus. Der Bundestag und die Verfassungswirklichkeit, Stuttgart (DVA).
Lorenz, Astrid, 2002: Der Unwille zur Macht – das belarussische Parlament, in: Kraatz, Susanne/Steinsdorff, Silvia von (Hrsg.), Parlamente und Systemtransformation im postsozialistischen Europa, Opladen (Leske + Budrich), S. 293–315.
Lotter, Christoph, 1997: Die Parlamentarische Versammlung der Westeuropäischen Union. Demokratische Kontrolle europäischer Sicherheitspolitik, Baden-Baden (Nomos).
Lupo, Nicola/Fasone, Cristina, 2018 (Hrsg.): Interparliamentary Cooperation in the Composite European Constitution, London (Bloomsbury).
Lütjen, Torben, 2016: Die Politik der Echokammer. Wisconsin und die ideologische Polarisierung der USA, Bielefeld (transcript).
Lütjen, Torben, 2020: Amerika im Kalten Bürgerkrieg. Wie ein Land seine Mitte verliert, Darmstadt (WBG).
Machos, Csilla, 2002: Das postsozialistische Parlament in Ungarn – Strukturen und Akteure, in: Kraatz, Susanne/Steinsdorff, Silvia von (Hrsg.), Parlamente und Systemtransformation im postsozialistischen Europa, Opladen (Leske + Budrich), S. 63–85.
Magiera, Siegfried, 1979: Parlament und Staatsleitung in der Verfassungsordnung des Grundgesetzes. Eine Untersuchung zu den Grundlagen der Stellung und Aufgaben des Deutschen Bundestages, Berlin (Duncker & Humblot).
Mainwaring, Scott, 1993: Presidentialism, Multipartism, and Democracy. The Difficult Combination, in: Comparative Political Studies, 26. Jg., S. 198–228.

Manow, Philip, 2008: Im Schatten des Königs. Die politische Anatomie demokratischer Repräsentation, Frankfurt a.M. (Suhrkamp).

Marchetti, Raffaele, 2008: Global Democracy: For and Against Ethical Theory, Institutional Design and Social Struggles, London/New York (Routledge).

Marcinkowski, Frank/Pfetsch, Barbara, 2009 (Hrsg.): Politik in der Mediendemokratie, PVS Sonderheft 42, Wiesbaden (VS Verlag für Sozialwissenschaften).

Marschall, Stefan, 1998: Parlamentarische Repräsentation in der Informationsgesellschaft, in: Zeitschrift für Politik, 45. Jg., S. 282–299.

Marschall, Stefan, 1999a: Parlamentsreform. Ziele – Akteure – Prozesse, Opladen (Leske + Budrich).

Marschall, Stefan, 1999b: Öffentlichkeit und Volksvertretung. Theorie und Praxis der Public Relations von Parlamenten, Opladen (Westdeutscher Verlag).

Marschall, Stefan, 2000: Wer vertritt wen? Volksentscheide und die Funktionslogik parlamentarischer Repräsentation. Kritische Anmerkungen zu einem Beitrag von Winfried Steffani in Heft 3/99 der ZParl, in: Zeitschrift für Parlamentsfragen, 31. Jg., S. 182–187.

Marschall, Stefan, 2001: Parlamentarische Öffentlichkeit – Eine Feldskizze, in: Oberreuter, Heinrich/Kranenpohl, Uwe/Sebaldt, Martin (Hrsg.), Der Deutsche Bundestag im Wandel. Ergebnisse neuerer Parlamentarismusforschung, Wiesbaden (Westdeutscher Verlag), S. 168–186.

Marschall, Stefan, 2002: „Niedergang" und „Aufstieg" des Parlamentarismus im Zeitalter der Denationalisierung, in: Zeitschrift für Parlamentsfragen, 33. Jg., S. 377–390.

Marschall, Stefan, 2003: Strukturwandel der parlamentarischen Öffentlichkeit, in: Zeitschrift für Politik, 50. Jg., S. 423–437.

Marschall, Stefan, 2004: Beziehungsspiele zwischen Parlament und Regierung – „Rules of the Game" und ihre Reform, in: Holtmann, Everhard/Patzelt, Werner J. (Hrsg.), Kampf der Gewalten? Parlamentarische Regierungskontrolle – gouvernementale Parlamentskontrolle. Theorie und Empirie, Opladen (Leske + Budrich), S. 313–332.

Marschall, Stefan, 2005: Transnationale Repräsentation in Parlamentarischen Versammlungen. Möglichkeiten und Grenzen von Demokratie und Parlamentarismus jenseits des Nationalstaates, Baden-Baden (Nomos).

Marschall, Stefan, 2009: Medialisierung komplexer politischer Akteure – Indikatoren und Hypothesen am Beispiel von Parlamenten, in: Marcinkowski, Frank/Pfetsch, Barbara (Hrsg.), Politik in der Mediendemokratie, PVS Sonderheft 42, Wiesbaden (VS Verlag für Sozialwissenschaften), S. 205–223.

Marschall, Stefan, 2011: Zwischen Völker- und Bürgervertretung: Das EP und die Europawahlen im Spannungsfeld repräsentativer Demokratie jenseits des Nationalstaates, in: Jürgen Mittag (Hrsg.), 30 Jahre Direktwahlen zum EP (1979–2009). Europawahlen und Europäisches Parlament in der Analyse, Baden-Baden (Nomos), S. 33–50.

Marschall, Stefan, 2014: Demokratie, Opladen (UTB).

Marschall, Stefan, 2015: Parliament, in: Mazzoleni, Gianpietro/Barnhurst, Kevin G./Ikeda, Ken'ichi/Maia, Rousiley C. M./Wessler, Hartmut (Hrsg.), International Encyclopedia of Political Communication, London/New York (Wiley Blackwell), S. 924–929.

Marschall, Stefan, 2016: Parlamente im internationalen Vergleich, in: Lauth, Hans-Joachim/Kneuer, Marianne/Pickel, Gert (Hrsg.), Handbuch Vergleichende Politikwissenschaft, Wiesbaden (Springer VS).

Marschall, Stefan, 2020: Parlamente in der Krise? Der deutsche Parlamentarismus und die Corona-Pandemie, in: Aus Politik und Zeitgeschichte, 70. Jg., Bd. 38, S. 11-17.

Marschall, Stefan, 2021: Parlamentarische Verfahren/Geschäftsordnung, in: Andersen, Uwe/Bogumil, Jörg/Marschall, Stefan/Woyke, Wichard (Hrsg.), Handwörterbuch des politischen Systems der Bundesrepublik Deutschland, Wiesbaden (Springer VS), S. 690-695.

Marschall, Stefan, 2023: Das politische System Deutschlands, 5. Aufl., Konstanz (UVK).

Marschall, Stefan/Weiß, Ralph, 2011: Politikvermittlung in der repräsentativen Demokratie, in: Politische Bildung, 44. Jg., Heft 2, S. 9–25.
Martin, Shane, 2011: Electoral Institutions, the Personal Vote and Legislative Organization, in: Legislative Studies Quarterly, 36. Jg., S. 339–361.
Martin, Shane/Rozenberg, Olivier, 2012 (Hrsg.): The Roles and Function of Parliamentary Questions, Abdingdon/Oxon/London (Routledge).
Martin, Shane, 2014: Committees, in: Ders./Saalfeld, Thomas/Strøm, Kaare W. (Hrsg.), The Oxford Handbook of Legislative Studies, Oxford (Oxford University Press), S. 352–369.
Martin, Shane/Saalfeld, Thomas/Strøm, Kaare W., 2014 (Hrsg.): The Oxford Handbook of Legislative Studies, Oxford (Oxford University Press).
Massing, Peter/Breit, Gotthard, 2002 (Hrsg.): Demokratie-Theorien. Von der Antike bis zur Gegenwart, 2. Aufl., Bonn (Bundeszentrale für politische Bildung).
Mastias, Jean/Grangé, Jean, 1987: Les secondes chambres du parlement en Europe occidentale, Paris (Economica).
Matthes, Claudia-Yvette, 2002: Polen – vom personalisierten zum rationalisierten Parlamentarismus, in: Kraatz, Susanne/Steinsdorff, Silvia von (Hrsg.), Parlamente und Systemtransformation im postsozialistischen Europa, Opladen (Leske + Budrich), S. 87–109.
Mattson, Ingvar, 1995: Private Members' Initiatives and Amendments, in: Döring, Herbert (Hrsg.), Parliaments and Majority Rule in Western Europe, Frankfurt a.M. (Campus), S. 448–487.
Mattson, Ingvar/Strøm, Kaare, 1995: Parliamentary Committees, in: Döring, Herbert (Hrsg.), Parliaments and Majority Rule in Western Europe, Frankfurt a.M. (Campus), S. 249–307.
Maubach, Franka, 2000: „Learning by doing" – Der russische Föderationsrat im Prozeß der Institutionenbildung, in: Riescher, Gisela/Ruß, Sabine/Haas, Christoph M. (Hrsg.), Zweite Kammern, München/Wien (Oldenbourg), S. 299–318.
Maurer, Andreas, 2001: National Parliaments in the European Architecture: From Latecomers' Adaptation towards Permanent Institutional Change, in: Ders./Wessels, Wolfgang (Hrsg.), National Parliaments on Their Ways to Europe: Losers or Latecomers?, Baden-Baden (Nomos), S. 27–76.
Maurer, Andreas, 2003: The Legislative Powers and Impact of the European Parliament, in: Journal of Common Market Studies, 41. Jg., S. 227–247.
Maurer, Andreas, 2009: Mehrebenendemokratie und Mehrebenenparlamentarismus: Das Europäische Parlament und die nationalen Parlamente nach Lissabon, in: Kadelbach, Stefan (Hrsg.), Europäische Integration und parlamentarische Demokratie, Baden-Baden (Nomos), S. 19–57.
Maurer, Andreas, 2012: Parlamente in der EU, Stuttgart/Wien (UTB/WUV).
Maurer, Andreas, 2023: Europäisches Parlament, in: Weidenfeld, Werner/Wessels, Wolfgang/Tekin, Funda (Hrsg.), Europa von A bis Z, 16. Aufl., Wiesbaden (Springer VS), S. 255-264.
Maurer, Andreas/Mittag, Jürgen, 2023: Europäische Parteien, in: Weidenfeld, Werner/Wessels, Wolfgang/Tekin, Funda (Hrsg.), Europa von A bis Z, 16. Aufl., Wiesbaden (Springer VS), S. 231-238.
Maurer, Andreas/Thiele, Burkard, 1996 (Hrsg.): Legitimationsprobleme und Demokratisierung der Europäischen Union, Marburg (Schüren).
Maurer, Andreas/Wessels, Wolfgang, 2001a (Hrsg.): National Parliaments on Their Ways to Europe: Losers or Latecomers?, Baden-Baden (Nomos).
Maurer, Andreas/Wessels, Wolfgang, 2001b: National Parliaments after Amsterdam: From Slow Adapters to National Players?, in: Dies. (Hrsg.), National Parliaments on Their Ways to Europe: Losers or Latecomers?, Baden-Baden (Nomos), S. 425–475.

Literaturverzeichnis

Mayer, Tilmann/Meyer, Robert/Miliopoulos, Lazaros/Ohly, H. Peter/Weede, Erich, 2011 (Hrsg.): Globalisierung im Fokus von Politik, Wirtschaft, Gesellschaft. Eine Bestandsaufnahme, Wiesbaden (VS Verlag für Sozialwissenschaften).

Mayntz, Renate/Scharpf, Fritz W., 1995: Der Ansatz des akteurzentrierten Institutionalismus, in: Dies. (Hrsg.), Gesellschaftliche Selbstregelung und politische Steuerung, Frankfurt a.M. (Campus), S. 39–72.

Mello, Patrick A./Peters, Dirk, 2018: Parliaments in Security Policy: Involvement, Politicisation, and Influence, in: The British Journal of Politics and International Relations, 20. Jg., Heft 1, S. 3–18.

Merkel, Wolfgang, 2010: Systemtransformation: Eine Einführung in die Theorie und Empirie der Transformationsforschung, 2. Aufl., Wiesbaden (VS Verlag für Sozialwissenschaften).

Merkel, Wolfgang, 2020: Wer regiert in der Krise? Demokratie in Zeiten der Pandemie, in: WSI-Mitteilungen, 73. Jg., S. 445-453.

Meyer, Hans, 1989: Die Stellung der Parlamente in der Verfassungsordnung des Grundgesetzes, in: Schneider, Hans-Peter/Zeh, Wolfgang (Hrsg.), Parlamentsrecht und Parlamentspraxis in der Bundesrepublik Deutschland. Ein Handbuch, New York (de Gruyter), S. 117–163.

Mezey, Michael L., 1979: Comparative Legislatures, Durham (Duke University Press).

Mielke, Siegfried/Reutter, Werner, 2012 (Hrsg.): Länderparlamentarismus in Deutschland. Geschichte – Struktur – Funktionen, 2. Aufl., Wiesbaden (VS Verlag für Sozialwissenschaften).

Mill, John Stuart, 1971: Betrachtungen über die repräsentative Demokratie (Original 1861), Paderborn (Schöningh).

Mineur, Didier, 2020: Theories of Parliamentarism, Philosophies of Democracy, in: Benoit, Cyril/Rozenberg, Olivier (Hrsg.), Handbook of Parliamentary Studies, Cheltenham/Northampton (Edward Elgar), S. 86-100.

Mitchell, Paul, 2000: Voters and Their Representatives. Electoral Institutions and Delegation in Parliamentary Democracy, in: European Journal of Political Research, 37. Jg., S. 335–351.

Mittag, Jürgen/Steuwer, Janosch, 2010: Politische Parteien in der EU, Wien (Facultas wuv).

Mizrahi, Michael T., 2003: Television Channels that Broadcast from Parliaments in the World. Comparative Survey, Manuskript, Tel Aviv (The Knesset – Research and Information Center).

Mommsen, Margareta, 2010: Das politische System Russlands, in: Ismayr, Wolfgang (Hrsg.), Die politischen Systeme Osteuropas, 3. Aufl., Wiesbaden (VS Verlag für Sozialwissenschaften), S. 419-478.

Montesquieu, Charles Louis de Secondat de, 1965: Vom Geist der Gesetze (Original 1748), Stuttgart (Reclam).

Morlok, Martin/Schliesky, Utz/Wiefelspütz, Dieter, 2016 (Hrsg.): Parlamentsrecht, Baden-Baden (Nomos).

Morlok, Martin/Poguntke, Thomas/Sokolov, Ewgenij, 2018 (Hrsg.): Parteienstaat – Parteiendemokratie, Baden-Baden (Nomos).

Mosca, Gaetano, 1950: Die herrschende Klasse – Grundlagen der politischen Wissenschaft (Original 1896), München (Leo Lehnen).

Müller, Marion G., 2001: Parlament und politische Liturgie, in: Schieder, Rolf (Hrsg.), Religionspolitik und Zivilreligion, Baden-Baden (Nomos), S. 172–183.

Müller, Wolfgang C./Sieberer, Ulrich, 2014: Procedure and Rules in Legislature, in: Martin, Shane/Saalfeld, Thomas/Strøm, Kaare W. (Hrsg.), The Oxford Handbook of Legislative Studies, Oxford (Oxford University Press), S. 311–331.

Näsström, Sofia, 2011: Where is the Representative Turn Going?, in: European Journal of Political Theory, 10. Jg., S. 501–510.

Niedermayer, Oskar, 2014: Immer noch eine „nationale Nebenwahl"? Die Wahl zum Europäischen Parlament am 25. Mai 2014, in: Zeitschrift für Parlamentsfragen, 45. Jg., S. 523–546.
Nohlen, Dieter, 2023: Wahlrecht und Parteiensystem, 8. Aufl., Leverkusen (Barbara Budrich).
Norton, Philip, 1990 (Hrsg.): Legislatures, New York (Oxford University Press).
Norton, Philip, 1993: Does Parliament Matter?, New York u.a. (Harvester Wheatsheaf).
Norton, Philip, 1996 (Hrsg.): National Parliaments and the European Union, London (Frank Cass).
Norton, Philip, 1998 (Hrsg.): Legislatures and Legislators, Aldershot (Ashgate).
Norton, Philip, 1999a: Conclusion: Conflicting Pressures, in: Ders. (Hrsg.), Parliaments and Pressure Groups in Western Europe, London (Frank Cass), S. 167–176.
Norton, Philip, 1999b (Hrsg.): Parliaments and Pressure Groups in Western Europe, London (Frank Cass).
Norton, Philip, 2002 (Hrsg.): Parliaments and Citizens in Western Europe, London (Frank Cass).
Norton, Philip, 2012: Parliament and Citizens in the United Kingdom, in: The Journal of Legislative Studies, 18. Jg., S. 403–418.
Norton, Philip, 2013: Parliament in British Politics, 2. Aufl., Basingstoke/New York (Palgrave Macmillan).
Norton, Philip, 2020: The Impact of Legislatures, Abdingdon/Oxon/New York (Routledge).
Norton, Philip/Olson, David M., 1996a (Hrsg.): The New Parliaments of Central and Eastern Europe, London (Frank Cass).
Norton, Philip/Olson, David M., 1996b: Parliaments in Adolescence, in: Dies. (Hrsg.), The New Parliaments of Central and Eastern Europe, London (Frank Cass), S. 231–243.
Norton, Philip/Olson, David M., 2007a (Hrsg.): Post-Communist and Post-Soviet Legislatures: Beyond Transition, Special Issue of *The Journal of Legislative Studies*, 13. Jg., Heft 1.
Norton, Philip/Olson, David M., 2007b: Post-Communist and Post-Soviet Legislatures: Beyond Transition, in: Olson, David M./Norton, Philip (Hrsg.), Post-Communist and Post-Soviet Legislatures: The Initial Decade, Abingdon/Oxon (Routledge), S. xii-xxii.
Nwebo, Osy Ezechukwunyere/Fombad, Charles Manga, 2022: Reflections on the Role of the Pan-African Parliament in Advancing Democratic Governance in Africa, in: Adeola, Aderomola/Mutua, Makau W. (Hrsg.), The Palgrave Handbook of Democracy, Governance and Justice in Africa, London (Palgrave Macmillan), S. 85-107.
Oberreuter, Heinrich, 1979: Parlament und Öffentlichkeit, in: Langenbucher, Wolfgang (Hrsg.), Politik und Kommunikation. Über die öffentliche Meinungsbildung, München/Zürich (Piper), S. 62–78.
Oberreuter, Heinrich, 2002: Idee, Norm und Realität sozialistischer Vertretungskörperschaften, in: Patzelt, Werner J./Schirmer, Roland (Hrsg.), Die Volkskammer der DDR. Sozialistischer Parlamentarismus in Theorie und Praxis, Wiesbaden (Westdeutscher Verlag), S. 75–93.
Oberreuter, Heinrich, 2004: Mehr Demokratie wagen? Parlamentskritik und Parlamentsreform in den 60er und 70er Jahren, in: Recker, Marie-Luise (Hrsg.), Parlamentarismus in Europa. Deutschland, England und Frankreich im Vergleich, München (Oldenbourg), S. 179–194.
O′Brien, Diana Z./Piscopo, Jennifer M., 2019: The Impact of Women in Parliament, in: Franceschet, Susan/Krook, Mona Lena/Tan, Netina (Hrsg.), The Palgrave Handbook of Women´s Political Rights, London (Palgrave Macmillan), S. 53-72
Ohliger, Veronika, 2019: Nationale Parlamentarier im Europarat. Warum tun sie sich das an?, Baden-Baden (Nomos).
Olson, David M., 1994: Democratic Legislative Institutions. A Comparative View, Armonk/London (M. E. Sharpe).

Olson, David M., 2002: The Centrality of Post-Communist Parliaments of Central Europe in Democratic System Transition and Consolidation, in: Kraatz, Susanne/Steinsdorff, Silvia von (Hrsg.), Parlamente und Systemtransformation im postsozialistischen Europa, Opladen (Leske + Budrich), S. 18–27.

Ornstein, Norman J., 1988: Interessensvertretung auf dem Kapitol, in: Thaysen, Uwe/Davidson, Roger H./Livingston, Robert G. (Hrsg.), US- Kongress und Deutscher Bundestag, Opladen (Westdeutscher Verlag), S. 281–299.

Ott, Yvonne, 1994: Der Parlamentscharakter der Gemeindevertretung, Baden-Baden (Nomos).

Palanza, Valeria/Sin, Gisela, 2020: Legislatures and Executive Vetoes, in: Benoit, Cyril/Rozenberg, Olivier (Hrsg.), Handbook of Parliamentary Studies, Cheltenham/Northampton (Edward Elgar), S. 367-388.

Patterson, Samuel C./Mughan, Anthony, 1999: Senates and the Theory of Bicameralism, in: Dies. (Hrsg.), Senates: Bicameralism in the Contemporary World, Columbus (Ohio State University Press), S. 1–31.

Patterson, Samuel C./Mughan, Anthony, 2001: Fundamentals of Institutional Design: The Functions and Powers of Parliamentary Second Chambers, in: The Journal of Legislative Studies, 7. Jg., S. 39–60.

Patzelt, Werner J., 1993: Abgeordnete und Repräsentation. Amtsverständnis und Wahlkreisarbeit, Passau (Rothe).

Patzelt, Werner J., 1995: Vergleichende Parlamentarismusforschung als Schlüssel zum Systemvergleich. Vorschläge zu einer Theorie- und Forschungsdebatte, in: Steffani, Winfried/Thaysen, Uwe (Hrsg.), Demokratie in Europa. Zur Rolle der Parlamente, Opladen (Westdeutscher Verlag), S. 355–385.

Patzelt, Werner J., 2001: Parlamente und ihre Symbolik. Aufriß eines Forschungsfeldes, in: Ders. (Hrsg.), Parlamente und ihre Symbolik. Programm und Beispiele institutioneller Analyse, Wiesbaden (Westdeutscher Verlag), S. 39–76.

Patzelt, Werner J., 2002: Wie war die Volkskammer wirklich? Akteurs- und Analytikerperspektiven im Vergleich, in: Ders./Schirmer, Roland (Hrsg.), Die Volkskammer der DDR. Sozialistischer Parlamentarismus in Theorie und Praxis, Wiesbaden (Westdeutscher Verlag), S. 247–298.

Patzelt, Werner J., 2003a (Hrsg.): Parlamente und ihre Funktionen. Institutionelle Mechanismen und institutionelles Lernen im Vergleich, Wiesbaden (Westdeutscher Verlag).

Patzelt, Werner J., 2003b: Parlamente und ihre Funktionen, in: Ders. (Hrsg.), Parlamente und ihre Funktionen. Institutionelle Mechanismen und institutionelles Lernen im Vergleich, Wiesbaden (Westdeutscher Verlag), S. 13–49.

Patzelt, Werner J., 2007: Vom Nutzen eines weiten Parlamentsbegriffs: Leitideen und institutionelle Formen des Parlamentarismus, in: Patzelt, Werner J./Sebaldt, Martin/Kranenpohl, Uwe (Hrsg.), Res publica semper reformanda. Wissenschaft und politische Bildung im Dienste des Gemeinwohls, Wiesbaden (VS Verlag für Sozialwissenschaften), S. 224–239.

Patzelt, Werner J., 2013: Parlamentarische Kontrolle. Begriffe, Leitgedanken und Erscheinungsformen, in: Eberbach-Born, Birgit/Kropp, Sabine/Stuchlik, Andrej/Zeh, Wolfgang (Hrsg.), Parlamentarische Kontrolle und Europäische Union, Baden-Baden (Nomos), S. 23–48.

Patzelt, Werner J., 2020: Parlamentarismusforschung. Einführung., Baden-Baden (Nomos).

Patzelt, Werner J., 2024: Geschichte des Parlamentarismus. Band 1: Außereuropäische Vormoderne und vorchristliche Antike, Baden-Baden (Nomos).

Patzelt, Werner J./Schirmer, Roland, 2002 (Hrsg.): Die Volkskammer der DDR. Sozialistischer Parlamentarismus in Theorie und Praxis, Wiesbaden (Westdeutscher Verlag).

Peters, Dirk/Wagner, Wolfgang, 2011: Between Military Efficiency and Democratic Legitimacy: Mapping Parliamentary War Powers in Contemporary Democracies, 1989–2004, in: Parliamentary Affairs, 64. Jg., S. 175–192.

Peters, Guy B., 2023: The United States Congressional Administration, in: Christiansen, Thomas/Griglio, Elena/Lupo, Nicola (Hrsg.), The Routledge Handbook of Parliamentary Administrations, Abdingdon/Oxon/New York (Routledge), S. 713-722.
Pettit, Philip, 2010: Representation, Responsive and Indicative, in: Constellations, 17. Jg., S. 426-434.
Pitkin, Hanna F., 1967: The Concept of Representation, Berkeley (University of California Press).
Plescia, Carolina/Wilhelm, James/Kritzinger, Sylvia, 2020: First-Order Breakthrough or Still Second Order? An Assessment of the 2019 EP Elections, in: Kritzinger, Sylvia/Plescia, Carolina/Raube, Kolja/Wilhelm, James/Wouters, Jan (Hrsg.), Assessing the 2019 European Parliament Elections, Abdingdon/Oxon/New York (Routledge), S. 76-95.
Plottka, Julian, 2023: Europäische Bürgerinitiative, in: Weidenfeld, Werner/Wessels, Wolfgang/Tekin, Funda (Hrsg.), Europa von A bis Z, 16. Aufl., Wiesbaden (Springer VS), S. 197-200.
Poguntke, Thomas/Hofmeister, Wilhelm, 2024 (Hrsg.): Political Parties and the Crisis of Democracy: Organization, Resilience, and Reform, Oxford (Oxford University Press).
Poguntke, Thomas/Webb, Paul, 2005 (Hrsg.): The Presidentialization of Politics. A Comparative Study of Modern Democracies, Oxford (Oxford University Press).
Pohl, Manfred, 1999: Zwischen Tradition und funktionaler Modernisierung: Parteiorganisationen und Fraktionen in Japan, in: Helms, Ludger (Hrsg.), Parteien und Fraktionen. Ein internationaler Vergleich, Wiesbaden (VS Verlag für Sozialwissenschaften), S. 287-306.
Pöhle, Klaus, 1998: Das Demokratiedefizit der Europäischen Union und die nationalen Parlamente. Bietet COSAC einen Ausweg?, in: Zeitschrift für Parlamentsfragen, 29. Jg., S. 77-89.
Polsby, Nelson W., 1975: Legislatures, in: Greenstein, Fred I./Ders. (Hrsg.), Handbook of Political Science, Bd. 5, Reading (Addison-Wesley), S. 257-319.
Powell, G. Bingham, 2004: The Quality of Democracy: The Chain of Responsiveness, in: Journal of Democracy, 15. Jg., Heft 4, S. 91-105.
Przeworski, Adam/Stokes, Susan C./Manin, Bernard, 1999 (Hrsg.): Democracy, Accountability and Representation, Cambridge (Cambridge University Press).
Putnam, Robert D., 1988: Diplomacy and Domestic Politics: The Logic of Two-Level Games, in: International Organization, 43. Jg., S. 88-110.
Raschke, Joachim, 1968: Der Bundestag im parlamentarischen Regierungssystem. Darstellung und Dokumentation, Berlin (Colloquium).
Raunio, Tapio, 2009: National Parliaments and European Integration: What We Know and Agenda for Future Research, in: The Journal of Legislative Studies, 15. Jg., S. 1-12.
Raunio, Tapio, 2014: Legislatures and Foreign Policy, in: Martin, Shane/Saalfeld, Thomas/Strøm, Kaare W. (Hrsg.), The Oxford Handbook of Legislative Studies, Oxford (Oxford University Press), S. 543-566.
Raunio, Tapio/Wagner, Wolfgang, 2017: Towards Parliamentarisation of Foreign and Security Policy, in: West European Politics, 40. Jg., Heft 1, S. 1-19.
Raunio, Tapio/Sedelius, Thomas, 2020: Semi-Presidential Policy-Making in Europe. Executive Coorindation and Political Leadership, Basingstoke/New York (Palgrave Macmillan).
Rausch, Heinz, 1995: Parlament, Parlamentarismus, in: Görres-Gesellschaft (Hrsg.), Staatslexikon. Recht – Wirtschaft – Gesellschaft, Bd. 4, Freiburg/Basel/Wien (Herder), S. 296-304.
Rebenstorf, Hilke/Weßels, Bernhard, 1989: Wie wünschen sich die Wähler ihre Abgeordneten? Ergebnisse einer repräsentativen Bevölkerungsumfrage zum Problem der sozialen Repräsentativität des Deutschen Bundestages, in: Zeitschrift für Parlamentsfragen, 20. Jg., S. 408-424.

Literaturverzeichnis

Recker, Marie-Luise, 2004 (Hrsg.): Parlamentarismus in Europa: Deutschland, England und Frankreich im Vergleich, München (Oldenbourg).

Recker, Marie-Luise/Schulz, Andreas, 2018 (Hrsg.): Parlamentarismuskritik und Antiparlamentarismus in Europa, Düsseldorf (Droste).

Reif, Karlheinz/Schmitt, Hermann, 1980: Nine National Second-Order Election Results, in: European Journal of Political Research, 8. Jg., S. 3–44.

Reiher, Martin, 2019: Parlamentarier als Beruf, Baden-Baden (Nomos).

Relyea, Harold C., 2010: Across the Hill: The Congressional Research Service and Providing Research for Congress – A Retrospective on Origins, in: Government Information Quarterly, 27. Jg., S. 414–422.

Reutter, Werner, 2014: Zur Zukunft des Landesparlamentarismus: Der Landtag Nordrhein-Westfalen im Bundesländervergleich, Wiesbaden (Springer VS).

Richardson, Jeremy J./Jordan, Alexander G., 1979: Governing Under Pressure: The Policy Process in a Post-Parliamentary Democracy, Oxford (Martin Robertson).

Richter, Hedwig/Buchstein, Hubertus, 2017: Einleitung: Eine Neue Geschichte der Wahlen, in: Richter, Hedwig/Buchstein, Hubertus (Hrsg.), Kultur und Praxis der Wahlen, Wiesbaden (Springer VS).

Riehm, Ulrich/Böhle, Knud/Lindner, Ralf, 2014: Electronic Petitioning and Modernization of Petitioning Systems in Europe, Karlsruhe (TAB).

Riescher, Gisela, 2001: Do Second Chambers Matter? Fragen und Ergebnisse zum internationalen Vergleich bikameraler Systeme, in: Europäisches Zentrum für Föderalismus-Forschung Tübingen (Hrsg.), Jahrbuch des Föderalismus 2001. Föderalismus, Subsidiarität und Regionen in Europa, Baden-Baden (Nomos), S. 87–98.

Riescher, Gisela/Ruß, Sabine/Haas, Christoph M., 2010 (Hrsg.): Zweite Kammern, 2. Aufl., München (Oldenbourg).

Riescher, Gisela/Ruß, Sabine, 2010: Zur Funktion von Zweiten Kammern in modernen Demokratien, in: Dies./Haas, Christoph M. (Hrsg.), Zweite Kammern, München (Oldenbourg), S. 507–532.

Riker, William H., 1992: The Justification of Bicameralism, in: International Political Science Review, 13. Jg., S. 101–116.

Ringe, Nils, 2010: Who Decides and How? Preferences, Uncertainty, and Public Choice in the European Parliament, Oxford (Oxford University Press).

Ripoll Servent, Ariadna, 2017: The European Parliament, London (Palgrave Macmillan Education).

Risse, Thomas, 2014: European Public Spheres. Politics Is Back, Cambridge (Cambridge University Press).

Roberts, John C., 2014: The Struggle Over Executive Appointments, in: Utah Law Review, Nr. 4, Artikel 2.

Roederer-Rynning, Christilla/Greenwood, Justin, 2015: The Culture of Trilogues, in: Journal of European Public Policy, 22. Jg., S. 1148-1165.

Rosenau, James/Czempiel, Ernst-Otto, 1992 (Hrsg.): Governance without Government: Order and Change in World Politics, Cambridge (Cambridge University Press).

Roßteutscher, Sigrid/Schäfer, Armin, 2016: Asymmetrische Mobilisierung: Wahlkampf und ungleiche Wahlbeteiligung, in: Politische Vierteljahresschrift, 57. Jg., Heft 3, S. 455-483.

Roth, Alexander/de Nève, Dorothée, 2002: Rumänien – Zustimmungsmaschine oder „einziger Gesetzgeber des Landes"?, in: Kraatz, Susanne/Steinsdorff, Silvia von (Hrsg.), Parlamente und Systemtransformation im postsozialistischen Europa, Opladen (Leske + Budrich), S. 183–206.

Roth, Dieter/Kornelius, Bernhard, 2004: Europa und die Deutschen: Die untypische Wahl am 13. Juni 2004, in: Aus Politik und Zeitgeschichte, B 17, S. 46–54.

Rousseau, Jean-Jacques, 1971: Der Gesellschaftsvertrag oder Die Grundsätze des Staatsrechts (Original 1762), Stuttgart (Reclam).

Rudzio, Wolfgang, 2005: Informelles Regieren. Zum Koalitionsmanagement in deutschen und österreichischen Regierungen, Wiesbaden (VS Verlag für Sozialwissenschaften).
Rudzio, Wolfgang, 2019: Das politische System der Bundesrepublik Deutschland, 10. Aufl., Wiesbaden (Springer VS).
Russell, Meg/Gover, Daniel/Wollter, Kristina, 2016: Does the Executive Dominate the Westminster Legislative Process? Six Reasons for Doubt, in: Parliamentary Affairs, 69. Jg., S. 286-308.
Russell, Meg/Serban Ruxandra, 2022: Why it Is Indeed Time for the Westminster Model to Be Retired from Comparative Politics, in: Government and Opposition, 57. Jg., Heft 2, S. 370-384.
Saalfeld, Thomas, 1995: On Dogs and Whips: Recorded Votes, in: Döring, Herbert (Hrsg.), Parliaments and Majority Rule in Western Europe, Frankfurt a.M. (Campus), S. 528–565.
Saalfeld, Thomas, 2007: Parteien und Wahlen, Baden-Baden (Nomos).
Saalfeld, Thomas/Strøm, Kaare W., 2014: Political Parties and Legislators, in: Martin, Shane/Dies. (Hrsg.), The Oxford Handbook of Legislative Studies, Oxford (Oxford University Press), S. 371–398.
Saiegh, Sebastian M., 2014: Lawmaking, in: Martin, Shane/Saalfeld, Thomas/Strøm, Kaare W. (Hrsg.), The Oxford Handbook of Legislative Studies, Oxford (Oxford University Press), S. 481–513.
Sarcinelli, Ulrich, 1994 (Hrsg.): Öffentlichkeitsarbeit der Parlamente, Baden-Baden (Nomos).
Sarcinelli, Ulrich, 2011: Politische Kommunikation in Deutschland. Medien und Politikvermittlung im demokratischen System, 3. Aufl., Wiesbaden (VS Verlag für Sozialwissenschaften).
Sarcinelli, Ulrich, 2013: Legitimation durch Kommunikation?, in: Korte, Karl-Rudolf/Grunden, Timo (Hrsg.), Handbuch Regierungsforschung, Wiesbaden (Springer VS), S. 93-102.
Sarcinelli, Ulrich/Tenscher, Jens 2000: Vom repräsentativen zum präsentativen Parlamentarismus? Entwurf eines Arenenmodells parlamentarischer Kommunikation, in: Jarren, Otfried/Imhof, Kurt/Blum, Roger (Hrsg.), Zerfall der Öffentlichkeit?, Wiesbaden (VS Verlag für Sozialwissenschaften), S. 74-96.
Sarcinelli, Ulrich/Tenscher, Jens, 2008 (Hrsg.): Politikherstellung und Politikdarstellung. Beiträge zur politischen Kommunikation, Köln (Herbert von Halem).
Saretzki, Thomas, 1995: „Arguing" oder „Bargaining": Selbstbindung der Politik durch öffentliche Diskurse, in: Göhler, Gerhard (Hrsg.), Macht der Öffentlichkeit – Öffentlichkeit der Macht, Baden-Baden (Nomos), S. 277-311.
Sartori, Giovanni, 2005: Parties and Party Systems: A Framework for Analysis, Colchester (ECPR Press).
Sartori, Giovanni, 2006: Demokratietheorie, 3. Aufl., Darmstadt (Wissenschaftliche Buchgesellschaft).
Saward, Michael, 2010: The Representative Claim, Oxford (Oxford University Press).
Saxer, Ulrich, 1998: Mediengesellschaft: Versäumnisse, in: Sarcinelli, Ulrich (Hrsg.), Politikvermittlung und Demokratie in der Mediengesellschaft. Beiträge zur politischen Kommunikationskultur, Bonn (Bundeszentrale für politische Bildung), S. 52–73.
Schäfer, Andreas, 2017: Zwischen Repräsentation und Diskurs. Zur Rolle von Deliberation im parlamentarischen Entscheidungsprozess, Wiesbaden (Springer VS).
Schäfer, Friedrich, 1975: Der Bundestag. Eine Darstellung seiner Aufgaben und seiner Arbeitsweise, 2. Aufl., Opladen (Westdeutscher Verlag).
Scharpf, Fritz W., 1975: Demokratietheorie zwischen Utopie und Anpassung, Konstanz (Skriptor).

Scharpf, Fritz W., 1999: Föderale Politikverflechtung: Was muß man ertragen – was kann man ändern, MPIfG Working Paper 99/3, Köln (Max-Planck-Institut für Gesellschaftsforschung).

Scharpf, Fritz W., 2006: Interaktionsformen. Akteurzentrierter Institutionalismus in der Politikforschung, Opladen (Leske + Budrich).

Scharpf, Fritz W./Reissert, Bernd/Schnabel, Fritz, 1976: Politikverflechtung. Theorie und Empirie des kooperativen Föderalismus in der Bundesrepublik, Kronberg i.Ts. (Athenäum).

Scherer, Helmut, 2002: Wer reden will, muss hören: Die kommunikative Rolle politischer Akteure in der vernetzten Gesellschaft, in: Schatz, Heribert/Rössler, Patrick/Nieland, Jörg-Uwe (Hrsg.), Politische Akteure in der Mediendemokratie. Politiker in den Fesseln der Medien, Wiesbaden (Westdeutscher Verlag), S. 129–145.

Scherrer, Christoph/Kunze, Caren, 2011: Globalisierung, Göttingen (UTB/Vandenhoeck & Ruprecht).

Schick, Rupert, 1996: Petitionen. Von der Untertanenbitte zum Bürgerrecht, 3. Aufl., Heidelberg (Hüthig).

Schieder, Peter, 2000: Die Rolle der Fraktionen im Europarat, in: Holtz, Uwe (Hrsg.), 50 Jahre Europarat, Schriften des Zentrums für Europäische Integrationsforschung der Rheinischen Friedrich-Wilhelms-Universität Bonn, Baden- Baden (Nomos), S. 101–107.

Schieren, Stefan, 2010 (Hrsg.): Kommunalpolitik. Probleme und Potentiale der „Wiege der Demokratie", Schwalbach i.Ts. (Wochenschau-Verlag).

Schiller, Dietmar, 1999: „Images of Parliament" – Zur Dechiffrierung der televisuellen Signatur von Parlamentsdebatten, in: Hofmann, Wilhelm (Hrsg.), Die Sichtbarkeit der Macht. Theoretische und empirische Untersuchungen zur visuellen Politik, Baden-Baden (Nomos), S. 145–162.

Schiller, Dietmar, 2002: Brennpunkt Plenum. Die Präsentation von Parlamenten im Fernsehen. Britisches House of Commons und Deutscher Bundestag im Vergleich, Wiesbaden (Westdeutscher Verlag).

Schimmelfennig, Frank/Winzen, Thomas/Lenz, Tobias, et al., 2020: The Rise of International Parliaments. Strategic Legitimation in International Organizations, Oxford (Oxford University Press).

Schindler, Peter, 1999: Datenhandbuch zur Geschichte des Deutschen Bundestages, 3 Bd., Baden-Baden (Nomos).

Schirm, Stefan A./Busch, Andreas/Lütz, Susanne/Walter, Stefanie/Zimmermann, Hubert, 2022 (Hrsg.): De-Globalisierung. Forschungsstand und Perspektiven, Baden-Baden (Nomos).

Schirmer, Roland, 2002: Die Volkskammer – ein ‚stummes' Parlament? Die Volkskammer und ihre Abgeordneten im politischen System der DDR, in: Patzelt, Werner J./Ders. (Hrsg.), Die Volkskammer der DDR. Sozialistischer Parlamentarismus in Theorie und Praxis, Wiesbaden (Westdeutscher Verlag), S. 94–180.

Schliesky, Utz, 2024: Parlamentarische Öffentlichkeit in der digitalen Welt: Ein neuer Strukturwandel?, in: Zeitschrift für Parlamentsfragen, Jg. 54, S. 912–922.

Schmid, Alexandra M., 2013: Das Europäische Parlament als Hoffnungsträger parlamentarischer Kontrollrechte?, in: Eberbach-Born, Birgit/Kropp, Sabine/Stuchlik, Andrej/Zeh, Wolfgang (Hrsg.), Parlamentarische Kontrolle und Europäische Union, Baden-Baden (Nomos), S. 341–367.

Schmidt, Manfred G., 2019: Demokratietheorien. Eine Einführung, 6. Aufl., Wiesbaden (Springer VS).

Schmitt, Carl, 1926: Die geistesgeschichtliche Lage des heutigen Parlamentarismus, München (Duncker & Humblot).

Schmitt, Carl, 1928: Verfassungslehre, München (Duncker & Humblot).

Schmitt, Karl, 2003 (Hrsg.): Herausforderungen der repräsentativen Demokratie, Baden-Baden (Nomos).

Schmitz, Karsten 2018: Koalitionsbildung im Europäischen Parlament, Wiesbaden (Springer VS).
Schneider, Hans-Peter/Zeh, Wolfgang, 1989 (Hrsg.): Parlamentsrecht und Parlamentspraxis. Ein Handbuch, Berlin/New York (de Gruyter).
Scholz, Rupert, 1999: Das Bundesverfassungsgericht: Hüter der Verfassung oder Ersatzgesetzgeber?, in: Aus Politik und Zeitgeschichte, B 16, S. 3–8.
Schöne, Helmar, 2010: Alltag im Parlament. Parlamentskultur in Theorie und Empirie, Baden-Baden (Nomos).
Schüle, Christian, 1998: Die Parlamentarismuskritik bei Carl Schmitt und Jürgen Habermas. Grundlagen, Grundzüge und Strukturen, Neuried (ars una).
Schuler, Paul/Malesky, Edmund J., 2014: Authoritarian Legislatures, in: Martin, Shane/Saalfeld, Thomas/Strøm, Kaare W. (Hrsg.), The Oxford Handbook of Legislative Studies, Oxford (Oxford University Press), S. 676–695.
Schüttemeyer, Suzanne S., 1998: Fraktionen im Deutschen Bundestag. Empirische Befunde und theoretische Schlussfolgerungen, Opladen (Westdeutscher Verlag).
Schüttemeyer, Suzanne S., 2006: Vergleichende Parlamentarismusforschung, in: Berg-Schlosser, Dirk/Müller-Rommel, Ferdinand (Hrsg.), Vergleichende Politikwissenschaft, 4. Aufl., Wiesbaden (VS Verlag für Sozialwissenschaften), S. 207–228.
Schüttemeyer, Suzanne S., 2009: Deparliamentarisation: How Severely is the German Bundestag Affected?, in: German Politics, 18. Jg., S. 1–11.
Schüttemeyer, Suzanne S., 2022: Parlamentarismus – von gestern für heute?, in: Grotz, Florian (Hrsg.), Neue Welt – andere Politik?, Baden-Baden (Nomos), S. 79-97.
Schütt-Wetschky, Eberhard, 1991: Der freie Volksvertreter: Illusion oder Wirklichkeit? Zur Kritik der Lehre vom „Parteienstaat", in: Aus Politik und Zeitgeschichte, B 21-22, S. 15–23.
Schütt-Wetschky, Eberhard, 1992: Haben wir eine akzeptable Parlamentarismustheorie?, in: Hartmann, Jürgen/Thaysen, Uwe (Hrsg.), Pluralismus und Parlamentarismus in Theorie und Praxis. Winfried Steffani zum 65. Geburtstag, Opladen (Westdeutscher Verlag), S. 91–112.
Schütt-Wetschky, Eberhard, 1994: Grundtypen parlamentarischer Demokratie. Klassisch-altliberaler Typ und Gruppentyp. Unter besonderer Berücksichtigung der Kritik am „Fraktionszwang", Freiburg i.Br./München (Alber).
Schütt-Wetschky, Eberhard, 2001: Auswanderung der Politik aus den Institutionen: Schwächung der Demokratie? Zur Legitimation der Parteiendemokratie, in: Zeitschrift für Politikwissenschaft, 11. Jg., S. 3–29.
Schumpeter, Joseph A., 1993: Kapitalismus, Sozialismus und Demokratie, Tübingen (Francke).
Schwanholz, Julia, 2015: Parlamentsmacht in der Finanz- und Wirtschaftskrise, Baden-Baden (Nomos).
Schwanholz, Julia/Theiner, Patrick/Busch, Andreas, 2018: The Interactive Parliament. Evolving Use of Digital Media by National Legislatures in the EU, in: Brichzin, Jenni/Krichewsky, Damien/Ringel, Leopold/Schank, Jan (Hrsg.), Soziologie der Parlamente. Neue Wege der politischen Institutionenforschung, Wiesbaden (Springer VS), S. 337-368.
Schwanholz, Julia/Theiner, Patrik, 2020: Die politische Architektur deutscher Parlamente: Von Häusern, Schlössern und Palästen, Wiesbaden (Springer VS).
Schwarzmeier, Manfred, 2001: Parlamentarische Mitsteuerung. Strukturen und Prozesse informalen Einflusses im Deutschen Bundestag, Wiesbaden (Westdeutscher Verlag).
Schwarzmeier, Manfred, 2004: Gouvernementale Kontrolle und parlamentarische Mitsteuerung. Wirkmechanismen informalen Einflusses zwischen Regierung und Parlamentsmehrheit, in: Holtmann, Everhard/Patzelt, Werner J. (Hrsg.), Kampf der Gewalten? Parlamentarische Regierungskontrolle – gouvernementale Parlamentskontrolle. Theorie und Empirie, Opladen (Leske + Budrich), S. 55–83.

Scully, Roger, 2002: Going Native? Institutional and Partisan Loyalty in the European Parliament, in: Steunenberg, Bernard/Thomassen, Jacques (Hrsg.), The European Parliament: Moving Towards Democracy in the EU, Governance in Europe Series, Maryland (Rowman & Littlefield), S. 113–138.

Scully, Roger/Hix, Simon/Farrell, David M., 2012: National or European Parliamentarians? Evidence from a New Survey of the Members of the European Parliament, in: Journal of Common Market Studies, 50. Jg., S. 670–683.

Sebaldt, Martin, 1997: Organisierter Pluralismus. Kräftefeld, Selbstverständnis und politische Arbeit deutscher Interessengruppen, Opladen (Westdeutscher Verlag).

Selinger, William, 2019: Parliamentarism: From Burke to Weber, Cambridge (Cambridge University Press).

Shugart, Matthew S./Carey, John M., 1992: Presidents and Assemblies. Constitutional Design and Electoral Dynamics, Cambridge (Cambridge University Press).

Sieberer, Ulrich, 2010: Parlamente als Wahlorgane. Parlamentarische Wahlbefugnisse und ihre Nutzung in 25 europäischen Demokratien, Baden-Baden (Nomos).

Sieberer, Ulrich/Müller, Wolfgang C./Heller, Maiko I., 2011: Reforming the Rules of the Parliamentary Game: Measuring and Explaining Changes in Parliamentary Rules in Austria, Germany, and Switzerland, 1945–2010, in: West European Politics, 34. Jg., S. 948–975.

Sieberer, Ulrich/Müller, Wolfgang C., 2015: Explaining Reforms of Parliamentary Minority Rights: A Theoretical Framework with Case Study Application, in: West European Politics, 38. Jg., S. 997–1019.

Sieberer, Ulrich/Meißner, Peter/Keh, Julia F./Müller, Wolfgang C., 2016: Mapping and Explaining Parliamentary Rule Changes in Europe: A Research Program, in: Legislative Studies Quarterly, 41. Jg., S. 61–88.

Siefken, Sven T., 2007: Expertenkommissionen im politischen Prozess. Eine Bilanz zur rot-grünen Bundesregierung 1998 - 2005, Wiesbaden (Springer VS).

Siefken, Sven T., 2018: Parlamentarische Kontrolle im Wandel. Theorie und Praxis des Deutschen Bundestages, Baden-Baden (Nomos).

Siefken, Sven T./Guasti, Petra/Patzelt, Werner J./Akirav, Osnat/Coghill, Ken/Haupt, Pauline, 2021: Parlamente in der Pandemie: Erste Erkenntnisse aus einem international vergleichenden Forschungsvorhaben, in: Zeitschrift für Parlamentsfragen, 52. Jg., S. 898–914.

Siefken, Sven T./Kühne, Alexander, 2021: Die parlamentarische Repräsentation als anspruchsvolle Regierungsform – überholt oder doch unverzichtbar für die Zukunft?, in: GWP – Gesellschaft. Wirtschaft. Politik, 70. Jg., S. 245-256.

Siefken, Sven T./Rommetvedt, Hilmar, 2022 (Hrsg.): Parliamentary Committees in the Policy Process, Abingdon/Oxon/New York (Routledge).

Simon, Maurice D., 1996: Institutional Development of Poland's Post-Communist Sejm: A Comparative Analysis, in: Olson, David M./Norton, Philip (Hrsg.), The New Parliaments of Central and Eastern Europe, London (Frank Cass), S. 61–81.

Sinclair, Barbara, 1999: Coequal Partner: The U.S. Senate, in: Patterson, Samuel C./Mughan, Anthony (Hrsg.), Senates: Bicameralism in the Contemporary World, Columbus (Ohio State University Press), S. 32–58.

Shane, Martin, 2014: Committees, in: Martin, Shane/Saalfeld, Thomas/Strøm, Kaare W. (Hrsg.), The Oxford Handbook of Legislative Studies, Oxford (Oxford University Press), S. 352-368.

Slapin, Jonathan B./Proksch, Sven-Oliver, 2014: Words as Data: Content Analysis in Legislative Studies, in: Martin, Shane/Saalfeld, Thomas/Strøm, Kaare W. (Hrsg.), The Oxford Handbook of Legislative Studies, Oxford (Oxford University Press), S. 126–144.

Sommer, Gerlinde/Westphalen, Raban Graf von, 1996: Organisation der Parlamente – historische Grundlagen und aktuelle Ausformungen, in: Westphalen, Raban Graf von (Hrsg.), Parlamentslehre. Das parlamentarische Regierungssystem im technischen Zeitalter, München/Wien (Oldenbourg), S. 81–111.

Sonnicksen, Jared, 2014: Ein Präsident für Europa: Zur Demokratisierung der Europäischen Union, Wiesbaden (Springer VS).
Steffani, Winfried, 1979a: Das präsidentielle System der USA und die parlamentarischen Systeme Großbritanniens und Deutschlands im Vergleich, in: Ders. (Hrsg.), Parlamentarische und präsidentielle Demokratie. Strukturelle Aspekte westlicher Demokratien, Opladen (Westdeutscher Verlag), S. 61-104.
Steffani, Winfried, 1979b (Hrsg.): Parlamentarische und präsidentielle Demokratie. Strukturelle Aspekte westlicher Demokratien, Opladen (Westdeutscher Verlag).
Steffani, Winfried, 1981: Zur Vereinbarkeit von freiem Mandat und Fraktionsdisziplin, in: Zeitschrift für Parlamentsfragen, 12. Jg., S. 109-122.
Steffani, Winfried, 1988: Parteien (Fraktionen) und Ausschüsse im Deutschen Bundestag, in: Thaysen, Uwe/Davidson, Roger H./Livingston, Robert G. (Hrsg.), US-Kongress und Deutscher Bundestag, Opladen (Westdeutscher Verlag), S. 260-280.
Steffani, Winfried, 1989: Formen, Verfahren und Wirkungen der parlamentarischen Kontrolle, in: Schneider, Hans-Peter/Zeh, Wolfgang (Hrsg.), Parlamentsrecht und Parlamentspraxis. Ein Handbuch, Berlin/New York (de Gruyter), S. 1325-1367.
Steffani, Winfried, 1991: Demokratische Offenheit bei der Wahl des Regierungschefs?, in: Jahrbuch für Politik, 1. Jg., S. 25-40.
Steffani, Winfried, 1995: Semi-Präsidentialismus: ein eigenständiger Systemtyp? Zur Unterscheidung von Legislative und Parlament, in: Zeitschrift für Parlamentsfragen, 26. Jg., S. 621-641.
Steffani, Winfried, 1999: Das magische Dreieck demokratischer Repräsentation: Volk, Wähler und Abgeordnete, in: Zeitschrift für Parlamentsfragen, 30. Jg., S. 772-793.
Stegen, Joern, 2000: Die Rolle der Parlamentarischen Versammlung als Motor des Europarats, in: Holtz, Uwe (Hrsg.), 50 Jahre Europarat, Schriften des Zentrums für Europäische Integrationsforschung der Rheinischen Friedrich-Wilhelms-Universität Bonn, Baden-Baden (Nomos), S. 79-90.
Steger, Debra P./Shpilkovskaya, Natalia, 2009: Internal Management of the WTO: Room for Improvement, in: Steger, Debra P. (Hrsg.), WTO. Redesigning the World Trade Organization for the 21st Century, Ottawa (Wilfrid Laurier University Press), S. 129-161.
Steger, Manfred B., 2023: Globalization: A Very Short Introduction, 6. Aufl., Oxford (Oxford University Press).
Steiger, Heinhard, 1973: Organisatorische Grundlagen des parlamentarischen Regierungssystems. Eine Untersuchung zur rechtlichen Stellung des Deutschen Bundestages, Berlin (Duncker & Humblot).
Steinsdorff, Silvia von, 2002: Die russische Staatsduma zwischen politischer Marginalisierung und institutioneller Selbstbehauptung, in: Kraatz, Susanne/Dies. (Hrsg.), Parlamente und Systemtransformation im postsozialistischen Europa, Opladen (Leske + Budrich), S. 268-292.
Steinsdorff, Silvia von, 2010: Das politische System Weißrußlands, in: Ismayr, Wolfgang (Hrsg.), Die politischen Systeme Osteuropas, 3. Aufl., Opladen (Leske + Budrich), S. 429-467.
Strohmeier, Gerd, 2011: Westminster im Wandel, in: Aus Politik und Zeitgeschichte, Bd. 4, S. 32-40.
Strøm, Kaare, 1990: Minority Government and Majority Rule, Cambridge (Cambridge University Press).
Strøm, Kaare, 1995: Parliamentary Government and Legislative Organisation, in: Döring, Herbert (Hrsg.), Parliaments and Majority Rule in Western Europe, Frankfurt a.M. (Campus), S. 51-82.
Strøm, Kaare, 2000: Delegation and Accountability in Parliamentary Democracies, in: European Journal of Political Research, 37. Jg., S. 261-289.

Sturm, Roland, 2002: Vorbilder für eine Bundesratsreform? Lehren aus den Erfahrungen der Verfassungspraxis Zweiter Kammern, in: Zeitschrift für Parlamentsfragen, 33. Jg., S. 166–179.

Sturm, Roland, 2020: Föderalismus: Eine Einführung, 3. Aufl., Baden-Baden (Nomos).

Stykow, Petra/Baumann, Julia, 2023: Das politische System Russlands, Baden-Baden (Nomos).

Taagepera, Rein, 1972: The Size of National Assemblies, in: Social Science Research, 1. Jg., S. 385–401.

Taagepera, Rein/Recchia, Steven P., 2002: The Size of Second Chambers and European Assemblies, in: European Journal of Political Research, 41. Jg., S. 165–185.

Taagepera, Rein/Shugart, Matthew S., 1989: Seats and Votes. The Effects and Determinants of Electoral Systems, New Haven/London (Yale University Press).

Take, Ingo, 2012: Nichtregierungsorganisationen (NGOs) als Foren politischen Handelns auf internationaler Ebene?, in: Weißeno, Georg/Buchstein, Hubertus (Hrsg.), Politisch Handeln. Modelle, Möglichkeiten, Kompetenzen, Bonn (Bundeszentrale für politische Bildung), S. 74–89.

Tayler-Robinson, Michelle M., 2014: Gender and Legislatures, in: Martin, Shane/Saalfeld, Thomas/Strøm, Kaare W. (Hrsg.), The Oxford Handbook of Legislative Studies, Oxford (Oxford University Press), S. 250-266.

Tenscher, Jens/Will, Laura, 2010: Abgeordnete online? Internetaktivitäten und -bewertungen der Mitglieder des Deutschen Bundestages, in: Zeitschrift für Parlamentsfragen, 41. Jg., S. 504–518.

Thaysen, Uwe, 1972: Parlamentsreform in Theorie und Praxis. Zur institutionellen Lernfähigkeit des parlamentarischen Regierungssystems, Opladen (Westdeutscher Verlag).

Thaysen, Uwe, 1976: Parlamentarisches Regierungssystem in der Bundesrepublik Deutschland. Daten – Fakten – Urteile im Grundriß, 2. Aufl., Opladen (Leske + Budrich).

Thierse, Stefan, 2015: Governance und Opposition im Europäischen Parlament, Baden-Baden (Nomos).

Träger, Hendrik, 2015: Die Europawahl 2014 als second-order election, in: Kaeding, Michael/Switek, Niko (Hrsg.), Die Europawahl 2014. Spitzenkandidaten, Protestparteien, Nichtwähler, Wiesbaden (Springer VS), S. 33–44.

Tsebelis, George, 1995: Decision Making in Political Systems: Veto Players in Presidentialism, Parliamentarism, Multicameralism and Multipartyism, in: British Journal of Political Science, 25. Jg., S. 289–325.

Tsebelis, George, 2002: Veto Players. How Political Institutions Work, Princeton (Princeton University Press).

Tsebelis, George/Money, Jeanette, 1997: Bicameralism, Cambridge (Cambridge University Press).

Tüffers, Bettina, 2016: Die 10. Volkskammer der DDR. Ein Parlament im Umbruch. Selbstwahrnehmung, Selbstparlamentarisierung, Selbstauflösung, Düsseldorf (Droste).

Uhr, John, 2008: Bicameralism, in: Rhodes, R. A. W./Binder, Sarah A./Rockman, Bert A. (Hrsg.), The Oxford Handbook of Political Institutions, Oxford (Oxford University Press), S. 474-494

Van Biezen, Ingrid/Mair, Peter/Poguntke, Thomas, 2012: Going, Going, … Gone? The Decline of Party Membership in Contemporary Europe, in: European Journal of Political Research, 51. Jg., S. 24–56.

Vatter, Adrian, 2014: Das politische System der Schweiz, Baden-Baden (Nomos).

Vetter, Angelika/Kuhn, Sebastian, 2013: (Nationale) Parteien in der lokalen Politik: Wandel oder Krise?, in: Haus, Michael/Kuhlmann, Sabine (Hrsg.), Lokale Politik und Verwaltung im Zeichen der Krise?, Wiesbaden (Springer VS), S. 27–48.

Voelzkow, Helmut, 2021: Neokorporatismus, in: Andersen, Uwe/Bogumil, Jörg/Marschall, Stefan/Woyke, Wichard (Hrsg.), Handwörterbuch des politischen Systems der Bundesrepublik Deutschland, Wiesbaden (Springer VS), S. 649-651.

Voigt, Rüdiger, 2015: Das Bundesverfassungsgericht in rechtspolitologischer Sicht, in: van Ooyen, Robert C./Möllers, Martin H. W. (Hrsg.), Handbuch Bundesverfassungsgericht im politischen System, Wiesbaden (Springer VS), S. 69–94.

Voigt, Rüdiger, 2019 (Hrsg.): Repräsentation. Eine Schlüsselkategorie der Demokratie, Baden-Baden (Nomos).

Vowe, Gerhard, 2024: Wandel der Kommunikation in der digitalen Welt: Pluralisierung, Individualisierung und Dynamisierung als Herausforderungen für Parlamente, in: Zeitschrift für Parlamentsfragen, 54. Jg., S. 923-930.

Wängnerud, Lena, 2015: The Principles of Gender-Sensitive Parliaments, Abingdon/Oxon/New York (Routledge).

Wagner, Wolfgang/Peters, Dirk, 2012: Zwischen Effizienz und Legitimität: Parlamentarische Kontrolle von Militäreinsätzen im weltweiten Vergleich, in: Friedenswarte, 87. Jg., Heft 2, S. 69-88.

Wahlke, John C., 1971: Policy Demands and System Support: The Role of the Represented, in: Loewenberg, Gerhard (Hrsg.), Modern Parliaments. Change or Decline?, Chicago/New York (Aldine-Atherton), S. 141-171.

Wahlke, John C./Eulau, Heinz/Buchanan, William/Ferguson, Leroy C., 1962: The Legislative System. Explorations in Legislative Behavior, New York/London (John Wiley).

Wasser, Hartmut, 1974: Parlamentarismuskritik vom Kaiserreich zur Bundesrepublik. Analyse und Dokumentation, Stuttgart/Bad Cannstatt (Frommann-Holzboog).

Weber, Max, 1971: Gesammelte politische Schriften (Original 1918), 3. Aufl., Tübingen (Mohr).

Wehling, Hans-Georg, 2003: Rat und Bürgermeister in der deutschen Kommunalpolitik, in: Kost, Andreas/Ders. (Hrsg.), Kommunalpolitik in den deutschen Ländern. Eine Einführung, Wiesbaden (Westdeutscher Verlag), S. 301-312.

Weiler, Joseph H. H., 1995: Does Europe Need a Constitution? Demos, Telos and the German Maastricht Decision, in: European Law Journal, 1. Jg., S. 219-258.

Weßels, Bernhard, 1999: Whom to Represent? Role Orientations of Legislators in Europe, in: Schmitt, Hermann/Thomassen, Jacques (Hrsg.), Political Representation and Legitimacy in the European Union, Oxford (Oxford University Press), S. 209-234.

Wessels, Wolfgang, 2022: Das Politische System der Europäischen Union, 2. Aufl., Wiesbaden (Springer VS).

Wessler, Hartmut, 2008: Investigating Deliberativeness Comparatively, in: Political Communication, 25 Jg., S. 1–22.

Westall, Andrea, 2011 (Hrsg.): Time to Revisit Associative Democracy? How to Get More Co-operation, Co-ordination and Collaboration into Our Economy, Our Democracy, Our Public Services, and Our Lives, London (Lawrence & Wishart).

Westphalen, Raban Graf von, 1996a (Hrsg.): Parlamentslehre. Das parlamentarische Regierungssystem im technischen Zeitalter, München/Wien (Oldenbourg).

Westphalen, Raban Graf von, 1996b: Abgeordneter und Fraktion, in: Ders. (Hrsg.), Parlamentslehre. Das parlamentarische Regierungssystem im technischen Zeitalter, München/Wien (Oldenbourg), S. 62-80.

Wiberg, Matti, 1995: Parliamentary Questioning: Control by Communication?, in: Döring, Herbert (Hrsg.), Parliaments and Majority Rule in Western Europe, Frankfurt a.M. (Campus), S. 179-222.

Wiesendahl, Elmar/Höhne, Benjamin/Cordes, Malte, 2018: Mitgliederparteien – Niedergang ohne Ende?, in: Zeitschrift Für Parlamentsfragen, 49. Jg., S. 304–24.

Willke, Helmut, 2006: Global Governance, Bielefeld (transcript).

Winkelmann, Helmut, o.J. (Hrsg.): Handbuch für die parlamentarische Praxis mit Kommentar zur Geschäftsordnung des Deutschen Bundestages, Neuwied (Luchterhand).

Winkler, Heinrich August, 2005: Weimar 1918-1933. Die Geschichte der ersten deutschen Demokratie, 4. Aufl., München (Beck).

Winter, Thomas von, 2024: Lobbyismus in der deutschen Politik. Ein Überblick. Leverkusen (Barbara Budrich).

Winzen, Thomas, 2022: The Institutional Position of National Parliaments in the European Union: Developments, Explanations, Effects, in: Journal of European Public Policy, 29. Jg., S. 994-1008.

Wirsching, Andreas, 2004: Koalition, Opposition, Interessenpolitik. Probleme des Weimarer Parteienparlamentarismus, in: Marie-Luise Recker (Hrsg.), Parlamentarismus in Europa. Deutschland, England und Frankreich im Vergleich, München (Oldenbourg), S. 41–64.

Wollmann, Hellmut, 1998a: Kommunalvertretungen: Verwaltungsorgane oder Parlamente?, in: Ders./Roth, Roland (Hrsg.), Kommunalpolitik. Politisches Handeln in den Gemeinden, 2. Aufl., Bonn (Bundeszentrale für politische Bildung), S. 50–66.

Wollmann, Hellmut, 1998b: Entwicklungslinien lokaler Demokratie und kommunaler Selbstverwaltung im internationalen Vergleich, in: Ders./Roth, Roland (Hrsg.), Kommunalpolitik, Bonn (Bundeszentrale für politische Bildung), S. 186–205.

Wollmann, Hellmut, 2013: Stadt im Blick der Kommunalwissenschaft, in: Mieg, Harald A./Heyl, Christoph (Hrsg.), Stadt. Ein interdisziplinäres Handbuch, Stuttgart/Weimar (J.B. Metzler), S. 174–184.

Zink, Wolfgang, 2010: Der belgische Senat – Institution oder Denkmalschutz?, in: Riescher, Gisela/Ruß, Sabine/Haas, Christoph M. (Hrsg.), Zweite Kammern, 2. Aufl., München (Oldenbourg), S. 211–243.

Zürn, Michael, 1996: Über den Staat und die Demokratie im europäischen Mehrebenensystem, in: Politische Vierteljahresschrift, 37. Jg., S. 27–55.

Zürn, Michael, 2018: A Theory of Global Governance: Authority, Legitimacy, and Contestation, Oxford (Oxford University Press).

Sachregister

Die Angaben verweisen auf die Seitenzahlen des Buches.

A

accountability siehe Rechenschaftspflicht 46, 47
Afrikanische Union 245
Agenda-Setting 133
Akteneinsichtsrecht 142
akteurzentrierter Institutionalismus 101
Ältestenrat 76
alt-liberaler Parlamentarismus 223
Amtsenthebung 49, 123, 183, 238
Anhörungen 81, 129, 133, 182, 228
Anti-Föderalisten 36
Appellentscheidungen 134
Arbeitsparlament 152–154, 176, 229
Assemblée Nationale (Frankreich) siehe Nationalversammlung (Frankreich) 21, 59
Ausschüsse 43, 59, 72, 73, 77, 79–82, 86, 93, 104, 105, 128, 129, 136, 138, 140, 153, 154, 157, 161, 174, 176, 177, 182, 186, 189, 196, 205, 228, 246
- Ad-hoc-Ausschüsse 80
- Ausschussarbeit 153, 176
- Ausschusssitzungen 93, 95, 148, 196
- Ausschusssystem 82
- Ausschussvorsitz 81, 85, 120
- Berichterstatter/in in Ausschüssen 176
- Europaausschuss 246
- Haushaltsausschuss 81, 177, 187
- Öffentlichkeit der Ausschussberatungen 81
- Untersuchungsausschuss 140, 142, 186
Außen- und Sicherheitspolitik 132

B

Beschlussempfehlung 86, 129
Bikameralismus 59–61, 63, 104, 130
- Bundesratsprinzip 62
- Senatsprinzip 62
Bill of Rights 19, 20, 83
Black Rod 90
breakdown of democracies 125, 238

Britisches Parlament 23, 59, 90, 97, 139, 154, 229, 232
- House of Commons 19, 20, 31, 59, 60, 92, 109, 153, 154, 227
- House of Lords 19, 20, 59, 130
Budgetrecht 22, 114, 126, 135
Bundeskanzler (Deutschland) 119, 121, 125
Bundespräsident (Deutschland) 121
Bundesrat (Deutschland) 59–62, 71, 97, 119
Bundesrat (Österreich) 59, 61
Bundesrat (Schweiz) 119
Bundesstaat 159
- föderal 160, 161
- zentralistisch 159, 160
Bundestag (Deutschland) 15, 17, 18, 24, 43, 60, 81, 90, 97, 110, 111, 113, 114, 119, 121, 140, 149, 151, 189, 229, 232
Bundesverfassungsgericht (Deutschland) 127, 189
Bürgermeister 163, 165, 166

C

Capitol (Hill) siehe US-Kongress 73
checks and balances 23, 26
cleavages 36
Cohabitation 97
conference committee siehe Vermittlungsausschuss 131
Conférence des Organes Spécialisés dans les Affaires Communautaires (COSAC) 246
Congressional Research Service 76
consensus democracy siehe Konsensusdemokratie 237
consociational democracy siehe Konkordanzdemokratie 237
constituency siehe Wahlen 87
Corona-Pandemie 150, 218, 233
Council of the Elders siehe Ältestenrat 76
Curia Regis 19

Sachregister

D

De-Globalisierung 135
Dehousse-Plan (EU) 169
delegate 39, 84, 85, 197
– party delegate 85
Deliberation 26, 100, 211, 212
Demokratie 11–13, 17, 23–27, 29–33, 38, 47, 48, 53–56, 64, 97, 98, 112, 113, 118, 133, 135, 136, 146, 156, 157, 160, 163, 166, 168, 189, 190, 192–194, 201, 205–209, 211–217, 219, 220, 225, 234–236, 239, 241, 244, 248–250, 254, 255
– assoziative Demokratie 216, 248
– defekte Demokratie 156
– deliberative Demokratie 26, 248
– direkte Demokratie 25, 133, 160, 163, 248, 254
– liberale Demokratie 212, 219, 220, 254
Demokratiedefizit der EU 192, 243
Demokratietheorie 24–26, 29, 30, 38, 118, 226
Demokratisierung 11, 30, 32, 55, 57, 83, 201, 234–236, 244, 247
Denationalisierung 166, 198
Deparlamentarisierung siehe Entparlamentarisierung 131, 217
Deutsche Demokratische Republik (DDR) 23, 30, 35, 47, 57, 231, 240
Deutsches Reich 22
devolution (Großbritannien) 159
Dezisionismus 206, 216
dignified parts (Walter Bagehot) 21, 90, 231
Diktatur des Proletariats 212
direktdemokratische Verfahren 127, 146, 160, 250
– Bürgerbegehren 163
– Bürgerentscheide 163
– Bürgerinitiative 163, 187, 188, 248
– Volksabstimmungen 232
– Volksentscheide 123, 127, 131, 133, 160
– Volksinitiativen 128, 146, 161
Diskurs 26, 54, 94, 95, 106, 210, 223
Diskurstheorie 94, 211, 248
divided government 122
Dritte Welle der Demokratisierung (Samuel P. Huntington) 234

Duma (Russland) 124

E

Eerste Kamer (Niederlande) 59, 60
efficient parts (Walter Bagehot) 20, 63, 110, 231
Einheitliche Europäische Akte (EEA) 168, 184
Electoral College (USA) 34
Enquete-Kommission 140
Entparlamentarisierung 131, 132, 166, 217, 218, 229, 241, 243
Erster Weltkrieg 31
EU-Gesetzgebung siehe Gesetzgebungsverfahren (EU) 243
Europäische Atomgemeinschaft (EURATOM) 167
Europäische Bewegung 167
Europäische Bürgerinitiative 187, 188
Europäische Gemeinschaft für Kohle und Stahl (EGKS) 167, 169, 181, 183, 185, 186, 194
Europäische Gemeinschaft(en) (EG) 168, 169, 173, 184, 186
Europäische Kommission 183, 187, 188, 202, 242, 247
– Kommissare 182, 183
– Kommissionspräsident:in 182, 183, 192
europäische Parteien siehe Parteien Europäische Union 78, 173, 174, 182, 190, 191
Europäische Wirtschaftsgemeinschaft (EWG) 167
Europäische:r Bürgerbeauftragte:r 183
Europäischer Gerichtshof (EuGH) 169, 187, 242
Europäischer Rat 182, 183
– Präsident:in des Europäischen Rates 192
Europäischer Rechnungshof 187
Europäisches Parlament (EP) 12, 15, 69, 78, 167–170, 172–188, 191–193, 199–201, 232, 243–245
– Europaabgeordnete siehe Mitglied des Europäischen Parlaments (MdEP) 188
– Präsident/in des Europäischen Parlaments 175

Sachregister

Europäisierung 29, 134, 143, 158, 162, 166, 191, 215, 230, 241–243, 251
Europarat 167, 194, 195
- Beratende Versammlung des Europarats 84, 194, 197

F

Federal Convention (USA) 94
Federalist Papers 25, 60, 220
Feierabendparlamentarier 87, 145, 165
Föderalismus 47, 61, 132, 162, 202
- kooperativer Föderalismus 132, 162
- Trennföderalismus 162
Föderationsrat (Russland) 124
Fraktionen 36, 48, 55, 59, 72, 73, 77–81, 84–86, 88, 94, 102–106, 119, 129, 138–140, 150, 157, 161, 164, 173, 174, 176–180, 189, 191, 196, 197, 205, 222, 223, 228, 229, 234
- Fraktionen im Europäischen Parlament 78, 173, 174, 176–179, 181, 191
- Fraktionsführung 86
- Oppositionsfraktionen 138, 142, 175
- Regierungsfraktionen/Mehrheitsfraktionen 80, 85, 132, 138, 141
Frankfurter Schule 209
Französische Republik 24, 168
- Fünfte Republik 22, 65
- Vierte Republik 22, 24, 125
Französische Revolution 27, 77
Freedom House Index 32
freies Mandat 27, 45–47, 55, 72, 73, 83–85, 101, 165, 180, 197, 199, 211, 221
Freizeitpolitiker siehe Feierabendpolitiker 165
Frühparlamentarismus 83, 95, 223
Frühwarnmechanismus (EU) 242
Funktionskataloge, parlamentarische 110–113, 156
Funktionsverlust, parlamentarischer 150, 210, 249
Funktionswandel, parlamentarischer 109, 117, 150, 207, 230, 231, 249, 251

G

Geheimdienste, Kontrolle der 142
Gemeindeverfassung 165
Gemeindeversammlung 163
Gemeindevertretungen 162, 164–166
Gemeinsame Verfassungskommission (Deutschland) 97
Gemeinsame Versammlung der EGKS 167–169, 175, 178, 181, 183–185, 191, 193, 245
Generalsekretariate siehe Hilfsdienste, parlamentarische 76, 104, 119
Generalversammlung der Vereinten Nationen 195
Geschäftsordnung 73, 89, 178, 180, 182, 196
Geschäftsordnungsautonomie 100
Geschäftsordnungsrecht 232
Geschworenengerichte 98, 99
Gesetzgeber 66, 112, 126, 131, 132, 134, 151, 154, 230, 241
Gesetzgebung 40, 62, 81, 82, 108, 111, 113, 114, 116, 126–128, 130–134, 138, 143, 153, 158, 161, 168, 181, 184, 185, 206, 210, 211, 215, 230, 240, 242, 243, 249
Gesetzgebungsfunktion siehe Parlamentsfunktionen 112, 113, 116, 126, 153, 154, 156, 157, 214, 217
Gesetzgebungskompetenz siehe Parlamentsfunktionen 134, 154, 155
Gesetzgebungsprozess 81, 82, 130, 131, 135, 137, 148, 156, 157, 230, 248
- Ausfertigung 129
- Beratung 67, 76, 82, 128, 129, 131, 133, 135, 147, 165, 222
- Entwurf 128, 157, 169, 185, 229, 242
- Initaitive 81, 128
- Initiative 115, 127, 128, 130, 188
- Verabschiedung 127, 129, 130, 135
- Vorlage 127–131
Gesetzgebungsverfahren der EU 129, 130, 184, 185
- Konsultation 184
- Kooperation 135, 141, 143, 148, 179, 184, 193, 194, 199, 244, 246, 247
- Mitentscheidung 184
- ordentliches Gesetzgebungsverfahren 184
- Zustimmung 122, 143, 182, 184, 222, 247

289

Gewaltenteilung 25, 104, 166, 222
- Exekutive 44, 48–50, 52, 55, 83, 92, 96, 126, 127, 130–132, 140, 157, 161, 165, 181, 182, 192, 209, 228, 233, 238
- Judikative 126
- Legislative 23, 55, 56, 106, 113, 126, 181, 197, 222, 231, 240

Gewaltenteilungslehre/-theorien 25, 27, 57, 126, 136
global democracy 193, 245
Globalisierung 134, 135, 158, 162, 166, 215, 230
Glorious Revolution 19
governance 214–218
government by discussion 206
Governor's Council (USA) 23
Great Council (England) 19, 60
Grundgesetz 36, 66, 84, 97, 112, 125, 189
Gruppenparlamentarismus 95, 222, 225

H
Haushaltbefugnisse siehe Budgetrecht 185
Heeresreform (preußische) 126
Herrschaft der Verbände 132, 133, 216
Hilfsdienste, parlamentarische 76, 140
Hohe Behörde der EGKS 167, 181, 183, 186
Honoratiorenparlament 205, 221

I
Immunitätsrecht 83, 165, 180, 197
Impeachment-Verfahren (USA) 123
imperatives Mandat 47
Indemnitätsrecht 83, 165, 197
Informationsungleichgewicht zwischen Regierung und Parlament 142
Initiativrecht siehe Gesetzgebungsprozess 112, 115, 127, 128, 130, 142, 169, 184, 188, 198, 221
Internationale Beziehungen/Politik 12, 14, 15, 84, 193–195, 198, 200, 201, 217, 245, 246, 248
internationale Organisationen 194
Interparlamentarische Union (IPU) 11, 70, 151, 193, 194, 199

interpellative Verfahren 139, 147, 198
- aktuelle Stunde/topical hours 147
- Befragung der Regierung 139
- Fragestunde 139
iron triangles 228

J
Jugendparlamente 17

K
Kaiserreich siehe Deutsches Reich 22, 203, 225
Kantone (Schweiz) 160
Kapitalismus 213
Kartell-Parteien-These 220
Kernbereich der exekutiven Eigenverantwortlichkeit 142
King in Parliament 18, 21, 213
Klassen, gesellschaftliche 209, 212, 216, 219, 224
Knesset (Israel) 53, 93, 123
Koalition 102, 103, 154
Koalitionen 102, 103, 154
Kommunalpolitik/kommunale Ebene 12, 15, 159, 163–166, 200, 202, 248, 253
Kommunalvertretungen siehe Gemeindevertretungen 164
Kommunikation, parlamentarische 115, 149, 150
- Außenkommunikation 145, 147, 188
- informelle Kommunikation 141
Kommunikationsmanagement, parlamentarisches 147, 148, 157
Kommunismus 197, 235
komplexe Akteure (Organisationstheorie) 98, 101
- kollektive Akteure 72, 102, 105
- korporative Akteure 101–103, 179
Konferenz der Präsidenten (Europäisches Parlament) 178
König/in 17–19, 21, 51, 90, 109, 110, 126, 135
Konkordanzdemokratie 237
Konsensusdemokratie 37, 249
Konsolidierung (demokratische) 240
Kontrolle 23, 26, 40, 48, 75, 80, 85, 92, 102, 108, 111–115, 135–143, 153, 157,

158, 161, 162, 165, 186, 187, 198, 217, 230, 240
- ex post 136, 137
- ex-ante 137, 158
- informelle 141
- Kontrollrechte 81, 142
Kontrolle, parlamentarische (EU) 48, 135, 140, 142, 143
Korporatismus 42
kritische Theorie 209

L

Landesgruppen (Deutscher Bundestag) 43
Landesregierungen (Deutschland) 162
Landstände 22
Landtage (Deutschland) 15, 161, 230
legislature 63, 151, 152, 154, 155, 158, 238
Legitimation 25, 39, 99, 100, 112, 118, 189, 190, 201, 211, 213, 230, 231, 238, 240, 244, 247, 250, 251
Liberalismus/liberal 205, 212
Lissabon-Urteil 189
Lobbying 44, 147
lokale Politik siehe Kommunalpolitik 166
Loya Jirga (Afghanistan) 44

M

Magna Charta 19
Massenpetition 146
Medialisierung 133
Medien 93, 133, 136, 143, 147–150, 160, 187, 210
- europäisches Mediensystem 188
- Massenmedien 148, 149, 153
- Online-Medien 148
Mediendemokratie 218
Mediengesellschaft 133, 148
Mehrebenenparlamentarismus 246
Mehrebenenpolitik/Mehrebenensystem 54, 162, 245, 247
Mehrheit 41, 52, 81, 96, 97, 104, 118, 120–124, 135, 138, 141–143, 146, 149, 157, 161, 172, 182–185, 196, 198, 208, 222
Mehrheit, parlamentarische siehe Fraktionen 165
Mehrheitsdemokratie 37

Mehrheitsprinzip 97, 104, 142
methodischer Individualismus 28
Minderheit 26, 41, 59, 79, 96–98, 138, 140, 142, 143, 157, 175, 196, 206, 245, 254
Minderheitsregierung 123
Minister 22, 43, 81, 120, 121, 139, 238
Ministerkomitee (Europarat) 167, 194
Ministerpräsident (Russland) 124
Ministerpräsident (Schweden) 121
Ministerrat (EU) 63, 72, 134, 167, 169, 172, 174, 181, 184, 185, 187, 192
Misstrauensvotum 22, 119, 122, 123, 125, 141, 182, 183, 187
- konstruktives 123
Mitglied des Europäischen Parlaments (MdEP) 171, 173, 175, 176, 178–180, 186, 188
Mittel- und Osteuropäische Staaten (MOE-Staaten) 234, 235
Monarch siehe König/in 17, 90, 144, 151
Montanunion siehe Europäische Gemeinschaft für Kohle und Stahl (EGKS) 169, 184

N

namentliche Abstimmung 85
National Conference of State Legislatures (USA) 246
Nationalrat (Schweiz) 119
Nationalversammlung (Frankreich) 21, 22, 65, 68, 74, 77, 83, 91, 235
Navette-Verfahren 130
Nebenwahlen siehe second-order-elections 173
Neoinstitutionalismus 28
Neokorporatismus 42
Neomarxismus 28, 219, 223, 224
Neo-Parlamentarismus 14, 217, 239, 241, 245, 249
Neopluralismus 41
Nichtregierungsorganisationen (NGOs) 248
no demos-These 189
No taxation without representation! 126
Normenausführung 126
Normenkontrolle 126

Sachregister

Normensetzung 126–128, 132
North Atlantic Treaty Organization (NATO) 193
- NATO-Parlamentarische Versammlung 193
Notstandsregelungen 22

O

Oberhäuser siehe Bikameralismus 71
Oberster Sowjet der Union der Sozialistischen Sowjetrepubliken 156, 236
Öffentlichkeit 48, 59, 81, 92, 93, 95, 106, 108, 111, 137, 141, 143–150, 153, 158, 161, 175, 187–190, 199, 201, 205, 206, 209–211, 213, 218, 222, 224, 226, 254
- Ausschussöffentlichkeit 93
- europäische Öffentlichkeit 188, 189
- öffentliche Debatte 105, 108, 115, 144, 152, 153, 205
Öffentlichkeitsarbeit/Public Relations 148, 188
Ombudsman/Ombudsperson 146, 187
Opposition 41, 48, 49, 80, 81, 96–98, 105, 106, 135, 138, 142, 143, 153, 161, 165, 195, 199, 208, 222, 233, 241, 245
- Oppositionsführer 97, 152
- Oppositionsklausel 97
Organisation für Sicherheit und Zusammenarbeit in Europa (OSZE) 35, 195, 197
organisierte Interessen siehe Verbände 43, 132, 133, 216

P

Palais Bourbon 91, 92
Panafrikanisches Parlament (PAP) 195
parlamentarische Kultur 29, 77, 156, 234, 236
parlamentarische Organisationsebenen
- Makro 72, 104, 174, 228
- Meso 72, 73, 104, 157, 174, 228
- Mikro 72, 73, 104, 174, 197, 228
parlamentarische Stätten 91
Parlamentarische Versammlungen (PV) 12, 14, 15, 72, 84, 135, 166, 193–202, 241, 244–246, 250, 254
Parlamentarisierung 11, 19, 21, 22, 30, 57, 74, 83, 135, 146, 168, 184, 185, 192, 194, 199, 200, 233, 243, 244, 247, 249
Parlamentarismus (Definition)
- im engeren Sinne 48
- im weiteren Sinne 53
Parlamentarismusforschung 11, 13, 14, 28, 29, 39, 45, 55, 56, 92, 95, 104, 105, 107, 109, 110, 113–115, 151, 152, 159, 163, 166, 192, 193, 234, 236, 241, 253
Parlamentarismuskritik 12, 14, 94, 95, 203, 204, 206, 209, 212, 214, 216–221, 223–227, 230, 249, 253
Parlamentarismustheorie 13, 15, 24–27, 29, 39, 54, 56, 107, 110, 207, 209, 211–213, 221, 222, 225, 254
Parlamente (Definition)
- demokratische Parlamente 128
- im engeren Sinne 45
- im weiteren Sinne 44
Parlamentsaufgaben siehe Parlamentsfunktionen 14, 108, 109, 115, 117, 118, 144, 157, 162, 230
Parlamentsauflösung 48, 49, 124
Parlamentsdienste siehe Hilfsdienste, parlamentarische 87, 104
Parlamentsfernsehen 148
Parlamentsfunktionen 14, 107, 116–118, 155, 156, 158, 165, 198
- Abwahlfunktion 118–120, 122, 124, 156, 161, 181
- Artikulationsfunktion 112, 116
- Forumsfunktion 115
- Gesetzgebungsfunktion 112, 113, 116, 126, 153, 154, 156, 157, 214, 217
- Integrationsfunktion 112, 115
- Kommunikationsfunktion 109, 115, 126, 144, 146, 156–158, 187
- Kontrollfunktion 40, 98, 111–114, 116, 135, 138, 140, 144, 156, 157, 186, 247
- Kreationsfunktion 111–113
- Öffentlichkeitsfunktion 112, 115
- Parlamentsfunktionen (nach Bagehot) 109, 110, 144
- Rekrutierungsfunktion 112–114, 116, 118
- Repräsentationsfunktion 113, 116
- Wahlfunktion 109, 111–114, 118–120, 122, 137, 155, 156, 181, 182

Parlamentsmehrheit 52, 96, 121, 122, 138, 141, 233, 249
Parlamentspräsident:in 73–75, 121
Parlamentsrecht 36, 78, 84, 85, 89, 96, 97, 105, 112, 120, 129, 138, 141, 178, 191, 232
Parlamentsreform 111, 207, 232, 233
Parlamentstypen 82, 157
- parlamentarisches Parlament 152
- präsidentielles Parlament 152
Parlamentstypologie nach Mezey
- active legislatures 155
- marginal legislatures 155
- minimal legislatures 155, 166
- reactive legislatures 155
- vulnerable legislatures 155
Parlamentstypologie nach Polsby
- arena 153, 154, 157
- transformative legislatures 153, 154, 157
Parlamentstypologie nach Steffani siehe Redeparlament bzw. Arbeitsparlament 152
Parlamentsverantwortlichkeit 22, 51, 55, 237
Parlamentsverflechtung 245, 246, 250, 251
Parlamentsverständnis, alt-liberales 109
Parlamentsvorsitzende:r siehe Parlamentspräsident:in und Speaker 74, 75, 79, 80, 122
Parlamentswahlen siehe Wahlen 55, 57, 124, 169, 182
parlements 17, 21
Parliamentary Constituencies Act (Großbritannien) 65
Parteiausschluss 85
Parteien 29, 32, 34–37, 41, 43, 48, 49, 55, 62, 77, 78, 80, 81, 86, 101, 102, 121, 124, 125, 154, 160, 164, 166, 168–170, 172–174, 179, 182, 190, 191, 195, 200, 205, 206, 208, 210, 211, 213, 214, 216, 219–225, 228, 237, 249
- Bewegungsparteien 78
- europäische Parteien 78, 173, 174, 182, 190, 191
- Patronagepartei 36
Parteiendemokratie/Parteienstaat 124, 125, 190, 191, 220
Parteienfamilien 179

Parteienkritik 209, 214, 220, 223, 226
Parteiensystem 36–38, 172, 174, 189, 191, 199, 208, 213
- Fragmentierung 37, 216
- Mehrparteiensystem 37
- Polarisierung 37
- Zwei-Parteien-Struktur 37
Parteiorganisationen 78, 79, 88, 191
Partizipation 12, 26
Paulskirchenparlament 36, 77
Petition/Petitionsausschuss 146, 147, 177, 187
Plenardebatten 74, 93–95, 147, 148, 161, 175
Plenarsitzung/Plenarversammlung 73, 175, 189
Plenum 59, 72–74, 79, 81, 82, 88, 89, 91, 92, 95, 104, 105, 128, 129, 140, 147, 152, 153, 157, 164, 175, 178, 186, 196, 199, 205, 222, 228
Pluralismus 26, 41, 42, 145, 206, 208
Politikverflechtung 132, 143, 162, 245, 250
Politikverflechtungsfalle 132
politische Klasse 220
politische Kultur 49, 126, 156, 204
politische Ökonomie 28
Post-Democracy/Postdemokratie 219
postparlamentarisch 12, 14, 135, 214–220, 223, 224, 226, 227, 248, 249
postparlamentarische Demokratie 214
Postparlamentarismus 214, 216–218, 226
power of the purse siehe Budgetrecht 126, 186
Präsident (Deutschland) 118, 121, 122, 124
Präsident (Russland) 124
Präsident (USA) 23, 34, 41, 49, 118, 122, 128, 132, 161
Präsidentialisierung 124, 129, 166, 192, 202, 232
Präsidentialismus 47, 237
presidential government 23
preußischer Verfassungskonflikt siehe Heeresreform (preußische) 22
Prime Minister's Questions 139
principal-agent-Ansatz 28, 39, 40, 137, 138, 165

293

Sachregister

Professionalisierung der Parlamente 87, 88, 176

R

Rajya Sabha (Indien) 130
Rat des Königs siehe Curia Regis 19
Rätesystem 47, 249
Ratifikationsverfahren 135
Rechenschaftspflicht 99, 136, 145, 245
Rechnungshof 187
Recht durch Übung 232
Rechtsstaat 210
Redeparlament 152–154
Rederecht 149, 152, 178, 228
Regierung 18, 21–24, 30, 40, 48, 49, 51, 52, 54, 55, 80, 82, 83, 85, 96, 108, 109, 111, 112, 114–116, 118–126, 128, 131, 132, 135–143, 145, 147, 149, 152, 157, 158, 161, 162, 165, 168, 192, 222, 229, 233, 237, 238, 249
Regierungsanklage 140
Regierungschef 30, 43, 48–51, 53, 114, 121–124, 139, 152, 161, 162, 238
Regierungssystem
- parlamentarische Systeme 48, 53, 55, 111, 119, 123, 228
Regierungssysteme 49, 50, 53, 110, 112
- autokratische Systeme 11, 32, 234–236, 239
- autoritäre Systeme 29, 239, 240
- nicht-demokratische Systeme 11, 227
- parlamentarische Systeme 26, 48–50, 52, 57, 73, 85, 106, 110, 112, 116, 117, 120–125, 128, 131, 132, 138, 141, 149, 152, 182, 203, 219, 221, 233, 237–239, 249
- parlamentarisch-präsidentielle Systeme 52, 53, 55, 57, 97
- präsidentielle Systeme 15, 48, 49, 51, 129, 239, 251
- präsidentiell-parlamentarische System 52, 55, 57, 96
- premier-presidential 52
- president-parliamentary 52
- semi-präsidentielle Systeme 15, 50–52, 54, 55, 57, 192
Regimewechsel 235
Regionalparlamente 159, 161, 246
Reichspräsident (Weimarer Republik) 22, 23

Reichsrat (Weimarer Republik) 60
Reichstag 22, 60, 92
Reichstagsgebäude 92
Repräsentantenhaus (USA) siehe US-Kongress 23, 60, 63–65, 68, 75, 80
Repräsentation 13, 15, 17, 25, 26, 29, 35, 38–45, 55, 57, 61, 66, 69, 71, 111, 113, 117, 125, 126, 145, 147, 159, 160, 163, 164, 172, 200, 201, 215, 216, 221, 249
- föderale/territoriale 42, 71
- funktionale 42
- parlamentarisch 35, 39, 42–44, 66, 125, 221
- parlamentarische 15, 35, 39, 41–44, 66, 125, 159, 215, 221
Repräsentationsfunktion siehe Parlamentsfunktionen 113, 116
Repräsentationsstil 39
responsiveness siehe Responsivität 46, 47
Responsivität 46, 116, 144
richterlicher Aktivismus 133
Richtlinien der Europäischen Union 134
Riksdag (Schweden) 124
Rollentheorie 39
rubber stamp-These 67, 131, 217

S

second order elections 173
Secretaries (US-Regierung) 121
Sejm (Polen) 235
Selbstauflösung des Parlaments 122, 123
Selbstorganisationsrecht des Parlaments 76
Select Committees siehe Ausschüsse Senat 82
Senat 22, 23, 60–62, 65, 66, 71, 122, 160
- Senat (Belgien) 62
- Senat (Frankreich) 59, 61, 65
- Senat (Spanien) 62
- Senat (USA) 61, 71
shuttle system siehe Navette-Verfahren 130
Sicherheits- und Verteidigungspolitik 186, 246
Sitzordnung, parlamentarische 91
Solidarność 235
Sowjetunion 249

Sozialistische Einheitspartei Deutschlands (SED) 23, 31, 240
Speaker 72–76, 90, 106, 119, 122, 161
Sperrklausel 170
Spitzenkandidaten 125, 183
Staatenbund 172, 191
Staatsoberhaupt 23, 41, 48, 49, 51–53, 121–124
Staatspräsident 22, 24, 48, 121, 128, 129, 131, 232
Stabsstellen siehe Hilfsdienste, parlamentarische 76, 79
Städte und Gemeinden 19, 163–166, 200
Ständerat (Schweiz) 59, 61
Ständeversammlungen/Ständeparlamente 22, 35, 42, 43, 46, 210
Standing Committees siehe Ausschüsse 82
Subsidiaritätsprinzip 242
Systemwechsel 234–236, 240

T

Tarifautonomie 127
Tories (Großbritannien) 36, 77
town meetings (USA) 163
Transformation 29, 207, 208, 233–236
Transformationsstaaten 83, 156, 234, 239
transnationale Politik 241
transnationaler Parlamentarismus 166, 188, 189, 244
trustee 39, 84, 85, 197
two-level games siehe Zwei-Ebenen-Spiel 143
Typologie kollektiver Akteure (Fritz Scharpf) 102
Tyrannei der Mehrheit 118

U

UN siehe Vereinte Nationen 193, 194, 198, 199, 245
Unitarisierung 162
US-Kongress 15, 40, 59, 60, 66, 68, 73, 76, 81, 82, 122, 153, 154
US-Unabhängigkeitserklärung 36
US-Verfassung 25, 65

V

Verbände 41–44, 87, 101, 103, 132, 133, 199, 205, 210, 216, 225

Vereinte Nationen (UN) 193–195, 199
Verfassungsänderungen 232
vergleichende Parlamentarismusforschung 29, 45, 151, 163, 241
Verhandlungstheorie 141
Vermittlungsausschuss 131
Verordnungen der Europäischen Union 127, 134
Verordnungsrecht 127, 132
Vertrag über die Europäische Union (EUV) 168, 170, 174, 175, 182, 183
Verträge der EU/EG 192, 246
– EG-Verträge 168
– Römische Verträge 167, 169
– Verfassungsvertrag 168
– Vertrag über die Europäische Union (EUV) 174
– Vertrag von Amsterdam 185, 246
– Vertrag von Lissabon 168, 175, 182, 184, 185, 187, 192, 242, 248
– Vertrag von Maastricht 168, 184
– Vertrag von Nizza 174, 175
Vertrauensfrage 121–123
Verwaltung/Regierungsadministration 40, 98, 100, 108, 111, 114, 116, 132, 136, 142, 165, 210
– aufschiebendes Veto 130
– package Veto 129
– partial/item Veto 129
– Pocket Veto 129
Veto-Spieler (George Tsebelis) 37, 182, 218, 229
Volkskammer (DDR) 30, 35, 47, 240
Volkskongress (China) 63
Vollversammlung siehe Plenum 72–75, 79–81, 95, 104, 129, 138, 152, 163, 174, 175, 196, 228
volonté génerale 206

W

Wahlen 26, 29–36, 40, 41, 43, 45–47, 53, 55, 118–120, 123, 125, 160, 164, 168–170, 172–174, 179, 182, 183, 191, 210, 219, 233, 237, 239, 249
– Europawahl 170, 172, 174
– Wahl der Regierung 116, 118, 119, 121, 124, 161
– Wahlkampf 124, 219
– Wahlkampffinanzierung 170

- Wahlkreis 67, 73, 86–88, 170, 180, 231
- Wahlleutegremium 61, 125

Wahlfunktion siehe Parlamentsfunktionen 109, 111–114, 118–120, 122, 137, 155, 156, 181, 182

Wahlgrundsätze 43, 55, 253
- allgemein 31–33
- direkt 32–34
- frei 30, 32–34, 36
- geheim 32, 33, 35
- gleich 31–34

Wahlkampffinanzierung 170

Wahlrecht 31–34, 37, 53, 66, 144, 169, 170, 182
- d'Hondt 170
- Erfolgswert 34
- Hare-Niemeye 170
- St. Laguë 170
- Verhältniswahlrecht 170
- Wahlalter 170
- Zählwert 33, 34, 170, 172

Wahlsystem 34, 38, 164, 169, 170, 172

Weimarer Republik 22, 60, 74, 125, 126, 204

Welthandelsorganisation (WTO) 199, 245
- Parliamentary Conference on the WTO 199

Westminster siehe House of Commons 15, 20, 37, 54, 65, 73, 81, 82, 91, 119

Whigs 36, 77

whips 79

Wirtschafts- und Sozialausschuss (EU) 42

Z

Zensuswahlrecht 34

Zentralbanken 120

Zitierrecht 140

Zivilgesellschaft 199

Zwei-Ebenen-Spiel 162, 247

Zwei-Kammer-Systeme siehe Bikameralismus 23, 71

Zweite Kammern 43, 60–63, 69–72, 104, 106, 130, 131, 176, 192

Zweiter Weltkrieg 23, 60, 167, 194, 195, 244

Personenregister

Die Angaben verweisen auf die Seitenzahlen des Buches.

A

Achterberg, Norbert 111, 114
Agnoli, Johannes 28, 204, 207–209, 213, 219, 223, 224, 226
Andersen, Svein S. 12, 135, 214–218, 226, 248
Apel, Hans 111
Aquin, Thomas von 25
Arnim, Hans Herbert von 220

B

Bagehot, Walter 11, 20, 21, 63, 90, 94, 107, 109, 110, 114, 135, 144, 156–158, 206, 231
Balladur, Edouard 50
Beyme, Klaus von 12, 17, 18, 24, 29, 49, 52, 56, 75, 78, 80, 81, 85, 87, 93, 113, 116, 121, 126, 134, 139, 148, 151, 152, 203, 204, 224, 225, 230, 231, 239
Blondel, Jean 151
Bryce, James 12, 217
Burke, Edmund 27, 84
Burns, Tom R. 12, 135, 180, 214–218, 226, 248

C

Carey, John M. 52, 128
Chirac, Jacques 50, 51
Crouch, Colin 12, 219, 220
Czempiel, Ernst-Otto 217

D

Duverger, Maurice 37, 51, 52, 57

E

Elster, John 94, 95
Eulau, Heinz 84, 145

F

Fraenkel, Ernst 38, 41, 57, 206

G

Göhler, Gerhard 117
Guizot, François 206

H

Habermas, Jürgen 94, 203, 204, 209–211, 213, 224, 226, 248
Hamilton, Alexander 23, 25, 60, 137
Helms, Ludger 78, 79, 96, 220
Hereth, Michael 28, 207
Hix, Simon 167, 180, 185
Hobbes, Thomas 26
Hofmann, Wilhelm 24, 56, 203, 204, 212, 225
Hübner, Emil 75, 112, 232
Huntington, Samuel 234

I

Ismayr, Wolfgang 48, 113, 229, 239

J

Jandl, Ernst 212
Jay, John 25, 60
Jenny, Marcelo 74, 75, 122
Jesse, Eckard 112
Jospin, Lionel 50
Jun, Uwe 196, 198
Juncker, Jean-Claude 183

K

Karr, Alphonse 253
Katz, Richard S. 220
Kelsen, Hans 28, 29, 97
Klein, Hans Hugo 112, 248
Kreppel, Amie 113, 135, 185
Kropp, Sabine 132, 228
Kuper, Ernst 196, 198

L

Leibholz, Gerhard 38
Liebert, Ulrike 147, 236
Lijphart, Arend 37, 49–51, 53, 59, 69, 100, 119, 123, 237
Lincoln, Abraham 215
Linz, Juan 125, 237–239, 251
Locke, John 25, 126

Loewenberg, Gerhard 12, 46, 107, 111, 114, 150
Loewenstein, Karl 19, 48
Lohmar, Ulrich 111
Lotter, Christoph 198

M

Madison, James 25, 60
Mainwaring, Scott 239
Mair, Peter 220
Malesky, Edmund J. 240
Manow, Philip 91, 92
Marx, Karl 203
Maurer, Andreas 167, 173, 176, 179, 186, 201, 242, 246
Mayntz, Renate 101
Merkel, Wolfgang 52, 57, 156, 233, 234, 239
Meyer, Hans 112
Mezey, Michael L. 151, 155–158, 166, 231
Mill, John Stuart 11, 64, 65, 68, 107–110, 114, 135, 144, 152, 156–158, 187, 188, 205, 206, 222
Mitterrand, François 50
Montesquieu, Charles-Louis 25, 126, 130
Mosca, Gaetano 220
Müller, Marion G. 90
Müller, Wolfgang C. 75

N

Napoleon 21
Nohlen, Dieter 32, 34, 37, 170
Norton, Philip 87, 148, 151, 227, 231, 234, 236

O

Oberreuter, Heinrich 28, 112, 207, 240, 250
Olson, David M. 41, 63, 82, 94, 96, 151, 222, 234–236

P

Patzelt, Werner J. 17, 19, 23, 27, 30, 44, 45, 56, 87, 91, 113, 116, 117, 136, 138, 158, 240
Pitkin, Hanna 39, 41, 84, 145

Polsby, Nelson W. 98–101, 106, 107, 151, 153, 154, 156–158

R

Rancière, Jacques 219
Raschke, Joachim 111
Recchia, Steven P. 68–70, 72, 104, 106
Riescher, Gisela 24, 56, 59, 62, 130, 203, 204, 212, 225
Rosenau, James N. 217
Rousseau, Jean-Jacques 25, 206, 213, 220
Ruß, Sabine 130

S

Santer, Jacques 183
Sartori, Giovanni 37, 98
Schäfer, Friedrich 42, 94, 111, 145, 219
Scharpf, Fritz W. 98, 101, 102, 105, 106, 132
Schindler, Peter 110–112, 232, 246
Schirmer, Roland 23, 30, 240
Schmitt, Carl 38, 94, 108, 173, 203–207, 213, 216, 218, 220, 223, 224, 226
Schuler, Paul 240
Schuman, Robert 167
Schüttemeyer, Suzanne S. 78, 86, 131, 134, 217, 218, 222
Schütt-Wetschky, Eberhard 221, 222
Shugart, Matthew S. 34, 52, 128
Sieyes, Abbé 27
Spann, Othmar 203
Spengler, Oswald 203
Steffani, Winfried 15, 33, 41, 48, 49, 51, 52, 57, 82, 84, 97, 98, 112, 114, 125, 136, 137, 151–154, 156, 161, 176
Steiger, Heinhard 111

T

Taagepera, Rein 34, 66–70, 72, 104, 106, 160, 176
Thaysen, Uwe 28, 112, 233
Thoma, Richard 207

W

Wahlke, John C. 39, 86, 145
Wasser, Hartmut 203, 207, 223, 225
Watzlawick, Paul 144

Weber, Max 30, 140
Weiler, Joseph 189

Wessels, Wolfgang 176, 242

Bereits erschienen in der Reihe
STUDIENKURS POLITIKWISSENSCHAFT (ab 2017)

Zur Reihe im NomosShop

Das politische System der Schweiz
Von Prof. Dr. Adrian Vatter
5., aktualisierte und erweiterte Auflage
2024, 587 Seiten, broschiert,
ISBN 978-3-7560-0814-8

Internationale Politische Ökonomie
Von Prof. Dr. Stefan A. Schirm
5., umfassend aktualisierte und erweiterte Auflage
2024, 273 Seiten, broschiert.,
ISBN 978-3-7560-0614-4

Das politische System Polens
Von Prof. Dr. Stefan Garsztecki, Prof. Dr. Robert Grzeszczak,
Univ.-Prof. Dr. Aleksandra Maatsch und Univ.-Prof. Dr. Dariusz Wojtaszyn
2024, 195 Seiten, broschiert,
ISBN 978-3-8487-7197-4

Internationale Sicherheit und Frieden
Definitionen von A - Z
Von Prof. Dr. Heinz Gärtner
4., aktualisierte und erweiterte Auflage
2023, 334 Seiten, broschiert,
ISBN 978-3-7560-0077-7

Bereits erschienen in der Reihe STUDIENKURS POLITIKWISSENSCHAFT (ab 2017)

Theorie politischer Institutionen
Von Prof. Dr. Gerhard Göhler
2023, 254 Seiten, broschiert,
ISBN 978-3-7560-1133-9

Das politische System Russlands
Von Prof. Dr. Petra Stykow und Julia Baumann
2023, 311 Seiten, broschiert,
ISBN 978-3-8487-7971-0

Das politische System Ungarns
Von Dr. Melani Barlai, Dr. Florian Hartleb, Dr. Dániel Mikecz
2023, 240 Seiten, broschiert,
ISBN 978-3-8487-6747-2

Einführung in die Politikwissenschaft
Von Prof. Dr. Thomas Bernauer, Prof. Dr. Detlef Jahn, Prof. Dr. Sylvia Kritzinger, Assoc.-Prof. Dr. Patrick M. Kuhn, Prof. Dr. Stefanie Walter
5., umfassend überarbeitete Auflage,
2022, 598 Seiten, broschiert,
ISBN 978-3-8487-7938-3

Autokratien
Von Prof. Dr. Uwe Backes
2022, 205 Seiten, broschiert,
ISBN 978-3-8487-8003-7

Bereits erschienen in der Reihe STUDIENKURS POLITIKWISSENSCHAFT (ab 2017)

Die Rechte indigener Völker im Menschenrechtssystem
Von Jessika Eichler, Ph.D.
2022, 266 Seiten, broschiert,
ISBN 978-3-8487-6483-9

Das Regierungssystem der USA
Von Dr. Michael T. Oswald
3., aktualisierte und erweiterte Auflage,
2021, 322 Seiten, broschiert,
ISBN 978-3-8487-6950-6

Demokratie
Von Prof. Dr. Samuel Salzborn
2., aktualisierte und erweiterte Auflage,
2021, 186 Seiten, broschiert,
ISBN 978-3-8487-8296-3

Migrationspolitik
Von Prof. Dr. Hannes Schammann und Dr. Danielle Gluns
2021, 274 Seiten, broschiert,
ISBN 978-3-8487-4054-3

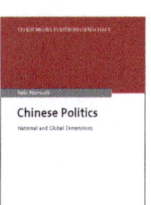

Chinese Politics
Von Prof. Dr. Dr. Nele Noesselt
2021, ca. 270 Seiten, broschiert,
ISBN 978-3-8487-4673-6